Das große BLV

Handbuch Rosen

blv

Expertenwissen zu Sorten, Gestaltung und Pflege

ROBERT MARKLEY

Was Sie in diesem Buch finden

Kultur und Geschichte

Die Rose ist die traditionsreichste Kulturpflanze der Menschheit. Ob Altertum, Mittelalter oder Neuzeit, ob Musik, Literatur, Malerei oder Architektur – die Rose spielte und spielt immer eine herausragende Rolle. Anhand vieler Quellen lässt sich die einmalige Karriere des spektakulärsten Blütengehölzes unserer Gärten nachvollziehen.

DIE ROSE IN DER GESCHICHTE

Vor einem Rosenbeet zu stehen in dem Bewusstsein, eine der ältesten und traditionsreichsten Kulturpflanzen der Menschheit zu betrachten, entbehrt nicht einer gewissen Faszination. Doch obwohl der Stammbaum der Rose unstreitig viele Jahrtausende zurückreicht, allererste Anfänge sogar um Jahrmillionen und damit vor die Anfänge menschlicher Existenz zurückgehen, haben die rosigen »Uralt-Methusalems« damaliger Zeiten mit den modernen Gartenrosen wenig bis nichts mehr zu tun. Die modernen Sorten, wie man sie heute in Hausgärten, in öffentlichen Anlagen oder auf Terrassen kennt, sind kaum älter als hundert Jahre, wirklich öfterblühende Kletter- und Strauchrosen nicht einmal siebzig. Die Rose grauer Vorzeiten war hingegen weit weniger spektakulär in ihrem Äußeren und von eher schlichter Schönheit.

In der Geschichte der Rose haben sich seit je Fakten und Legenden eng, bisweilen unzertrennlich, miteinander verwoben. Keine andere Pflanze hat die Fantasie der Menschen, auch die der Gelehrten, so angeregt wie die Rose. Der Gärtner, Arzt und Gelehrte Hieronymus Bock empfahl deshalb bereits im 16. Jahrhundert, sich mit der Geschichte der Rosen nicht allzu viel zu befassen, »weil davon schon so arg viel gelogen ist worden«. Das soll in diesem Kapitel nicht der Fall sein, denn Fakten zum Stellenwert der Rose in der Geschichte existieren in ausreichender Menge.

Rosen im Altertum

Man nimmt an, dass es bereits vor 25 bis 30 Millionen Jahren rosenähnliche Gewächse auf der Erde gab. Paläobotaniker – also Wissenschaftler, die sich mit der Flora längst vergangener Zeiten befassen – fanden in Gesteinsschichten aus dem Tertiär einige Blätter, Stacheln und Zweigfragmente, die sie der Rose oder zumindest der großen Rosenfamilie zuordneten. Eine Blüte, die alle Zweifel zerstreut hätte, wurde bisher jedoch nicht gefunden.

Von den bisher bekannten 25 fossilen »Rosenarten« gelten immerhin drei Arten mit großer Wahrscheinlichkeit als Rosen.

China – Ursprung im Reich der Mitte: Mit dem Beginn der chinesischen Gartenkultur etwa 2700 Jahre v. Chr. wurden wahrscheinlich auch die ersten Rosen zur Zierde in Gärten gepflanzt. Der chinesische Philosoph Konfuzius berichtete zwei Jahrtausende später von umfangreichen Rosenpflanzungen in den kaiserlichen Gärten in Peking. Dennoch war das Ansehen der Rose bescheiden, verglichen mit der Bedeutung der »Rose Asiens«, der Päonie (Pfingstrose). Auch die Chrysantheme lief der »Königin der Blumen« (noch) spielend den Rang ab.

■ Rosige Allgegenwärtigkeit: indische Miniatur mit Fasanenpaar (1633–1642).

Trotzdem wurden in der Zeit nach Christi Geburt in China sehr wahrscheinlich Rosen selektiert und gekreuzt. (Die aus der Art *Rosa chinensis* entstehende Gruppe der China-Rosen wird Ende des 18. Jahrhunderts die europäische Rosenzüchtung revolutionieren. Mit den hochgezüchteten China-Rosen gelangten Öfterblütigkeit und niedriger Wuchs in die Züchtung, mit sprunghaften (Erb-) Folgen: Kannte man im Europa des 18. Jahrhunderts nur einige wenige Dutzend Sorten, sind es 1815 schon 250, im Jahr 1828 dann bereits über 2500.

Persien: Die Kunst der Herstellung von Rosenöl und -wasser war den alten Persern bereits bekannt. Insbesondere im Gebiet des nördlichen Iran hat die Rosenkultur eine lange Tradition. Das persische Wort für »Rose« und »Blume« ist identisch. Man vermutet, dass von Persien aus Rosenpflanzen nach Kleinasien, Griechenland, Mesopotamien, Syrien und Palästina gelangten.

Griechenland: Auf Kreta befindet sich die älteste gesicherte Darstellung einer Rose. Der Palast von Knossos beherbergt das etwa 3500 Jahre alte »Fresko mit dem blauen Vogel«. Entdeckt hat es Ende des letzten Jahrhunderts der Archäologe Sir Arthur John Evans. Im 2. Band seines Werkes »The Palace of Minos« schreibt er: »Aus dem Felsen entspringen wilde Erbsen oder Wicken, die gleichzeitig Hülsen und Blüten in Ähren tragen, Horste von anscheinend kretischer Zwerg-Iris, mit Orange, und zur Abwechslung auch einmal rosa gerandet mit rötlich-Dunkelgrün. An der linken Seite, erstmals in der antiken Kunst, erscheint ein Wildrosenbusch, teils gegen einen weißen, teils dunkelroten Hintergrund, während weitere Zweige der gleichen Pflanze vom Felsen herabhängen und sich im

Bogen wieder aufrichten. Die Blüten sind von goldener Rosenfarbe, mit orangefarbener Mitte, darin dunkelrot gefleckt; der Künstler hat den Blüten sechs statt fünf Petalen gegeben und die Blätter vereinfacht auf nur drei Blättchen, wie bei Erdbeeren.« Dass eine Rose auf dem Fresko dargestellt ist, gilt als gesichert, unklar blieb bis heute, welche Rosenart der Künstler gemeint hat. Mehrfach wurde das Fresko unsachgemäß restauriert und in vielen Feinheiten grob verändert. Es ist jedoch wahrscheinlich, dass es sich bei den auf den Originalteilen des Freskos dargestellten, stilisierten Rosenblüten um eine Form von *Rosa gallica* handelt.

Nach dem Untergang der minoisch-mykenischen Kultur sucht man für eine lange Zeitspanne vergeblich nach Informationen über die Rose. Erst bei Homer, der im 9. Jahrhundert v. Chr. lebte, findet sich ein erneuter Hinweis. Er beschreibt in der »Ilias« den Tod des Achilles bei der Belagerung Trojas, wie Achilles' Leichnam von Aphrodite einbalsamiert und mit Rosenöl eingerieben wird. Knapp zwei Jahrhunderte später besang die Dichterin Sappho die Rose als Königin der Blumen. 500 v. Chr. berichtete der Musiker und Dichter Pindar, dass in Athen Kränze aus Rosen getragen werden – ein Hinweis darauf, welche Bedeutung der Rosenanbau gehabt haben muss.

Später beschrieb Herodot die »Rose mit den 60 Blütenblättern« des König Midas, die stärker als alle anderen Rosen geduftet haben soll. Man kann mutmaßen, dass diese Rose eine gefüllte Form von *Rosa gallica* oder auch ein Abkömmling von *Rosa × alba* war, die damals bereits existierte.

Der »Vater der Botanik«, Theophrast, hat viele Details der Gartenkultur um 300 v. Chr. überliefert. Er unterscheidet zwischen »rhodon«, der gefüllten Rose, und »kynosbaton«, der Hundsrose *(Rosa canina).* Sein Zeitgenosse Epikur ließ sich in Athen einen großen Rosengarten anlegen, um immer frische Blüten zur Verfügung zu haben. Die Insel Rhodos war eine Roseninsel, und dort geprägte Münzen zierte eine Rosenblüte.

Rom: Von Griechenland aus gelangte die Rose nach Rom, um dort ihren Siegeszug fortzusetzen. Die römische High Society nahm sich der Königin der Blumen genauso intensiv wie aller anderen Genussmittel an – Zeitzeugen überliefern ein Bild der Exzesse und Ausschweifungen, aufgrund deren der Rose noch bis ins Mittelalter hinein ein zweifelhafter Ruf anhaftete. Der von 37 bis 68 n. Chr. regierende, für seine verschwenderischen Orgien bekannte Kaiser Nero scheute beispielsweise weder Kosten noch Mühe, seinen Festen mit unglaublichen Mengen an Rosenblüten eine besondere Note zu verleihen. Für ein einziges Gastmahl gab er mitunter vier Millionen Sesterzen aus – in heutige Wertverhältnisse umgerechnet ungefähr 260.000 Euro. Überliefert ist weiter, dass er einmal das Ufer des Sees von Baiae vollständig mit Rosenblüten bestreuen ließ. Auch nachfolgende Kaiser ließen die Räume ihrer Gelage und Feste jahrhundertelang mit verschwenderischen Rosendekorationen schmücken. Traurige Berühmtheit erlangte dabei ein Fest Anfang des 3. Jahrhunderts n. Chr., bei dem die Gäste des Kaisers Heliogabal mit derartigen Mengen an Rosenblüten überschüttet wurden, dass einige erstickten.

Es nimmt nicht wunder, dass die Rose zu einer Art »Massenartikel« verkam. Noch vor Christi Geburt hatte man erfolgreiche Schlachtenlenker mit Rosenkränzen geehrt, weil die Rose als etwas ungemein Kostbares angesehen wurde. Damit war es nun vorbei. Mit den rauschenden Rosenfesten und dem daraus resultierenden drastischen Anstieg des Rosenanbaus änderte sich auch ihr gesellschaftlicher Stellenwert. Um in ausreichenden Mengen Rosenblüten zu erzeugen, wurden die Anbau-

Zahlreiche Funde belegen die Bedeutung der Rose als Kulturpflanze.

flächen derart ausgeweitet, dass sogar der lebensnotwendige Getreideanbau Schaden nahm. Die Flächen wurden knapp, man suchte nach intensiveren Anbaumethoden. In diese Zeit fallen die Anfänge der Rosentreiberei: Man verfrühte die Rosenblüte mithilfe warmen Wassers und mehrte so den Ertrag.

Das Zentrum des römischen Rosenanbaus war Paestum. Vierzig Kilometer südlich von Neapel gelegen, befanden sich dort riesige Flächen zum Anbau von Rosen. Ein weiteres Anbaugebiet befand sich in Praeneste, dem heutigen Palestrina, einer etwa dreißig Kilometer südöstlich von Rom gelegenen Stadt. Die Anbaufelder, hauptsächlich mit Formen von *Rosa gallica* bepflanzt, sollen sich bis nach Rom hingezogen haben. Aber der enorme Bedarf konnte trotzdem nicht gedeckt werden und man importierte aus Ägypten – dessen Hochkultur interessanterweise vom Rosenrausch der Zeitenwende nahezu unberührt blieb – zusätzlich Rosen. Wie die verderbliche Ware die mehr als sechstägige Schifffahrt nach Rom schadlos überstand, ist bis heute eines der ungelösten Geschichtsrätsel geblieben.

Rosen im Mittelalter

Das Ende des Römischen Reiches im 5. Jahrhundert bescherte auch der Rose einen deutlichen Karriereknick. Niemand hofierte mehr den »Star« früherer Feste; in den folgenden Jahrhunderten wurde aus der Königin der Blumen ein Mauerblümchen. Nur in einigen Klostergärten überdauerte sie als Heilpflanze die unrosigen Zeiten.

Erst **Karl der Große** befreite die Rose aus ihrem Dornröschendasein. Per Gesetz musste er 794 ihre Wiederentdeckung verordnen: Im »Capitulare de villis imperialibus«, der kaiserlichen Landgüterverordnung, werden die Heil-, Gemüse-, Obst- und Zierpflanzen aufgeführt, die in den Reichsstädten anzubauen waren. An erster Stelle steht dabei die Rose.

Allerdings kam das Comeback der Rose nur zögerlich in Fahrt. Der Botaniker Albertus Magnus beschrieb die wenigen Rosenarten, die im 13. Jahrhundert in Mitteleuropa angebaut wurden: *Rosa × alba, Rosa rubiginosa, Rosa arvensis* und Formen von *Rosa canina* – eigentlich nicht viel mehr, als die Römer bereits in Kultur hatten.

Eine Bereicherung des Sortiments waren die Mitbringsel der **Kreuzritter.** Über sie fand *Rosa × damascena* von Syrien, was etwa mit »Land der Rosen« übersetzt werden kann, den Weg ins Abendland. Ihre Bezeichnung geht zurück auf den Namen der syrischen Hauptstadt Damaskus. *Rosa × damascena* galt als **die** Duftrose ihrer Zeit schlechthin. Im Orient gewann man aus ihr bereits seit Jahrtausenden Rosenöl.

Thibaut IV. de Champagne, König von Navarra, brachte aus dem Heiligen Land einen gefüllten Abkömmling von *Rosa gallica* mit. Aus ihr ging sehr wahrscheinlich *Rosa gallica* 'Officinalis', die Apotheker-Rose, hervor. In Provins bei Paris kultivierte man die halbgefüllte, karmesinrote Rose, die zur wichtigsten Heil- und Kosmetikrose ihrer Zeit wurde, in großem Ausmaß ab dem 13. Jahrhundert. An der Hauptstraße des Ortes befanden sich zahlreiche Apotheken, die die aus den Rosen hergestellten Heilmittel in alle Welt versandten.

Im Jahrhundert davor empfahl schon **Hildegard von Bingen** (1098–1179) die Rose als Heilmittel in ihren medizinischen Büchern. Zusammen mit der sich seit dem 11. Jahrhundert entwickelnden Marienverehrung verhalf dies der »Königin der Blumen« zu einer neuen Blüte. Die Darstellungen Marias als »blühendes Rosenreis«, »Rosenblüten tragender Stamm« und vor allem als »Rose ohne Dornen« unterstreichen den Stellenwert der Rose. In der christlichen Symbolik findet sich die vor dem Sündenfall stachellose und weiße Rose als Symbol der Unschuld, während rote Rosenblüten das Blut Christi symbolisieren und die Stacheln als Sinnbilder der Sünde gelten.

Bis zum heutigen Tag existiert die Gebetsform des **Rosenkranzes,** die ihren Ursprung in einer Heiligenlegende hat. Edmund Lauert schreibt dazu: »Einer Legende nach hat der Erzengel Gabriel zu Ehren Mariens aus 150 Rosen drei Kränze geflochten, einen goldenen »glorreichen«, einen weißen »freudenreichen« und einen roten »schmerzhaften«. Seit dem Mittelalter wurde das Gebet des Gläubigen mit einer sich entfaltenden Rose verglichen: Eine Reihe von Gebeten wurde zum Rosenkranz. In seiner kleineren Form besteht er aus 33 kleinen Perlen, jede ein Lebensjahr des Heilands, und aus fünf großen, jede eine seiner Wunden darstellend. Frühe Rosenkränze knüpfte man aus Perlen, die aus mit einem Bindemittel verkneteten Blütenblättern der Rose bestanden.«

Tausendjähriger Rosenstock von Hildesheim: Im ausgehenden Mittelalter muss die wohl älteste Rose der Welt, die sogenannte Tausendjährige Rose, am Dom zu Hildesheim gepflanzt worden sein, denn sie wird bereits 1573 als alte Rose erwähnt. Im Laufe der Zeit nahm sie immer wieder starken Schaden (zuletzt im 2. Weltkrieg), erholte sich aber jedes Mal und blüht noch heute.

Rosen und Kriege – die Rosenkriege

Der weithin bekannte Ausdruck »Rosenkriege« bezieht sich auf eine Auseinandersetzung zwischen den englischen Herrscherhäusern York und Lancaster, in deren Zentrum allerdings keine Rose, sondern nichts Geringeres als der englische Thron stand.

ROSEN, DIE NIE VERBLÜHEN: ROSEN IN DER KUNST

Der Ruf als Blume der Götter des Genusses (Bacchus) und der Liebe (Venus, Aphrodite), der der Rose bereits seit der Antike anhaftete, ließ sie dem frühen Christentum als lasterhafte Blume erscheinen. Erst im Mittelalter wurde sie zur christlichen Symbolpflanze. In einem langen Prozess wandelte sie sich zur »mystischen« Rose, der geheimnisvollen »Rosa mystica«. Als Sinnbild Mariens existierte nun eine Rose, die es in der Natur eigentlich nie gab. Die weltliche, irdische Seite der Rose blieb jedoch, parallel zur Reinheitssymbolik, immer erhalten (siehe »Die Rose als erotisches Symbol«, Seite 17). Botticelli stellte beispielsweise im 15. Jahrhundert die Rose immer noch als Blume der Venus dar; sie steht auch als Allegorie des Frühlings im Mittelpunkt seines gleichnamigen Werkes (siehe Bild Seite 15).

Rosen in der Malerei

Die Rose als Symbol sowohl der Reinheit als auch der Schmerzen Marias hielt über die Freskenmalerei Einzug in Kirchen. Taddeo Gaddi, der Anfang des 14. Jahrhunderts auf einem Fresko einen Rosenstock abbildete, war auch einer der ersten, der eine Rose in einer Vase malte.

Als Martin Schongauer 1473 in Colmar sein Bild »Maria im Rosenhag« vollendete, hatte sich die Darstellung von einer rein stilistischen zu einer wirklichkeitsgetreuen Wiedergabe gewandelt. Dennoch blieb die »Rosa mystica« trotz detailgenauer Abbildung ihrem Namen treu, denn den Botanikern gibt die Schongauer Rose mit ihren ovalen Blättern, feurig roten Blüten, schlanken Knospen und langen Kelchblättern bis heute zahlreiche Rätsel auf: Welche reale Rose dieser von Wildrosen dominierten Epoche könnte damit gemeint sein? Der Rosenhag als Ganzes gilt als Allegorie des Paradieses und verbindet das Antlitz Marias mit der Reinheit der Rose.

Ab dem späten 16. Jahrhundert findet man die Rose als Zentralthema zahlreicher Stillleben. Vor allem die flämischen und niederländischen Maler brachten diese Kunstform der Darstellung unbelebter bzw. lebloser Gegenstände, meist Blumen, Früchte und Gerätschaften, zur Hochblüte. Ambrosius Bosschaert, Jan Brueghel (viele Stillleben mit Rosen), Jan Davidsz de Heem, Jacob Marell, Rachel Ruysch und Gerrit van Spaendonck

■ Italienische Buchmalerei (Handbuch der Cerruti). Viele Kunstwerke greifen die Symbolik der Rose auf

(der Lehrer Pierre-Joseph Redoutés) seien exemplarisch genannt. Heute ist die Symbolik dieser Bilder ohne besondere Vorkenntnisse nicht mehr so leicht nachvollziehbar wie zum Zeitpunkt ihrer Entstehung. Die Zeitgenossen der Künstler wussten jedoch, dass beispielsweise weit aufgeblühte Rosen in zerbrechlichen, gläsernen Vasen die Vergänglichkeit der Schönheit und des Lebens symbolisierten.

■ Feuerrote Rosen, die es eigentlich noch nicht gab: Martin Schongauers berühmtes Bild »Maria im Rosenhag« (Ausschnitt).

Die bedeutenden Maler jener Zeit stellten die Rosen teilweise so genau dar, dass ihre Bestimmung noch heute gut möglich ist: Die gestreifte *Rosa gallica* 'Versicolor' ziert ebenso wie *Rosa foetida* ab der Mitte des 17. Jahrhunderts zahlreiche Werke.

Redouté – Raffael der Rose

Pierre-Joseph Redouté gilt als legendärer Rosenmaler, der im Bereich der Pflanzenillustrationen ein monumentales Werk hinterließ.

Redouté wurde am 10. Juli 1759 in Saint Hubert in den belgischen Ardennen als jüngstes von sechs Kindern geboren. Sein Vater war Berufsmaler, allerdings ohne Fortune und mit bescheidenem Einkommen. Doch vom Beruf des Vaters gingen für den Sohn entscheidende Impulse aus.

Früh erkannte man sein Maltalent, denn bereits als Fünfjähriger zeichnete er mit großer Begabung. Als junger Mann unterstützte er in Paris zunächst seinen Bruder, der als Maler an großen Bühnenkulissen arbeitete. In seiner Freizeit skizzierte Redouté Pflanzen in den königlichen Gärten. Durch den Verkauf einiger dieser Arbeiten wurde der Amateurbotaniker und hauptberufliche Richter L'Heritier auf ihn aufmerksam. Der reiche Gönner führte Redouté in das Wesen der Pflanzen ein, gewährte dem Talent freien Zugang zu seiner Bibliothek und stattete ihn mit Aufträgen aus. Die Karriere des »Raphael des fleurs« nahm ihren Lauf.

Seine Arbeit ließ den inzwischen schon recht bekannten Redouté mit verschiedenen Persönlichkeiten seiner Zeit zusammentreffen. Er lernte auch den Hofmaler Gerrit van Spaendonck kennen und entlastete ihn von der lästigen, wenig lohnenden Botanikmalerei, zu der Spaendonck als Professor für Pflanzenmalerei am Pariser Jardin du Roi verpflichtet war. Spaendonck konzentrierte sich lieber auf die lukrativen Auftragswerke für reiche Bürger und ebnete Redouté dadurch letztendlich den Weg zum offiziellen Hofmaler – zunächst unter Königin Marie-Antoinette, später unter Kaiserin Joséphine. Allerdings arbeitete Redouté, der alle Wirren der Französischen Revolution vollkommen unbeschadet überstand, am Hofe vorerst als »Designer« für die kaiserlichen Strickarbeiten. Noch war er nicht der berühmte Rosenmaler, als der er bis heute bekannt ist.

Unter den Botanikern im kaiserlichen Dienst befand sich auch E. P. Ventenat, der Redouté bat, seine Pflanzenaufstellungen zu kolorieren. Die Kaiserin unterstützte Redouté bei diesem Unterfangen und leitete damit seine ergiebigste Schaffensperiode ein. Es entstand sein bis dahin größtes Werk, »Les Liliacées«, das er Joséphine widmete.

Erst danach nahm er die Arbeit an »Les Roses« auf. Oft ist zu lesen, dass Joséphine ihn dazu bewogen habe – leider eine Legende. Denn als der erste von drei »Les Roses«-Bänden erschien, war die Kaiserin bereits seit drei Jahren tot. Auch standen für die Illustrationen nicht die Rosen des kaiserlichen Gartens von Malmaison, sondern vornehmlich solche aus Pariser und Versailler Gärten Modell. Redouté und der Botaniker Claude Antoine Thory, der die Texte verfasste, betonten zudem ausdrücklich die Mithilfe berühmter Baum- und Rosenschulen ihrer Zeit – z. B. Bosc, Dupont, Vilmorin und Noisette. Man muss also davon ausgehen, dass Redouté in seinem berühmten Werk – entgegen aller Erzählungen – nicht die Rosen der Kaiserin Joséphine dargestellt hat.

Redouté genoss das Leben und gab das Geld schneller aus, als er es verdiente. Trotz eines Jahreseinkommens von 18.000 Franken, mit dem ihn Joséphine versehen hatte, wuchsen seine Schulden zusehends. Dazu trugen die Unterhaltung seiner teuren Pariser Wohnung und seines Landgutes in Fleury-sous-Meudon entscheidend bei. Selbst als er 1828 die Originalzeichnungen von »Les Roses« für 30 000 Franken verkaufen konnte, war dies nur ein Tropfen im Meer der Gläubigerforderungen.

Über den Tod des achtzigjährigen Redouté schreibt Gerd Krüssmann in »Rosen, Rosen, Rosen«: »Wie so viele Künstler früher und heute lebte er in den Tag hinein und dachte nicht an die Zukunft. So war er im Alter mittellos und musste weitermalen, um leben zu können … Am 19. Juni 1840 war er gerade dabei, eine Lilie zu malen, die ihm ein junger Schüler gebracht hatte, als sein Herz plötzlich aussetzte. Er senkte sein Haupt, schloss die Augen, um sie nicht wieder zu öffnen.«

Der Erfolg und die Berühmtheit der Zeichnungen Redoutés sind bis heute ungebrochen. Unzählige Gegenstände, von der Serviette bis zum Kalender, zieren seine zeitlosen Illustrationen.

■ Typischer Farbpunktierstich einer Gallica-Hybride aus Redoutés Mammutwerk »Les Roses«.

Anne Marie Trechslin: Seit Redouté wurden zahllose Zeichnungen und Aquarelle von Rosen angefertigt. Auf sie alle einzugehen ist an dieser Stelle nicht möglich. Erwähnt werden sollen jedoch die ab den Sechzigerjahren unseres Jahrhunderts erschienenen fantastischen Rosenaquarelle der Schweizerin Anne Marie Trechslin.

Rosen in der Musik

»Musik selbst hat keinen Inhalt. Sie ist, als Kunst in der Zeit, lediglich Struktur. Sie kann daher auch keine Rose ›ausdrücken‹. Im Zusammenhang mit sprachlichen Elementen ist die Musik nur ›Dienerin‹. Sie kann keine Rose malen, ihren Duft nicht darstellen, ihre Symbolik nicht wiedergeben. Im Einklang mit dem Text kann sie aber die sinnliche Wirkung der Sprache vertiefen.« So eine sachlich-nüchterne, wenig rosig-romantische Analyse des Musikhistorikers Nowottny.

Auch in der Musikfassung eines der bekanntesten deutschen Gedichte, des 1771 von Goethe verfassten »Heiderösleins«, verschmelzen Dichtung und Musik zu einer sich gegenseitig verstärkenden Einheit: »Sah ein Knab ein Röslein stehn, Röslein auf der Heiden; war so jung und morgenschön, lief er schnell es anzusehn …«

Rosen in der Musik – das geht oft mit der Verehrung der »holden Weiblichkeit« einher. In seiner Operette »Gasparone« lässt der Österreicher Karl Millöcker den Tenor singen: »Was mein Herz empfindet, sagen ich's nicht kann, dunkelrote Rosen deuten Zartes an. Ein tief verborgner Sinn liegt in den Blumen drin, gäb's nicht die Blumensprache, wo kämen Verliebte hin. Fällt das Reden schwer, müssen Blumen her, denn was man nicht zu sagen wagt, man durch die Blume sagt. Was mein Herz empfindet, wissen Sie genau, dunkelrote Rosen bring ich, schöne Frau …«

Der irische Dichter Thomas Moore beschreibt »die letzte Rose des Sommers«, die sich vertont in Friedrich von Flotows Oper »Martha« wiederfindet: »Letzte Rose, wie magst du so einsam hier blühn? Deine lieblichen Schwestern sind längst, längst schon dahin …«

In den USA, genauer gesagt in Süd-Texas, wird mit dem Lied »Yellow Rose of Texas« (Gelbe Rose von Texas) eine Volksheldin besungen. Botanisch gesehen soll es sich dabei um *Rosa × harisonii,* eine Arthybride mit hellgelben, halbgefüllten Blüten, handeln: »She's the sweetest little rosebud that Texas ever knew, her eyes they shine like diamonds, they sparkle like the dew. You may talk about Clementine, and sing of Rosalie, but the Yellow Rose of Texas is the only girl for me …«

Die musikalische Symbolkraft der Rose reicht bis in die moderne Rockmusik hinein. Beispielhaft sei der ambitionierte Song »Róisín Dubh« (Schwarze Rose) der Rockgruppe Thin Lizzy genannt. Gary Moore schrieb die Musik, der Text stammt von dem irischen Rockmusiker Philip Lynott, der sich von einem gälischen Gedicht des Lyrikers James Clarence Mangan (1803–1849), »My Dark Rosaleen«, inspirieren ließ. Wie Mangan benutzt Lynott die Schwarze Rose, eben »My Dark Rosaleen«, als Symbol für Irland und taucht in Mythen und Legenden seiner Heimat ein. Das Cover der CD »Black Rose« ziert eine auf die leidvolle Geschichte Irlands anspielende, symbolträchtige Zeichnung des Künstlers Jim Fitzpatrick, die eine schwarzviolette Rose zeigt, aus deren Innerem Blutstropfen über die Blütenblätter nach außen perlen.

Rosen in der Literatur

»Habt Ihr nicht in unserem Garten etwas gehört, das Euch besonders auffallend war?«, fragte er.
»Den Vogelgesang«, sagte ich plötzlich.
»Ihr habt richtig bemerkt«, erwiderte er.
»Die Vögel sind in diesem Garten unser Mittel gegen Raupen und schädliches Ungeziefer. Diese sind es, welche die Bäume, Sträucher, die kleinen Pflanzen und natürlich auch die Rosen weit besser reinigen, als es Menschenhände oder was immer für Mittel zu bewerkstelligen im Stande wären. Seit diese angenehmen Arbeiter uns Hilfe leisten, hat sich in unserem Garten so wie im heurigen Jahre auch sonst nie mehr ein Raupenfraß eingefunden, der im geringsten bemerkbar gewesen wäre.«

Adalbert Stifter – bekannter Romandichter des 19. Jahrhunderts, für den »nur die Naturdinge ganz wahr sind« – offenbarte sich in seinem Roman »Nachsommer« bereits vor fast 150 Jahren als Biogärtner par excellence. Im »Nachsommer« wie auch in anderen Stifter'schen Erzählungen erscheint die Rose als wichtiges Leitmotiv. In einem ausdrucksstarken, »malerischen« Stil greift Stifter die

Kaiserin Joséphine wurde am 23. Juni 1763 geboren. Mit 16 Jahren kam sie nach Paris, wo sie den Vicomte de Beauharnais heiratete. Das Paar bekam zwei Kinder. Beauharnais endete 1794 auf der Guillotine, sein Vermögen blieb seiner Frau jedoch erhalten. Auf einem Ball lernte Marie-Josèphe-Rose Tascher de la Pagerie, so ihr eigentlicher Name, Napoleon kennen. Beide heirateten 1796. Zwei Jahre später erwarb Napoleon für Joséphine, wie er sie nannte, das Schloss Malmaison.

Kaiserin Joséphine interessierte sich leidenschaftlich für Gärten und begann nach dem Vorbild englischer Gärten, eine unglaubliche Pflanzensammlung aufzubauen. Aus der ganzen Welt wurden grüne Kostbarkeiten herangeholt; die berühmtesten Botaniker der Zeit standen in ihren Diensten. Einer ihrer Spezialisten, der irische Gärtner John Kennedy, besaß in den Kriegsjahren sogar eine Blankovollmacht, mit der er unbehelligt die Fronten passieren konnte, um die Pflanzensuche und den Pflanzeneinkauf ungehindert fortsetzen zu können.

Überhaupt profitierte Joséphine von den Kriegen ihres Gatten. Napoleons Kriegsschiffe brachten so manche exotische Pflanzenpracht nach Frankreich. Nicht ohne dafür den Respekt des britischen Feindes zu genießen: Nach ihrem Sieg in der Schlacht von Trafalgar gewährten die Briten für die auf den beschlagnahmten französischen Schiffen gefundenen Pflanzen und Sämereien freies Geleit nach Malmaison.

Die Rosen hatten es der Kaiserin besonders angetan. André Dupont legte für sie einen Rosengarten an, der alle damals bekannten Rosensorten beherbergte. Damit nannte Joséphine die größte Rosensammlung ihrer Zeit ihr Eigen.

Die berühmteste Rosensammlerin ihrer Zeit: Kaiserin Joséphine.

Rose weniger in der exakten Beschreibung konkreter rosiger Details oder gar in der Wiedergabe von Arten oder Sorten auf, sondern, wie viele seiner Dichterkollegen vor ihm, als Sinnbild. Alle folgten sie Goethes Motto: »Über Rosen lässt sich dichten, in die Äpfel muss man beißen.«

Sicher ist die Rose die am häufigsten in der Dichtkunst verewigte Blume. Die schon erwähnte griechische Dichterin Sappho, die im 7. Jahrhundert v. Chr. lebte, schrieb: »Wenn Zeus den Blumen eine Königin geben wollte, müsste die Rose diese Krone tragen.« Der Grundstein für die Bedeutung der Rose als »Königin der Blumen« war damit gelegt.

Beliebtestes Buch des mittelalterlichen Frankreich war der allegorische »Roman de la Rose«, der etwa um 1230 von Guillaume de Lorris begonnen und einige Jahre später von Jean de Meun abgeschlossen wurde. In nicht weniger als 22.817 Versen wird quasi eine Enzyklopädie des mittelalterlichen Wissens aufgerollt, die Denken und Dichtung der damaligen Zeit entscheidend beeinflusste. Im »Roman de la Rose«, der sich um einen Traum des zwanzigjährigen Dichters Guillaume dreht, spielt die Allegorie eine bedeutende Rolle. Der junge Dichter träumt, er käme als vollendeter Ritter zu einem Liebesgarten, der von einer hohen Mauer umgeben ist. Im Garten erblickt er im Brunnenwasser das Spiegelbild einer herrlichen Rose – Sinnbild der damenhaften Geliebten. In Versform wird neben vielem anderen detailreich aufgeführt, auf welche Art er sich der Geliebten zu nähern habe: nämlich in Treue, Respekt und Freigiebigkeit, wie ihn aber personifizierte »Gefahr«, »Üble Nachrede«, »Scham« und »Furcht« vergebens zu vertreiben suchen. Auch die »Vernunft«, in Form einer stolzen Dame erscheinend, kann ihm die Geliebte nicht ausreden. Nach weiteren Kämpfen, beschrieben in Tausenden von Versen voller Philosophie und Gelehrsamkeit, siegt die Liebe, der Jüngling darf die Rose pflücken.

In der materiellen Neuzeit des 19. und 20. Jahrhunderts blieb vom Mythos der Rose nicht mehr sehr viel übrig. Kitsch und Kommerz haben ihn zunehmend entzaubert. Dies bedauert auch Antoine de Saint-Exupérys kleiner Prinz:

»Die Menschen bei dir zu Hause, sagte der kleine Prinz, züchten fünftausend Rosen in ein und demselben Garten… und doch finden sie dort nicht, was sie suchen.
Sie finden es nicht, antwortete ich.
Und dabei kann man das, was sie suchen, in einer einzigen Rose oder einem bißchen Wasser finden.
Ganz gewiß, antwortete ich.
Und der kleine Prinz fügte hinzu:
Aber die Augen sind blind. Man muß mit dem Herzen suchen.«

Rosen im Kirchenbau

Vollendete Meisterwerke der Kunst der Glasmalerei sind die ab dem 11. Jahrhundert entstandenen großen stilisierten Fensterrosen in den gotischen Kathedralen. Vor allem von Frankreich ging die Tradition der Fensterrosetten aus und verbreitete sich in Europa: Von Amiens, Chartres, Laôn, Reims, der Pariser Notre Dame über Straßburg, Freiburg, Köln bis nach England (Exeter, Canterbury, York, Westminster) schmücken sie die Stirnseiten der Mittelschiffe. Die Ursprünge dieser Rosetten werden den Kreuzfahrern zugeschrieben, die durch die Rosettenfenster der Moschee des Ibn Tulun in Kairo zu der Idee angeregt worden sein könnten, diesen wunderbaren Schmuck auch in christlichen Kirchen einzusetzen.

■ Botticellis »Der Frühling« (um 1477/78) zeigt die Rose als Allegorie dieser Jahreszeit.

Kultur und Geschichte

DIE ROSE ALS GESTENREICHES SYMBOL: LASST ROSEN SPRECHEN

Wortgeschichtlich geht der Begriff »Symbol« auf das griechische Wort *symballein* zurück, das »zusammenwerfen« bedeutet. Im Symbol, dem Sinnbild, sind zwei Dinge so zusammengeworfen, dass sie nicht wieder getrennt werden können: Sichtbares und Unsichtbares, Reales und Irreales.

Wie keine andere Pflanze hat die Rose, ihre Blütenform, ihre Blütenblätter, ihr Duft und ihre Stacheln, die Menschen immer wieder dazu animiert, sie als Symbol für vielerlei Dinge zu verwenden; die Geschichte der Rose als Symbol für Liebe und Schönheit ist fast so alt wie die menschliche Kulturgeschichte selbst.

Ihre in zahlreichen Völkern und Kulturen verwurzelte Symbolkraft ist einzigartig: Was es beispielsweise bedeutet, wenn eine einzelne rote Rose als Geschenk überreicht wird, weiß jedes Kind.

Sprache der Rosen: Aus der Symbolik der Rosen heraus entstand die Sprache der Rosen. Zunächst im Orient ersonnen, übernahmen und verfeinerten in Europa Franzosen und Engländer die Sitte, mithilfe von Rosen und anderen Pflanzen Botschaften zu übermitteln. Einen Höhepunkt erreichte diese Mode zur Zeit Königin Viktorias. Damals wurden zahlreiche Bücher zu diesem Thema veröffentlicht, die meist auf das Werk »Le Langage des fleurs« von Madame de la Tour zurückgingen.

Im Mittelpunkt dieser Botschaften stand, wie nicht anders zu erwarten, die Liebe. Jedem Teil der Rose kam eine ganz besondere Symbolik und Wertung zu. Stacheln ließen Gefahr erahnen, Blätter verhießen Hoffnung. Stachellose, aber belaubte Rosentriebe standen für eine Liebe voller Hoffnung und Vertrauen. Stellte man diesen Stiel auf den Kopf, signalisierte man das Gegenteil.

Auch die Art und Weise, wie die Rose überreicht und angenommen wurde, war symbolträchtig. Die Rose nach rechts gebogen bedeutete »Ich«, nach links »Du« oder »Sie«. Nahm die rechte Hand des Gegenübers die Rose an, konnte der Überbringer aufatmen, denn die Antwort lautete »Ja«, die linke Hand kam jedoch einem schroffen »Nein« gleich.

Eine Frau, die, an der Kleidung befestigt, eine Rose am Herzen trug, galt als verliebt, eine ins Haar gesteckte Rose mahnte zur Vorsicht, im Dékolleté symbolisierte sie Freundschaft. Rote Rosen bedeuteten feurige Liebe, karminrote Trauer, rosafarbene Rosen standen sinnbildlich für Jugend oder Schönheit, weiße Rosen für schmachtende Leidenschaft oder Unschuld, gelben Rosen wurde eifersüchtige Zuneigung, teils sogar Neid oder Untreue zugeschrieben.

■ Die Symbolkraft der Rose ist auch in der Religion tief verwurzelt

Auch bestimmte Rosenarten und -sorten besaßen eine genau definierte Symbolik:

- Damaszener-Rose *(Rosa × damascena)* = fortdauernde Schönheit
- Chinesische Rose *(Rosa chinensis)* = ewige Schönheit
- Fuchs-Rose *(Rosa foetida)* = Alles an dir ist bezaubernd
- Provence-Rose *(Rosa × centifolia)* = Botschafter der Liebe, Mein Herz steht in Flammen, Schlichtheit
- Hunds-Rose *(Rosa canina)* = Schlichtheit, Freude und Schmerz in einem
- Knospe der Moos-Rose = Liebesgeständnis (z. B. *Rosa × centifolia* 'Muscosa')
- *Rosa multiflora* = Würde
- Moschus-Rose *(Rosa moschata)* = charmant, launische Schönheit
- *Rosa gallica* 'Versicolor' = Vielfalt
- *Rosa × alba* 'Maiden's Blush' = Wenn du mich liebst, wirst du es erfahren

Sub rosa dictum – die Rose als Sinnbild der Verschwiegenheit: Ob an Beichtstühlen, in Rathäusern, wie z. B. in Bremen, oder als Zeichen für die Geheimbünde im 17. und 18. Jahrhundert – häufig taucht die Rose als Sinnbild der Verschwiegenheit auf. Bereits 1742 erfährt man in Zedlers Universallexikon: »Vor Alters pflegte man eine Rose über die Tische zu hängen, und zwar darum, damit ein jeder, sobald er sie erblickte, eingedenck würde, dass er dasselbe, was er geheim hörete, verschweigen sollte … Sub rosa dictum, das sey unter Rose geredet.«

Ein Relikt dieses Brauchs ist die Stuckrose, die heute noch viele Decken ziert und die sich ursprünglich immer über dem Mittelpunkt des Tisches befand, an dem vertrauliche Gespräche stattfanden. Auch vergnügte man sich *sub rosa:* Der Herzog von Chartres gründete in Paris 1780 einen Rosenorden. Sein »ordre de chevaliers et nymphes de la rose« war eine Vereinigung, die geheimen, ausschweifenden Freuden frönte.

Die Rose als erotisches Symbol: Nicht von ungefähr finden sich im Wort »Eros« die gleichen Buchstaben wie im Wort »Rose«. Die Rose mit ihrem Duft und ihren Farben bot sich seit je als Symbol für die Weiblichkeit an, wie Dr. Aigremont in seinem 1907 erschienenen Buch »Volkserotik und Pflanzenwelt« belegt: »Besonders aus einem Grund ist die Rose das geschlechtliche Symbol der Frauen geworden: wegen ihrer blutroten Farbe. Die rote Farbe hat zu allen Zeiten sexuelle und erotische Beziehungen in sich geborgen… Von den Naturvölkern wurden die Liebesglieder wie die Liebesgötter rot gemalt … Die Liebesgottheiten Tibets sind rot gestrichen. Rose und Blut stehen auch bei uns von altersher in innigsten Beziehungen … Schon im Mittelalter heißt der rote Monatsfluss der Frauen die »Rose«, auch »Monatsros«, »weibliche Rose«, »Weiberrose« … Neben der Farbe ist es der Duft, der berückende, berauschende Duft der Blume, der wohl sexuell erregen mag, wenn die Frau, wie sie von altersher getan hat, sich mit Rosenduft parfümiert … Wegen Farbe, Duft, Gestalt ward die Rose zur Königin der Blumen, ward sie zum Symbol des Weibes… So ist der Rosengarten im Mittelalter der Inbegriff aller Lust und Wonnen geworden … Die Römer übernahmen von den Griechen den erotischen Sinn der Rose. In den sinnlichen obscönen Festen der Flora zu Altrom wurden Rosen getragen …«

Rosen und junge Mädchen werden im Volksmund oft in Parallelen zueinander gesetzt: »Die reinste Rose, die in Dornen fällt, ritzt ihr Blatt« = die Gemeinschaft mit Gemeinem schädigt das reinste Mädchen. Oder »die schönste Rose wird endlich zur Hagebutte« = jedes noch so schöne Mädchen wird einmal dick und hässlich…

Die Warnung an die Eltern, die Verheiratung ihrer Kinder nicht allzu sehr hinauszuzögern, heißt im Sprichwort: »Man muss die Rose auf dem Stiel nicht verwelken lassen«, oder: »Man muss die Rosen pflücken, wenn sie blühen« (= geschlechtsreife Mädchen sollen verheiratet werden) …

Andere, leicht anrüchige Dinge umschreibende rosige Ausdrücke sind »Rosengarten«, »Rosenplan«, »Rosengasse«, »Rosenwinkel«: Es sind Stadtgegenden mittelalterlicher und teilweise auch noch moderner Städte, in denen Freudenmädchen oder öffentliche Dirnen wohnen. »Rosengäßler« nannte man die Besucher dieser Orte. Sehr drastisch heißt in Erfurts berüchtigter Rosengasse ein Haus »Zur großen Rose«, womit deutlich auf ein Geschlechtsteil hingewiesen wird. In Frankfurt a. M. trugen die Prostituierten früherer Zeiten die Rose sogar als Abzeichen.

Als Liebesorakel benutzte man Rosenblätter, die man wie Schiffchen auf dem Wasser schwimmen ließ; schwammen die Schiffchen von Jungfrau und Jüngling aufeinander zu, so würden sie sich verloben und/oder einander treu bleiben, schwammen sie voneinander weg, so bedeutete dies die Trennung.

Kunst und Mode greifen bis heute immer wieder auf Rosensymbole zurück

ROSENZÜCHTUNG – GESTERN UND HEUTE

Die Rosenzüchtung könnte man als die immerwährende Suche nach der perfekten Rose bezeichnen. Viele Menschen waren und sind der Faszination dieser Suche erlegen. Obwohl der eigentliche Vorgang der künstlichen Kreuzung sich als wenig spektakulär und leicht verständlich erweist (siehe Kapitel »Rosenzüchtung« Seite 181), fällt es auf, dass die meisten erfolgreichen Profi-Rosenzüchter in einer langen Familientradition stehen und oft erst die zweite oder dritte Generation den Lohn für die eigene und die Mühe ihrer Vorfahren erhält. Der Hauptgrund dafür ist sicherlich in der Tatsache zu finden, dass der Aufbau erstklassiger Züchtungseltern für vielversprechende Kreuzungen und die Aneignung der Kenntnisse ihrer genetischen Eigenschaften vieler Jahre, wenn nicht Jahrzehnte geduldiger Arbeit bedarf. Rosenzüchtung ist keine Beschäftigung für Ungeduldige. Die Selektion erfolgversprechender Sämlinge gelingt nur mithilfe eines geübten Auges und jahrelanger Erfahrung.

Anmerkungen zu einigen berühmten Rosenzüchtern

Doch neben Erfahrung, Fleiß und Ausdauer gehört auch die notwendige Portion Glück dazu, einen großen Treffer zu landen. Und zahlreiche, fleißige Mitarbeiter, die die züchterische Sisyphusarbeit der Abertausende von Kreuzungen leisten.

In Deutschland weisen die Rosenfirmen W. Kordes' Söhne aus Klein Offenseth-Sparrieshoop, Strobel & Co. aus Pinneberg (als deutscher Repräsentant der französischen Firma Meilland) und Rosen Tantau aus Uetersen als namhafte Züchter neuer Sorten eine lange Tradition auf. Die genossenschaftliche Vereinigung der Rosen-Union im hessischen Steinfurth spielt bei der Einführung neuer Sorten bekannter ausländischer Züchter ebenfalls eine nicht unwesentliche Rolle. »Newcomer« sind Züchter wie Karl Hetzel, der u. a. mit 'Super Dorothy'® und 'Super Excelsa'® sehr erfolgreich war, sowie Werner Noack, der »Shooting Star« aus Gütersloh.

W. Kordes' Söhne

Am 1. Oktober 1887 gründete Wilhelm Kordes I. eine »Kunst- und Handelsgärtnerei«, die sich bereits nach wenigen Jahren auf die Anzucht von Rosen konzentrierte. Sein ältester Sohn, Wilhelm Kordes II., und dessen Bruder Hermann Kordes II. führten das Unternehmen als »Wilhelm Kordes' Söhne« zu Weltruf. Wilhelm Kordes II. kann ohne Übertreibung als einer der erfolgreichsten Rosenzüchter des letzten Jahrhunderts bezeichnet werden. Sorten wie 'Crimson Glory', 'Dortmund'®, 'Flammentanz', 'Kordes Sondermeldung' und 'Raubritter', um nur einige wenige zu nennen, gehen auf ihn zurück. Ab etwa 1955 übernahm Reimer Kordes, Wilhelms Sohn, die Züchtung: Nicht minder erfolgreich schuf auch er zahllose Klassiker. Als Beispiele sei auf die bis zum heutigen Tag dominierenden Strauchrosensorten 'Lichtkönigin Lucia'®, 'Schneewittchen'® und 'Westerland'® verwiesen, die den Namen Kordes quasi zum Synonym für die Gruppe der Strauchrosen werden ließen. Wilhelm Kordes III., Reimer Kordes' Sohn, trat 1977 in den Betrieb ein und setzte die züchterische Arbeit fort. Zahlreiche nationale und internationale Auszeichnungen krönen bisher seine Arbeit. Wilhelm Kordes III. ist einer der profundesten Rosenkenner seiner Generation in Deutschland.

Rosen Tantau

Am 6. Januar 1906 gründete Mathias Tantau sen. eine Baumschule. Ähnlich wie Wilhelm Kordes I. entwickelte Tantau eine ausgeprägte Vorliebe für Rosen und deren Zucht mit der Folge, dass etwa ab 1918 die Königin der Blumen uneingeschränkt im Mittelpunkt seines Wirkens stand. 'Garnette', 'Märchenland', 'Tantaus Überraschung' und viele mehr entwickelten sich zu züchterischen Triumphen. 1953 übernahm Mathias Tantau jun. die Rosenzüchtung und erzielte spektakuläre Ergebnisse. 'Super Star'® beispielsweise wurde aufgrund ihrer bisher nicht gekannten, einmaligen salm-orangenen Farbe zu einer Sensation in der Rosenwelt. Weitere Tantau-Schlager sind 'Pariser Charme', 'Duftwolke'®, 'Mainzer Fastnacht'®, 'Whisky'® und 'Montana'®. Zahlreiche hervorragend duftende Rosen sind untrennbar mit dem Namen Tantau verbunden. 1985 gingen Firmengeschick und Rosenzüchtung in die Hand des langjährigen Mitarbeiters Hans Jürgen Evers über. Erfolgreiche Neuzüchtungen wie 'Diadem'® und 'Monica'®, die dem erwerbsmäßigen Anbau von Freilandschnittrosen in Deutschland zu einer Renaissance verhalfen, sind sein Werk. Seit 2007 führt sein Sohn Christian Evers das Unternehmen.

Strobel & Co./Meilland

Seit über einem halben Jahrhundert fungiert die Firma Strobel & Co. als deutscher Generalvertreter der französischen Rosenzüchter-Dynastie Meilland-Richardier, sodass die Geschichte beider Firmen eng miteinander verknüpft ist. Gustav Strobel knüpfte die entscheidenden Kontakte zu Francis Meilland, dem Züchter so berühmter Rosen wie 'Gloria Dei' und 'Baccara'®. Francis Meilland starb 1958. Seine Frau Louisette und Sohn Alain führten die Rosenzüchtung erfolgreich weiter. Weltweite Erfolge in den folgenden Jahren – u. a. 'Sonia'®, 'Carina'®, 'Papa Meilland'®, 'Starina' und später 'Bonica'® – sicherten die Zukunft der Rosenzüchterfamilie bis heute.

Früh hatte Francis Meilland ein weltweites Netz ausländischer Repräsentanten aufgebaut. Ihm war klar, dass für die Rosenzüchtung an der Côte d'Azur zwar ideale Bedingungen aufgrund der Lichtverhältnisse herrschten, die

Selektion der Sorten jedoch vor Ort im jeweiligen Land der Verwendung erfolgen musste. Für Deutschland übernahm die Baumschule Strobel & Co. in Pinneberg diese Aufgabe. Wichtiger Ratgeber für neue Markteinführungen ist – seit dem Tode von Gustav Strobel 1979 – Klaus-Jürgen Strobel, Jahrgang 1931, ein in Fachkreisen hoch geschätzter Gesprächspartner. (Dass er eine Koryphäe auf seinem Gebiet ist, hört der bescheidene und menschlich loyale Rosenkenner nicht gerne – es sollte aber keinesfalls unerwähnt bleiben.)

Werner Noack

Werner Noack, Jahrgang 1927 und seit 1948 in Gütersloh ansässig, ist der erfolgreichste »Newcomer« der deutschen Rosenzüchter. Seit Jahrzehnten macht er als »Abräumer« bei der ADR-Rosenprüfung Furore (siehe Seite 165), zahlreiche ADR-Rosenprädikate sind der Erfolg für über vierzig Jahre geduldige Züchtungsarbeit. Der internationale Durchbruch gelang ihm 1988 mit der Weltrose 'Heidetraum'®.

Insbesondere den Flächen-, Beet- und Strauchrosen gilt Noacks Vorliebe. Trotz der immensen Erfolge der Firmen Tantau, Kordes, Rosen-Union und Strobel/Meilland auf diesem Gebiet erzielte Werner Noack verschiedene Sorten, die »noch ein kleines bisschen besser« sind. Möglich wurde dies dadurch, dass sich Noack bei seinen züchterischen Bemühungen von Anfang an auf robuste Gartenrosen konzentrierte. Immer auf der Suche nach der pflegeleichten Rose, behandelte er seine Selektionsfelder grundsätzlich nicht mit pilzabtötenden Pflanzenschutzmitteln.

Sohn Reinhard, mittlerweile Inhaber der Firma, hat das züchterische Talent seines Vaters geerbt. Mit kaufmännischem Geschick hat er eine weltweit agierende Vermarktung der Noack-Sorten aufgebaut. Sowohl die Fachwelt als auch zahlreiche Rosenfreunde erwarten gespannt die weitere Entwicklung.

Weitere Rosenzüchter

Rosenzüchter sind auf der ganzen Welt aktiv. Nachfolgend eine Auswahl weiterer berühmter Rosenzüchter und einige ihrer Erfolge:

David Austin (Großbritannien): 'Heritage'®, 'Graham Thomas'® (siehe auch den Abschnitt »Englische Rosen«, Seite 121)
Alexander Cocker (Großbritannien): 'Alec's Red'®, 'Silver Jubilee'®
Georges Delbard (Frankreich) hat in den vergangenen Jahren mit seinen reizvollen Malerrosen verstärkt auf sich aufmerksam gemacht. Außergewöhnlich gestreifte Blüten und ein guter Duft kennzeichnen die Sorten. Sie tragen die Namen berühmter Maler. In diesem Buch finden sich Beschreibungen der Sorten 'Claude Monet'®, 'Henri Matisse'® und 'Paul Cézanne'®.
Gijsbert de Ruiter (Niederlande): 'Minimo'-Topfrosenserie
Jack Harkness (Großbritannien): 'Yesterday'®, 'Red Yesterday'®
Sam McGredy (Neuseeland): 'Piccadilly'®, 'Händel'®
Ralph Moore (USA): 'Gelbe Dagmar Hastrup'®, zahlreiche Zwergrosensorten
Susumu Onodera (Japan): 'Heideröslein Nozomi'®
Niels Dines Poulsen (Dänemark): 'Royal Dane'®, 'Shalom'®
Heinrich Schultheis (Deutschland) erwarb sich in den letzten Jahrzehnten einen guten Ruf als Anbieter alter Rosensorten. Mittlerweile ist die Steinfurther Rosenpersönlichkeit auch züchterisch tätig. Sorten wie 'Felidae'® sind neue Abkömmlinge mit viel nostalgischem Charme.

■ 'Schneewittchen'® – einer der vielen großen Erfolge von Reimer Kordes. Eine bleibende Erinnerung an den begnadeten Rosenzüchter.

■ 'Heidetraum'® – Werner Noacks großer Wurf ist eine der weltweit erfolgreichsten Gartenrosen der letzten Jahre.

■ David Austin hat mit seinen Englischen Rosen wie hier 'Abraham Darby' einen neuen Rosentypus geschaffen, der weltweit erfolgreich ist.

ROSENGÄRTEN UND ROSARIEN – LEBENDIGE ROSENMUSEEN

Wer im Sommer Rose satt erleben möchte, sollte zu den zahlreichen kleinen und großen Rosarien pilgern. Ein Rosarium ist eine in der Regel aus vielen Arten und Sorten bestehende Rosensammlung, deren Pflanzen mit großem Pflegeaufwand gehegt werden und meist sehr gut etikettiert sind. Den Rosarien kommt bei der Erhaltung des rosigen Sortenreichtums einige Bedeutung zu, weil etliche der dort zu findenden Sorten schon seit Jahrzehnten nicht mehr im Handel erhältlich sind. Rosarien spielen insofern eine Rolle als bedeutende »Genbank« für die zukünftige Züchtung, als man mit ihrer Hilfe auch auf alte, aber längst verschollene Zuchtlinien zurückgreifen kann.

Dem Rosenfreund bieten die Rosarien die Möglichkeit, sich über wichtige Merkmale einzelner Arten und bestimmter Sorten zu informieren, über Blütenfarbe – die sich nicht immer treffend in Katalogen abbilden bzw. beschreiben lässt –, Duft oder Wuchs einer Rose.

Was sich in Rosarien einer Beurteilung entzieht, ist die Robustheit der gezeigten Sorten. Wegen der enormen Sortenanzahl und Pflanzdichte werden die Rosen in Rosarien mehrmals jährlich mit Pflanzenschutzmitteln behandelt. Grundsätzlich gilt: Je großflächiger man Rose pur pflanzt, desto robuster sollten die gepflanzten Sorten sein. Da es sich bei Rosarien aber um Sammlungen handelt, die möglichst viele verschiedene Sorten beherbergen sollen, müssen zwangsläufig auch Sorten gepflanzt werden, die als anfällig gelten.

In Dortmund beispielsweise geht man deshalb neue Wege und versucht, durch artenreiche Pflanzungen mit Gehölzen, Stauden und Sommerblumen mehr Pflegeleichtigkeit zu erreichen. Ganz auf Pflanzenschutzmittel wird man in den Rosarien aber auch in Zukunft nicht verzichten können. Wer sich beim Besuch in einem Rosengarten in eine bestimmte Sorte verliebt hat, sollte vor einer Pflanzung in Katalogen nachschauen oder in Rosenschulen bzw. beim Züchter direkt nachfragen, ob die Sorte dafür geeignet ist, auch im eigenen Garten mit einem vertretbaren Pflegeaufwand eingesetzt werden zu können.

Nachfolgend eine Auswahl sehenswerter Anlagen:

Rosengärten in Deutschland

1 **01277 Dresden:** Der Rosengarten der sächsischen Landeshauptstadt, am Carusufer gelegen, beherbergt 18 300 Rosen in 90 Arten/Sorten.

2 **03042 Cottbus:** Für die Bundesgartenschau 1995 wurde der Cottbuser Spreeauenpark geschaffen. Der Rosengarten ist mit 6500 Rosen in 100 Sorten ein Teil dieser imposanten Anlage.

3 **03149 Forst:** Der Ostdeutsche Rosengarten Forst in der Lausitz geht in seinen Ursprüngen auf das 25-jährige Kronjubiläum Kaiser Wilhelms II. im Jahr 1913 zurück und bietet heute in vielen Beetpflanzungen stattliche 35 000 Rosen in 400 Arten/Sorten. Daneben findet sich alter Baumbestand inmitten weiter Rasenflächen. 2013 wurden zum 100. Jubiläum auch zahlreiche Themengärten eröffnet. Forst lohnt auch eine weitere Anreise.

4 **04509 Delitzsch:** Empfehlenswert ist der Rosengarten mit seinen 5000 Rosen in 300 Arten/Sorten am Wallgraben in Delitzsch, nördlich von Leipzig gelegen. Weitere Rosenpflanzungen zieren den städtischen Bereich.

5 **04860 Torgau:** Rosengarten mit 450 Rosen in 35 Arten/Sorten (Schlossstraße).

6 **06526 Sangerhausen:** Das Europa-Rosarium Sangerhausen am Steinberger Weg wurde 1903 vom Verein Deutscher Rosenfreunde gegründet. Die größte Rosensammlung weltweit ist mit 12,5 Hektar Gesamtfläche und 55 000 Rosen in 8500 Arten/Sorten der Superlativ im Bereich Rosengärten. Höhepunkte u. a. der Wildrosenlehrpfad »Helmstal« (Blüte ab Ende Mai), Gehölzsammlungen mit über 350 seltenen Baum- und Straucharten und der im Jahre 2003 eröffnete Jubiläumsgarten.

7 **09126 Chemnitz:** Der Rosenhof (Innere Klosterstraße, Theaterstraße) ist ein frei zugänglicher Rosengarten, der ab 1964 entstanden ist.

8 **10785 Berlin:** Immer einen Besuch wert ist der Rosengarten im Großen Tiergarten mit seinen 5300 Rosen in 110 Arten/Sorten. Weitere Rosenanlagen finden sich im Volkspark Mariendorf (1700 Rosen in 20 Sorten) und im Britzer Garten, Ort der Bundesgartenschau 1985.

9 **14467 Potsdam:** Der ehemalige Rosengarten Charlottenhof wurde 1994 wieder aufgebaut.

10 **20249 Hamburg:** Der Rosengarten im Hamburger Stadtpark (Saarlandstraße) bietet 9500 Rosen in 700 Arten/Sorten. Neu ist der 1994 entstandene Rosengarten in der Parkanlage Planten un Blomen (Tiergartenstraße, 20355 Hamburg-Mitte) mit 3460 Rosen in 350 Sorten.

11 **23701 Eutin:** Einladender Rosengarten; zahlreiche Rosen im Stadtgrün Eutins.

12 **24960 Glücksburg:** Ein besonderer Glücksgriff moderner Landschaftsgestaltung ist der seit 1991 zugängliche Schaugarten der Rosenschule Jensen, direkt neben dem berühmten Glücksburger Wasserschloss (Am Schlosspark 2b) gelegen. 1000 Rosen in 400 Arten/Sorten, darunter viele Alte und Englische Rosen, kombiniert mit zahlreichen Stauden und anderen Gehölzen, erfreuen den Gartenfreund.

13 **25365 Klein-Sparrieshoop bei Elmshorn:** Der Kordes-Rosengarten der Rosenschule W. Kordes' Söhne (Rosenstraße 54) mit Schauanlage präsentiert 3200 Rosen in 270 Arten/Sorten und erlaubt damit einen direkten Sortenvergleich. Daneben können die Rosenfelder der Rosenschule Kordes jederzeit besichtigt werden. Viele Kletter- und Hochstammrosen.

14 **25421 Pinneberg:** Der Rosengarten im Fahlt wurde 1934 eröffnet. Eingebettet im Stadtwald beherbergt die sehr gepflegte Anlage heute 9000 Rosen in 80 Sorten.

15 **25436 Uetersen:** Das Rosarium Uetersen wurde 1932 auf Betreiben der Züchter Kordes und Tantau und weiterer Holsteiner Betriebe gestaltet (Berliner Straße) und wird ständig durch neue Anpflanzungen aktualisiert. Den Besucher erwarten 35 000 Rosen in 700 Arten/Sorten, die in einer weitläufigen Anlage mit Café, Restaurant und Hotel präsentiert werden. Viele Kletter- und Hochstammrosen.

16 **25704 Meldorf:** Die Historische Rosensammlung Meldorf beherbergt 50 verschollene Rosensorten aus der Dithmarscher Gartenhistorie. Aufgrund des vorherrschenden Sortiments einmalblühender Rosen sehr kurze Blütezeit.

17 **26386 Wilhelmshaven:** Das einzige Rosarium im Nordwesten Deutschlands bietet mehr als 3000 Rosen in über 500 Sorten.

18 **29664 Walsrode:** Die Rosenhöhe im Vogelpark Walsrode, in seiner Art der größte Vogelpark der Welt, lohnt mit 15 000 Rosen in 43 Arten/Sorten einen Besuch. Daneben zahlreiche Rhododendren im Mai und sehenswerte Laubfärbung des Baumbestandes im Herbst.

19 **30169 Hannover:** Der Rosengarten im Stadtpark Hannover (Theodor-Heuss-Platz) beherbergt 5300 Rosen in 140 Sorten. Ebenfalls für jeden Gartenfreund lohnenswert: die Herrenhäuser Gärten an der gleichnamigen Straße.

20 **31207 Peine:** Wer Peine besucht, sollte einen Abstecher in den Rosengarten am Stadtpark einplanen. 1988 wurde der stimmungsvolle Rosengarten mit Rosen, Nadelgehölzen und Gräsern neu angelegt.

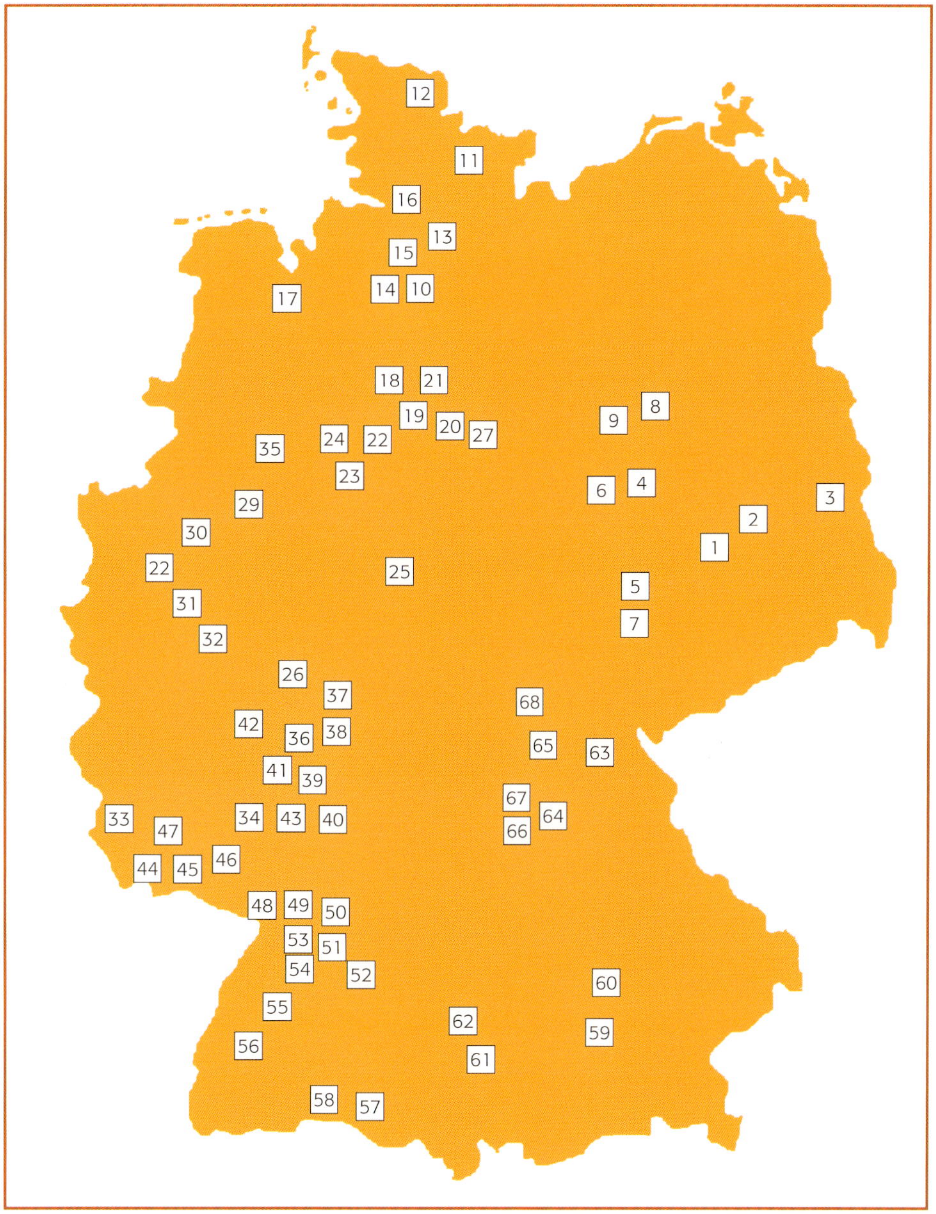

Rosengärten in Deutschland (eine Auswahl).

21 **31319 Sehnde-Rethmar:** Rosenprüfgarten des Bundessortenamts in der Nähe von Hannover. Besuchsmöglichkeiten auf Anfrage bei der Bundessortenamt-Prüfstelle Rethmar.

22 **31812 Bad Pyrmont:** Der intensiv gepflegte Kurpark (17 Hektar) wartet mit 1200 Rosen in 20 Sorten auf. Hervorragender Landschaftsgarten. Vielfältiges Sommerprogramm.

23 **33014 Bad Driburg:** Inmitten des alten Kurparks liegt ein Rosengarten, der zum Spazierengehen und Verweilen einlädt.

24 **33597 Bielefeld:** Im Bürgerpark liegt der Rosengarten mit zahlreichen Sorten.

25 **34131 Kassel:** Die Ursprünge der historischen Rosensammlung im Park Schloss Wilhelmshöhe gehen bis in Klosterzeiten des 11. Jahrhunderts zurück. Den Besucher erwartet eine lebende »Geschichte der Strauchrosen«, eine verträumte Roseninsel sowie eine umfangreiche Rosensammlung mit 1700 Rosen in 1000 Arten/Sorten.

26 **35037 Marburg:** Der Rosengarten im Schlosspark Marburg erfreut mit 7500 Rosen in 65 Arten/Sorten den Besucher.

27 **38023 Braunschweig:** Der kleine Rosengarten im Botanischen Garten der Technischen Universität (Humboldtstraße 1) beherbergt 500 Rosen in 150 Arten/Sorten.

28 **40474 Düsseldorf:** Im Nordpark und Südpark u. a. Rosenanpflanzungen und der Rosengarten der Bundesgartenschau 1987.

29 **44139 Dortmund:** 1969 gründete der VDR das Deutsche Rosarium Dortmund am Kaiserhain im Westfalenpark. Im jungen »Rosengarten am Kaiserhain« wird der Kombination von Rosen mit anderen Freilandpflanzen breiten Raum eingeräumt. Erlebnisreich ist der »Rosenweg« mit 38 Stationen im Westfalenpark (An der Buschmühle 3). Insgesamt befinden sich 30 000 Rosen in 3500 Arten/Sorten im Deutschen Rosarium, der drittgrößten Rosensammlung der Welt.

30 **45133 Essen:** Das Rosarium im weitläufigen Grugapark bietet sich für einen Ausflug an. Im Rosengarten finden sich 6000 Rosen in 60 Arten/Sorten in klassisch-geometrischer Anordnung.

31 **50676 Köln:** Der Mülheimer Stadtgarten an der Lasallestraße beherbergt einen Rosengarten, ebenso der Klettenbergpark an der Siebengebirgsallee. Sehr sehenswert: die Rosenanpflanzung auf Fort X, ein Kölner Geheimtipp.

32 **53103 Bonn:** Empfehlenswert sind der rechtsrheinisch gelegene Rosengarten am Landgrabenweg (17 500 Rosen in 650 Arten/Sorten) und die sich auf der linken Rheinseite befindende Anlage an der Erhardstraße mit 5800 Rosen in 65 Arten/Sorten.

33 **54224 Trier:** Der Rosengarten im Nellspark wurde 1958/59 angelegt und zeigt 7000 Rosen in 550 Arten/Sorten, darunter viele Sorten Trierer Rosenzüchter (Peter Lambert).

34 **55131 Mainz:** Den 1925 in Verbindung mit einer Rosenschau entstandenen Rosengarten im Stadtpark (Göttelmannstraße) zieren 7500 Rosen in 130 Arten/Sorten.

35 **59348 Seppenrade:** Seppenrade ist seit 1972 Rosendorf. Im Rosengarten finden sich 25 000 Rosen in 500 Arten/Sorten, darunter auch Züchtungen des Liebhaberzüchters Ewald Scholle (u. a. 'Christl Flocke').

36 **60323 Frankfurt am Main:** Der Rosengarten und Rosenneuheitengarten im Palmengarten empfängt den Besucher mit 10 000 Rosen in 700 Arten/Sorten. Der Garten ist als Rosenparterre angelegt, Wege unterteilen das Areal in rechteckige und dreieckige Beete, Rosenhochstämme und Pergolen betonen formale Gartenkunst. Viele Englische Rosen des Züchters Charles Austin.

37 **61231 Bad Nauheim-Steinfurth:** Steinfurth liegt im Zentrum eines traditionsreichen Rosenanbaugebietes in der hessischen Wetterau. Sehenswert ist der Schau- und Prüfungsgarten der Rosen-Union (10 000 Rosen in 300 Arten/Sorten), zu der sich zahlreiche Steinfurther Rosenbetriebe zusammengeschlossen haben. Daneben bieten u. a. die Schaugärten der Rosenschulen Gönewein und Heinrich Schultheis im Sommer rosige Pracht. In Steinfurth sind zudem Deutschlands einzige Bioland-Rosenschule, die Firma Ruf, und das Rosenmuseum, ein in seiner Art weltweit einzigartiges Spezialmuseum mit Rosendatenbank, zu Hause.

38 **61348 Bad Homburg:** Rosenpflanzungen im Kurpark, dem größten seiner Art in Deutschland. Allein die imposanten Sommerblumenpflanzungen lohnen den Besuch.

39 **63303 Dreieich:** Burg Hayn in Dreieich mit Kräuter- und Rosengarten vor reizvoller Burgkulisse. Die heutige, überaus stimmungsvolle Anlage geht auf Entwürfe von Lore Wirth zurück.

40 **64283 Darmstadt:** »Rosenhöhe« wird der Rosengarten im gleichnamigen Park (Wolfskehlstraße) genannt. Geboten werden auf der höchsten Erhebung des Parks 10 000 Rosen in 290 Arten/Sorten.

41 **65189 Wiesbaden:** Rosenpflanzungen im Kurpark.

42 **65343 Eltville:** Der Rheingauer Rosengarten im Burggraben imponiert bereits ab Anfang Juni u. a. mit einer üppigen Kletterrosenwand. Zahlreiche Rosen im Stadtgrün.

43 **65795 Hattersheim:** 1997 neu eröffnete Anlage innerhalb des Regionalparks Rhein-Main. 6000 Rosen in 100 Sorten, artenreiche Gehölz- und Staudenpflanzungen.

44 **66104 Saarbrücken:** Deutscher und Französischer Rosengarten im Deutsch-Französischen Garten (Metzer Straße).

45 **66482 Zweibrücken:** Verschiedene Rosengärten, einmal Europas Rosengarten Zweibrücken mit 60 000 Rosen in 2000 Arten/Sorten (Rosengartenstraße), dann der Wildrosengarten an der Fasanerie (Fasaneriestraße) und schließlich der ADR-Prüfungsgarten. Außerdem zahlreiche Pflanzungen im städtischen Grün.

46 **66484 Schmitshausen:** Rosendorf.

47 **66564 Ottweiler:** Mittelpunkt des Rosenkreises Neunkirchen mit seinen Rosengärten u. a. in Illingen-Hüttigweiler, Wemmetsweiler, Welschbach.

48 **67059 Ludwigshafen:** Rosensondergarten im Ebertpark (Erzbergerstraße). 2790 Rosen in 250 Arten/Sorten.

49 **68165 Mannheim:** Sehr schöne Rosenpromenade im Luisenpark (2000 Rosen in 300 Arten/Sorten) und im Herzogenriedpark (6000 Rosen in 240 Arten/Sorten). Fantastische Sommerblumenpflanzungen.

Im Rosengarten Lahr kann man unter üppigen Bögen der Kletterrose 'Paul's Scarlet Climber' lustwandeln.

50 **69117 Heidelberg:** 100 000 Rosen zieren die öffentlichen Grünanlagen der Stadt Heidelberg.

51 **70192 Stuttgart:** Höhenpark Killesberg (Am Kocherhof), entstanden zur Internationalen Garten-Ausstellung 1993. Sehenswert das Tal der Rosen mit 18 000 Rosen in 400 Arten/Sorten. Des Weiteren: Rosengarten der Villa Berg mit 1800 Rosen in 30 Sorten (Sickstraße).

52 **71640 Ludwigsburg:** Das Blühende Barock mit Rosengarten (Marbacherstraße) verbindet barocke Architektur und edles Rosenambiente in Form von 15 000 Rosen in 350 Arten/Sorten.

53 **76133 Karlsruhe:** Im Rosengarten im Stadtgarten erwarten 15 000 Rosen in 190 Arten/Sorten den Besucher.

54 **76275 Ettlingen:** Schlossgarten mit Kräuter- und Rosengarten.

55 **76530 Baden-Baden:** Neben der Gönneranlage in der Ludwig-Wilhelm-Straße (25 000 Rosen in 350 Arten/Sorten, darunter sehr viele Kletterrosen) gibt es den Rosen-Neuheitengarten auf dem Beutig in der Moltkestraße (5000 Rosen in 200 Arten/Sorten), Austragungsort einer internationalen Rosenprüfung. Außerdem sind zahlreiche Rosenpflanzungen im städtischen Bereich zu sehen, u. a. an der Grünen Einfahrt/B 500 (über 10 000 Kletter-, Flächen- und Strauchrosen).

56 **77933 Lahr:** Der Rosengarten mit formalem Flair liegt im Stadtpark der Stadt Lahr (Kaiserstraße 101) und zeigt 1900 Rosen in 270 Arten/Sorten.

57 **78465 Insel Mainau:** Die Blumeninsel bietet mit 30 000 Rosen in 1300 Arten/Sorten zahlreiche Rosenattraktionen von der imposanten »Straße der Wild- und Strauchrosen« über den Italienischen Rosengarten bis zum Roseninformationsgarten.

'American Pillar' in Baden-Baden – eine Reise zurück zu Großmutters Rosenromantik.

58 **79809 Weilheim-Nöggenschwiel:** Über 20 000 Rosen schmücken das Rosendorf Nöggenschwiel, die von den Einwohnern in Eigeninitiative gepflegt werden. Das höchstgelegene Rosendorf im Schwarzwald

59 **81541 München:** Der Rosengarten Westpark, entstanden zur IGA 1983 (Westendstraße), beherbergt 25.000 Rosen in 420 Arten/Sorten. Der Rosensichtungsgarten (Sachsenstraße) präsentiert 5000 Rosen in 220 Arten/Sorten. Im Stadtgebiet finden sich zudem 75.000 Rosen in 90 Arten/Sorten.

60 **85354 Freising-Weihenstephan:** Der Rosengarten des Sichtungsgartens (Prüfgarten) zeigt 250 Rosen in 150 Arten/Sorten in zahlreichen Kombinationen mit Stauden und Ziersträuchern. Ein Muss für Staudenfreunde.

61 **86825 Bad Wörishofen:** Das Rosarium im Städtischen Kurpark beherbergt 5000 Rosen in 500 Sorten.

62 **89070 Ulm:** Elendsgarten (An der Adlerbastei) mit 650 Rosen in 80 Arten/Sorten. Viele Rosen im Stadtgrün und in Hausgärten

63 **95028 Hof:** Das Rosarium im Botanischen Garten wartet mit 1600 Rosen in 80 Sorten auf.

64 **96049 Bamberg:** Rosengarten im Renaissancegarten neben der fürstbischöflichen Residenz. 4500 Rosen in 49 Sorten.

65 **96450 Coburg:** Der noch relativ junge Rosengarten am Anger zeigt 6500 Rosen in 65 Sorten.

66 **97070 Würzburg:** Rosenpflanzungen im Fürstengarten Festung Marienberg.

67 **97450 Arnstein:** Der kleine Rosengarten (200 m^2) der Stadt Arnstein gibt Einblick in die Rosenzüchtung des letzten Jahrhunderts.

68 **99947 Bad Langensalza:** Last, but not least sei auf den neuen Rosengarten im idyllischen Bad Langensalza verwiesen. In vorbildlicher Weise wurden 12 000 Rosen in 470 Sorten abwechslungsreich mit Stauden und Gehölzen kombiniert. In seiner Art und bedingt durch das vitale Wachstum junger Rosenstöcke auf rosenfrischen Flächen zurzeit eine der schönsten Rosenreiseziele Deutschlands.

Österreich

1 **Baden bei Wien:** Österreichisches Rosarium, breites Sortiment alter und neuer Sorten, seit 1967.

2 **Linz:** Rosengarten im Botanischen Garten, seit 1967.

3 **Wien:** zwei Hektar großes Rosarium im Donaupark, seit 1964.

Schweiz

1 **Dottikon-Rothenbül:** Schaugarten der Rosenschule Huber mit vielen historischen Rosen.

2 **Gelfingen bei Luzern:** Barockgarten von Schloss Heidegg, herrliche Anlage auf kleinstem Raum.

3 **Genf:** Parc de la Grange, Ort internationaler Rosenwettbewerbe.

4 **Neuhausen:** Rosengarten auf Schloss Charlottenfels, ab 1938 gestaltet durch Dietrich Woessner, sehr empfehlenswert.

5 **Rapperswil:** Rosengarten, ab 1965 gestaltet durch Dietrich Woessner, besonders bemerkenswert der Blindenrosengarten.

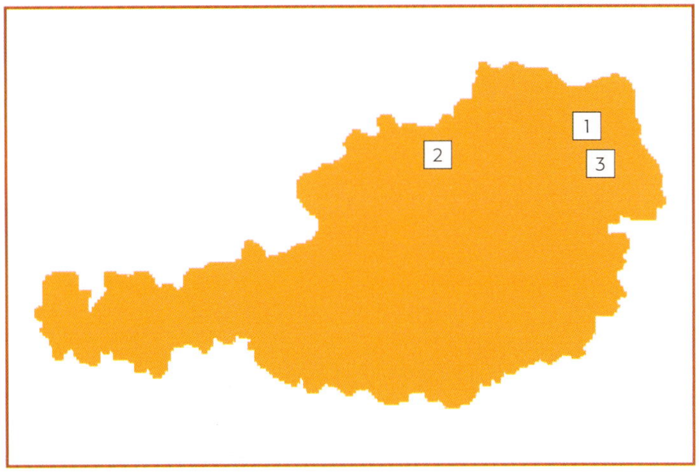

Rosengärten in Österreich (eine Auswahl).

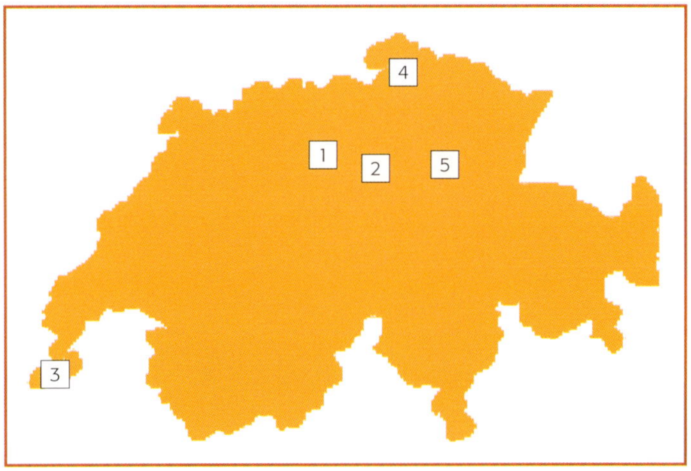

Rosengärten in der Schweiz (eine Auswahl).

Die Botanik

Die Rose ist das formenreichste Blütengehölz unserer Gärten: Von der einfachen Wildrosenblüte über die üppige Centifolien-Fülle zu unterschiedlichen Laubformen und wild bestachelten Trieben – die Multiplikation dieser Merkmale mit dem nuancenreichen Farbenspektrum der roten, rosafarbenen, gelben und weißen Blüten bildet die Grundlage eines unvergleichlichen Sortenreichtums.

Die Botanik

ROSEN – MITGLIEDER EINER GROSSFAMILIE

Die Rose zählt zu den strauchartigen Gehölzen. Das bedeutet, dass ihre Triebe verholzen und die Winterperiode in unseren Breiten blattlos überdauern. Zusammen mit vielen anderen Gehölzen, aber auch einigen Stauden wie Frauenmantel und Nelkenwurz, bildet die Rose die Familie der Rosengewächse (Rosaceae) – eine Großfamilie mit mehr als 3000 »Verwandten« (Arten). Darunter finden sich alle wichtigen Obstgehölze wie Apfel, Birne, Kirsche, Pflaume, Beerenobstarten wie Erdbeere und Brombeere, aber auch landschaftsprägende Wildgehölze wie Schlehe, Vogel-Kirsche, Weißdorn und Ziergehölze wie Spierstrauch, Feuerdorn und Fingerstrauch – alle gehören sie zur Familie der Rosaceae.

Der binären Nomenklatur der Botanik folgend, nach der jede Pflanze mit Gattung (1. Name) und Art (2. Name) benannt wird, trägt die Gattung der Rose den Namen *Rosa*. Ein × zwischen den Namen steht für eine Kreuzung. Die Rosenarten sind kaum zu zählen, allein bei den Wildrosen findet man über 100 Arten, von denen die Hunds-Rose *(Rosa canina)* die bekannteste ist.

Auch ein Sonnenkind wie die Rose lebt nicht vom Licht allein. Seine Existenz hängt – wie die aller Pflanzen – von Wärme-, Wasser- und Nährstoffgaben ab, die es in der richtigen Dosierung, zum passenden Zeitpunkt und im genau abgewogenen Mengenverhältnis erhält. Damit eine Rose diese Lebenselixiere aufnehmen und verwerten kann, besitzt sie verschiedene Organe, die alle eine Funktion erfüllen.

Alle wichtigen Obstarten wie Birnen (oben) und Erdbeeren (unten) sind ebenfalls Rosengewächse.

Die prägnanten Merkmale einer Rose

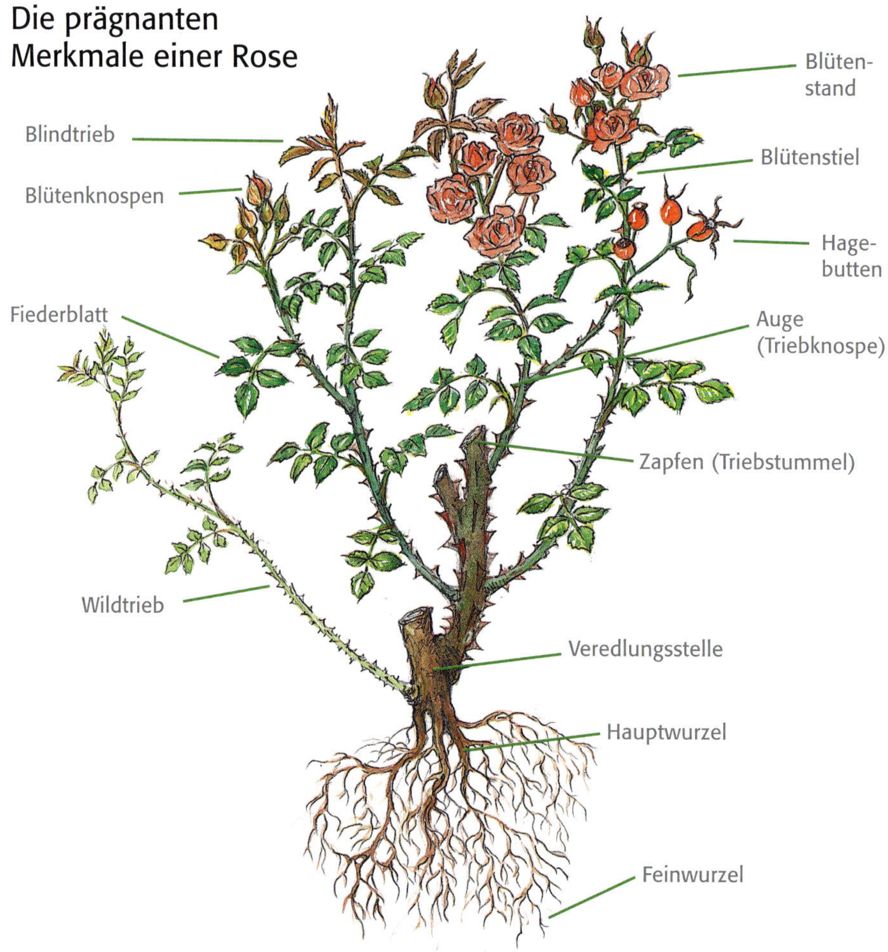

BESTANDTEILE DER ROSE

Die Grafik zeigt alle wesentlichen Bestandteile einer veredelten Gartenrose rund um den Pflanzenaufbau in idealisierter Form und benennt sie: die Blütenknospen, die von spitzer bis rundlicher Form sein können; ein Blütenstand mit Blüten, die einfach oder gefüllt sein können; die Hagebutten, die Früchte der Rose; die gefiederten Laubblätter mit Nebenblättern, die »Solarzellen« der Fotosynthese; die Triebe, die Träger der Blüten, Blätter, Stacheln und Triebknospen (die sogenannten Augen); die blütenlosen Triebe, sogenannte Blindtriebe; die Wildtriebe, die unterhalb der Veredlungsstelle entspringen; die Zapfen, Überbleibsel unsauberer Schnittmaßnahmen; die schlafenden Knospen, sozusagen »Augen auf Abruf«; das »alte« Holz mehrjähriger Triebe und last, but not least die Wurzel mit ihren Haupt- und Feinwurzeln.

Blüte

Wer sich mit dem Aufbau einer Rosenblüte beschäftigt, der wird immer wieder auf die Zahl 5 stoßen: Alle Wildrosen besitzen fünf Blütenblätter, die Petalen oder auch Kronblätter genannt werden (ein passender Begriff für die Blütenblätter der Königin der Blumen), und fünf Kelchblätter, die Sepalen heißen. Aber auch hier keine Regel ohne Ausnahme: An der Stacheldraht-Rose, *Rosa sericea* f. *pteracantha,* finden sich nur je vier Blüten- und Kelchblätter.

Die Blüten aller Rosenarten sind zwittrig. In einer Blüte sitzen sowohl die männlichen Blütenorgane, die Staubblätter, als auch das weibliche Organ, der aus Narbe, Griffel und Fruchtknoten bestehende Stempel. Nach der Befruchtung entwickelt sich aus ihm die Hagebutte mit den Samen.

Aufbau der Rosenblüte – Blütenfüllung

einfache Blüte (5 bis 9 Petalen)

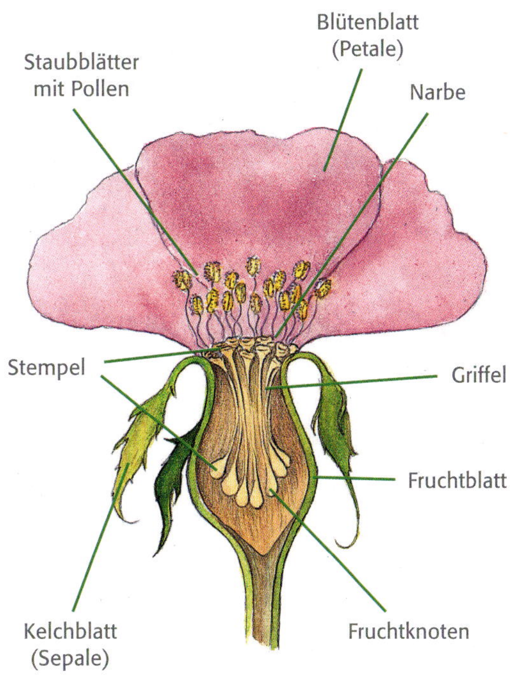

gefüllte Blüte (20 bis 39 Petalen)

halbgefüllte Blüte (10 bis 19 Petalen)

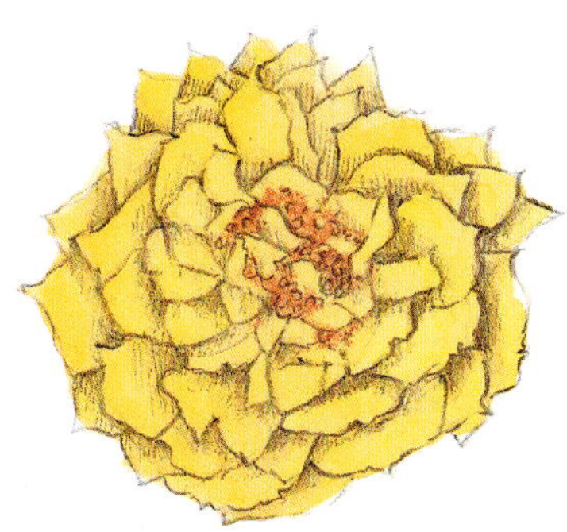

stark gefüllte Blüte (40 und mehr Petalen)

Verschiedene Blütenformen

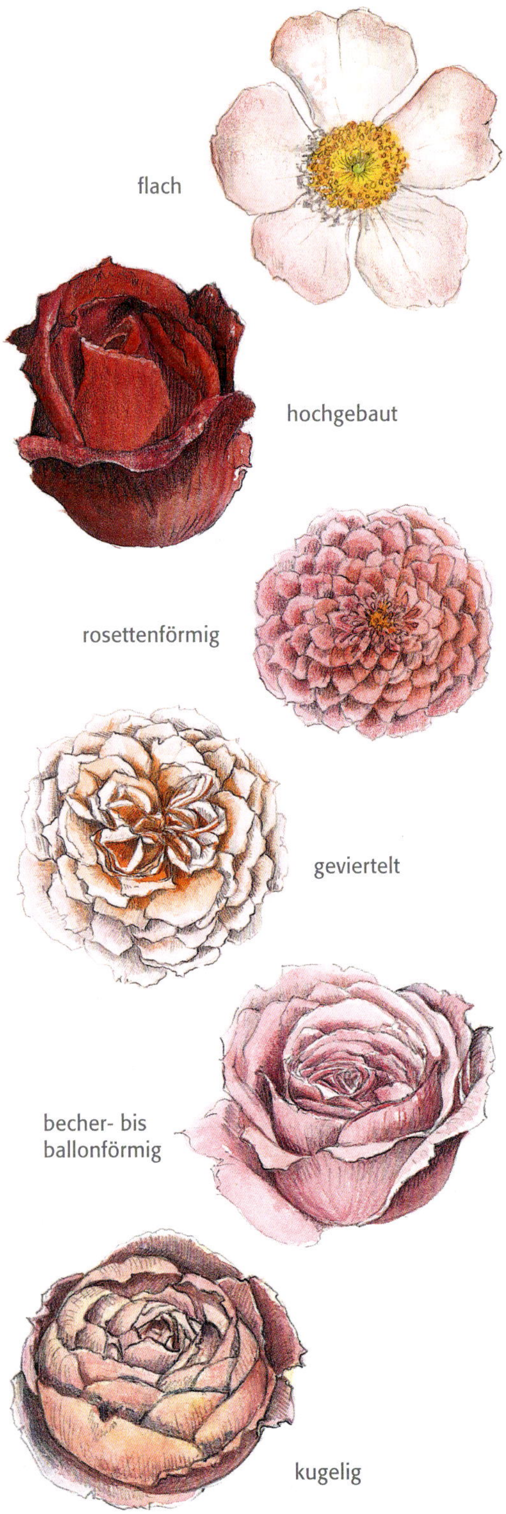

Blütenfüllung: Eine Rose kann bis zu hundert Staubblätter pro Blüte entwickeln. Durch natürliche Befruchtung oder/und menschliche Züchtungsarbeit können diese Staubblätter nach und nach über Generationen hinweg in Blütenblätter umgewandelt werden. So erklären sich die unterschiedlichen Blütenfüllungen der Rosensorten, die vom einfachen bis zum stark gefüllten Blütenaufbau alle Nuancen abdecken und die Rose zum formenreichsten Blütengehölz machen.

Die klassische, einfache Rosenblüte hat fünf, maximal bis zu neun Blütenblätter (Petalen). Ab zehn Petalen spricht man von halbgefüllten, ab zwanzig Petalen von gefüllten Rosen. Stark gefüllte Sorten weisen vierzig und mehr Petalen auf. Auch der begrifflichen Definition der Blütenfüllung der Rosen liegt also – zumindest in der Theorie – ein Mehrfaches von fünf zugrunde.

In der Praxis schwankt dagegen die Anzahl der Blütenblätter auch innerhalb einer einzigen gefüllten Sorte zum Teil beträchtlich. Man hat sich deshalb auf gewisse Bandbreiten für die Sortenbeschreibungen geeinigt.

Die Anzahl der Kelchblätter variiert im Gegensatz zu der der Blütenblätter nicht – es sind immer fünf. Betrachtet man sie genauer, fällt auf, dass sie unterschiedlich ausgebildet sind. Ein alter, aus dem Lateinischen stammender Vers beschreibt dieses Phänomen sehr bildhaft: »Wir haben fünf Brüder zu gleicher Zeit geboren; zwei davon mit Bärten, zwei'n ist der Bart geschoren, einer von uns Fünfen hat ihn halb verloren.« Bei der Hunds-Rose, *Rosa canina,* sind die ungleichen »Brüder« besonders ausgeprägt vorhanden und lassen sich bei genauer Betrachtung ohne Weiteres erkennen.

Aber auch bei vielen anderen Rosenarten und -sorten findet man die einfachen, ungeteilten Kelchblätter, die »bartlosen«, neben den fiederspaltigen, den »bärtigen«. Häufig sind auch die Kelchblätter der öfterblühenden Sorten bei den Blüten des ersten Flors besonders groß und fallen beim zweiten und – gegebenenfalls – dritten Flor deutlich kleiner aus.

Als besondere Zierde gelten die Kelchblätter der Moosrosen. Die mit moosartigen Drüsen besetzten Kelchblätter, Blütenstiele und Fruchtknoten der schönsten und stark duftenden Bauerngartenrose, *Rosa × centifolia* 'Muscosa', sind eine Augenweide.

Blütenformen: Die Abbildung auf der folgenden Seite zeigt die unterschiedlichen Blütenformen der Rose: flach (Wildrosen, viele Flächenrosen), hochgebaut (Edelrosen, viele Beet-, Kletter- und Strauchrosen), geviertelt (meist in vier Zonen mit dachziegelartig angeordneten Blütenblättern aufgebaute Blüte, z. B. 'Souvenir de la Malmaison' oder Englische Rosen wie 'Heritage'®), rosettenförmig (entweder flach oder in Ballonform, z. B. Englische, Alte und Romantische Rosen, aber auch Kletterrosen wie 'Rosarium Uetersen'®), kugelig (Biedermeierform, zahlreiche Beet- und Zwergrosen).

Blütenstände: Die meisten Wildrosenarten und viele Rosensorten entfalten ihre Blüten zu mehreren, angeordnet in Blütenständen. Wirklich einstielige Rosenblüten findet man nur bei den Edelrosen.

Blütenfarben: Nomen est omen: die Urfarbe der Gattung *Rosa* ist Rosa. Bei den über hundert Wildrosenarten, den Ur-Rosen, dominiert, bis auf wenige Ausnahmen (die gelben Blüten von *Rosa foetida* und *Rosa hugonis* oder die cremefarbenen Blüten der Dünen-Rose, *Rosa pimpinellifolia)* die Farbe Rosa in vielen Nuancen.

Dank der intensiven Rosenzüchtung der letzten zweihundert Jahre existieren heute

Rosenblüten in den Hauptfarben Rot, Rosa, Gelb und Weiß, zwischen denen sich unzählige Schattierungen finden. Einzig ein reines Blau fehlt.

Blatt

Das Rosenlaub ist nicht nur der Ort der Fotosynthese und Atmung, sozusagen die »Lunge« der Pflanze, sondern besitzt mit seinen vielfältigen Formen auch zierenden Wert. Leider liegt der Reiz der Rosenblätter nahezu im Verborgenen, zu dominant ist die Blütenpracht. Dabei lohnt es sich durchaus, der grünen Zierde der Rosen einen genaueren Blick zu schenken.

Laubform: Das Blatt der Rose besteht aus mehreren zusammengesetzten Teilen, ist unpaarig gefiedert, wie die Botaniker sagen. Was aufgrund der sehr starken Fiederung zunächst für eigenständige Blätter gehalten werden könnte, bildet eine Blatteinheit, die als Ganzes zu betrachten ist. Die rosigen Fiederblätter können drei, fünf, sieben oder mehr Blättchen zählen, nur *Rosa persica* weist einfache Blätter auf. Einige Beispiele für die zahlreichen Varianten der Fiederblätter seien genannt: drei bis fünf Blättchen bei *Rosa gallica,* fünf bis sieben Blättchen bei *Rosa rubiginosa,* sieben bis neun Blättchen bei *Rosa nitida,* sieben bis elf Blättchen bei *Rosa sweginzowii,* sieben bis dreizehn Blättchen bei *Rosa moyesii,* dreizehn bis fünfzehn Blättchen bei *Rosa sericea* f. *pteracantha. Rosa canina,* die heimische Hunds-Rose, hat meist genau sieben Blättchen.

Je mehr Wildrosenblut in einer Rose fließt, desto mehrzähliger sind ihre Fiederblätter; stark züchterisch bearbeitete Sorten besitzen in der Regel eine wesentlich geringere Fiederanzahl und größere Einzelblättchen. Auch verringert sich die Anzahl der Fiederblätter mit ihrer räumlichen Nähe zur Blüte. Beispielsweise findet man bei Edel- und Beetrosen direkt unter der Blüte nur ein dreizähliges Blatt. **Wildtriebe,** die unter der Veredlungsstelle aus der Unterlage entspringen, lassen sich daher leicht an ihren siebenzähligen Fiedern mit kleinen Blättchen erkennen und entfernen.

Moderne Flächenrosen wie 'Heidetraum'® oder 'Alba Meidiland'® verweisen mit ihren stark gefiederten Blättern auf ihre wilden Urahnen.

Neben den Fiederblättern kommen bei vielen Rosenarten und -sorten im Blütenstand ungeteilte Hochblätter (Brakteen) vor, die in ihren Achseln die Blüten bzw. weitere Blütenstände tragen.

Die sogenannten **Nebenblätter** sitzen am Ursprung des Blattstieles. Es sind kleine, blattartige Gebilde, die beiderseits der Blattbasis den Blattstiel umschließen.

Laubfarbe: Manche Rosenarten, wie z. B. die Hecht-Rose, *Rosa glauca,* haben recht ungewöhnliche Blattfarben. *Rosa glauca,* die deshalb auch Rotblättrige Rose genannt wird, wartet ab Juni mit bereiften, bläulich rot schimmernden Blättern auf. Auch viele Edelrosen treiben zunächst mit tiefroten Blättern und Trieben aus, die sich dann nach und nach grün verfärben.

Äußerst zierend ist das glänzende Rosenlaub von 'Heidetraum'® oder 'New Dawn', das wie lackiert wirkt.

Bei der Gestaltung des Gartens mit verschiedenen Rosenarten/-sorten lohnt es sich, auf die Laubstrukturen zu achten, denn das runzelige Laub der *Rosa rugosa*-Hybriden passt nicht zu dem glatten, glänzenden Laub moderner Sorten.

Laubblüten: Die hellgrünen »Blütenblätter« der Grünen Rose, *Rosa chinensis* 'Viridiflora', sind – botanisch gesehen – Laubblätter.

Laubduft: Blätter können die Träger aromatischer Duftstoffe sein. Die Blätter der Schottischen Zaun-Rose, *Rosa rubiginosa,* einer heimischen Wild- und interessanten Heckenrose, verströmen bei feuchter Witterung einen intensiven Apfelduft. Die Blätter von *Rosa primula* riechen myrtenartig nach Weihrauch.

Herbstfärbung: Der herbstliche Laubfall der Rosen bietet bei manchen Arten und Sorten ein ästhetisches Schauspiel. Auf Seite 71 werden Rosen mit auffallender Herbstfärbung beschrieben.

Laubformen der Rose

1 *Rosa roxburghii* (Kastanien-Rose)
2 *Rosa moyesii*
3 *Rosa virginiana*
4 *Rosa pimpinellifolia* (Bibernell-Rose)

TIPP **Was alles für Mensch und Tier in den Hagebutten steckt und welch köstliche Rezepte man mit ihnen zubereiten kann, ist im Kapitel »Vitaminrosen« auf Seite 130 ff. zu finden.**

Frucht

Dass die Frucht der Rosen einen ganz eigenen Namen trägt, unterstreicht ihre seit alters bestehende Bedeutung. Hagebutten sind Sammelfrüchte, die aus den Blüten entstehen. In den Hagebutten reifen die eigentlichen Samen der Rose, die Nüsschen, heran. Die Anzahl der Nüsschen schwankt sehr stark: *Rosa hugonis* besitzt nur wenige, manchmal sogar nur einen Samen, während *Rosa moyesii* vier bis sechs große und *Rosa rugosa* bis zu hundert mittelgroße in einer Hagebutte aufweist. Sehr kleine Nüsschen haben *Rosa carolina,* die Sand-Rose, und *Rosa virginiana,* die Glanz-Rose. Zahlreiche Flächen-, Strauch- und Wildrosen sind ergiebige Hagebuttenspender. Zwerg-, Beet-, Edel- und Kletterrosen können – sortenunterschiedlich – ebenfalls fruchten, wobei viele gefüllte Sorten dieser Rosenklassen allerdings selbststeril sind. Sie bilden also keine Hagebutten aus.

Die Formen und Farben der Hagebutten fallen höchst mannigfaltig aus. Im Herbst leuchten sie gelb, orange, rot, aber auch grünlich über braun bis schwarz. Die Formen variieren von kugelig über flachkugelig bis zu ei-, birnen- oder flaschenförmig. Die Früchte sind entweder kahl oder beborstet und mitunter so von dicken Stacheln überzogen, dass sie an Kastanien erinnern (bei *Rosa roxburghii,* der Kastanien-Rose). Die meisten der Hagebutten sind fleischig. Eine besonders attraktive Hagebuttenrose ist die Klettersorte 'Mme Grégoire Staechelin'. Die Blüten dieses starkwüchsigen, einmalblühenden Kletterakrobaten sind hellrosa mit stark geäderten Blütenrändern. Die fantastische Sorte trägt im Herbst erstaunlich große Hagebutten, die an kleine Birnen erinnern.

Stacheln

Rosen haben Stacheln und keine Dornen, auch wenn Joseph von Scheffel schrieb: »Es ist im Leben hässlich eingerichtet, dass bei den Rosen gleich die Dornen stehn, und was das arme Herz auch sehnt und dichtet, zum Schluss kommt das Voneinandergehn.« Botanisch betrachtet sind Stacheln aus Oberhautzellen der Triebe, Blattnerven oder Kelchblätter hervorgegangene Auswüchse, die von spitzer Form sind. Stacheln lassen sich immer leicht vom Trieb lösen.

Rosenstacheln können sehr unterschiedlich geformt sein: Beispielsweise sind sie bei *Rosa rugosa* und ihren Hybriden borstig bis nadlig, die der Stacheldraht-Rose – *Rosa sericea* f. *pteracantha* – dreieckig, flächig-stachlig, bei *Rosa rubiginosa* hakig und bei *Rosa multiflora* krallenförmig.

Manchmal tauchen auch an ein und demselben Trieb unterschiedliche Stachelformen auf. Die Farbe der Stacheln variiert ebenfalls: bei *Rosa rugosa* ist sie grau, bei *Rosa rubiginosa* und *Rosa pimpinellifolia* rostbraun, bei Edel- und Beetrosen meist grün und bei *Rosa sericea* f. *pteracantha* leuchtend feurigrot.

Wurzel

Die Wurzeln der Rosen führen, im wahrsten Sinne des Wortes, ein verborgenes Dasein. In den einschlägigen Fachbüchern finden sich fast nie Hinweise zu ihrer Behandlung und Pflege. Sie bilden das Fundament der

Pflanze und sind doch vielen Rosenfreunden, da aus den Augen, auch aus dem Sinn. Dabei lohnt sich ein Blick auf die Rosenwurzel, denn die Kenntnis ihrer Wuchsform und der sich daraus ergebenden Bedürfnisse ist für den späteren Erfolg mit Rosenpflanzen im Garten oder in Kübeln von elementarer Bedeutung.

Jede Form eines Wurzelsystems resultiert aus dem natürlichen Überlebenskampf der jeweiligen Pflanze. Jede Pflanzenwurzel nutzt den sie umgebenden Bodenraum anders, um – wenn möglich – der Konkurrenz anderer Pflanzen bei der Versorgung mit Nährstoffen und Wasser auszuweichen.

Stacheln der Rose

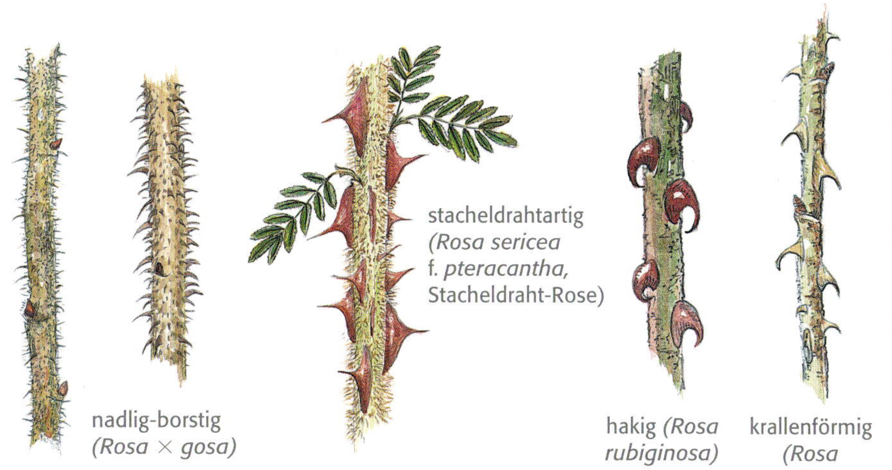

Zu wissen, wie die Wurzel einer bestimmten Rosenart beschaffen ist, ermöglicht die Planung einer optimalen Gemeinschaft von Rosen mit Gehölzen und Stauden.

Gartenrosen sind in der Regel auf Wildlingsunterlagen, meist *Rosa laxa*, veredelt. Diese bilden im Gegensatz zu den Wildrosen tief hinabstreichende Wurzeln aus, quasi unterirdische Verlängerungen der oberirdischen Triebe. Veredelte Rosen können deshalb auch aus tieferen Schichten Wasser und Nährstoffe schöpfen – vorausgesetzt, dass keine undurchdringlichen Bodenschichten ihnen den Weg nach unten versperren. Untersuchungen haben gezeigt, dass bei veredelten Gewächshausschnittrosen die intensive **Wurzelzone** zwischen 0,90 bis 1,20 m liegt.

Für ihre Entwicklung benötigt die Rosenwurzel vor allem Bodenluft. Untersuchungen belegen, dass die Pflanzen über die Wurzeln fast genauso viel atmen wie über die Blätter. Sauerstoffmangel im Boden, ausgelöst beispielsweise durch Verdichtung oder Vernässung, beendet das Wurzelwachstum. Als Folge stellen sich Kümmerwuchs und starker Schädlingsbefall an der Pflanze ein.

■ Stacheln bei 'Feuerzauber', …

■ 'Königin der Rose'®, …

■ …'Red Nelly' und …

■ der Kartoffel-Rose (*Rosa rugosa*).

Rosige Vielfalt

Die Farben und Düfte der Rosenblüten sind vielfach beschrieben worden. Zwei besonderen Eigenschaften der Rose, nämlich ihrer Blührhythmik und ihren Wuchsformen, wurde bisher aber nur geringe Aufmerksamkeit zuteil. Mit wenig präzisen Aussagen wie »Dauerblüte« oder »schöner Wuchs« wurden sie rasch abgehandelt. Und das, obwohl diese beiden Kriterien die Vielfalt der Rose unterstreichen und maßgeblich über den gestalterischen Erfolg einer Rosenpflanzung entscheiden.

DIE ROSE – EIN VIELSEITIGES ZIERGEHÖLZ

Die Ausnahmestellung, die die Rose innerhalb der Gartengehölze einnimmt, lässt sich leicht erkennen, wenn man sich mit ihren vielen Eigenschaften beschäftigt. Durch die zahlreichen Blütenfarben und die markanten Unterschiede im Blühverhalten, in den Wuchshöhen und den Blüten- und Wuchsformen der einzelnen Arten und Sorten bieten Rosen dem Gartenfreund einen beispiellosen gestalterischen Fundus, aus dem er schöpfen kann.

Damit die jeweilige Rosensorte bzw. -art ihre Vorzüge im Garten optimal ausspielen kann, ist es sinnvoll, sich vor der Auswahl und dem Pflanzen grundsätzlich mit gewissen rosigen Charakterzügen zu beschäftigen. Nimmt man beim Gestalten mit Rosen Rücksicht auf diese Charakterzüge, erspart man sich manchen Fehler und manch missliche Erfahrung. Es ist durchaus ärgerlich, wenn sich nach Jahren des mühsamen Aufbaus der Rosenpflanzen herausstellt, dass ihr Blühablauf oder ihr Wuchs mit dem der sie begleitenden Gehölzen und Stauden nicht harmoniert.

Natürlich gibt es keine genormten Rosen und so bleibt ihre Einteilung in bestimmte Gruppen immer eine etwas unsichere Sache. Das Verhalten von Rosen kann zudem von Jahr zu Jahr sehr unterschiedlich ausfallen. In trockenen, sehr heißen Sommern kommt es beispielsweise vor, dass der Blührhythmus der öfterblühenden Rosen unterbrochen wird. Viele Sorten bleiben »hocken« und legen eine Blühpause ein, um dann bei plötzlich vorhandener Bodenfeuchte nach ausgiebigen Regenfällen rasant wieder aufzuholen. Der Austriebsbeginn nach einem langen, harten Winter kann sich um Wochen verschieben, während bei einem milden Winterverlauf die Stöcke aufgrund der sehr flachen Knospenruhe der Rosen (= Knospenaustrieb lässt sich leicht durch zunehmende Temperaturen auslösen) bereits im Februar erste Blätter schieben.

Dennoch lassen, trotz aller Witterungsabhängigkeiten und regionaler Klimaunterschiede, jahrelange Beobachtungen die Einteilung von Rosen in bestimmte **Eigenschaftsgruppen** zu. Sie sollen dem Gartenfreund eine Hilfe bei der ersten, groben Auswahl der passenden Rosensorte für den gewünschten Verwendungszweck sein. Beispielhaft sind für einzelne Gruppen Rosensorten genannt, die die jeweilige Eigenschaft der Gruppe besonders ausgeprägt aufweisen. Anhand weiterer Angaben zu allen Sorten im Rosenatlas (siehe Seite 190 ff.) können dann den Eigenschaftsgruppen nach Belieben weitere Sorten zugeordnet werden.

Neben ihrer nuancenreichen Farbenvielfalt begründet in erster Linie das **Blühverhalten** der Rose ihren Ruf als »Königin der Blumen«. Mit keinem anderen Gehölz ist es möglich, vom Mai bis zum ersten herbstlichen Frost Farbe in den Hausgarten zu zaubern. Natürlich schafft das nicht eine einzige Rosensorte allein, aber mithilfe verschiedener Rosengruppen mit unterschiedlichem Blühverhalten lässt sich ein rosiges Blütenhalbjahr gestalten, das ständig neue Höhepunkte bietet.

Grundsätzlich unterscheidet man zwischen einmal- und öfterblühenden Sorten; die Übergänge sind dabei fließend.

Die einmalblühende Rose

Das aktuelle Rosenangebot wird beherrscht von öfterblühenden Sorten. Den »nur«

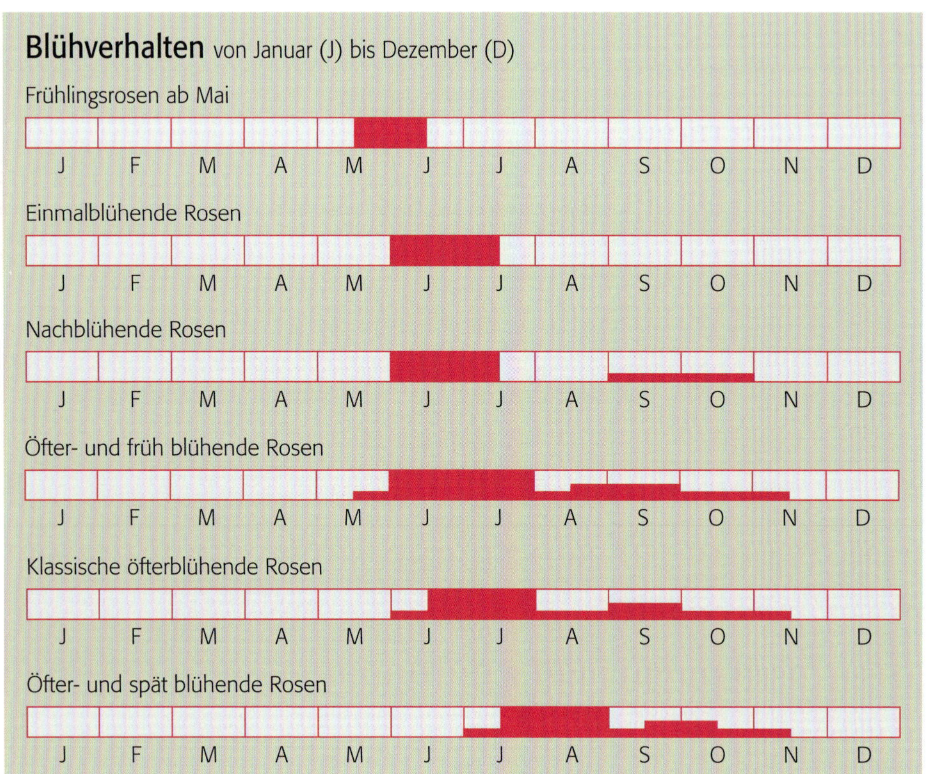

einmalblühenden Rosen schenkt man wenig Beachtung. Zu Unrecht, denn dieser Gruppe gehören eine Reihe interessanter Sorten vor allem aus dem Bereich der Strauch- und Kletterrosen (Rambler) an. Einmalblühende Rosen trumpfen in der Regel zeitlich vor den öfterblühenden Sorten auf und bezaubern durch ihre bis zu fünf Wochen lange Blütezeit. Viele einmalblühende Strauchrosen sind ausgesprochen frosthart (siehe auch das Kapitel »Polarrosen« Seite 100).

Die Farbe Gelb dominiert bei den besonders früh blühenden, einmalblühenden Strauchrosen, den so genannten Frühlingsrosen.

Frühlingsrosen ab Mai

Die Frühlingsrosen sind einmalblühende Strauchrosen, die bereits ab Mai blühen und damit den rosigen Frühling einläuten (siehe auch »Frühlingsrosen«, Seite 70). Alle sind sie starkwachsende Sorten und auch die heimische Wildart *Rosa pimpinellifolia* kann als Frühlingsrose betrachtet werden.

Einen Übergang zur nächsten Gruppe stellt die nachblühende Frühlingsrose 'Maigold' (gelb, Strauchrose, 150–200 cm) dar. Ihre imposante Hauptblüte zeigt sie zu Beginn des Rosenjahres im Mai, um im Herbst nochmals vereinzelt zu blühen.

Beispiele für Frühlingsrosen
'Frühlingsgold' (gelb, Strauchrose, 150–200 cm)
Rosa hugonis (gelb, Strauchrose, 200–300 cm)

Die nachblühende Rose

Auf der Schwelle zur mehrfachen Blüte stehen die nachblühenden Rosensorten. Sie warten im Juni mit einer überragenden Hauptblüte auf und blühen im August bis in den September hinein vereinzelt nach.

Beispiele für nachblühende Rosen
'Dagmar Hastrup' (rosa, Rugosa-Hybride, 60–80 cm), 'Marguerite Hilling' (rosa, Strauchrose, 150–200 cm) und 'Paul Noël' (rosa, Rambler, 300–500 cm)

Die öfter- und früh blühende Rose

Öfterblühende Sorten gelten heute als Inbegriff der modernen Rosen. Im Gegensatz zu anderen Gehölzen sind diese Sorten in der Lage, nach ihrer ersten Hauptblüte bei ausreichenden Lichtverhältnissen den Sommer über neue Blütentriebe zu bilden.

Öfter- und früh blühende Sorten
weiß: 'Schneeflocke'® (Beetrose, 40–60 cm)
gelb: 'Bernstein Rose'® (Beetrose, 60–80 cm)
rosa: 'Centenaire de Lourdes' (Strauchrose, 150–200 cm)

■ Die Frühlingsrose 'Maigold'.

■ Öfter- und früh blühende Rose: 'Friesia'®.

■ Klassisch öfter blühend: 'Rosarium Uetersen'®.

Rosige Vielfalt

In der Regel folgen in unseren Breiten zwei Blütenflore im Juni und August aufeinander, wobei der erste Flor der stärkere ist. Je nach Sorte unterscheiden sich die Übergänge zwischen diesen beiden Blütenauftritten: Manche Rosen blühen kontinuierlich bis zum Augustflor, andere legen eine deutlich sichtbare Verschnaufpause ein.

Die klassische öfterblühende Rose

Die meisten öfterblühenden Sorten blühen in zwei Floren im Juni/Juli und August/September. Um die Blüte dieser Sorten im Garten etwas gegeneinander zu versetzen, empfiehlt sich das Pinzieren der Jungtriebe Anfang bis Ende Mai, also etwa vier Wochen vor der zu erwartenden Hauptblüte. Dieser Kunstgriff ermöglicht bei korrekter Ausführung eine zeitliche Steuerung der Blüte im Hinblick auf gewünschte Blühtermine. Der genaue Ablauf des Pinzierens ist auf Seite 113 unter dem Stichwort »Vasenrosen« beschrieben.

■ 'Ghislaine de Feligonde' besitzt stachellose Triebe, die für Kinderhände wie geschaffen sind.

Die öfter- und spät blühende Rose

Insbesondere die in ausgeprägten Blütenständen gefülltblühenden Rosen aus der Gruppe der Flächen- und Strauchrosen blühen oft sehr spät. Sie brauchen zum Aufbau ihrer gewaltigen Blütenbüschel mehr Zeit als beispielsweise die Edelrosen für ihre Einzelblüten. Deshalb hinken sie im Ablauf der Blütenflore den klassischen Öfterblühern um bis zu drei Wochen hinterher, was man beispielsweise an der Flächenrose 'Heidetraum'® und anderen büschelblütigen Sorten ausgezeichnet beobachten kann.
Sie sind daher ideal dafür geeignet, die Blühpausen der früher blühenden Sorten auszufüllen und mit ihrem ebenfalls zeitlich nach hinten versetzten Herbstflor das rosige Gartenhalbjahr bis zu den ersten Frösten zu verlängern.

Öfter- und spät blühende Sorten

weiß: 'Alba Meidiland'® (Flächenrose, 80–100 cm)
gelb: 'Ghislaine de Feligonde' (Strauchrose, 150–200 cm)
rosa: 'Eden Rose® '85' (Strauchrose, 150–200 cm)
'The Fairy' (Flächenrose, 60–80 cm)
rot: 'Fairy Dance'® (Flächenrose, 40–60 cm)
'Super Excelsa'® (Rambler, 300–500 cm)

BLÜTENFORMEN

Mit der Form ihrer Blüte zeigt jede Rosensorte ihre Visitenkarte vor. Von der einfachen, »wilden« Rosenblüte bis zur stark gefüllten Rosettenblüte Romantischer Rosen – die Rosenblüte bietet einen unübertroffenen Formenreichtum. Die vier wesentlichen Formengruppen aus gestalterischer Sicht sind:

Die einfache Rosenblüte

Die einfache Blüte ist die ursprüngliche Blütenform der Wildrosen. Vier bis sieben Blütenblätter umgeben zahlreiche Staubgefäße, die mit ihrem Pollen eine ergiebige Futterquelle für Insekten sind. Einfachblühende Rosen passen gut in naturnahe Gärten oder zur Übergangsbepflanzung vom gepflegten Kulturgarten zum Feld. Dank intensiver Rosenzüchtung gibt es neben den einmalblühenden Wildrosen auch öfterblühende, sehr robuste Flächen-, Strauch- und Kletterrosen mit einfacher Blüte.

Die halbgefüllte Rosenblüte

Die halbgefüllte Rosenblüte repräsentiert den Übergang von der Blütenurform zur modernen, gefüllten Blütenform. Die Sorten dieser Gruppe sind sozusagen »zivilisierte« Wildrosen. Dank ihrer vielen Staubgefäße den Wildrosen als Pollenspender nicht nachstehend, sorgen sie außerdem durch ihre Mehrfachblüte für immer wiederkehrende Farbtupfer im Hausgartenbereich.

Die gefüllte Rosenblüte

Gefüllte Rosen sind wohlproportionierte Kostbarkeiten, die in jedem Garten edlen Zauber verströmen. Insbesondere die Edelrosen gelten als ästhetischer Hochgenuss für Freunde der feinen Gartengenüsse. Noblesse oblige.

Da fast alle Edel-, Zwerg- und Englischen Rosen, sehr viele Beet-, Kletter- und Strauchrosen gefüllte Blüten tragen, soll in diesem Kapitel auf die Nennung einzelner Sorten verzichtet und stattdessen auf den Rosenatlas (Seite 185–259) verwiesen werden.

Rosige Blütenstände

Viele Beetrosen, Kletter- und Strauchrosen zieren attraktive Blütenstände, die nicht locker verzweigt sind, sondern aus dichten Büscheln zahlreicher kleiner Blüten bestehen, die sich zu wahren Blütenbällen aufsummieren. In erster Linie gehören zu dieser Gruppe moderne, öfterblühende Flächenrosen, die während ihrer Blütezeit ganze Flächen mit einem geschlossenen Blütenteppich überziehen.

Sortenbeispiele

Einfache Blütenstände:
'Apfelblüte'® (80–100 cm)
'Mozart' (80–100 cm)

Halbgefüllte Blütenstände:
'Heidetraum'® (60–80 cm)
'Lavender Dream'® (60–80 cm)

Gefüllte Blütenstände:
'Alba Meidiland'® (80–100 cm)
'Mirato'® (60–80 cm)
'Satina'® (40–60 cm)

1 Einfache Blüte: *Rosa canina*.
2 Halbgefüllte Blüte: 'Escapade'®.
3 Rosige Blütenstände wie von 'Bobby James' zaubern Blütenfülle in den Garten.

WUCHSFORMEN UND -HÖHEN

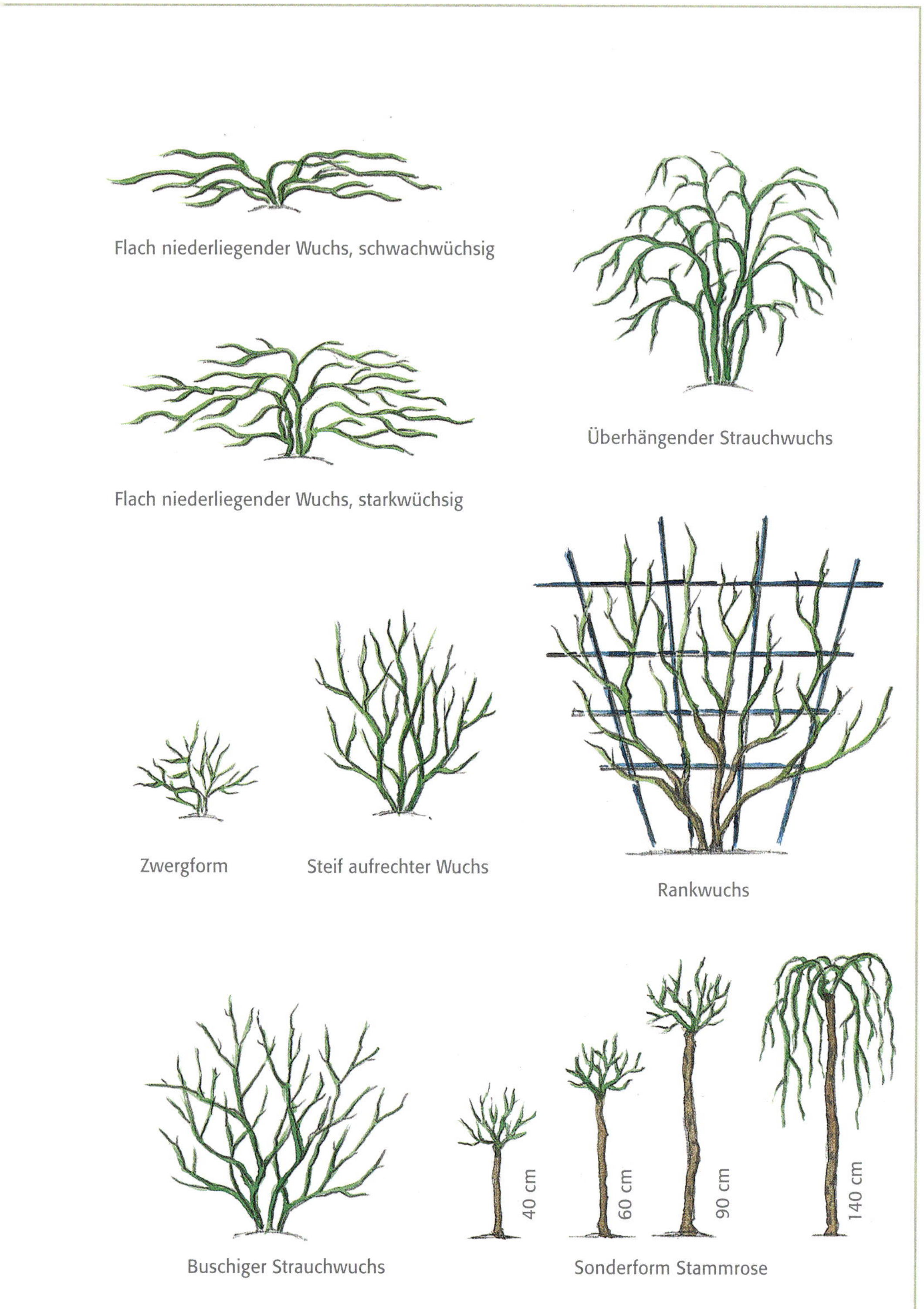

Neben Blütenform und -farbe, Blührhythmik und Wuchshöhe hängt der Wert einer Rosensorte für die Gartengestaltung entscheidend von ihrer Wuchsform ab. Die Verwendung von Rosen hat sich – vor allem aus Pflege- und Platzgründen – von den großen Gruppenpflanzungen früherer Tage gelöst und sich hin zu einer Verwendung einzelner oder in kleinen Tuffs gesetzter Rosen verlagert, oft zusammen mit Stauden oder anderen Gehölzen. Zudem haben einzeln stehende, als Blickfang fungierende Strauchrosen im Hausgarten einen sehr viel höheren Stellenwert erhalten.

Erst in neuerer Zeit widmen die Rosenzüchter der Wuchsform der Rosen verstärkte Aufmerksamkeit. Sie ist von allen Eigenschaften der Rosen bisher am wenigsten züchterisch beachtet und bearbeitet worden. Hier dürfen in den nächsten Jahren noch mit Spannung richtungsweisende Fortschritte erwartet werden. Vor allem die oft staksig wirkenden Edelrosen möchte man von ihrer an Kleiderständer erinnernden Form befreien und neuen Strauchrosensorten eine runde, dicht belaubte Wuchsform geben.

Prof. Dr. Josef Sieber hat bei der Definition der verschiedenen Wuchsformen der Rose Richtungsweisendes geleistet. Auf seinen Überlegungen aufbauend wurden folgende Wuchstypen definiert, an denen sich der Rosenfreund gut orientieren kann.

Flach niederliegender Wuchs

In den letzten Jahren erleben die Flächenrosen, auch **Bodendeckerrosen** genannt, einen wahren Triumphzug. Einige, aber nicht alle dieser Sorten wachsen flach und bodenbedeckend. Jede mit ihnen bepflanzte Fläche ist wegen der dichten Belaubung dieser Rosen spätestens ab dem dritten

Pflanzjahr mit einem dichten Blütenteppich überzogen.

Grundsätzlich lassen sich bei den Rosen mit flach niederliegendem Wuchs zwei Gruppen unterscheiden: die **schwachwüchsigen** Sorten wie 'Heideröslein Nozomi'® (Flächenrose, 40–60 cm), *Rosa repens × gallica* (Flächenrose, 30–40 cm), 'Snow Ballet'® (Flächenrose, 40–60 cm), 'Swany'® (Flächenrose, 40–60 cm) und die **stark wachsenden** Sorten mit teils meterlangen Trieben wie 'Immensee'® (Flächenrose, 30–40 cm), 'Magic Meidiland'® (Flächenrose, 40–60 cm), 'Repens Alba' (Rugosa-Hybride, 30–40 cm). Auch Kletterrosen wie 'Super Dorothy'® (Rambler, 300–500 cm) oder 'Super Excelsa'® (Rambler, 300–500 cm) wachsen ohne Rankhilfe flach und gelten dann als Flächenrosen.

Zwergformen

Zwergrosen bilden kleine, kompakte Büsche, die mit maximal 40 cm Wuchshöhe deutlich unter Kniehöhe (60 cm) bleiben. Aufgrund ihrer Wuchsform eignen sie sich für Gruppenarrangements und ganz besonders für Kübel- und Kastenbepflanzungen.

Sortenbeispiele
'Guletta'®, 'Pink Symphonie'®,
'Sonnenkind'®,
'Zwergkönig '78'® (jeweils 40–60 cm)

Steif aufrechter Wuchs

In diese Wuchsgruppe gehören die **Edelrosen.** Mit ihrer teilweise lichten Belaubung und dem hochgestreckten Strauchaufbau wirken sie wie Flamingos, die auf dünnen Beinen durch seichtes Wasser waten.
Viele Gärtner verleitet der aufrechte Wuchs dieser Sorten dazu, sie mit Stauden oder anderem Grün zu unterpflanzen. Die Folgen sind häufig negativ, da insbesondere Edelrosen einen offenen Boden zu schätzen wissen.

Sortenbeispiele (Edelrosen)
'Aachener Dom'® (60–80 cm)
'Banzai '83'® (80–100 cm)
'Barkarole'® (80–100 cm)
'Burgund '81'® (60–80 cm)
'Duftgold'® (60–80 cm)
'Duftrausch'® (80–100 cm)
'Elina'® (80–100 cm)
'Gloria Dei' (80–100 cm)
'Ingrid Bergmann'® (60–80 cm)
'Landora'® (60–80 cm)
'Paul Ricard'® (60–80 cm)
'The McCartney Rose'® (60–80 cm)

Eine **Beetrose** mit ebenfalls ausgeprägt steifem, hohem Wuchs ist 'The Queen Elizabeth Rose'® (80–100 cm).

Buschiger Strauchwuchs

Viele **Beet- und Strauchrosen** weisen einen dichten, formschönen Wuchs auf und bilden unterschiedlich große Büsche. Zur Sommerzeit lassen sie kaum einen Blick auf nacktes Holz zu, so dicht ist das Laub- und Blütenwerk. Nicht ohne Grund zählen sie deshalb bei Gartenfreunden zu den besonders beliebten Rosen für den Hausgarten, vor allem dann, wenn ein harmonisches Gesamtgartenbild im Vordergrund der Gestaltungswünsche steht. Nur in den ersten zwei Standjahren ist es notwendig, das Unkraut in Zaum zu halten, bis sich die Pflanzen etabliert haben. Einige besonders wuchsschöne Beispiele sind:

Sortenbeispiele

Beetrosen:
'Bonica '82'® (60–80 cm)
'Gartenzauber '84'® (40–60 cm)
'Goldmarie '82'® (40–60 cm)
'Gruß an Aachen' (40–60 cm)
'La Paloma '85'® (60–80 cm)
'La Sevillana'® (60–80 cm)
'Leonardo da Vinci'® (60–80 cm)
'Mariandel'® (40–60 cm)
'Mountbatten'® (80–100 cm)
'Nina Weibull' (40–60 cm)

Strauchrosen:
'Dirigent'® (150–200 cm)
'Schneewittchen'® (100–150 cm)
'Westerland'® (150–200 cm)

Flächenrosen:
'Lovely Fairy'® (60–80 cm)
'Sommerwind'® (40–60 cm)
'The Fairy' (60–80 cm)

Wildrose:
'Rosa nitida' (60–80 cm)

Überhängender Strauchwuchs

Bei einigen Strauchrosen kommen zum geschlossenen Habitus als zusätzliche Zierde noch überhängende Triebe hinzu, die, in der dunklen Jahreszeit, wenn sie mit Raureif überzogen sind, ein Gartenschauspiel der erlesenen Art bieten.

Sortenbeispiele
'Abraham Darby'® (150–200 cm)
'Bourgogne'® (150–200 cm)
'Centenaire de Lourdes' (150–200 cm)
'Frühlingsgold' (150–200 cm)
'Graham Thomas'® (100–150 cm)
'Heritage'® (100–150 cm)
'Raubritter' (200–300 cm)

Rosige Vielfalt

■ Rankwüchsiger Rambler: 'Bobby James'. Rambler blühen überwiegend einmal, dafür aber überreich und lange.

■ Wie Lianen schlingen sich Rambler an lichten Stämmen empor.

■ 'The Fairy' ist durch ihren überhängenden Wuchs eine ideale Kübelrose.

■ Obwohl es über 30.000 verschiedene Rosensorten gibt, eignet sich nur eine kleine Auswahl für die Kultur als Rosenstamm. Paradebeispiel: 'Lawinia'®.

Rankwuchs

Zur Gruppe der Rosen mit langen, peitschenförmigen Trieben zählen – erwartungsgemäß – die **Kletterrosen.** Mithilfe solider Rankhilfen als Unterstützung können sie Wände und Mauern, Pergolen und Torbögen in ein einmaliges Blütenmeer tauchen.

Blütenfülle dämpft Wuchslaune: Grundsätzlich lässt sich sagen, dass öfterblühende Kletterrosen – wie z. B. 'Ilse Krohn Superior'®, 'Lawinia'®, 'Morning Jewel'®, 'New Dawn', 'Rosarium Uetersen'®, 'Salita'®, 'Santana'® und 'Sympathie' mit einer Höhe von zwei bis drei Metern deutlich wuchsschwächer sind als die enorm wüchsigen einmalblühenden **Ramblerrosen** wie etwa 'Albéric Barbier', 'Bobby James', 'Flammentanz'®, 'Paul Noël', *Rosa × ruga* und 'Venusta Pendula', die mit ihrem Wuchstemperament sechs und mehr Höhenmeter schaffen können. Ihr Rankwuchs bleibt bei diesen Höhenausflügen bemerkenswert locker und wirkt nie steif.

Sonderform Stammrose

Eine »künstlich« hergestellte Wuchsform ist der Rosenstamm. In den Baumschulen wird durch die Veredlungshöhe – 40 cm (Fußstamm), 60 cm (Halbstamm), 90 cm (Hochstamm), 140 cm (Kaskadenstamm) – die Kronenhöhe festgelegt. Die auf die Wildlingsstämme aufveredelten Rosensorten wachsen genauso, wie sie es auch bei einer bodennahen Veredlung tun würden – nur eben in luftiger Höhe, in der viele Sorten sich übrigens weit weniger krankheitsanfällig als in Bodennähe zeigen.

Wuchshöhe

Für jeden Gartenfreund ist die Wuchshöhe seiner Wunschsorte eine wichtige Information. Von ihr hängt die Auswahl des künftigen Standortes ab, die Plazierung der Rosenpflanzen oder die Einplanung einer möglichen Fernwirkung.

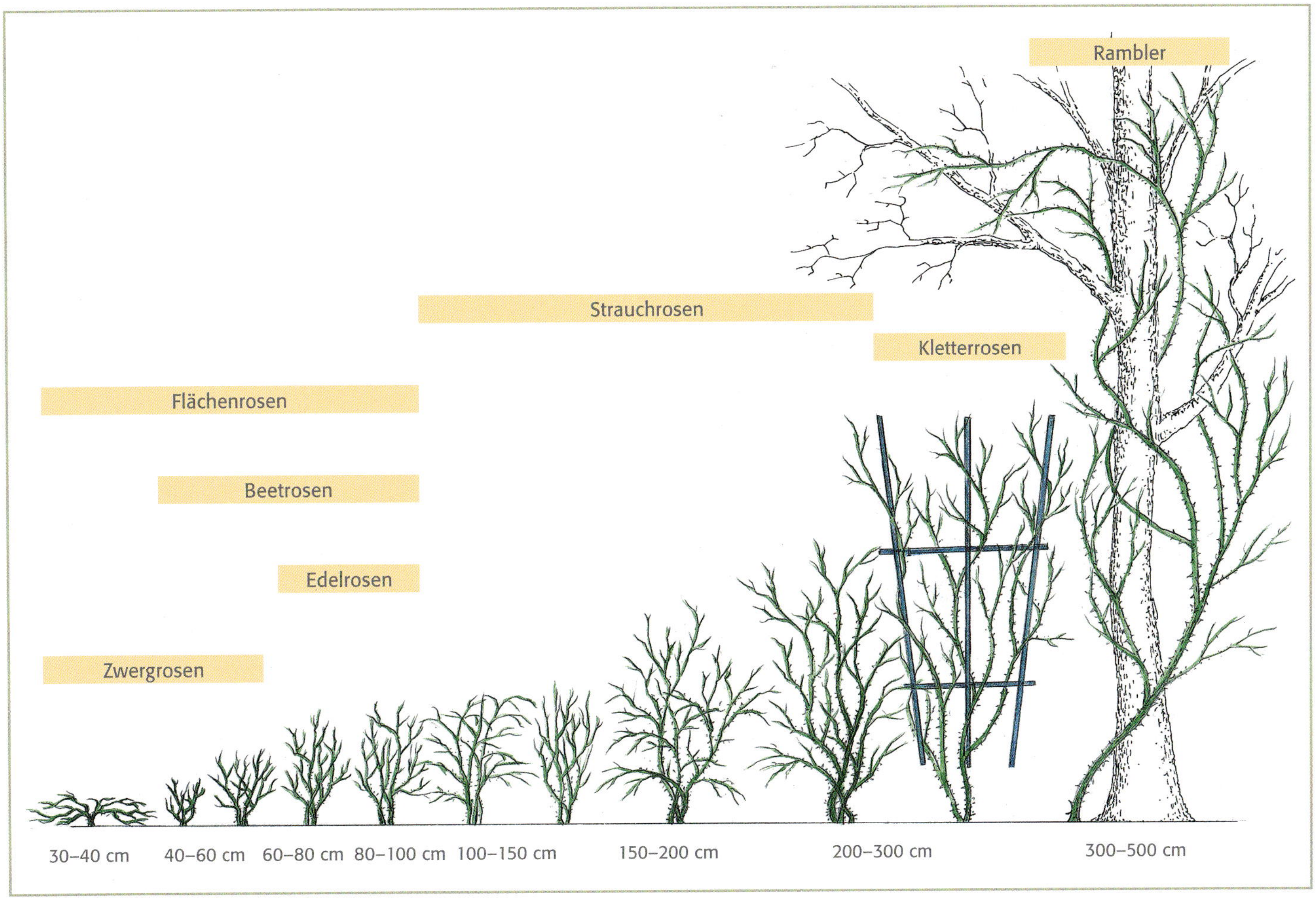

Gestalten mit Rosen

Wie lässt sich die Rose im Garten und auf der Terrasse verwenden? Das hängt von den Wünschen und Bedürfnissen des Besitzers ab, denn keine Rose ist einseitig verwendbar. Vielmehr unterstreicht die breite Palette an Einsatzmöglichkeiten – auch im öffentlichen Grün – die Stellung der Rose als Gehölz der Extraklasse.

MIT ROSEN IM GARTEN GESTALTEN

Die Rose nimmt unter den Gehölzen eine Ausnahmestellung ein. Auf entsprechenden Standorten zaubern Rosen mit ihrer sommerlichen Dauerblüte und dem einmaligen Duft ein besonderes Flair in die Gärten. Unbestritten spielt die Rose eine Hauptrolle auf vielen Gartenbühnen. Wie bei jeder überzeugenden Inszenierung steht und fällt der Erfolg des Auftritts der »Königin der Blumen« jedoch mit der Qualität ihres Ensembles. Fehlbesetzungen nehmen an sich applausversprechenden Gartenszenen viel von ihrem Reiz.

Der Gartenfreund führt Regie im großen Pflanzentheater, seine individuellen Neigungen entscheiden über die Pflanzenauswahl, über den Einsatz ihrer Eigenarten und ihre vorteilhafte Kombination. Die Variationsbreite der Rosen in puncto Wuchs, Farbe, Blührhythmik und Fruchtbehang verspricht durch die sich daraus ergebende, unzähligen Kombinationsmöglichkeiten eine kreative Herausforderung der besonderen Art.

Die eigene Kreativität soll das Gestalten mit Rosen prägen und nicht das getreuliche Übernehmen vermeintlicher Patentpläne aus bunten Gartenmagazinen, die dann im eigenen Garten doch wieder anders wirken als auf dem Foto. Auch die dort vorgegebene Pflanzenanzahl pro m^2 ist nur ein Erfahrungswert, an dem zu orientieren sich niemand gezwungen sehen muss. Sie bedingt auch nicht zwangsläufig ein geometrisch strenges Aufstellen der Rosen in exakt gleichen Abständen, quasi Zinnsoldaten gleich. Die gleiche Anzahl Rosen kann ebenso locker in kleinen Gruppen gesetzt werden, als ob sie es sich dort wie von selbst bequem gemacht hätten.

Die Kunst des Gestaltens mit Pflanzen besteht darin zu arrangieren, ohne dass das Arrangement zu bemerken wäre. Zum Glück gibt es Grundregeln, die den Zugang zum harmonischen Gestalten erleichtern und beim Ordnen der zunächst oft unklaren Vorstellungen helfen, wie ein Beet oder ein Gartenteil zum Schluss aussehen soll. Die wohl wichtigste Harmonielehre im Umgang mit Rosen ist die Farbenlehre. Es lohnt sich, für ihr Studium etwas Zeit einzuplanen, etwa in der Winterzeit, und die aus der Farbenlehre gewonnenen Erkenntnisse in die eigenen Gartenpläne einfließen zu lassen.

Die Farbwirkung

Gelb – warmer, leichter Farbton, gut mit Rot harmonierend

Blau – frischer, kühler Farbton, gut zu Weiß passend, auch mit Orangerot, aber nicht mit Violettrot harmonierend

Rot – aggressiver, sehr lebhafter Farbton, passt zu vielen Farben, Vorsicht ist jedoch bei Pflanzennachbarn in anderen Rottönen geboten; beispielsweise verbietet sich Scharlachrot neben Violettrot

Grün – neutraler Farbton, bringt – auch in mehreren, unterschiedlichen Tönungen – zusammen mit Gelb und Rot, Frische in den Garten

Weiß – Farbverstärker für alle anderen Farben, passt insbesondere zu Karminrot, Hellrosa, Hellblau und Violett

■ Rosen und sonnenliebende Stauden ergänzen sich ideal im Garten.

Die Farbenlehre: Rosen bieten eine weite Farbskala; fehlende Farben, beispielsweise Blau, lassen sich durch andere Pflanzen ergänzen. Die Grundfarben des Farbenkreises – Gelb, Blau und Rot – harmonieren ohne Probleme miteinander. Kritischer verhält es sich mit einander nahe stehenden Farben, die zwar einer Grundfarbe entstammen und scheinbar gut zusammenpassen würden, sich dann aber doch beißen. Reizvoll sind Spannung erzeugende Kontraste, etwa Rot zu Grün, Gelb zu Violett, Blau zu Orange.

In die Farbgestaltung sind natürlich nicht nur die Farbwirkungen der Blüten- und Laubfarben mit einzubeziehen, sondern auch die Farben der Umgebung. Eine weiße Rose vor einer weißen Wand baut sicher wenig Spannung auf, ebenso wie eine rote Rose vor einer Ziegelmauer.

Beetrosen für den Garten

Was sind Beetrosen? Präzise gesagt, handelt es sich bei der Bezeichnung »Beetrosen« um einen Sammelbegriff für **Polyantharosen** und **Floribundarosen** (Letztere werden auch **Polyantha-Hybriden** genannt). Unter Polyantharosen verstehen die Rosenliebhaber niedrig wachsende Beetrosen mit großen, viele kleinblumige Blüten tragenden Blütenständen. Hervorgangen sind sie aus Kreuzungen von *Rosa multiflora* und *Rosa chinensis.* Das Geburtsjahr der Polyantharosen wird auf 1865 datiert, als der Engländer Robert Fortune Stecklinge einer schwachwüchsigen *Rosa multiflora*-Form von Japan nach Europa schickte.

Aus den Polyantharosen entwickelten sich durch züchterische Bearbeitung die **Polyantha-Hybriden.** Durch das weitere Einkreuzen von Edelrosen schuf der Däne Svend Poulsen in diesem Jahrhundert die ersten Exemplare dieser neuen Gruppe. Die Floribundarosen sind großblumige, winterharte, niedrige und öfterblühende Beetrosen, deren edle, gefüllte Blütenform an die der Edelrosen erinnert. Blüten der Floribundarosen sehen bisweilen wie Miniaturausgaben der Edelrosenblüten aus.

Alles verstanden? Wenn nicht, muss dies kein Kopfzerbrechen bereiten. Aufgrund der zahllosen Übergänge innerhalb der ursprünglichen Untergruppen haben auch die meisten Rosenprofis die ehemals strenge Hierachie verlassen und ordnen die entsprechenden Typen in den Katalogen schlicht als Beetrosen ein.

Manche Rosenanbieter gruppieren jedoch auch Edel- und **Zwergrosen** unter die Beetrosen mit ein. Das ist allerdings wenig verwendungsfreundlich, da die meisten Zwergrosensorten wegen ihrer nicht ausreichenden Robustheit in Beetanordnungen enorm pflegeaufwendig sind. **Edelrosen** dagegen sind aufgrund ihres hohen, staksigen Wuchses überhaupt nicht mit dem buschigen, kompakten Wuchs der eigentlichen Beetrosen vergleichbar und eignen sich nur sehr eingeschränkt für flächendeckende Farbeinsätze. Der Versuch, lichtlaubige Edelrosen, die eigentlichen »Königinnen der Rosen« mit höchster Individualität, flächendeckend, massiv und monoton, ohne Hofstaat einzusetzen, käme schon fast einer Majestätsbeleidigung gleich.

Ganz im Gegensatz dazu präsentieren sich Beetrosen aus der Gruppe der Floribunda- und Polyantharosen als ausgeprägte Teamworker, die, insbesondere in größeren Gruppen auf Beete und Rabatten gepflanzt, eine großartige Flächenwirkung bieten. Mit ihrer dichten Belaubung schattieren sie den Untergrund und verzögern dadurch die Unkrautentwicklung.

Natürlich gilt vor allem beim flächigen Einsatz von Beetrosen die **Faustregel der Robustheit:**

Gefüllte Beetrosen (Auswahl)[1]

Sorte	Farbe	Blührhythmik	Wuchshöhe (in cm)
Amber Queen®	gelb	öfterblühend	40–60
Bad Birnbach®	lachsrosa	öfterblühend	40–60
Bonica '82®	rosa	öfterblühend	60–80
Claude Monet®	weiß-rot/gelb	öfterblühend	80–100
Edelweiß®	weiß	öfterblühend	40–60
Friesia®	gelb	öfterblühend, frühblühend	60–80
Goldmarie '82®	gelb	öfterblühend	40–60
Gruß an Aachen	creme	öfterblühend	40–60
Henri Matisse®	weiß-rot	öfterblühend, frühblühend	80–100
Leonardo da Vinci®	rosa	öfterblühend	60–80
Lions-Rose®	creme-apricot	öfterblühend	60–80
Marie Curie®	goldbraun	öfterblühend	40–60
Mountbatten®	gelb	öfterblühend	80–100
Pomponella®	dunkelrosa	öfterblühend	60–80
Rose de Resht	rot	öfterblühend	80–100
Rosenprofessor Sieber®	rosa	öfterblühend	60–80
The Queen Elizabeth Rose®	rosa	öfterblühend	80–100

Halbgefüllte Beetrosen (Auswahl)

Sorte	Farbe	Blührhythmik	Wuchshöhe (in cm)
Aprikola®	apricot	öfterblühend	60–80
La Sevillana®	rot	öfterblühend	60–80
Maxi Vita®	rosa-orange	öfterblühend	60–80
Neon®	karminrosa	öfterblühend	40–60
Rhapsody in Blue®	purpurviolett	öfterblühend	80–100
Schneeflocke®	weiß	öfterblühend, frühblühend	40–60

[1] Die nachfolgenden Tabellen beziehen sich auf die Sortenauswahl im Rosenatlas, Seite 186 ff. Aufgrund der Sortenfülle stellen die genannten Sorten nur eine Auswahl der markantesten Vertreter der jeweiligen Gruppe dar.

Gestalten mit Rosen

Je großflächiger eine Beetrose gepflanzt wird, desto aufmerksamer muss bei der Sortenauswahl – neben Überlegungen bezüglich Wuchs und Farbe – die Robustheit beachtet werden.

Alle Beetrosen bilden gut verzweigte Triebe, die durch Blütenbüschel mit zahlreichen, mehr oder weniger gefüllten Einzelblüten in Rot, Rosa, Weiß und Gelb auf sich aufmerksam machen. Der erste Blütenflor der Beetrosen hat fast immer eine fantastische Fernwirkung. Danach legen die meisten Sorten erst einmal eine Verschnaufpause ein, um ab August wieder ein dominanter, farbiger Blickpunkt im Garten zu sein.

Beim Umgang mit Beetrosen ist spielerische Gestaltungslaune gefragt. Gerade Linien, die auch in der Natur nicht vorkommen, müssen dabei nicht sein. Wege können in weichen Bogen an den Beetrosen vorbeiführen. Prinzipiell lassen sich Beetrosenpflanzungen problemlos in bereits bestehende Gartenanlagen integrieren.

Die Sortenauswahl auf Seite 47 gibt besonders wetterfesten, vitalen Sorten den Vorzug. Leider sind nur wenigen Beetrosen »dufte« Eigenschaften mitgegeben. Einige Sorten bieten jedoch der Nase ein liebliches Parfüm, beispielsweise 'Duftwolke'®,'Friesia'®, 'Manou Meilland'®, 'Rose de Resht' und 'Träumerei'®.

Das dekorative Rosenbeet

Wer ein Rosenbeet anlegen möchte, kann mit dem Werkstoff »Beetrose« anhand der Tabellen leicht seine Wünsche umsetzen. Als zentraler Punkt in der Beetmitte eignet sich z. B. eine Pyramide mit Kletterpflanzen; davor setzt man Beetrosen, und zwar abgestuft nach ihrer Wuchshöhe, sodass sie in der Einheit ein Blütenpolster bilden. Die Farbauswahl ist dabei ganz dem individuellen Geschmack überlassen. Als Faustregel gilt, dass man sortenreine Gruppen pflanzen und dabei nicht weniger als drei, besser fünf, idealerweise sieben Stöcke locker gruppieren sollte. Möglich sind kontrastreiche Benachbarungen, aber auch Ton-in-Ton-Pflanzungen, etwa in Form eines gelben Rosenbeetes.

Als gelbe Kletterpflanze kommt ein besonderes Kleinod zum Einsatz. Die Gold-Waldrebe *(Clematis tangutica* 'Golden Tiara') ist ein faszinierender Klettermaxe mit – für die Gattung *Clematis* sehr ungewöhnlich – gelben Blüten. Diese haben ihr Haupt wie Glocken gesenkt, sind eine begehrte Nektarquelle für Bienen und wirken mit ihrer Blütenfülle ab Juni bis in den Herbst. Anschließend schmücken sich die Fruchtstände mit silbrigem Haarschweif. Jeweils drei bis fünf Pflanzen pro Art und Sorte in Gruppe, zwei Gold-Waldreben für die Holz- oder Schmiedeeisenpyramide.

Kletterrosen und Rambler für Wand und Pergola

Kletterrosen machen im Hausgarten Märchen wahr. Wer das »Dornröschen« der Brüder Grimm aufmerksam liest, dem erschließen sich bereits die gestalterischen Möglichkeiten dieser farbenprächtigen Hochstapler unter den Rosen: »Rings um das Schloss aber begann eine Dornenhecke zu wachsen, die jedes Jahr höher ward und endlich das ganze Schloss umzog und darüber hinauswuchs, dass gar nichts mehr davon zu sehen war, selbst nicht die Fahne auf dem Dach.«

Bis allerdings so ein Schloss völlig hinter Kletterrosen und rankenden Ramblern verschwindet, gehen schon ein paar Jahre ins Land. Schneller klettern sie an einer Pergola, einer Hauswand, einem Carport, einer Gartenlaterne, einem Torbogen oder einer kunstvollen Pyramide empor. Spätestens im dritten Jahr nach der Pflanzung schaffen Kletterrosen auch in tristen Gartenwinkeln ein märchenhaftes Ambiente.

Die Bezeichnung **»Kletterrosen«** wird als Überbegriff für Rosen benutzt, die Strauchrosen ähneln, aber im Unterschied zu diesen längere Triebe ausbilden. Kletterrosen können nicht selbstständig klettern, sie benötigen eine Hilfe für den Aufstieg an Wänden und Pergolen.

Kletterrosen, die besonders lange, weiche und dünne Triebe ausbilden, nennt man **Rambler.** Mit ihren meterlangen Trieben wachsen sie in lichte, alte Bäume bis in Höhen von sechs bis sieben Metern hinein, begrünen große Pergolen und imposante Torbögen.

Die Variante als Baumliane lässt sich auch in unseren Breiten problemlos verwirklichen, vorausgesetzt, das als Ramblerstütze ausgewählte Gehölz ist bereits »erwachsen« und damit entsprechend belastbar. Ideal sind tief wurzelnde Lärchen, Kiefern oder Goldregen, die den flach wurzelnden Ramblern keine allzu große Konkurrenz bereiten. Pflanzen Sie die Rambler mit etwas Abstand zum Kletterbaum. Eine alte Holzleiter kann dabei den Aufstieg erleichtern. Graben Sie die Leiterenden tief in den Boden ein und befestigen Sie das obere Leiterende am Baumstamm. (siehe Grafik).

Botanisch gesehen zählen diese Rankrosen zu den sogenannten Spreizklimmern, d. h., sie sind mit ihren bestachelten Trieben immer auf der Suche nach einem Halt. Ist die Suche erfolgreich, haken sie sich mit ihnen fest.

Zusätzlich zu dieser wuchstypabhängigen Unterscheidung klassifiziert man Kletterrosen nach ihrem Blührhythmus. Es gibt **einmal- und öfterblühende Sorten.** Öfterblühende Sorten weisen häufig eine schwächere Wuchskraft auf, werden selten – im Gegensatz zu den wild wachsenden, meist einmalblühenden lianenartigen Ramblern – über drei Meter hoch. Die Kenntnis des Blühverhaltens ist für den Rosenfreund die Basis, von der aus er die der jeweiligen Sorte angemessenen Schnittmaßnahmen ableitet, wie sie im Kapitel »Rosen richtig schneiden« (Seite 151) ausführlich dargestellt sind.

Kletterrosen wachsen immer dem Licht entgegen. Dabei überziehen sie alles, was sich ihnen in den Weg stellt, mit einem farbigen Blütenband. Die Richtung des Triebwachstums kann der Gartenfreund bestimmen. Entweder er führt sie, locker angebunden, an einem Rankgestell in die Höhe oder er lässt sie von oben nach unten über eine Mauerkrone überhängen. Finden die Kletterkünstler keinen Halt für ihre farbenprächtigen Umarmungen, ziehen sie ihre langen Triebe auch flächendeckend über Steine und Böschungen, wie es etwa die Sorten 'Super Dorothy'® und 'Super Excelsa'® tun.

Das eigentlich Faszinierende an den Kletterrosen ist, dass sie trotz ihrer Langtriebigkeit selbst in kleinsten Gärten und auf schmalsten Pflanzstellen zurechtkommen. Immer vorausgesetzt, der Weg nach oben ist frei. Diesen Vorteil nutzen immer mehr Bürger, um ihre Hauswände auch zur Straßenseite hin attraktiv zu gestalten. Dies ist mit Kletterrosen sogar dann möglich, wenn die Hauswand direkt – ohne Vorgarten – an den Bürgersteig anschließt. Ein viertel Quadratmeter freie Erd-

Das dekorative Rosenbeet

1 Beetrose 'Goldener Sommer '83'®
2 Beetrose 'Friesia'® (mit Duft)
3 Goldrute *(Solidago caesia)*
4 Frauenmantel *(Alchemilla mollis)*
5 Mädchenauge (*Coreopsis*-Arten)
6 Gold-Waldrebe (*Clematis tangutica* 'Golden Tiara')

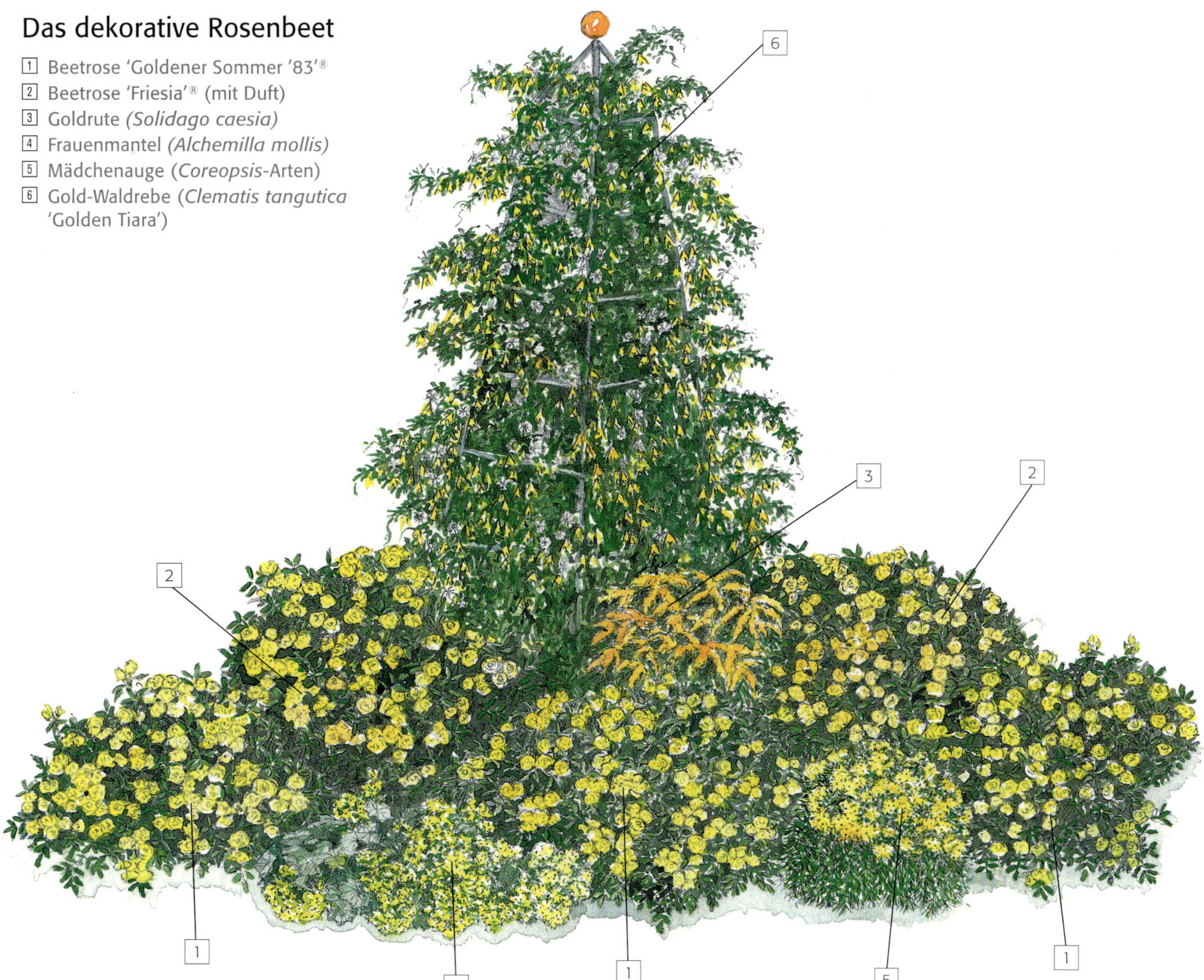

Kletterrosen (Auswahl)

Sorte	Farbe	Blütenfüllung	Blührhythmik	Wuchshöhe (in cm)
Compassion®	rosa	gefüllt	öfterblühend	200–300
Golden Gate®	gelb	halbgefüllt	öfterblühend	200–300
Kir Royal®	seidenrosa	stark gefüllt	einmalblühend	200–300
New Dawn	perlmutt	gefüllt	öfterblühend	200–300
Red Flame®	rot	gefüllt	öfterblühend	200–300
Rosarium Uetersen®	rosa	gefüllt	öfterblühend	200–300
Salita®	orange	gefüllt	öfterblühend	200–300
Santana®	rot	gefüllt	öfterblühend	200–300

Rambler (Auswahl)

Sorte	Farbe	Blütenfüllung	Blührhythmik	Wuchshöhe (in cm)
Bobby James	weiß	halbgefüllt	einmalblühend	300–500
Flammentanz®	rot	gefüllt	einmalblühend	300–500
Jasmina®	violett-rosa	gefüllt	öfterblühend	150–200
Paul Noel	rosa	gefüllt	nachblühend	300–500
Super Dorothy®	rosa	gefüllt	öfterblühend	300–500
Super Excelsa®	karminrosa	gefüllt	öfterblühend	300–500
Venusta Pendula	rosa/weiß	halbgefüllt	einmalblühend	300–500

oberfläche und tiefgründiger Boden reichen ihnen, um an Standorten zu bezaubern, an denen eigentlich kein Grüneinsatz möglich erschien.

Kletterrosen lieben Wände in Südost- bzw. Südwestlage. Heiße Südwände sind ungeeignet, denn dort leiden sie rasch unter Spinnmilben und Mehltau. Aber auch an sich gut geeignete Lagen können problematisch sein, wenn ein weites Vordach den Luftaustausch einschränkt und Stauwärme fördert. Problemlagen mit Spinnmilbenpotenzial können mithilfe eines großblättrigen Efeus *(Hedera hibernica)* rosengerechter gestaltet werden. Diese Efeuart deckt heißes Mauerwerk ab, sodass ein kühler Hintergrund entsteht, der davor gepflanzten Kletterrosen zugutekommt.

Um die Blühwilligkeit von Kletterrosen an Hauswänden bereits auf Augenhöhe des

■ Links: Der Rambler 'Bobby James' verhilft lichten Bäumen zu einer zweiten Blüte. Mitte: Alte Leitern braucht man nicht wegzuwerfen. Sie sind hervorragende Rankhilfen für Kletterrosen, die in die Kronen lichter Bäume hinaufwachsen sollen. In den Sprossen einer angelehnten Leiter haken sie sich leicht ein. Die Leiterenden werden tief in den Boden eingegraben und oben am Baumstamm festgebunden. Rechts: Werden junge Kletterrosentriebe bauchförmig gebogen, entsteht ein Saftstau, der zur Bildung blütenreicher Seitentriebe führt. Diese Lösung ist überall dort sinnvoll, wo aufgrund von Platzmangel die waagerechte Führung der Triebe nicht möglich ist, also beispielsweise an Pergolen, Pfählen und Lauben.

TIPP **Mittlerweile bieten Gärtnereien auch Mini-Kletterrosen an, die sich aufgrund ihres gezügelten Wachstums sehr gut für eine Kultur in Gefäßen eignen. Sie können aber auch mit langen Trieben ausgestattete Flächenrosen wie 'Sommerabend' oder 'Alba Meidiland' hervorragend als »kleine Kletterrosen« in Kübeln ziehen.**

Betrachters zu fördern, empfiehlt es sich, die Stöcke nicht zwischen, sondern unter die Fenster zu pflanzen. Dadurch werden die Triebe bereits frühzeitig in die Waagerechte gezwungen und zur Bildung blütenreicher Seitentriebe angeregt. Auch beim Aufbau einer Kletterrose entlang einer Pergola oder eines Baldachins ist waagerechtes Binden besser und für die Blütenproduktion ergiebiger als Schneiden. Ein zu häufiger Schnitt der Kletterrosen regt letztendlich nur eine übermäßige Holzproduktion an. Die Rose soll jedoch im Hausgarten als Blühpflanze und nicht als Forstgehölz erfreuen. Deshalb werden Kletterrosen in der Regel nur ausgelichtet (siehe Seite 153).

Schöne alte Kletterrosen lassen sich kaum ohne harten Schnitt wieder zur Bildung zahlreicher Blüten in den unteren Etagen anregen. Solch ein radikaler Eingriff ist zwar möglich, zieht aber einen mehrjährigen Neuaufbau nach sich. Eine Alternative ohne Risiko bildet eine Gruppe schöner Blütenpflanzen und Clematis vor den Kahlstellen. Natürlich können Sie solch eine Vorpflanzung auch vor jungen Kletterrosen etablieren. Allerdings sollten die rosigen Kletterer mindestens drei Jahre Vorsprung haben und tief genug eingewurzelt sein.

Rosenbogen: Besondere Gestaltungseffekte erreicht man im Garten mit Rosenbögen, durch die man schreitet, hinter denen sich eine andere, überraschungsreiche Welt eröffnet. Für kleinere Bögen eignen sich eher schwächer wachsende, öfterblühende Sorten, für große Bögen kommen auch Rambler in die engere Auswahl. Unabhängig von der Sortenwahl sollte man bei der Gestaltung von Bögen mit Rosen nicht deren Stacheln vergessen. Der Abstand zwischen den Pfosten ist deshalb so weit zu wählen, dass beim Durchschreiten keine Verletzungsgefahr besteht. Das Gleiche gilt natürlich auch für Pergolen und andere Rankgestelle. Ist nicht genug Platz vorhanden, bieten sich fast stachellose Sorten

■ Lohn der Geduld: Kletterrosen verleihen Pergolen nach spätestens drei Jahren einen üppigen Blütenrahmen.

wie 'Maria Lisa' an. Rosenbögen sind ein künstlicher Gestaltungsrahmen, der in den ersten Jahren vom Gärtner Bindearbeit und Triebführung verlangt. Auch stellt sich der gewünschte Effekt nicht gleich im ersten Jahr ein; die notwendige Geduld wird aber ab dem dritten Standjahr durch üppige Rosenpracht belohnt.

Spaliergerüst: Ein Klettergerüst für Rosen muss kräftig und solide verankert sein. Geeignet sind Spaliere aus Holz oder kunststoffummanteltem Draht. Der Mindestabstand von der Wand beträgt acht Zentimeter. Er dient der ausreichenden Durchlüftung und erleichtert die Bindearbeit. Besonders bewährt haben sich die zwar etwas teureren und bei der Installation aufwendigeren, dafür aber eine kleine Ewigkeit haltbaren verzinkten Armiergitter. Ihre Gitterstruktur ermöglicht ein bequemes Binden der Triebe in alle gewünschten Richtungen. Solche Gitter tragen bei fachgerechter Installation auch noch nach vielen Jahren die nicht zu unterschätzende Gewichtslast blütenbeladener, mitunter regennasser Triebe großer Kletterrosenstöcke.

■ Die langen Blütenruten der Kletterrosen erobern in wenigen Jahren auch große Rosenbögen.

Strauchrosen in Einzelstellung für Zäune und Hecken

Rosen für dichte Hecken, Rosen als Zaunkönige, Rosen für Soloauftritte – in diesen Gestaltungsbereichen schlägt die große Stunde der Strauchrosen.

Alle Rosen sind »Sträucher«, der Begriff **Strauchrosen** bezeichnet jedoch Sorten und Arten, die durch größere Wuchsstärke in Höhe und Breite auffallen. Die Blüten können einfach, halbgefüllt, aber auch gefüllt und edelrosenähnlich sein. In Katalogen werden Strauchrosen bisweilen in einmalblühende **Parkrosen** und öfterblühende **Zierstrauchrosen** unterteilt.

Einmalblühende Parkrosen: Zu den klassischen Parkrosen zählen 'Frühlingsgold', 'Maigold', *Rosa hugonis, Rosa sericea* f. *pteracantha,* 'Scharlachglut' und andere, also Arten und Sorten mit einmaliger Blüte im Frühjahr oder Frühsommer, mächtigem Wachstum, reichlichem Hagebuttenansatz und ungewöhnlicher Frosthärte. Die Bezeichnung »Parkrosen« verweist schon auf die Orte, an denen sie am besten eingesetzt werden können – in Parks und weitläufigen Gartenanlagen. Dort entfalten sie ungestört und freiwachsend ihre üppige Pracht. Ideal eignen sie sich zur Unterpflanzung großer Bäume, als Einzelsträucher oder auch in lockeren Hecken, die leicht drei bis vier Meter hoch werden können.

Öfterblühende Zierstrauchrosen: Die Öfterblütigkeit der Zierstrauchrosen, zu denen auch viele Englische und Alte Rosen zählen, bremst deren Wachstum. Daher ist ihr Einsatz als etwas größere Beetrosen auch in kleineren Gartenwinkeln ohne Probleme möglich. Durch ihre Öfterblütigkeit, ihre große Robustheit und ihre überschaubare Größe – meist sind zwei Meter Höhe das Maximum – brillieren sie als gartengerechte Rosensolitäre. Sie bilden deshalb auch den Schwerpunkt in der Sortentabelle (siehe Seite 54).

Strauchrosen für die Einzelstellung: Wer einmal die Insel Mainau besucht, bekommt einen Eindruck davon, zu welchen Blütenbergen sich Zierstrauchrosen entwickeln können. Besonders wuchsschön zeigen sich beispielsweise weltbekannte Strauchrosensorten wie 'Westerland'® oder 'Schneewittchen'®. Das Besondere an diesen prächtigen Ziersträuchern auf der weltbekannten Blüteninsel ist, dass sie sich meist aus einer einzigen Pflanze aufgebaut haben. Man ließ sie viele Jahre unbeschnitten, von kleineren Auslichtungsmaßnahmen abgesehen. Dort stellen sie neben ihrer robusten Blütenfülle und urwüchsigen Frosthärte eindrucksvoll ihre besondere Eigenschaft unter Beweis, nämlich einen freiwachsenden, kompakten und selbsttragenden Blütenstrauch aufzubauen.

Viele moderne Strauchrosensorten bilden runde Ziersträucher, die mit dem Ausmaß und der Dauer ihrer Blütenfülle die klassischen Ziersträucher unserer Gärten leicht übertreffen. Beide zusammen, Zierstrauchrosen und Ziersträucher, sind ideale Partner; mehr dazu im Kapitel »Rosen mit Laubgehölzen« (Seite 92).

Wenn von der Eignung der Strauchrosen für **Einzelstellungen** die Rede ist, soll damit nicht ihre Verwendung in **Gruppenpflanzungen** ausgeschlossen werden. Der Begriff »Einzelstellung« bezieht sich vielmehr auf den freien, exponierten Stand einer Pflanze oder mehrerer Rosenstöcke. Pflanzt man einen solchen Rosenhain oder eine einzelne Strauchrose inmitten einer Rasenfläche, muss der Boden um die Rose(n) im Abstand von etwa 50 cm offen bleiben. Wer diese sogenannten Baumscheiben unbedingt mulchen will, sollte die Mulchschicht keinesfalls zu hoch auftragen. Wühlmäuse fänden darin eine einladende, kuschelig warme Behausung und bekämen mit den leckeren Rosenwurzeln

■ Strauchrosen werden zu imposanten Gartensolitären, wenn sie sich frei entfalten können.

noch einen üppig gedeckten Tisch als Beigabe dazu.

Strauchrosen für Zäune: Zäune erfüllten in den Gärten vergangener Generationen die wichtige Funktion einer Barriere zum Schutz des Gartengemüses vor der Äsung durch Wild oder vor unerwünschtem Fraßbesuch durch Hühner und andere Haustiere. Die Zäune der Bauerngärten waren relativ niedrig, sodass der Schutz zwar gewährleistet war, andererseits aber die Nachbarn noch neugierige Blicke auf die üppige Blütenpracht neben dem Gemüse werfen konnten. Zudem spielte umfriedetes Land in der Rechtsprechung des Mittelalters eine bedeutsame Rolle.

Ob Holz-, Flecht-, Maschendrahtzäune oder edle, schmiedeeiserne Abgrenzungen – vielfältige Zaunformen umschließen die Hausgärten und sollen auch heute noch in erster Linie Schutz bieten und Grenzen markieren. Mit Strauchrosen in der Zaunfunktion lässt sich dieser Schutz mittels imposanter Stacheln und sommerlanger Dauerblüte funktionell und zugleich ästhetisch ansprechend gestalten. Blühende Strauchrosen, die Zaunlatten umranken oder überwallen, erinnern an die Romantik alter Bauerngärten und machen gleichzeitig ein Übersteigen – dank ihrer einzigartigen »Bewaffnung« – zu einem risikoreichen Abenteuer.

Strauchrosen für Hecken: Eine Hecke ganz aus Rosen übernimmt zum einen die gleiche Schutzfunktion wie ein Zaun – ohne dass man sich dabei gegen seinen Nachbarn total »abschottet« –, zum anderen entsteht durch sie ein lebendes Rückzugsreservat für viele Lebewesen. Auch niedrige Rosenhecken sind ökologische Zäune, die deutlich Grenzen festlegen, zugleich aber nach außen farbenfroh offene Freundlichkeit signalisieren.

Rosenhecken kommen – wie anderen Hecken auch – zahlreiche lebenserhaltende Aufgaben zu. Sie gleichen Temperaturextreme aus – zahlreiche Lebewesen nutzen die erhöhte Luftfeuchtigkeit und die durch verstärkte Taubildung feuchte Kühle innerhalb ihres Zweiggewirrs –, sie vermindern die Windgeschwindigkeit, sind lebende Staubfilter und Schalldämpfer, reinigen durch ihre Laubaktivität die Luft und produzieren tagsüber Sauerstoff. Vögeln und anderen Tieren bieten sie Brutschutz und Lebensraum und mit den Hagebutten zudem eine beliebte Nahrungsquelle (siehe Seite 72).

In den folgenden Tabellen sind öfterblühende Rosensorten aufgeführt, die sich für lockere, freiwachsende Hecken eignen. Nicht nur Zierstrauchrosen kommen infrage, sondern – für niedrige Hecken – auch Sorten aus der Gruppe der Flächen- und Beetrosen; hier sind wiederum besonders 'Escapade'®, 'La Sevillana'® und 'Pink Meidiland'® als diejenigen mit überreichem Hagebuttenansatz hervorzuheben. Unter den für niedrige Hecken geeigneten Sorten ist auch 'Rose de Resht' genannt. Mit ihr können sich Freunde Alter Rosen eine rosige Kleinhecke schaffen. Die notwendige dichte Pflanzfolge für eine Hecke bedingt aber auch einen höheren Befallsdruck durch Pilzkrankheiten und in der Folge einen etwas höheren Pflegeaufwand. Der ideale Standort der Hecken ist sonnig; unter der Traufe von Bäumen haben auch robuste, öfterblühende Rosenhecken nichts zu suchen. Natürlich können Sorten mit ähnlichen Wuchshöhen und -formen auch miteinander zu bunten Hecken gemischt werden.

Bevor man eine Hecke anlegt, ist ein Blick in das Nachbarrecht dienlich. Länderunterschiedlich werden nämlich Mindestabstände zur Grundstücksgrenze vorgegeben. Darauf sollte man achten und sich beim örtlichen Gartenamt erkundigen oder entsprechende Literatur zurate ziehen, will man spätere Konflikte mit seinem Nachbarn vermeiden.

Rambler als geschnittene, formierte Hecken: Als Zaun- bzw. Heckenrosen bewährt haben sich auch Ramblersorten wie beispielsweise 'Bobby James'. Sie sind eine Raum sparende, gut formbare, farbenprächtige Heckenalternative für beengte Standorte,

Strauchrosen

Sorte	Farbe	Blütenfüllung	Blührhythmik	Wuchshöhe (in cm)
Angela®	altrosa	halbgefüllt	öfterblühend	100–150
Eden Rose® '85	rosa	gefüllt	öfterblühend, spät blühend	150–200
Freisinger Morgenröte®	orange	gefüllt	öfterblühend	100–150
Ghislaine de Feligonde	gelb	gefüllt	öfterblühend	150–200
IGA '83 München®	rosa	gefüllt	öfterblühend	80–100
Lichtkönigin Lucia®	gelb	gefüllt	öfterblühend, früh blühend	100–150
Mein schöner Garten®	rosa	gefüllt	öfterblühend	100–150
Polka® '91	bernstein	gefüllt	öfterblühend	100–150
Raubritter	rosa	gefüllt	einmalblühend, spät blühend	200–300
Red Eden Rose®	dunkelrot	stark gefüllt	öfterblühend	100–150
Romanze®	rosa	gefüllt	öfterblühend	100–150
Rosenresli®	rosa	gefüllt	öfterblühend	100–150
Schneewittchen®	weiß	gefüllt	öfterblühend, früh blühend	100–150
Westerland®	apricot	halbgefüllt	öfterblühend	150–200

an denen für freiwachsende Strauchrosenhecken einfach der Platz fehlt.

Man pflanzt die Rambler direkt an einen stabilen Maschendrahtzaun, den sie rasch erobern. Nach einigen Jahren kann man aus dem begrünten Zaun eine Hecke mit etwa fünfzig Zentimeter Tiefe und zwei Meter Höhe formieren. Dafür bringt man die Rosen – wie andere Laubhecken auch – mit der Heckenschere oder einem Mähbalken arbeitsextensiv in die gewünschte Form.

Flächenrosen für pflegeleichte Pflanzungen

Der Begriff **Flächenrose** ist neu. Er fasst die **Bodendecker-** und **Kleinstrauchrosen** zusammen, deren Sortimente meistens nur schwer voneinander zu trennen waren, und beschreibt den Nutzen dieser Sorten, nämlich größere Bodenflächen unkrautunterdrückend und pflegeleicht abdecken zu können.

Flächenrosen sind jedoch keine Wunderkinder. In den ersten Jahren bedürfen sie der Pflege und müssen bei ihrem Kampf gegen das Unkraut Unterstützung durch den Gartenfreund erhalten.

Nicht zu verwechseln sind Flächenrosen mit Bodendeckern, die zur Unterpflanzung stark schattenwerfender Bäume und dichter Großsträucher geeignet sind. Die Verwechslungen entstehen aus der Doppeldeutigkeit des Begriffes »Bodendecker«, der einerseits Pflanzen meint, die als Böschungsbefestiger und Rasenersatz dienen, andererseits eben auch zur Unterpflanzung großer Gehölze geeignete Pflanzen. Zu letzterem Zweck kommen vorwiegend Stauden mit nicht verfilzenden Wurzeln zum Einsatz, auf Dauer niemals Rosen. Höchstens unter Jungbäumen mit noch kleiner, kaum schattierender Kronentraufe ist für einige Jahre eine rosige Flächendeckung mit robusten Sorten denkbar. Unter großen, mächtigen Bäumen erhalten Rosen jedoch zu wenig Sonne und zu viel Nässe, einmal vom Regen, danach durch den Tropfenfall der Krone. Infolge dieser hohen Luftfeuchtigkeit erhöht sich der Befallsdruck durch viele Pilzkrankheiten, insbesondere Sternrußtau.

In der Gruppe der Flächenrosen finden sich Rosensorten mit vielfältigen Wuchsformen. Zur farbenprächtigen Gestaltung von Freiflächen bieten sich bodendeckende Sorten mit flachen, aufliegenden Trieben ebenso an wie Sorten mit überhängendem, kleinstrauchartigem Wuchsaufbau.

Flächenrosen sind wuchsfreudig und gelten als ausgesprochen **robust und frosthart.** Nicht ohne Grund gehörte diese Rosengruppe in den letzten Jahren zu den »Abräumern« bei der ADR-Rosenprüfung (siehe Seite 165). Sorten wie 'Heidetraum'® und 'Phlox Meidiland'® dokumentieren den züchterischen Fortschritt im Hinblick auf vitale, widerstandsfähige Rosen, die sich ohne Pflanzenschutzmaßnahmen behaupten. Jede fünfte in Deutschland veredelte Rose ist derzeit eine Flächenrose.

Aufgrund ihrer stabilen genetischen Struktur gelten Flächenrosen als genügsame »Schwerarbeiter« unter den Rosen. Ihre hohe **Belastbarkeit** – Sorten wie 'Immensee'® vertragen es sogar, dass Autoreifen über ihre Triebe hinwegfahren – entdeckten die städtischen Grünämter vor etwa 30 Jahren. Zu diesem Zeitpunkt stellte sich die aufwendige Pflege der Edel- und Beetrosen in den öffentlichen Anlagen als zunehmend unbezahlbar heraus; auch ließ die Blattrobustheit vieler alter Rosenklassiker von Jahr zu Jahr mehr zu wünschen übrig. Die Flächenrosen haben die Lücke vortrefflich gefüllt. Eine Auswahl bewährter Sorten nennt die Tabelle auf Seite 57.

■ Mannshohe Strauchrosen eignen sich für freiwachsende Rosenhecken in großen Gärten oder als Zaunrosen für rosige Barrieren.

Gestalten mit Rosen

Flächenrosen sind aber nicht nur ein problemlos zu handhabender, rosiger Werkstoff für viele Pflanzsituationen wie öffentliche Anlagen, Industrieflächen, Lärmschutzwälle, Parkplätze, Böschungen und viele mehr. Vor allem die einfach bis halbgefüllt blühenden Sorten sprudeln auch monatelang als ergiebige Pollenquelle für Bienen, Hummeln und Insekten. Die dichte Blattstellung der Flächenrosen unterdrückt nicht nur erfolgreich unerwünschten Krautbewuchs, sondern bietet zugleich Vögeln sicheren Brut- und Nistschutz sowie Kleinsäugern und anderen Lebewesen eine geschützte Behausung. Die Hagebutten der fruchtansetzenden Flächenrosensorten füllen zudem die Speisekammern vieler Tiere während der Wintermonate.

Kurzum: Flächenrosen verbinden höchste Funktionalität mit der Erfüllung ökologischer Forderungen nach zeitgemäßer Pflanzengestaltung. Zunehmend beschränkt sich ihre Anwendung nicht mehr nur auf öffentliche Flächen, auch viele Haus- und Kleingartenfreunde nutzen den Fortschritt in der Rosenzüchtung und schmücken kleinere Flächen, Kübel und Tröge mit Sorten dieser robusten Rosengruppe.

Wurzelechte Flächenrosen: Wer Flächenrosen auf einer größeren Fläche einsetzen möchte, sollte beim Pflanzenkauf auf wurzelechte Ware achten. Wurzelechte Rosen werden in der Regel durch Stecklinge vermehrt, es fehlt die Veredlungsunterlage (siehe auch Abschnitt »Stecklingsvermehrung«, Seite 174). Damit ist die Bildung lästiger Wildtriebe ausgeschlossen.

Wurzelechte Flächenrosen lässt man ungestört drei bis vier Jahre wachsen, bevor sie im zeitigen Frühjahr maschinell, beispielsweise mit einem Mähbalken oder der Heckenschere, auf etwa 30 cm Höhe verjüngt werden. Bereits im darauf folgenden Sommer erfreuen sie wieder mit überreicher Blütenpracht. Ein jährlicher Rückschnitt wäre nicht nur zeitaufwendig, sondern würde die Funktionalität der Flächenrosen bedeutend einschränken. Nur wenn man sie sich ungestört entwickeln lässt, können sie – wie sie es sollen – mit ihrem Laub den Boden lückenlos abdecken.
Es hat sich bewährt, nach der Pflanzung die Flächen zwischen den Rosen mit Rindenmulch abzudecken, jedoch nicht höher als drei Zentimeter. Der erhöhte Stickstoffverbrauch durch die mikrobielle Aktivität ist dabei zu berücksichtigen. Nähere Angaben hierzu finden sich im Kapitel »Die Praxis« unter dem Stichwort »Mulchen« (Seite 158).

Verblühte Rosenblüten im Sommer zu entfernen ist bei Flächenrosen überflüssig, weil sie sich gut **selbst reinigen.** Ein weiterer Pluspunkt für Rosenfreunde, die während der warmen Tage lieber in der Hängematte dösen, als sich im Rosenbeet abzumühen.

Der Einzelhandel bietet wurzelechte Flächenrosen mit einem kleinen Wurzelballen an, der in einem kleinen Kunststofftopf sitzt. Leider ist das Angebot noch gering, trotz der beschriebenen Vorteile wurzelechter Rosen. Der Grund liegt darin, dass im Vergleich zu

TIPP **Obwohl man Flächenrosen auch zur Bepflanzung sehr großer Flächen sortenrein in sehr hoher Zahl verwenden kann, sollte man die Fehlplanung grüner Monokulturen, wie sie in den siebziger Jahren stattfand, nicht wiederholen. Je größer die zu gestaltende Fläche, umso mehr Sortenvielfalt sollte eingeplant werden. Eine einseitige Sortenverwendung ist nicht nur vom gestalterischen Aspekt her gesehen öde und unbefriedigend, sondern leistet auch der Ausbreitung von Krankheiten und Schädlingen Vorschub. Artenreiche Kombinationen von Flächenrosen, beispielsweise mit Stauden, stellen auf jeden Fall die bessere Alternative dar.**

Hohe Heckenrosen (etwa 1 bis 2 Meter Höhe)

Sorte	Farbe	Blütenfüllung	Blührhythmik
Angela®	altrosa	halbgefüllt	öfterblühend
Centenaire de Lourdes	rosa	halbgefüllt	öfterblühend
Colette®	apricot	stark gefüllt	öfterblühend
IGA '83 München®	rosa	gefüllt	öfterblühend
Lichtkönigin Lucia®	gelb	gefüllt	öfterblühend, früh blühend
Mein schöner Garten®	rosa	gefüllt	öfterblühend
Polka® '91	bernstein	gefüllt	öfterblühend
Red Eden Rose®	dunkelrot	stark gefüllt	öfterblühend
Schneewittchen®	weiß	gefüllt	öfterblühend, früh blühend
Westerland®	apricot	halbgefüllt	öfterblühend

Niedrige Heckenrosen (etwa 0,60 bis 1 Meter Höhe)

Sorte	Farbe	Blütenfüllung	Blührhythmik
Ballerina	rosa/weiß	einfach	öfterblühend
Lions-Rose®	creme-apricot	stark gefüllt	öfterblühend
Maxi Vita®	rosa-orange	halbgefüllt	öfterblühend
Mountbatten®	gelb	gefüllt	öfterblühend
Rose de Resht	rot	gefüllt	öfterblühend
Rosenprofessor Sieber®	rosa	gefüllt	öfterblühend

veredelten, superstarken Rosenstöcken stecklingsvermehrte, wurzelechte Flächenrosen weniger Holzsubstanz aufweisen. Der Pflanzenfachhändler weiß aus Erfahrung, dass viele Gartenfreunde eher zu kräftigen Rosenpflanzen greifen, und bietet deshalb in der Regel ausschließlich veredelte Pflanzware an. Auf gezieltes Nachfragen hin stellt es aber für den Fachhändler kein Problem dar, auch wurzelechte Rosen, wie sie zu Tausenden in öffentlichen Anlagen verwendet werden, zu besorgen.

Flächenrosen (Auswahl)

Sorte	Farbe	Blütenfüllung	Wuchshöhe (in cm)	Wuchsform
Aspirin®-Rose	weiß	gefüllt	60–80	buschig
Celina®	gelb	halbgefüllt	60–80	buschig
Gärtnerfreude®	himbeerrot	gefüllt	40–60	flach, niederliegend
Heidetraum®	rosa	halbgefüllt	60–80	buschig
Loredo®	gelb	halbgefüllt	60–80	breitbuschig
Mirato®	rosa	gefüllt	40–60	buschig
Red Yesterday®	rot	einfach	60–80	überhängend
Satina®	rosa	gefüllt	40–60	buschig
Sommerabend®	rot	einfach	30–40	flach, stark wachsend
The Fairy	rosa	gefüllt	60–80	buschig

■ 'Palmengarten Frankfurt'® deckt Flächen mit einer pinkfarbenen Blütenfülle ab.

TERRASSEN-ROSEN – ROSEN IM KÜBEL

Mobile, frostharte Rosen für Terrasse und Balkon – gepflanzt in Kübel, Tröge, Ampeln oder größere Balkonkästen – erlauben es, über viele Jahre hinweg Orte mit Rosen zu schmücken, an denen eine rosige Blütenpracht sonst nicht möglich wäre.
Die Mobilität kommt aber nicht nur der gestalterischen Kreativität des Terrassen- und Balkonfreundes entgegen, sondern verringert auch den Pflegeaufwand. Erweist sich ein Standort als ungeeignet, weil sich beispielsweise vor einer heißen Südwand die Wärme staut, positioniert man die Terrassen-Rosen an einem anderen Ort und entzieht damit Spinnmilben, Mehltau & Co. postwendend ihre paradiesische Entwicklungsgrundlage (siehe hierzu auch im Kapitel »Die Praxis« den Abschnitt »Der rosige Standort«, Seite 140).

■ Rosen in schönen Töpfen bieten auf der Terrasse zahlreiche Gestaltungsmöglichkeiten.

Natürlich gedeiht auch eine Terrassen-Rose an einem rosengerechten Standort besser als an einem schattigen Plätzchen, aber der Befallsdruck durch die schlimmste Geißel der Rosenliebhaber – den Sternrußtau – lässt auf der Terrasse oder dem Balkon durch die Erdferne deutlich nach. Es spritzen kaum bodenbürtige Dauersporen durch Regenwasser vom Terrassenboden hoch, wie es im Garten ständig der Fall ist. Deshalb können auf der Terrasse gut auch Rosengruppen wie etwa die der Zwergrosen zur Gestaltung genutzt werden, die, im Garten ausgepflanzt, nur mit hohem Pflanzenschutzmittelaufwand eine Chance haben.

Rosen sind allerdings als ausgesprochene Tiefwurzler keine Kübelgehölze par excellence. Form und Größe der Gefäße und Balkonkästen sollte deshalb besonderes Augenmerk geschenkt werden.

Kübelformen, Kübelmaterialien

Als ideal für die Rose mit ihren tief gehenden, langen Wurzeln erweist sich die hohe, lang gezogene Zylinderform, am besten mit standsichernder Bodenwulst zur Minderung der Kopflastigkeit. Sie stellt den bestmöglichen Kompromiss zwischen oben breiteren Kübelformen – die leicht umzutopfen und zu wässern sind – und standsicheren, bauchigen Formen dar, die allerdings beim Umtopfen Probleme bereiten.

Im Fachhandel findet man Gefäße aller Art aus allen möglichen Materialien, die auch für Terrassen-Rosen infrage kommen. **Terrakotta:** Der Vorteil der Kübel aus Terrakotta ist eine ausreichende Durchlüftung der Kübelerde, nachteilig wirkt der hohe Wasserverlust durch die Gefäßwand und die damit verbundene Austrocknungsgefahr. Insbesondere hart gebrannte Qualitäten handgeformter Ware neigen weniger dazu, sich mit Wasser vollzusaugen, und sind frosthärter. Im Laufe der Jahre werden hochwertige Kübel durch ansetzende Patina immer wertvoller. **Kunststoff:** Kübel aus Kunststoff sind leicht zu transportieren und wassersparend, aber nur wenig isolierend. Die Erde erwärmt sich in ihnen schnell, Rosen reagieren auf solch ungewohnte Erderwärmung mitunter negativ. **Holz:** Holzkübel sind schlag- und bruchfest, isolieren gut (besonders Kübel aus imprägnierter Eiche) und haben eine hohe Lebensdauer. Problematisch können mit den Jahren Verwitterungserscheinungen sein. **Weidenkorb:** Die Körbe haben eine warme, rustikale Ausstrahlung, halten aber kaum Frost ab und sind nur begrenzt haltbar. Nach zwei bis drei Jahren beginnen sie sich aufzulösen. Man legt sie mit gelochter, wasserablassender Schwarzfolie aus. **Steingut und Keramik:** Diese Materialien bieten eine saubere, optisch ansprechende Kübellösung für die Terrasse mit geringem Wasserverlust und hoher Lebensdauer. Zu ihnen zählen auch die glasierten ostasiatischen Gefäße. **Naturstein- und Kunststeintröge:** Alte Futtertröge aus Sandstein oder Granit sehen gut aus, ihre Mobilität ist allerdings begrenzt. **Verzinkte Waschzuber:** Tolle Pflanzgefäße für romantische Kübelarrangements. Unbedingt auf ausreichenden Wasserabzug achten.

Kübelerden

Oft verbleiben Terrassen-Rosen viele Jahre in ihren Gefäßen. Die Pflanzerde muss deshalb den Wurzeln des Starkzehrers Rose mittelfristig ausreichend Luft und Nährstoffe zur Verfügung stellen können. Man kann eine der zahlreichen, im gärtnerischen Fachhandel angebotenen Erdmischungen, darunter auch spezielle Kübelerden, zum Topfen verwenden. Wenn man bis zu zehn Prozent Blähton oder gebrochenen Schiefer in diese bereits vorgefertigten oder auch in eigene Mischungen einarbeitet, verbessert dies langfristig

■ Ein Rosenstämmchen findet in jedem Garten Platz. Wichtig ist ein sonniger, windumspielter Standort, damit einmal nass gewordenes Laub rasch abtrocknen kann.

■ Einen krönenden Abschluss für ein Kübelpflanzen-Arrangement auf einer Terrasse bildet der Kaskadenstamm von 'Super Excelsa'®.

die Erdstruktur. Erden mit hohem Lehm- bzw. Tonanteil sollte man meiden, da diese Bestandteile im Substrat wandern und die Abzugslöcher der Kübel verstopfen. Lehmige Gartenerde, oft in der Literatur empfohlen, scheidet als Pflanzerde für Terrassen-Rosen aus demselben Grund aus. Erde mit sehr hohen Torfanteilen neigt dazu, im Kübel abzusacken, und ist, wenn sie einmal ausgetrocknet war, nur schwer wieder zu befeuchten. Außerdem trägt ein Verzicht auf Torf zur Schonung dieses wertvollen Naturrohstoffs bei. Ebenfalls ungeeignet ist reine Komposterde und bereits aufgedüngte Balkonkastenerde. Bewährt haben sich dagegen Erden mit einem Holzfaseranteil von bis zu dreißig Prozent.

Ein- und Umtopfen

Wichtig ist vor allem die Wahl eines ausreichend großen Kübels. Wurzelnackte Rosen müssen ihre Wurzeln frei und ohne Verbiegen im Gefäß entfalten können. Die ausreichend gewässerten Ballen von Container-Rosen sollten nach allen Seiten einen Abstand von etwa zehn Zentimetern zur Gefäßwand haben. Damit es später bei der Überwinterung keine Probleme gibt, ist auf eine Höhe und Breite des Kübels von jeweils mindestens vierzig Zentimetern zu achten.

Eine **Drainageschicht** aus Tonscherben oder Blähton, etwa in der Stärke von fünf Prozent der inneren Kübelhöhe, wird auf dem Kübelboden verteilt. Darüber kommt ein wasserdurchlässiges Vlies, darauf die eigentliche Kübelerde. Das Vlies trennt Erde und Drainageschicht und verhindert so, dass eingeschwemmte Erdbestandteile den Weg des ablaufenden Wassers blockieren. Nach dem Auffüllen der Freiräume um die Rosenwurzeln mit der Erde wird ausgiebig gewässert. Wenn die Erde sich danach gesetzt hat, sollte ein etwa drei Zentimeter hoher Gießrand verbleiben.

In der Regel muss man Rosen im Kübel nach zwei, spätestens jedoch nach drei Jahren **umtopfen.** Die Wurzeln haben nach diesem Zeitraum die Pflanzerde bis in alle Bereiche durchwurzelt, auch Hohlräume für die notwendige Bodenluft sind durch das Wurzelwachstum verloren gegangen. Zudem machen sich durch die intensive Kultur im Kübel zunehmend Salzschäden bemerkbar, weil die verbliebene Restmenge Erde nur noch in sehr geringem Umfang die toxisch wirkenden Stoffwechselprodukte der Wurzeln abpuffern kann. Das Umtopfen von Terrassen-Rosen in immer größere Kübel stößt irgendwann an Grenzen. Als Alternative dazu besteht die Möglichkeit, vorhandene Ballen rundum mit einem Messer zu verkleinern oder mit einem scharfen Wasserstrahl vollkommen von der Resterde zu

■ 1 Achten Sie auf ausreichend große Abflusslöcher, über die Sie Tonscherben legen. 2 Blähton und ähnliche Materialien verhindern ein Zusetzen der Abflusslöcher. 3 Füllen Sie etwas Kübelerde in den Topf. 4 Ziehen Sie den gewässerten Wurzelballen der Containerrose vorsichtig aus dem Kunststoffgefäß. 5 Nach dem Eintopfen sollte ein ausreichend hoher Gießrand von etwa 5 cm verbleiben. 6 Gießen Sie die Kübelrose nach dem Pflanzen gut an.

befreien. Unbedingte Voraussetzung für beides ist, dass sich die Rose in einem absoluten Zustand der Ruhe befindet. Nach dem Ausspülen des Ballens schneidet man dicke Wurzeln und oberirdische Triebe zurück und topft die so verjüngte Rose neu ein. Aber auch wenn in größere Kübel umgetopft und der Ballen nicht verkleinert oder ausgespült wird, reißt man den verfilzten Wurzelballen mit der Hand oder mit einem Messer auf.

Sind die Terrassen-Rosen über Jahre in einem Kübel verblieben, kann es problematisch sein, sie dort herauszubekommen. Je nach Wuchskraft haben sie sich regelrecht im Gefäß festgepresst.

Bei Gefäßen aus Ton oder Holz hilft es, die Erde vor dem Herausziehen der Pflanze anzufeuchten. Umgekehrt sollte man bei Kübeln aus Steingut oder Kunststoff die Erde trocken werden lassen. Sind Wurzeln in das Geflecht von Weidenkörben eingewachsen, hilft in der Regel nur das Zerschneiden des Korbes.

Rosensorten für Kübel

Sorte	Klasse	Farbe	Blütenfüllung	Wuchsform
Acapella®	Edelrose	innen kirschrot, außen silberfarben	gefüllt	aufrecht
Ambiente®	Edelrose	cremeweiß	stark gefüllt	buschig
Angela®	Strauchrose	altrosa	halbgefüllt	buschig
Broceliande®	Edelrose	gelb-fuchsienrot gestreift	gefüllt	aufrecht
Eliza®	Edelrose	silbrig rosa	stark gefüllt	aufrecht
Elvis®	Edelrose	cremeweiß	gefüllt	aufrecht
Focus®	Edelrose	lachsorange	gefüllt	buschig
Friesia®	Beetrose	gelb	gefüllt	aufrecht
Graham Thomas®	Strauchrose	gelb	gefüllt	überhängend
Henri Matisse®	Beetrose	weiß/rot	gefüllt	aufrecht
Inspiration®	Edelrose	außen rosa, innen lachsrosa mit gelb	gefüllt	aufrecht
Leonardo da Vinci®	Beetrose	rosa	gefüllt	buschig
Lichtkönigin Lucia®	Strauchrose	gelb	gefüllt	aufrecht
Lions-Rose®	Beetrose	creme-apricot	stark gefüllt	buschig
Louise Odier	Strauchrose	rosa	gefüllt	überhängend
New Dawn	Kletterrose	perlmutt	gefüllt	überhängend
Nostalgie®	Edelrose	weiß/rot	gefüllt	aufrecht
Romanze®	Strauchrose	rosa	gefüllt	aufrecht
Rosarium Uetersen®	Kletterrose	rosa	gefüllt	überhängend
Rose de Resht	Beetrose	rot	gefüllt	aufrecht
Rosenprofessor Sieber®	Beetrose	rosa	gefüllt	buschig
The Fairy	Flächenrose	rosa	gefüllt	buschig

Rosensorten für Tröge

Sorte	Klasse	Farbe	Blütenfüllung	Wuchsform
Celina®	Flächenrose	gelb	halb gefüllt	buschig
Friesia®	Beetrose	gelb	gefüllt	aufrecht
Mirato®	Flächenrose	rosa	gefüllt	buschig
Palmengarten Frankfurt®	Flächenrose	rosa	gefüllt	buschig
Super Dorothy®	Rambler	rosa	gefüllt	überhängend
Super Excelsa®	Rambler	karminrosa	gefüllt	überhängend
Swany®	Flächenrose	weiß	gefüllt	überhängend
The Fairy	Flächenrose	rosa	gefüllt	buschig

Bewässerung

Je nach Kübelmaterial und -größe sind die Wurzeln der Rosen häufig wechselnder Bodenfeuchte ausgesetzt. Gleichmäßige Bodenfeuchte wäre das Ideal – auf jeden Fall aber wird der achtsame Rosenfreund seine Rosen nicht vertrocknen lassen. In den meisten Fällen wird dann aber zu viel des Guten getan – die Rosen werden ertränkt. Staunässe setzt aber in kürzester Zeit den wichtigen Feinwurzeln böse zu, luftliebende Bodenorganismen gehen verloren. Die Folge ist Wurzelfäulnis, die Rose erstickt regelrecht.

Damit Überschusswasser problemlos ablaufen kann, müssen ausreichend große Abzugslöcher am Boden vorhanden sein. Außerdem kann der Kübel zusätzlich auf schmale, etwa einen Zentimeter hohe Leisten gestellt werden. Vorsicht ist bei Untersetzern für Kübel angebracht, die völlig im Freien stehen, weil sich in ihnen Regenwasser staut. Mit ziemlich flachen Untersetzern vermindert man die Gefahr, dass die Erde durch das stehen gebliebene Wasser zu nass wird.

Wer häufig stark kalkhaltiges Gießwasser benutzt, muss mit **Chlorosen** durch Eisenmangel rechnen, denen mit Eisendüngern wie Sequestren oder Fetrilon entgegengewirkt werden kann.

Ausgezeichnete Regulierungsmöglichkeiten für eine optimale Bewässerung der Terrassen-Rosen bieten **Bewässerungssysteme,** wie sie im Fachhandel erhältlich sind. Mit ihnen lassen sich die Wasermengen und Bewässerungsintervalle optimal an die Bedürfnisse der Rosen anpassen.

Düngung

Bewährt haben sich Langzeitdünger, die im Nahbereich der Wurzeln platziert werden, sodass das Wurzelwachstum sich mehr im Zentrum des Kübels abspielt. Je größer der Abstand der Wurzeln von der Kübelwand, desto geringer ist ihre Gefährdung durch Frost.

Frostschutz

Terrassen-Rosen zählen zu den frostharten Kübelpflanzen und können deshalb – mithilfe bestimmter Schutzmaßnahmen – rund ums Jahr im Freien bleiben. Das erspart das lästige und beschwerliche Einräumen im Herbst, ganz abgesehen davon, dass vielen Gartenfreunden auch geeignete frostfreie Unterstellmöglichkeiten für die Kübel fehlen. Im Stadtklima und in milden Klimazonen kann man alle Rosen problemlos im Freien über den Winter bringen. Rosenfreunde, die in ausgesprochenen Frostlagen zu Hause sind, brauchen ebenfalls nicht auf Terrassen-Rosen zu verzichten. Sie sollten aber – wie bei der Gartenbepflanzung – auf besonders harte, einmalblühende Polarrosen zurückgreifen, wie sie im Kapitel »Die Rosen für besondere Standorte« (Seite 100 ff.) beschrieben sind.

Was heißt »Frosthärte« überhaupt? Die Angabe der Frosthärte einer Rose beschreibt das Vermögen der ober- und unterirdischen Pflanzenteile, längere Frostperioden schadlos zu überstehen. Je aktiver die Wurzeln und je weniger ausgereift die Triebe sind, desto frostempfindlicher ist die Pflanze. Wer beispielsweise seine Kübelrosen nach dem 15. Juli stickstoffbetont düngt, darf sich nicht wundern, wenn sie nicht die für eine ausreichende Frosthärte notwendige Holzreife erreichen. Auch zu kleine Gefäße lassen Wurzeln schockartig – ohne längere Übergänge – ein- und damit erfrieren.

Eine Gefahr für eine ruhende, an sich frostharte Wurzel besteht im Winter, wenn sie durch eine milde Witterungsperiode aktiviert wird. Auf erneuten scharfen Frosteinbruch reagiert sie dann sehr empfindlich. Dieser Gefahr kann man dadurch begegnen, dass man die Kübel nicht an Stellen überwintert, die sich durch die Wintersonne besonders schnell erwärmen. Grundsätzlich empfehlen sich für die Terrassen-Rosen **Frostschutzmaßnahmen,** damit sie auch ausgesprochene Polarwinter, die selbst frosthärteste Gehölze in Mitleidenschaft ziehen, gut überstehen. Dieser Frostschutz besteht aus einer etwa zehn Zentimeter starken, trocken bleibenden Isolierschicht rund um den Kübel, die dem Frost das schnelle Durchdringen der Kübelwand erschwert und ein langsames, wurzel- und gefäßschonendes Einfrieren und Auftauen der Stöcke ermöglicht.

Die Isolierschicht kann man selbst basteln oder auf im gärtnerischen Fachhandel angebotene Fertiglösungen zurückgreifen. Leicht anzulegen ist beispielsweise ein Mantel aus mit Maschendraht verstärkten Kokosfasern. Man stellt den drahtigen Mantel in einem Abstand von zehn Zentimetern um den auf Leisten stehenden Kübel. Er soll auch den oberen Kübelrand um etwa zehn Zentimeter überragen. Den leeren Raum zwischen Kübel und Mantel füllt man mit feinem Birken-, Buchen- oder Apfellaub oder Blättern von Ziersträuchern auf. Damit von dem Laub freigesetzte Huminsäuren die Kübeloberfläche nicht angreifen können, empfiehlt es sich, zusätzlich eine Folienschicht zwischen Laub und Kübel zu legen. Ein Netz über der oberen Laubfläche verhindert Verwehungen durch den Wind.

Wichtig ist auch der **Schutz** der oberirdischen Triebe **vor Wintersonne und Austrocknung.** Dazu deckt man sie am besten mit Sackleinen, Ballentuch oder Fichtenreisig ab und wählt einen absonnigen Überwinterungsplatz.

Frostschutz für Kübelpflanzen

Einstellen in gelochte Maurertubben, Auffüllen mit Laub

Umwickeln mit Noppenfolie

Schutz mit Kokosmatte und Laub

Einstellen der Kübel in Laubkäfig

Gestalten mit Rosen

Natürlich kann man seine Terrassen-Rosen auch mithilfe anderer Methoden überwintern. Zum Beispiel besteht die Möglichkeit, die Kübel in größere Behälter wie Maurereimer zu stellen und auch hier die Zwischenräume mit Laub aufzufüllen. Wichtig: Die Einstellgefäße müssen Wasserabzugslöcher haben, damit sich auf keinen Fall Feuchtigkeit staut.

Praktikabel ist auch das Umwickeln des Rosenkübels mit Noppenfolie, bis ein etwa zehn Zentimeter starker Schutzmantel aufgebaut ist. Den Folienmantel lässt man ebenfalls oben überstehen und füllt diesen Rand mit feinem Laub auf.

Möglich, aber ziemlich aufwendig als Frostschutzmaßnahme für die Kübel ist es, sie im Garten einzugraben. Nur für Bodybuilding-Fans mit viel Platz im Garten zu empfehlen, allerdings wird durch das Eingraben auch das Gefäß vor Frostschäden geschützt.

Hilfsmittel zum Bewegen der Kübel

Einfach zu handhaben sind **Kübelroller.** Man stellt die Gefäße auf den Roller und schiebt sie an den gewünschten Ort. Beim Kauf sollte man darauf achten, dass die Räder feststellbar sind und sich kein Wasser auf dem Roller stauen kann. Mit der **Kübeltrage** können zwei Personen problemlos größere Kübel bewegen.

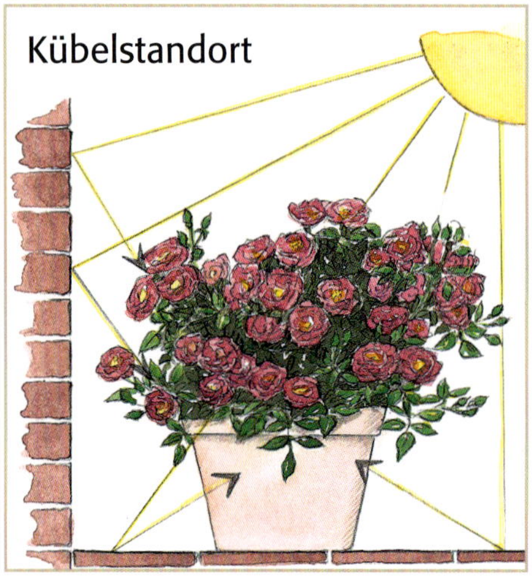

■ Vor Südwänden können Rosen zu starker Lichtreflexion ausgesetzt sein und mit Blattverbrennungen bzw. Spinnmilbenbefall reagieren.

Gestalten mit Terrassen-Rosen

Der große gestalterische Vorteil der Terrassen-Rosen wie anderer Kübelpflanzen besteht in ihrer Mobilität. Man stellt sie heute so, morgen so – wie es einem gerade gefällt. Zusätzlich lassen sich den Terrassen-Rosen vollkommen unterschiedliche Gestaltungsfunktionen zuordnen.

An Spalieren und Stäben gezogene Kletterrosen eignen sich beispielsweise als blühender Sichtschutz und rosiger Paravent. Mit ihnen lassen sich Terrassen wunderbar in verschiedene Räume aufteilen oder vor neugierigen Blicken schützen.

Besonders schöne Kübelrosen bieten sich auch als wandernder Gartenschmuck an. Als farbenfroh blühende Rosenskulptur frei auf der Rasenfläche oder vor einer grünen Gehölzkulisse stehend, entfalten sie ihre volle dekorative Wirkung. Ist die Blüte vorbei, räumt man sie in einen weniger stark einsehbaren Gartenwinkel und ersetzt sie durch eine andere Terrassen-Rose oder sonstige Kübelpflanze.

Zu Pyramiden aufgebundene Kletter- oder Strauchrosen, aber auch Halb- und Hochstämme kann man links und rechts des Hauseingangs als freundlich grüßende Pförtner positionieren.

Stammrosen – Zwergstamm-, Halbstamm-, Hochstamm- und Kaskadenrosen – entfalten in Kübeln einen besonderen Charme, wenn man sie mit passenden Stauden, die sich in ihrer Wuchskraft deutlich den Stämmen unterordnen, unterpflanzt und damit verschiedene Blühebenen herstellt. Folgende Stauden haben sich gut bewährt: das Berg-Bohnenkraut *(Satureja montana),* niedrige Glockenblumen-Arten *(Campanula portenschlagiana)* oder auch das Dickmännchen *(Pachysandra terminalis).*

Ungeeignet sind säureliebende Heidepflanzen aus der Familie der Ericaceae und Bodendecker mit aggressivem Wurzelwachstum.

Für hohe Kaskadenstämme in sehr großen Kübeln ab fünfzig Liter Volumen kommen zur Unterpflanzung auch Flächenrosen infrage (u. a. 'Magic Meidiland'®, 'Alba Meidiland'®, 'The Fairy'). Überhaupt: Kaskadenrosen entfalten ab stattlichen 180 Zentimeter Höhe (inkl. Kübel) ihre riesigen Kronen. Einen solch imposanten Rosenbaum entwickelt z. B. 'Paul Noël'.

Natürlich sind nicht nur viele Gartenrosen bei entsprechender Vorbereitung und Pflege in Gefäßen frosthart, sondern auch zahlreiche andere Gartengehölze, die sich über Jahre hinweg mit gutem Erfolg im Kübel ziehen und problemlos im Freien überwintern lassen. Hier eine Auswahl:

- **Laubsträucher:** Zimt-Ahorn *(Acer griseum),* Gelbbunter Eschen-Ahorn *(Acer negundo* 'Aureomarginatum'), Feinlaubiger Erbsenstrauch *(Caragana arborescens* 'Lorbergii'), Korkflügelstrauch *(Euonymus alatus),* Großfrüchtiges Pfaffenhütchen *(Euonymus planipes),* Zaubernuss 'Westerstede' *(Hamamelis*-Sorte), Kugel-Liguster 'Atrovirens Compact' *(Ligustrum vulgare*-Sorte), Edel-Flieder *(Syringa vulgaris*-Sorten).

- **Schatten spendende Terrassenbäume:** Kugel-Ahorn *(Acer platanoides* 'Globosum'), Schirm-Birke *(Betula pendula* 'Youngii'), Apfel-Dorn *(Crataegus × lavallei* 'Carrierei').

- **Nadelgehölze:** Zwerg-Balsamtanne 'Piccolo' *(Abies balsamea*-Sorte), Zapfen-Fichte *(Picea abies* 'Acrocona'), Serbische Hänge-Fichte 'Pendula' *(Picea omorika*-Sorte), Schlangenhaut-Kiefer *(Pinus leucodermis),* Blaue Pummel-Kiefer *(Pinus pumila* 'Glauca'), Lebensbaum 'Smaragd' *(Thuja occidentalis*-Sorte), Säulen-Lebensbaum *(Thuja occidentalis* 'Columna').

In den Tabellen wurden Rosensorten zusammengestellt, die sich aufgrund ihrer Wuchsart, Vitalität und der frostharten Wurzeln für Kübel, Trog, Kasten und Ampel eignen. Dazu kommen die im Kapitel »Stammrosen« (Seite 68 ff.) genannten Zwerg-, Halb-, Hoch- und Kaskadenrosen, die in entsprechend dimensionierten Kübeln gedeihen.

Zwergrosen für Balkone und Steingärten

Zwergrosen sind die Däumlinge unter den Rosen. Ihre Ursprünge finden sich wahrscheinlich in China. Die Urminiaturrose *Rosa* 'Roulettii', die auch unter dem Namen 'Pompon de Paris' angeboten wird, erlangte im vorigen Jahrhundert weltweite Berühmtheit als »kleinste Rose der Welt«. 1929 brachte der bekannte Pflanzenzüchter Georg Arends aus Wuppertal diese Rose aus England nach Deutschland und vermehrte sie umgehend in großen Stückzahlen. Zeitgleich beschäftigten sich zahlreiche andere Rosenzüchter mit dieser Sorte und erzielten weitere Verbesserungen.

Die heutigen Zwergrosen zeigen eine Wuchshöhe, die kaum über dreißig Zentimeter hinausgeht. Trotz dieser Schwachwüchsigkeit bilden gute Zwergsorten eine für ihre Größe enorme Menge an Blüten aus. Ihr Laub ist zierlich klein und rundet den putzigen Gesamteindruck dieser »Rosen-Davids« ab.

■ Kletterrosen an Spalieren – ein blühender Sichtschutz.

Gestalten mit Rosen

Der Zwergwuchs dieser Sorten ermöglicht ihre vielseitige Verwendung im Balkonkasten, im Garten und Steingarten oder auch als stecklingsvermehrte Topfrose. Kurzum: Wenn das Platzangebot gering ist, spielen Miniaturrosen ihre Trümpfe aus.

Andererseits geht mit der Schwachwüchsigkeit auch eine relativ hohe Anfälligkeit für Pilzkrankheiten einher. Mehrere Spritzungen mit pilzabtötenden Mitteln während der Sommermonate sind daher notwendig, wenn Zwergrosen für flächige Pflanzungen verwendet werden.

Das bedeutet aber nicht, dass der umweltbewusste Rosenfreund ganz auf Zwergrosen verzichten muss. Beachtet er die folgenden Hinweise, mit denen er den Ansprüchen der Pflanzen entgegenkommt, können die in der Tabelle genannten Sorten durchaus mit einem

Der Rosengarten auf der Terrasse

Mit Kübelrosen wird mobile Blütenpracht auf Terrasse oder Balkon gezaubert. Je nach Lust und Laune lassen sich die wertvollen Gefäße arrangieren.

1 Strauchrose 'Schneewittchen'®, ein Traum ganz in Weiß.
2 Bepflanzung eines alten Futtertroges mit den überhängenden Sorten 'Super Dorothy'® oder 'Super Excelsa'®.
3 Korkflügelstrauch *(Euonymus alatus)*, dekorativer Laubstrauch mit dreifacher Zierde: flügelige Korkrinde, leuchtend rote Herbstfärbung, grünlich gelbe Blüten im Mai, die Bienen anlocken.
4 Ampel mit 'Heidekönigin'®.
5 Sichtschutzspalier und Raumteiler mit Kletterrose 'Rosarium Uetersen'®.
6 Gelbbunter Eschen-Ahorn *(Acer negundo* 'Aureomarginatum'), einmalig gelbweiß, panaschiertes Laub, gelblich-weiße, bienenlockende Blüten von März bis April, Flügelfrüchte (»Nasenzwicker«) in hängenden Trauben ab September.
7 Duftende Strauchrose 'Westerland'®, zur Pyramide aufgebunden.
8 Halbstammrose 'Bonica '82'®, unterpflanzt mit Berg-Bohnenkraut *(Satureja montana)*.

»blauen Auge« durch den Sommer kommen. Auf einen absolut rosengerechten, also sonnen- und luftumspielten Standort (mindestens acht Sonnenscheinstunden täglich) muss geachtet werden. Das Laub der Winzlinge muss immer trocken bleiben. Die Probleme mit Pilzkrankheiten nehmen spürbar ab, wenn die Blätter nicht der unmittelbaren Erdnähe ausgesetzt sind. Vor allem die Dauersporen der Sternrußtaupilze gelangen von der Erdoberfläche über spritzendes Regen- oder Gießwasser leicht an gesunde Blätter.

Dieses Problem lässt sich lösen, indem man Rosen in Trögen oder Balkonkästen kultiviert und von unten bewässert. Außerdem stehen die Zwergrosen so in unmittelbarer Nähe des Rosenliebhabers. Auf der Terrasse kann man sich aus kürzester Distanz an den vielen Details erfreuen.

Im Handel finden sich verschiedene Angebotsformen. Vor allem an Muttertag werden stecklingsvermehrte Topfrosen angeboten. Sie sind als Zimmerrosen selektiert und deswegen nur bedingt für den Garten geeignet. Vorteile bieten diese Rosen mit ihren sehr kleinen Wurzelballen bei der Bepflanzung enger Blumenkästen. Einen Versuch sind sie immer wert, meist kann man sie überraschend günstig einkaufen.

Die Auswahl der an dieser Stelle genannten Sorten bezieht sich auf veredelte Rosenstöcke. Durch die Wuchskraft der Unterlage wachsen sie etwas stärker als ihre wurzelechten Kollegen aus dem Gewächshaus. Sie sind auch robuster und verholzen ausreichend, um eine Überwinterung im Freien zu überstehen. Wegen ihres starken Wurzelwerks passen sie nicht in kleine Blumenkästen, die verwendeten Gefäße müssen mindestens 30 cm tief und breit sein.

Die genannten Miniaturrosen eignen sich auch für **sonnige Steingärten**. Am besten pflanzt man sie in **Tröge und Schalen** oder auf Terrassenbeete.

Zwergrosen für Kästen

Sorte	Farbe	Blütenfüllung	Wuchshöhe (in cm)
Charmant®	rosa	gefüllt	30–40
Medley Pink®	rosa	halbgefüllt	30–40
Pink Symphonie®	rosa	gefüllt	30–40
Rosmarin '89®	rosa	gefüllt	30–40
Sonnenkind®	gelb	gefüllt	30–40

Rosensorten für Ampeln

Sorte	Klasse	Farbe	Blütenfüllung	Wuchsform
Alba Meidiland®	Flächenrose	weiß	gefüllt	buschig
Heidetraum®	Flächenrose	rosa	halbgefüllt	buschig
Mirato®	Flächenrose	rosa	gefüllt	buschig
Super Dorothy®	Rambler	rosa	gefüllt	überhängend
Super Excelsa®	Rambler	karminrosa	gefüllt	überhängend
The Fairy	Flächenrose	rosa	gefüllt	buschig

Wintergartenrosen

Bereits vor über hundert Jahren kultivierten vermögende Villenbesitzer in ihren noblen Wintergärten und Treibhäusern eine bestimmte Duftrose, die heute noch im Handel zu bekommen ist: die gelbe, kletternde Teerose 'Maréchal Niel'. Damit war die rosige Versorgung des Knopflochs rund ums Jahr gesichert. Wer einen Wintergarten besitzt, kann sich den Spaß machen, in entsprechend großen Kübeln diese im Freiland nicht winterharte Sorte zu halten. Den Sommer sollte sie im Freien verbringen, um ausreichend Licht für die sonnenarme Jahreszeit auftanken zu können.

■ Mit Zwergrosen lassen sich auf kleinstem Raum Rosenwelten gestalten.

STAMMROSEN – ROSEN AUF AUGENHÖHE

Stammrosen sind eine Kunstform der Rosenkultur mit langer Geschichte. In früheren Zeiten zählte das Veredeln von Stammrosen zur hohen Gartenkunst. Stammrosen passten ideal zur strengen Symmetrie formaler höfischer Gartenanlagen. Wie Zinnsoldaten standen sie auf geometrischen Beeten exakt positioniert Spalier. Diese gestalterische Steifheit verlor zunehmend ihren Reiz und sorgte mit dafür, dass die Stammrosen mehr und mehr aus den Gärten verschwanden. Heute erleben Stammrosen hingegen eine wahre Renaissance. Das hat seine Gründe: Die durchschnittliche Gartengröße nimmt kontinuierlich ab, mit Stammrosen jedoch kann man auch kleinstflächig gestalten. Balkons und Terrassen werden zunehmend größer, Stammrosen im Kübel bieten dafür exzellente Gestaltungsmöglichkeiten. Nicht zuletzt gelten Stammrosen heutzutage als harmonische Elemente der Bauerngärten, einer beliebten Gartenform mit großer Tradition und naturnahem Ambiente. Aus all diesen Gründen zählen Stammrosen mittlerweile zum Standard-Sortiment des grünen Fachhandels.

Die bewährte Strauchrose 'Schneewittchen'® – 1983 zur Weltrose gekürt – ist auch als Hochstammrose problemlos und anfängerfreundlich.

Was sind Stammrosen? Es handelt sich nicht um eine eigenständige Rosenklasse, vielmehr veredeln die Rosen- und Baumschulen auf spezielle, über drei Jahre kultivierte Unterlagen (*Rosa canina* 'Pfänder' oder Pollmeriana) geeignete Sorten aller Rosenklassen in unterschiedlicher Höhe. Die Höhe der Okulation bestimmt den Kronenansatz der Stammrosen. Danach unterscheidet man:

40-cm-Fußstämme (Zwergstämme)

Auf der Höhe von 40 cm werden meist Zwergrosensorten, aber auch einige Flächenrosen veredelt. Der Handel bietet Fußstämme oft zum Muttertag an, sie passen vortrefflich in kleine Kübel und Gefäße. Durch den Abstand von der Erdoberfläche verringert sich der Befallsdruck bodenbürtiger Pilzkrankheiten wie Sternrußtau bedeutend – als Fußstämmchen können deshalb die eigentlich als empfindlich geltenden Zwergrosen wieder mit in die Gartengestaltung einbezogen werden.

'Super Excelsa'® ist eine Sorte, die sich für Kaskadenstämme bestens eignet.

60-cm-Halbstämme

Auf der Höhe von 60 cm werden meist Beet- und Flächenrosensorten veredelt. Halbstämme sind die idealen Rosenstämme für Kübel, da ihre Kronen etwa in Augen- und Nasenhöhe des Betrachters ihre Blütenpracht entfalten.

90-cm-Hochstämme

Auf der Höhe von 90 cm werden in der Regel kompakte Beet-, Edel- und Flächenrosen veredelt. Hochstämme sind die klassischen Stammrosen, die, ausgepflanzt im Garten oder beidseitig als Portalgruß vor der Haustür, auf der besten Höhe für Optik und Duft liegen. Aufrecht wachsende Sorten sind außerdem kinderfreundlich, denn für die kleinsten Rosenfreunde bergen die Hochstammrosen in der Regel keine Verletzungsgefahr durch Stacheln. Echte Fans von Hochstammrosen pflanzen mehrere Stämme als »Allee« in den Garten. Dies sind nur einige Beispiele der vielfältigen Gestaltungsmöglichkeiten, die sich im Garten und auf der Terrasse bieten.

140-cm-Kaskadenstämme (Trauerstämme)

Auf der Höhe von 140 cm werden als Kaskadenrosen meist Kletterrosen- bzw. überhängende Flächenrosensorten veredelt. Besonders die weichtriebigen Ramblersorten machen mit ihren herabhängenden Blütenkaskaden dieser Form der Stammrosen alle Ehre. Häufig werden Kaskadenstämme unter der Bezeichnung Trauerrosen bzw. -stämme angeboten – ein trauriger Begriff, der diesen fröhlichen Blütenfontänen in keiner Weise gerecht wird und ihre Verwendung eher bremst als fördert. Besonders schöne Solitäre sind im Kaskadenrosen-Garten des Deutschen Rosariums in Dortmund zu bewundern.

Sonderform Drillinge

Erwähnenswert ist bei den Angebotsformen für Stammrosen auch die Sonderform der Drillingsstämme. Es handelt sich um Dreierstämme, auf denen Rosen in verschiedenen Höhen veredelt werden. Gute Garten-Baumschulen und Garten-Center bieten Sorten wie 'Heidetraum', 'Schneeflocke' und 'Leonardo da Vinci' als Drillingsstämme an.

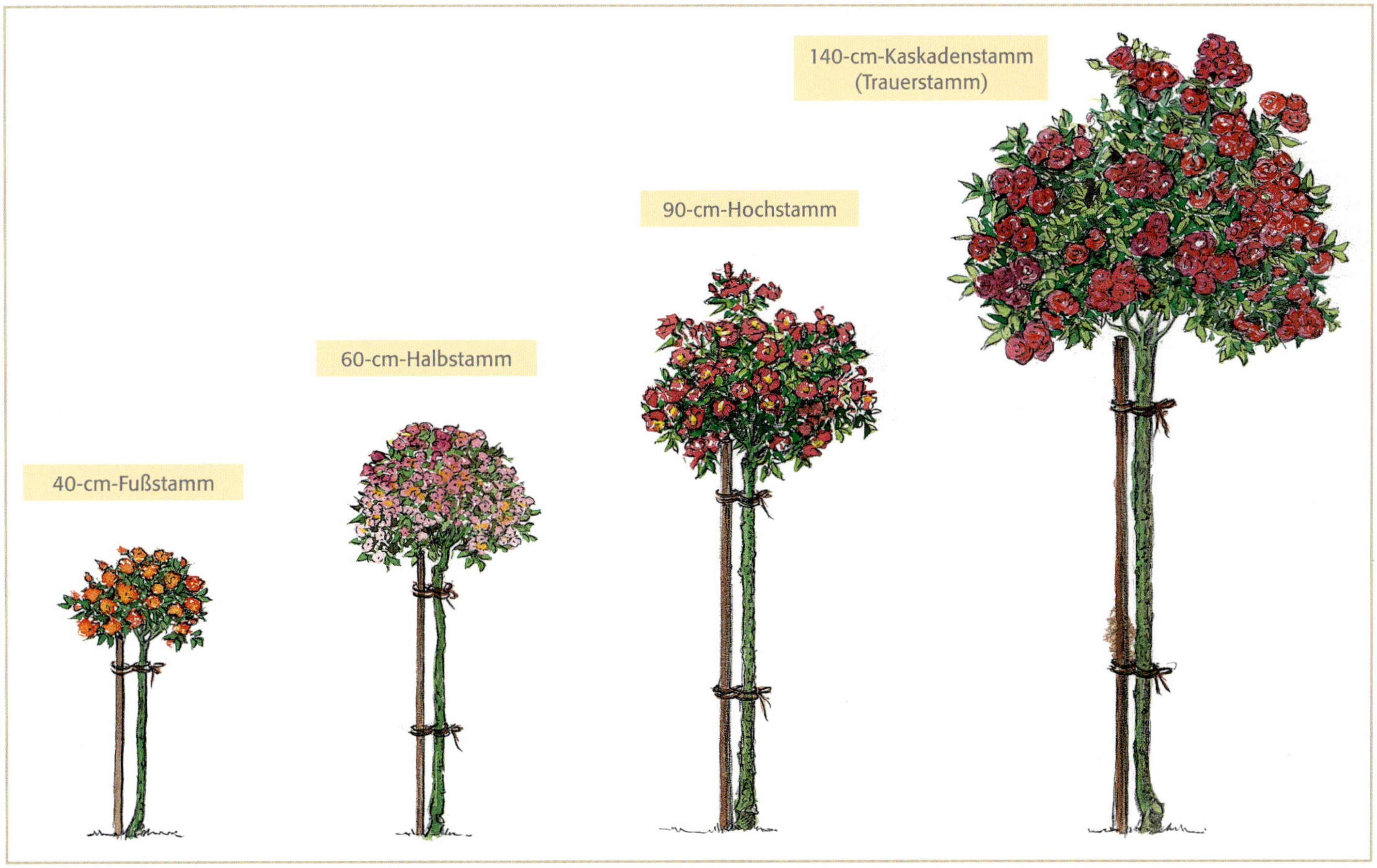

ROSEN MIT SPEZIELLEN EIGENSCHAFTEN

Beim Gestalten mit Rosen gilt es, ihre vielen Talente zu nutzen. Damit wird die Monotonie früherer Rosenpflanzungen vermieden. Bis in die 1970er-Jahre wurden Rosen sehr oft auf großen Beeten zu einem eintönigen Farbenheer ohne Individualität degradiert, das in Reih und Glied massenhaft stramm zu stehen hatte. Schon länger hat ein Umdenken begonnen, und heute sind Abwechslung und Natürlichkeit gefragt.

Frühlingsrosen

Sorte	Farbe	Blütenfüllung	Wuchshöhe (in cm)	Wuchsform
Frühlingsgold	gelb	einfach	150–200	überhängend
Maigold	gelb	gefüllt	150–200	aufrecht
Rosa hugonis	gelb	einfach	200–300	überhängend
Rosa moyesii	rot	einfach	200–300	aufrecht
Rosa pimpinellifolia	creme	einfach	80–100	buschig
Rosa sericea f. *pteracantha*	weiß	einfach	200–300	aufrecht

Rosen mit markanter Bestachelung – Rosen ohne Stacheln

Was wäre eine Rose ohne Stacheln, ohne diese wehrhaften Auswüchse, die wie nichts anderes den Charakter der Rosen prägen und die doch von Rose zu Rose sehr unterschiedlich ausgeprägt sein können. Jede Art, jede Sorte hat ihre eigene Form der Piksigkeit, manche sind »bis zu den Zähnen bewaffnet«.

Rötliche Herbstfärbung

Klasse	Sorten/Art
Wildrose	Rosa nitida
Kletterrose	Ilse Krohn Superior®
Rambler	Bobby James
Rambler	Super Dorothy®
Rambler	Super Excelsa®
Strauchrose	*Rosa sweginzowii* Macrocarpa

Gelbliche Herbstfärbung

Klasse	Sorten/Art
Flächenrose	Alba Meidiland®
Flächenrose	The Fairy
Rugosa-Hybriden	Dagmar Hastrup, Foxi®, Gelbe Dagmar Hastrup®, Pierette®, Polareis®, Polarsonne®, Schnee-Eule®

■ Die Stacheldrahtrose ist ein Blickfang der besonderen Art.

Einige Strauchrosen schmücken sich mit einem ästhetisch so ansprechenden, so zierenden Stachelkleid, dass alleine dieser Schmuck schon das Anpflanzen dieser Sorten lohnt. Eine ihrer markantesten Vertreterinnen ist die Stacheldraht-Rose – *Rosa sericea* f. *pteracantha* (weiß, einfach, 200–300 cm), die nur vier Blütenblätter ausbildet und durch flügelartige, bis drei Zentimeter große, leuchtend rote Stacheln auffällt (siehe Seite links). Daneben besticht *Rosa sweginzowii* 'Macrocarpa' (rosa, einfach, 200–300 cm), die außer auffallenden Stacheln tolle Hagebutten anbieten kann.
Ein heißer Tipp für alle Freunde winterlicher Raureifromantik ist die einmalblühende Strauchrose 'Ferdy'® (rosa, gefüllt, 80–100 cm). Dicht an dicht reihen sich feine, spitze Stacheln zu einem Borstenkleid, in dessen Gewirr sich im Winter die Frostkristalle verfangen und das Winterlicht in glitzernden Facetten bricht.

Aber auch für Freunde zahmer, kaum bestachelter Rosen gibt es Sortenempfehlungen. Die Kletterrose 'Maria Lisa' (rosa, einfach, 200–300 cm) zeigt sich wie die wiederentdeckte Strauchrose 'Ghislaine de Feligonde' (gelb, gefüllt, 150–200 cm) nur sehr wenig bestachelt und wie für Kinderhände gemacht. Weitere Rosensorten mit geringer Bestachelung sind 'Veilchenblau' (violett, locker gefüllt, 300–500 cm) und 'Zéphirine Drouhin' (rosa, halb gefüllt, 200–300 cm).

Frühlingsrosen

Als »Erfinder« der Frühlingsrosen gilt **Wilhelm Kordes,** der in den zwanziger Jahren des letzten Jahrhunderts mit der Züchtung einer ganzen Gruppe von Frühlingsrosen begann. Dafür kreuzte er mit Formen der Dünen-Rose *(Rosa pimpinellifolia)*, die ihre Widerstandsfähigkeit gegen Pilzkrankheiten und ihre Verträglichkeit arktischer Winter in die Kreuzungen einbrachte. Wilhelm Kordes taufte die ab Ende Mai blühenden Sorten mit Frühlingsnamen.

Heute hat sich der Begriff »Frühlingsrosen« als Synonym für alle besonders früh blühenden Rosenarten und -sorten etabliert. Es handelt sich dabei um strauchartig wachsende Formen.

Rosen im Heidegarten

Heidegärten prägen Pflanzen aus der Familie der Heidekrautgewächse *(Ericaceae)*. Als klassische Heidegartenbegleiter werden immergrüne Nadel- und Laubgehölze gehandelt. Aber auch Frühlingsrosen sind ein »Heidenspass«, da sie erstens auf relativ mageren, sauren Heideböden zurechtkommen und zweitens von ihrem Habitus her als Leitpflanzen in größere Heideensembles passen. Neben den Frühlingsrosen bieten sich Sorten wie 'The Fairy' oder 'Alba Meidiland'® für die Eingangsbereiche von Heidegärten an.

Rosen mit Herbstfärbung

Zugegebenermaßen ist es ungewöhnlich, Rosen wegen der Herbstfärbung ihres Laubes im Garten einzusetzen. Auch kommt das Laub der hier vorgestellten Sorten nicht an die Leuchtkraft klassischer herbstfärbender Gehölze wie Zaubernuss, Felsenbirne oder Japanische Ahorne heran. Dennoch – klein, aber fein – bieten etwa die *Rosa rugosa*-Hybriden eine auffallende gelbe Herbstfärbung, während das feurige Rot der Glanzrose *(Rosa nitida)* schon fast spektakulär ist.

■ Zum herbstlichen Rosenlaub passen Hagebutten wie die Sahne auf den Kuchen.

■ Das Herbstlaub bestimmter Rosensorten verabschiedet den Sommer farbenfroh.

■ 'Frühlingsgold' – eine gelungene Kreuzung aus Pimpinellifolia-Hybriden mit Edelrosen.

ROSEN NATURNAH VERWENDEN

Irrtümlicherweise wird der Begriff »Ökologie« häufig mit Naturschutz gleichgesetzt. Ökologie ist jedoch eine Wissenschaftsrichtung, die sich – wertfrei – mit der Lehre von den Wechselwirkungen zwischen Lebewesen und Umwelt beschäftigt und diese präzise beschreibt.

Ökologie ereignet sich tagtäglich, überall, ständig und fortlaufend auf der Erde, und zwar ohne jegliches Zutun. Es gibt keine gute oder schlechte Ökologie, genauso wenig wie es eine gute oder schlechte Schwerkraft gibt. Jedoch können wir mittels der Naturschutz-Gesetzgebung Einfluss auf die **Komplexität** und das **Gleichgewicht** eines Ökosystems nehmen.

Im allgemeinen Sprachgebrauch ist »Ökologie« mittlerweile zu einem Modewort geworden, seiner eigentlichen Bedeutung weitgehend entfremdet. Eigentlich weiß niemand mehr so recht, was der ursprüngliche Sinn des Wortes ist; man behilft sich deshalb mit vagen Definitionen in dem Sinne, dass alles, was »ökologisch« heißt, irgendwie natürlich ist. Dagegen heute noch angehen zu wollen, käme einem Kampf gegen Windmühlen gleich. Daher soll unter einem besonders hohen »ökologischen Wert« einer Pflanze die Leistung verstanden werden, die sie im Rahmen des Naturkreislaufs für andere Lebewesen erbringt. Lebewesen in diesem Sinne können zum Beispiel Rehe sein, die an Trieben von Gehölzen äsen, Bienen, die sich an Blütenpollen und Fruchtnektar laben, oder Vögel, die im rosigen Gestrüpp Schutz für ihre Brut suchen. Der ökologische Wert einer Pflanze ist also weit gefasst, relativ und von den Zielen des Pflanzenverwenders bestimmt.

Während sich ein Rosenfreund makellose Rosenästhetik wünscht, die »natürliche« Verhältnisse im Hausgarten ausschließt, werden umweltbewusste Rosenfreunde bei einem leichten Pilzbefall nicht sofort mit der Spritze auf Pilze und Läuse losgehen, sondern diese Anziehungskraft des Rosenlaubes auf andere Lebewesen als ökologischen Wert ihrer Rosen im kausalen Naturkreislauf erkennen. Die Rose kann nicht nur nehmen, sondern muss auch geben. Nur so kann Natur auch im Hausgarten »eigenständig« funktionieren.

Die Grenze zwischen Ästhetik und Ökologie verläuft dabei fließend, jeder muss sie für sich selbst ziehen. Wer beide Pole ins richtige, ausgeglichene Lot bringt, wird Spaß **und** Pflegeleichtigkeit in seinem privaten Refugium in Harmonie vereinen können.

Die nachfolgenden Seiten zeigen, wie viel ökologischer Nutzen für Mensch und Tier in den Rosen steckt. Mit der Auswahl der entsprechenden Arten und Sorten beeinflusst man ganz entscheidend den ökologischen Wert seines Gartens und stellt die Weichen für ein harmonisches Verhältnis zwischen Ästhetik und Ökologie.

Heimische Wildrosen

Die Schönen Wilden in der großen Rosenfamilie sind die heimischen Wildrosen. Die bekannteste unter ihnen ist *Rosa canina,* die Hunds-Rose, eine Rose der Felder und Äcker. Ein etwa sechshundert Jahre alter Abkömmling von *Rosa canina* ziert noch heute den Hildesheimer Dom (siehe Seite 10). Neben ihr gibt es jedoch eine Reihe von Wildrosenarten, die durch menschlichen Landbau und Eingriffe in die Natur vollkommen zurückgedrängt wurden.

■ Pollenspendende Rosenblüten sind eine wichtige Futterquelle für Insekten, denn sie bieten den ganzen Sommer lang Nahrung.

■ Hagebutten, lebensnotwendiges Winterfutter für zahlreiche Vogelarten, um auch härtere Winter besser zu überstehen.

1 *Rosa scabriuscula* (Kratz-Rose)
2 *Rosa pimpinellifolia* (Bibernell-Rose, Dünen-Rose)
3 *Rosa arvensis* (Feld-Rose, Kriech-Rose)
4 *Rosa majalis* (Zimt-Rose, Mai-Rose)
5 *Rosa rubiginosa* (Schottische Zaun-Rose, Wein-Rose)
6 *Rosa gallica* (Essig-Rose)

Heimische Wildrosen

Art	Farbe	Wuchshöhe (in cm)	Wuchsform	Standort
Rosa arvensis	weiß	80–100	flach, stark wachsend	Halbschatten
Rosa gallica	rosa	80–100	aufrecht	Sonne, Halbschatten
Rosa majalis	rosa	150–200	buschig	Halbschatten
Rosa pimpinellifolia	creme	80–100	buschig	Sonne, Halbschatten
Rosa rubiginosa	rosa	200–300	überhängend	Sonne, Halbschatten
Rosa scabriuscula	rosa	150–200	buschig	Sonne

Nach einem Umdenken in den letzten Jahren bestreitet heute kaum noch jemand die wichtige Bedeutung dieser Arten für brütende, schutzsuchende Vögel, für Bienen, Hummeln und Kleinsäuger. Wildrosen zählen beispielsweise, neben Schlehe und Weißdorn, zu den wertvollsten Heckengehölzen. In Untersuchungen wurden bis zu 103 verschiedene Insektenarten auf heimischen Wildrosen gefunden.

Wer zum Erhalt dieser Wildrosenarten etwas beitragen möchte, kann sie zum Beispiel im Hausgarten pflanzen. Bevor man aber seinen Garten in ein Refugium für bedrohte Pflanzen verwandelt, sollte man sich über die ungewohnte Ästhetik einer solchen naturnahen Gartengestaltung im Klaren sein.

Die heimischen Wildrosen sind einmalblühend. Das heißt, dass sich die bescheidene Blütenpracht auf die Monate Mai und Juni beschränkt. Außerdem geht die recht häufig zitierte pauschale Gleichung »je heimischer, desto ökologischer« nicht auf. Wer beispielsweise Rosen in erster Linie als Pollenquelle für Bienen, Hummeln und andere, teilweise in ihrer Existenz bedrohte Insekten pflanzt, wird rasch feststellen, dass bestimmte »Zuchtrosen« wie 'Pink Meidiland'® durch ihre den ganzen Sommer über währende Blüte wesentlich mehr Pollen liefern als Wildrosen mit ihrem

■ Die Hunds-Rose *(Rosa canina)*, ursprünglich heimisch an Waldrändern und in Hecken.

Rosen im Naturgarten

1 1 Vogelbeeren-Hochstamm *(Sorbus aucuparia)*
2 3 Gewöhnliche Schneebälle *(Viburnum opulus)*
3 3 Schwarze Holunder *(Sambucus nigra)*
4 2 Kornelkirschen *(Cornus mas)*
5 2 Zimt-Rosen *(Rosa majalis)*
6 3 Rote Hartriegel *(Cornus sanguinea)*
7 2 Wein-Rosen *(Rosa rubiginosa)*
8 3 Feld-Rosen *(Rosa arvensis)*
9 2 Schlehdorne *(Prunus spinosa)*
10 1 Wolliger Schneeball *(Viburnum lantana)*
11 2 Gemeine Felsenbirnen *(Amelanchier ovalis)*

Gestalten mit Rosen

nur kurzlebigen Blütenflor. Zudem finden die geflügelten Gartenbesucher zusätzlich im Sommer und Herbst einen gedeckten Tisch vor, zu einer Zeit sonst knappen Pollenangebotes.

Einheimische Wildrosen wie die Hunds-Rose *Rosa canina* bieten u.a. für Raubmilben und Wespen-Arten Winterwohnräume, die auf Blattlaus- und Zikadeneiern parasitieren und damit einen wichtigen Beitrag zur biologischen Schädlingsbekämpfung leisten. Wie neue Untersuchungen aus der Schweiz belegen, können auch gezüchtete Rosen diesen Wohnraum für Nützlinge bereitstellen. Grundsätzlich entscheidet nicht in erster Linie die Art oder Sorte einer Rose über ihre Attraktivität für Nützlinge, sondern vielmehr, ob diese Refugien ungestörten Schutz und Lebensraum bieten. Die bedrohtesten Wildrosen können – genau wie ihre Kollegen aus der gezüchteten Abteilung – ihre ökologischen Aufgaben nur sehr eingeschränkt erfüllen, wenn sie zum Beispiel aus Platzmangel im engen Hausgarten regelmäßig geschnitten werden müssen. Denn zusammen mit den Trieben fallen die Behausungen der Nützlinge samt Bewohner der Schere zum Opfer.

Der Begriff »heimisch« in Bezug auf Pflanzen ist nicht mit unserer Vorstellung von »Heimat« gleichzusetzen. Er umschreibt vielmehr die heute vorhandene Flora Mitteleuropas, die die letzte Eiszeit überstanden hat. Bis zu dieser eisigen Zäsur waren viele heute als typische Südländer geltende Gehölze, wie z.B. verschiedene Magnolien-Arten, bei uns heimisch. Die lange Eisperiode reduzierte die Vielfalt der Arten, denen durch die Ost-West-Barriere der Alpen ein Rückzug in wärmere Gefilde verwehrt war. Sie starben in Mitteleuropa aus, in den südlicheren Regionen hingegen existierten sie weiter. Deshalb gelten sie heute bei uns als nicht einheimisch. In Nordamerika hingegen konnten die Arten in mildere Klimazonen ausweichen und wanderten nach der Eiszeit wieder ein. Darum zählt man heute in Mitteleuropa nur etwa einhundertachtzig, in Nordamerika jedoch über achthundert einheimische Gehölzarten.

■ Wildrosen mit prächtigem Hagebuttenbesatz bringen die heute gesuchte Natürlichkeit in das Gestalten mit Rosen ein.

Unter diese 180 Gehölzarten fallen etwa 25 heimische Wildrosenarten, die man bisher nur selten in Hausgärten trifft. Die Tabelle enthält eine Auswahl für Fans, die es mit ihnen versuchen wollen.

Weitere empfehlenswerte Arten für den erfahrenen Wildrosenfreund sind: *Rosa jundzillii* (Rauhblättrige Rose), *Rosa tomentosa* und *Rosa tomentella* (Flaum-Rose).

Rosen im Naturgarten

Natur und Garten? Kein Widerspruch, denn einheimische Wildrosen lassen sich in etwas größere Naturgärten bestens einfügen. Sie spielen dabei eine vollkommen andere Rolle, als es die öfterblühenden Rosen im Ziergarten tun. Während dort die Rosen möglichst viel Blütenpracht zeigen sollen, reiht der Naturgärtner seine Wildrosen in einen Naturkreislauf ein, in dessen Verlauf sie anderen Lebewesen Unterschlupf, Nahrung und Schutz gewähren. Nicht die optische Zierde der einzelnen Rose steht im Vordergrund, sondern die naturnahe Harmonie zwischen Flora und Fauna. Beobachtungen dieses Zusammenspiels zwischen Pflanzen und Tieren im eigenen grünen Refugium sensibilisieren für ökologische Zusammenhänge, »Natur« wird spielend gelernt.

Der Verzicht auf Pflanzenschutzmittel im Naturgarten versteht sich von selbst, Pflege und Schnitt reduzieren sich auf ein Minimum. Auch trockene, tote Äste verbleiben in den Rosensträuchern, sie bieten vielen Käferarten als Totholz besten Wohnraum. Jedoch: Naturnah heißt nicht verwahrlost. Das Gestalten mit Wildrosen setzt – wie das Gestalten mit anderen Rosen auch – Planung voraus. Besonders zu bedenken ist beispielsweise, ob ausläuferbildende Wildrosen mit hoher Konkurrenzkraft gepflanzt werden sollen. Nachfolgend ein Vorschlag für eine kleine, ausbaufähige Naturgartenecke mit heimischen Gehölzen.

ROSEN MIT ANDEREN PFLANZEN KOMBINIEREN

In vielen Rosenbüchern ist zum Thema der Kombination von Rosen mit anderen Gehölzen und Stauden, mit Sommerblumen, Zwiebeln und Gräsern wenig zu finden. Viele Gärten zeigen die Rose nur pur, in oft ermüdender Monotonie in immer gleichen symmetrischen Beetanordnungen. Lockere, heitere Arrangements von Rosen, Stauden und anderem Grün fehlen fast völlig. Mangelt es einfach an der Pflanzenkenntnis oder befürchtet man, ein »Hofstaat« könnte der »Königin der Blumen« Schaden zufügen?

Zahlreiche Kultursorten unter den Rosen bieten sich für variationsreiche Kombinationen an. Die Pflanzenvielfalt verwöhnt dabei nicht nur das Auge, der Artenreichtum ist auch eine wichtige Voraussetzung für geringere Pflegemaßnahmen und naturnahe Gartengestaltung. Rosige Kombinationen entsprechen außerdem dem Naturverhalten vieler Rosenarten, die in der freien Natur als Saumpflanzen an lichten Gehölzrändern auftreten.

Rosen und Stauden

Rosen lassen in Verbindung mit Stauden jedes Gartenjahr zum Farbenfest werden. Mit beiden Pflanzengruppen arbeitend, steht dem Gartenfreund eine Farbpalette zur Verfügung, mit der sich vom Frühjahr bis zum Herbst jeder Garten von pastellfarben bis kunterbunt gestalten lässt – nonstop. Vor allem die bei den Rosen fehlenden blauen Farbtöne halten mit Stauden Einzug in den Garten.

Damit jedoch die gute Nachbarschaft von Rosen und Stauden nicht durch einen Konkurrenzkampf gefährdet wird, den nur die aggressivsten Arten überstehen, gilt es, die sehr unterschiedlichen Nährstoffbedürfnisse beider Gruppen im Auge zu behalten. Rosen

■ Auch Phloxe ergänzen mit ihrem Blütenblau perfekt das Farbenspektrum der Rosen.

und Stauden sind niemals gemischt, sondern immer nebeneinander zu pflanzen – sei es in Gruppen, Bändern, Reihen oder einzeln. Dieses Nebeneinander ermöglicht die bedarfsgerechte Ernährung und Pflege, sodass aus Partnern keine Kontrahenten werden.

Vor allem, wenn man sich die Lebensrhythmik von Stauden vergegenwärtigt, wird einem schnell klar, warum Rosen und Stauden zwar in einem »Haus« leben können, aber doch besser in getrennten »Wohnungen« unterzubringen sind. Stauden sind mehrjährige Pflanzen. Im Frühjahr treiben sie explosionsartig und kraftvoll aus. Sie erledigen die Blüten- und Samenbildung häufig innerhalb weniger Monate, teilweise sogar nur Wochen. Aus diesem Grund haben viele Stauden im Frühjahr ein sehr großes Nährstoffbedürfnis, genau zur gleichen Zeit, wenn die Rosen kurz vor dem Austrieb stehen – sozusagen »mit den Hufen scharren«. Würden ihnen direkt beigepflanzte Stauden nun mit ihrem momentanen Heißhunger die Nährstoffe entziehen, wäre ein Fehlstart für die Rosen vorprogrammiert.

Im Herbst ziehen sich die Stauden schnell zurück, ihre oberirdischen Teile sterben ab. Stauden sind frosthart, wenn man ihnen ihr abgestorbenes Laub als Winterschutz lässt.

Eine **Unterpflanzung** von Rosen mit Stauden verbietet sich aber nicht nur wegen des unterschiedlichen Lebenswandels. Die Rosensorten, die sich besonders gut für eine Kombination mit Stauden eignen, stammen aus der Gruppe der Beet-, Flächen- und Strauchrosen. Die Beet- und Flächenrosen entwickeln ein dichtes Laub, das eine Unterpflanzung unmöglich macht. Zudem brauchen Rosen einen offenen Boden, damit man sie – in frostreichen Gegenden – anhäufeln kann. Auch zum Schneiden muss man immer wieder an die Pflanze herantreten können.
Kurzum: Die »Königin der Blumen« akzeptiert nicht jeden Begleiter, lässt sich aber gerne von Kavalieren umgarnen, die auf Distanz bleiben. Tun sie das nicht, helfen Schere und Spaten.

Eine **Ausnahme** bilden lediglich staksig aufgebaute Edelrosen oder Alte Rosen mit lichter Belaubung und lockerem Strauchaufbau. Diese stacheligen »Kleiderständer« lassen sich mit bodendeckenden Stauden wie dem Berg-Bohnenkraut *(Satureja montana)* oder niedrigen Glockenblumen-Arten *(Campanula portenschlagiana* ist zu empfehlen, *C. poscharskyana* dagegen nicht, da zu stark wuchernd) vortrefflich unterpflanzen. Der Nutzen liegt nicht nur im ästhetischen Anblick, sondern in der deutlichen Unkrautunterdrückung.

Nicht geeignet sind z. B. Bleiwurz *(Ceratostigma plumbaginoides)* und Stachelnüsschen *(Acaena buchananii)*, deren Wurzelfilz den Rosen böse zusetzt und sie regelrecht strangulieren kann.

Den Strauchrosen können Stauden am ehesten auf den Pelz rücken, denn aufgrund ihrer Wuchskraft und -höhe verschaffen sie sich selbst mitten in einer Staudenrabatte als solitärer Farbenpunkt Aufmerksamkeit. Weiße Flammenblumen-Sorten *(Phlox)*, die im August blühen, vertragen sich zum Beispiel hervorragend mit einmalblühenden Strauchrosen. Weiß kann auch zwischen an sich rivalisierenden Farben vermitteln und etwa verschiedenartig rote Rosen zum feurigen Strahlen bringen.

Rittersporne stellen die klassischen Rosenkavaliere für Beet- und Strauchrosen. Ritterspornkerzen in vielen Blautönen – der weltberühmte Staudenzüchter Karl Foerster hat seine Sorten poetisch mit himmel-, enzian-, kornblumen-, nacht- und meergrünblau umschrieben – steigern die Schönheit der Rosen. Als leuchtend blauer Hintergrund für niedrige Beetrosen übernehmen Rittersporne sogar eine Leitfunktion, von umrahmenden Begleitern kann keine Rede mehr sein. Überhaupt ist die

■ Die Farbe des Himmels in den Garten geholt: Blauer Salbei umgarnt die Rosenblüte.

■ Feinstrahl, ein rosiger Kavalier mit üppiger Sommerblüte. Wenn die Begleiter den Rosen zu dicht auf den Pelz rücken, helfen Schere und Spaten.

Wuchsform der Rosen und Stauden ein wichtiges gestalterisches Merkmal. Während zu niedrig wachsenden Rosen aufrechte Stauden interessante, spannungsreiche Kontraste schaffen, können strauchartige Rosensorten mit überhängenden Stauden eine ideale Gestaltungssymbiose eingehen.

Weitere, häufig auftretende blaue Rosenbegleiter sind Katzenminze *(Nepeta)* und Salbei *(Salvia),* die – im Gegensatz zum Rittersporn – eher magere Bodenverhältnisse favorisieren. Passende blaublühende Kräuter, wie der Lavendel, werden im Kapitel »Rosen mit Kräutern« (Seite 88 f.) angesprochen.

Hellgelb ist neben **Weiß** und **Blau** die dritte ideale Staudenfarbe zu Rosen. Gelbe Farben eignen sich gut für Ton-in-Ton-Gestaltungen und passen wunderbar zu dunkelroten Beet- und Strauchrosen. Als gelbe Blütenkerzen im Hintergrund eignen sich Steppenkerzen *(Eremurus).* Eine besondere Erwähnung verdient der Frauenmantel *(Alchemilla mollis).* Seinen gelben Blütenschleier im Juni und Juli umgibt ein äußerst zierendes Laub, das eine ungewöhnliche Eigenschaft besitzt: Es gibt über die Ränder Wassertröpfchen ab. Fachleute nennen diese Erscheinung Guttation. Strahlt die Sonne diese Wassertröpfchen an, glitzern sie wie Sterne am Abendhimmel.

■ Seite 80: Karl Foerster traf genau den Punkt: »Raffinierte Blumen-Benachbarung steht so hoch über den Wirkungen der Einzelpflanze wie Klänge und Melodien über dem Einzelton.« Folgende Gartenkompositionen sind eine wohlklingende Auswahl: 1 Kletterrose 'Sympathie' mit Frauenmantel, Ziest *(Stachys grandiflora)* und Rosmarin; 2 Beetrose 'Friesia' mit Majoran, Klee, Phlox und Frauenmantel; 3 Verbenen schweben federleicht über der Blütenfülle weißer Beetrosen; 4 bunte Rosenvielfalt umspielt die Skulptur…

Seite 81: … 5 Rosen und Eselsohren *(Stachys byzantina)* als elegantes Pflanzenpaar; 6 bunte Staudenvielfalt mit Rudbeckien und Gräsern; 7 ganz in weiß präsentieren sich 'Schneewittchen' und Lichtnelken; 8 Beetrose 'Friesia' umgeben von Färberkamille; 9 'Leonardo da Vinci' thront über Lavendel und 'Heidetraum'.

■ Rittersporne sind mit ihrem lanzenartigen Blütenstängel und ihren blauen Blüten klassische Rosenbegleiter.

1

2

3

4

5

6

7

8

9

Gestalten mit Rosen

Silberlaubige Stauden sind als Rosenbegleiter Gold wert. Ihre graue Laubfarbe drückt ihren Lichthunger aus und empfiehlt sie als Nachbarn für das Sonnenkind Rose. Eine Favoritenstellung nimmt das Heiligenkraut *(Santolina chamaecyparissus)* ein, getrocknet ein duftiger Innenraumschmuck. Daneben bieten sich das Perlkörbchen *(Anaphalis triplinervis)* mit weißen Blütentrauben, die Katzenminze *(Nepeta),* Lavendel und Edelraute *(Artemisia stelleriana* und *A. schmidtiana* 'Nana') an.

Funkien *(Hosta)* bringen dekorative Laubfarben in halbschattige Bereiche neben lichttoleranten Sorten wie 'Ghislaine de Feligonde'. Die Frühlingsgold-Funkie *(Hosta fortunei* 'Aurea') bildet dichte Horste und treibt goldgelb aus. *Hosta sieboldiana,* die Blaublatt-Funkie, ziert mit violettblauem Laub, und *Hosta undulata* 'Univittata', die Schneefeder-Funkie, überrascht mit ihren schmalen, herzförmigen Blättern, die weiß-grün gestreift sind. Funkien blühen im Juli dezent violett mit rosa und bevorzugen einen nährstoffreichen, humosen Boden. Kurzzeitig vertragen sie Trockenheit, auf volle Sonne reagieren sie jedoch empfindlich.

Sehr schön mit Rosen und Stauden zu gestalten sind **Mauern** im Garten; überhaupt passen **Stein und Rose** gut zueinander. Als Staudenmaterial bieten sich Polsterstauden an, die vor und neben, aber nicht in die Rosengruppen gepflanzt werden.

Blaukissen *(Aubrieta* – blaue bzw. violettfarbene Blüte von April bis Mai, bis 10 cm hohe Polster, nach der Blüte Rückschnitt), Steinkraut *(Alyssum* – gelbe Blüten von April bis Mai, bis 20 cm hohe, lockere Polster) und Schleifenblume *(Iberis* – weiße Blüten von April bis Mai, etwa 10 cm hoher, lockerer Polsterteppich) kommen infrage. Man lässt sie über Mauerkronen kriechen, zusammen mit Rosensorten, die durch ihren überhängenden Wuchs das Mauerwerk mit einem Blütenteppich überziehen, der ab Juni an die Frühlingsblüte der Polsterstauden anschließt. Im Kapitel »Die Mauerblümchen – überhängende Mauerrosen« (Seite 107) werden geeignete Rosensorten vorgestellt.

Die Staudenfarbe **Rot** ist als einzige in der Kombination mit Rosen gefährlich, weil sich dann zu viele Rottöne mischen. Deshalb: Wenn rote Stauden, dann keine, die zeitgleich mit der Rose blühen.

Noch einige **allgemeine Hinweise:** Stauden und Rosen lieben beide einen Pflanzenschnitt im Frühjahr. Das bedeutet, dass sich nicht nur Gestaltungs-, sondern auch Pflegemaßnahmen kombinieren lassen.

Beim Verkauf im gärtnerischen Fachhandel werden zunehmend Stauden in **Altpapiertöpfen** oder ähnlichen, sich zersetzenden Gefäßen angeboten. Diese Stauden sehen zwar auf den ersten Blick durch die Bemoosung oder den bereits beginnenden Zersetzungsprozess des Topfes nicht unbedingt »staubgewischt« aus, verursachen jedoch keinen Verpackungsmüll. Man pflanzt die Ökotöpfe mit ein und reißt nur die äußere Topfhaut vor dem Pflanzen etwas auf. Das erleichtert den neuen Faserwurzeln den Weg in das sie umgebende Erdreich und fördert den Zersetzungsprozess der Ökotöpfe im Boden.

Höhere Stauden wie Rittersporn, Eisenhut oder Buschmalve *(Lavatera)* sind dankbar für eine Stütze. Bei Wind und Regen neigen sie zum Auseinanderfallen; einfache Konstruktionen aus Bambusstäben und Bast verhindern das. Wichtig ist das rechtzeitige Anbringen dieser Stützmaßnahmen, denn sie sollen mit den Stauden »wachsen«, damit diese ihre arttypische Form behalten. Haben die hohen Stauden bereits Blüten angesetzt und sich unter dieser Last nach vorne gebeugt, werden sie sich auch nach einem (zu) späten Aufbinden nicht mehr aufrichten.

Ausläufer bildende Rosen: Kurioserweise können Rosen in Staudenbeeten lästig werden. Einige Rosenarten wie *Rosa nitida* oder *Rosa gallica* tauchen unverhofft mit ihren Ausläufern in Stauden- und Blumenbeeten auf. Unterbinden lässt sich dieser Ausbreitungsdrang durch das Pflanzen von veredelten Stöcken.

■ Tuffs aus Frauenmantel sind eine bewährte, gelbblühende Vorpflanzung.

Gestaltungsvorschlag: ein Rosen-Stauden-Beet

Der Vorschlag für eine Pflanzenkombination in Rosa, Weiß und Blau möchte pflegeleichten Artenreichtum mit Raum sparender Gartengestaltung verbinden. Mit Kletterrosen an stabilen Pergolen wird die Senkrechte genutzt, zu ihren Füßen wachsen Stauden und buschige Rosensorten in verschiedenen Höhen und mit unterschiedlichen Blühzeiten. Den Blütenreigen eröffnen im Mai Schleifenblume und Katzenminze, im Juni folgen Glockenblumen und Schleierkraut. Danach dominieren die Rosen bis zum Herbst, blaue Glattblatt-Astern schließen im Oktober zusammen mit den letzten Rosenblüten das Blütenjahr ab.

Rosen mit Sommerblumen sowie Zwiebel- und Knollenpflanzen

Sommerblumen sind fröhliche Rosenkavaliere, mit denen sich Rosengruppen farbenfroh aufwerten lassen. Manchen Rosenfreunden erscheint die Lebhaftigkeit der Sommerblumen neben der strahlenden Eleganz der Rosenblüten jedoch allzu grell – sie lehnen die Kombination von Sommerblumen und Rosen kategorisch ab. Das ist sicher eine

Rosen-Stauden-Beet

1 1 Kletterrose 'New Dawn'
2 1 Kletterrose 'Super Dorothy'®
3 1 Kletterrose 'Rosarium Uetersen'®
4 1 Strauchrose 'Schneewittchen'®
5 2 Beetrosen 'Bonica'®
6 1 Kletterrose 'Ilse Krohn Superior'®
7 4 Glockenblumen *(Campanula portenschlagiana)*
8 5 Schleierkräuter *(Gypsophila*-Arten bzw. -Sorten)
9 4 Glattblatt-Astern, blau *(Aster novi-belgii*-Sorte)
10 5 Schleifenblumen *(Iberis*-Arten)
11 5 Perlkörbchen *(Anaphalis triplinervis)*
12 4 Beetrosen 'Sommermärchen'®
13 5 Katzenminzen *(Nepeta × faassenii)*

Stauden der Rosenbegleiter

Blau bis violett blühende Stauden

Art	Wuchshöhe (in cm)	Blütemonate	Verwendungsbereich	Standort
Ballonblume *(Platycodon grandiflorus)*	50	VII–VIII	Beet	sonnig
Berg-Aster *(Aster amellus*-Hybriden)	50–60	VII–VIII (–IX)	Beet, Schnitt	sonnig
Dost *(Origanum*-Arten)	20–40	VII–IX	Beet	sonnig
Eisenhut *(Aconitum napellus)*	110	VI–VII	Beet, Gehölzrand, Leitpflanze	wechselsonnig
Feinstrahl *(Erigeron*-Hybriden, u. a. 'Adria')	80	VI–VII, IX	Terrasse, Beet, remontierend	warm, sonnig
Zier-Salbei *(Salvia nemorosa*-Sorten wie 'Blauhügel')	40	VI–VIII	Beet, remontierend nach Rückschnitt	sonnig, Dauerblüher
Glockenblumen *(Campanula*-Arten, u. a. *C. persicifolia, C. glomerata)*	10–80	VI–VII (–VIII)	Polsterstaude, Schnitt	sonnig, mit höheren Beetrosen
Katzenminze *(Nepeta × faassenii)*	25	V–IX	Terrasse, Steingarten, nach Blüte Rückschnitt	sonnig
Kugeldistel *(Echinops ritro* 'Veitch's Blue')	80	VII–IX	Terrasse, Beet	sonnig
Lavendel *(Lavandula*-Arten und -Sorten)	40	VI–VII	Terrasse, Beet, Kübel	warm
Rittersporn *(Delphinium*-Hybriden, u. a. 'Völkerfrieden', 'Finsteraarhorn', 'Sommernachtstraum', 'Moerheimii')	80–150	VI–IX	Beet, Schnitt, Leitpflanze, remontierend nach Rückschnitt	sonnig

Gelb blühende Stauden

Art	Wuchshöhe (in cm)	Blütemonate	Verwendungsbereich	Standort
Frauenmantel *(Alchemilla mollis)*	30–40	VI–VII	Beet, Schnitt	anspruchslos
Goldrute *(Solidago caesia)*	60	VII–VIII	Rabatte	sonnig
Mädchenauge *(Coreopsis*-Arten)	25	VI–VIII	Rabatte	sonnig
Steppenkerze *(Eremurus*-Arten und -Hybriden)	150–200	V–VI	Rabatte, Schnitt	sonnig

Weiß blühende Stauden

Art	Wuchshöhe (in cm)	Blütemonate	Verwendungsbereich	Standort
Feinstrahl *(Erigeron*-Hybriden wie 'Sommerneuschnee')	60	VI–VII, IX	Terrasse, Beet, remontierend	warm, sonnig
Glockenblumen *(Campanula latifolia* 'Alba', *C. persicifolia* 'Alba')	80–100	VI–VII (–VIII)	Schnitt	sonnig
Herbst-Aster *(Aster novae-angliae* und *A. novi-belgii*-Sorten)	100–140	IX–X	Rabatte	sonnig
Kissen-Aster *(Aster dumosus* 'Schneekissen')	25	VIII–IX	Polster, Böschung, Terrasse	sonnig
Madonnen-Lilie *(Lilium candidum)*	80–120	VI–VII	Rabatte	warm
Perlkörbchen *(Anaphalis triplinervis)*	25	VII–VIII	Terrasse, Beet, Mauerkronen	warm, sonnig
Schleierkraut *(Gypsophila*-Arten und -Sorten)	80	VI–VIII	Beet, Böschung, Terrasse	sonnig

Rosa blühende Stauden

Art	Wuchshöhe (in cm)	Blütemonate	Verwendungsbereich	Standort
Moschus-Malve *(Malva moschata)*	70	VI–IX	Rabatte, Schnitt	auch absonnig
Königs-Lilie *(Lilium regale)*	80–150	VII	Rabatte	sonnig
Buschmalve *(Lavatera thuringiaca)*	150	VII–IX	Rabatte	sonnig

Rot blühende Stauden

Art	Wuchshöhe (in cm)	Blütemonate	Verwendungsbereich	Standort
Blut-Storchschnabel *(Geranium sanguineum)*	30	V–VIII	Flächendecker	sonnig
Herbst-Aster *(Aster novae-angliae-* und *A. novi-belgii*-Sorten)	100–140	IX–X	Rabatte	sonnig

ganz persönliche, subjektive Empfindung, sodass man es in dieser Hinsicht mit dem Ausspruch Friedrichs des Großen halten sollte, dass ein jeder nach seiner Fasson selig werden möge.

Auf jeden Fall ist es ratsam, wegen der vollkommen unterschiedlichen Rhythmik langlebiger Rosen und kurzlebiger Sommerblumen zunächst eigene Erfahrungen mit beider Lebenswandel zu sammeln. Einen Einstieg bietet zum Beispiel das Auffüllen von Leerstellen im einstmals geschlossenen Rosenbeet mit Sommerblumen. Immer wieder kommt es vor, dass ein Rosenstock ausfällt. Aufgrund des Phänomens der Nachbaukrankheit bei Rosen, der sogenannten Bodenmüdigkeit (siehe Seite 142), wächst eine neue Ersatzrose zwar zunächst munter los, kümmert dann aber sichtbar. Verbessert man jedoch an dieser Stelle den Boden mit etwas Gartenkompost und setzt einige passende Sommerblumen – rosenwurzelschonend mit der mehrzinkigen Grabegabel – hinein, erschließen sich auch dem eingefleischten Rosenfreund durchaus die Vorzüge der Sommerblumen.

Diese Vorzüge zeigen sich im Übrigen nicht nur bei der Gestaltung. Die Einbeziehung der Sommerblumen erhöht den Artenreichtum und mindert den Befallsdruck u. a. von Blattläusen und Rosenzikaden. (Lediglich die Rosenblattrollwespe zeigt sich von Sommerblumen unbeeindruckt, offenbar locken sie die natürlichen Gegenspieler dieser Wespenart nicht.)

Welche Sommerblumen passen zu welchen Rosen? Der Anfänger sollte sich zunächst auf weiß bzw. blau blühende Sommerblumen

TIPP **Meistens werden Stauden in Töpfen und Containern aus Kunststoff angeboten. Man bekommt den empfindlichen Erdballen unversehrt aus dem Gefäß, wenn man es mitsamt der Staude umdreht, leicht auf einer Kante aufklopft und dann den Ballen sanft herauszieht.**

■ Roter Türken-Mohn und Schlafmützchen *(Eschscholzia)* kontrastieren hübsch mit der weißen Strauchrose 'Schneewittchen'®.

beschränken und mit diesen kreativ arbeiten. Weiße Beetrosen harmonieren z. B. exzellent mit hohen, fragil-eleganten Schmuckkörbchen *(Cosmos bipinnatus)*. Gefällt diese Mischung aber nicht, wählt man im nächsten Jahr eine andere Rosenbegleitung. Niedrige Sommerblumen wie der Duftsteinrich *(Lobularia)* zieren reizvoll den Boden unter Stammrosen. In kleinen Gruppen verträgt sich der silbrige Blattschmuck des Kreuzkrautes *(Senecio)* mit allen Rosenfarben. Hübsch macht sich *Nigella* mit gelben Beetrosen.

■ Rosen kombiniert mit rosafarbenen Löwenmäulchen und weißen Pechnelken

Selbstaussaat: Durch eine Vorkultur im Frühbeetkasten oder einfachen Folienhaus bzw. -tunnel kann die Blüte der Sommerblumen beträchtlich verfrüht werden. Für die selbst ausgesäten Sommerblumen wie auch für die gekauften Pflanzen gilt jedoch: erst nach dem 15. Mai pflanzen, wenn keine Nachtfröste mehr zu erwarten sind.

Der Einsatz von **Zwiebelblumen** in der Nähe von Rosen hat schon so manches erbitterte Streitgespräch zwischen Garten- und Rosenfreunden ausgelöst. Einige Rosenfreunde warnen förmlich vor dem Einsatz von Tulpen, Narzissen und Krokussen in der Nähe von Rosen und tolerieren nicht einmal Scilla und Schneeglöckchen. Da öfterblühende Rosen jedoch erst ab Juni blühen, können Zwiebelblumen für Blütenreichtum im Frühling sorgen. Bis zur Rosenblüte sind sie dann wieder von der Gartenbühne abgetreten.

Wie bei den Stauden und Sommerblumen gilt: »Erlaubt ist, was gefällt«, wenn den Eigenschaften und Bedürfnissen der jeweiligen Pflanzengruppe Rechnung getragen wird. Tulpen und Osterglocken gehören z. B. nicht mitten in bestehende Rosenbeete. Erstens haben sie im Frühsommer, nach ihrer Blüte, reichlich Blattmasse gebildet, die für eine hohe kleinklimatische Luftfeuchte innerhalb der belaubten Rosen sorgen würde, die dann bis zum Abend nicht immer abtrocknet und Pilzkrankheiten fördert. Zweitens würden die Zwiebeln beim Hacken und Anhäufeln unweigerlich in Mitleidenschaft gezogen werden. Die Lösung ist einfach: Zwiebeln kommen vor oder neben die Rosengruppen. Dort können sie in der idealen Erdtiefe gesteckt werden. Ihr Laub kann über den Sommer an Ort und Stelle belassen werden und sich natürlich zurückziehen – eine wichtige Voraussetzung für eine reiche Blüte im nächsten Frühjahr.

Sommerblumen als Rosenbegleiter

Art	Blütenfarbe	Wuchshöhe (in cm)	Hinweise
Sommer-Blutströpfchen *(Adonis aestivalis)*	vielfarbig	30–50	Blütezeit je nach Saat variabel
Leberbalsam *(Ageratum*-Sorten)	blau, rosa, weiß	15–20	zahlreiche Sorten; gut wässern
Ochsenzunge *(Anchusa capensis)*	blau	25–30	volle Sonne
Garten-Löwenmaul *(Antirrhinum majus)*	purpurn und gelb	20–100	in milden Wintern halbstrauchig
Blaues Gänseblümchen *(Brachycome iberidifolia)*	blau	20	keine pralle Sonne
Browallie *(Browallia speciosa)*	blau, weiß	15–25	vollsonnig, warm
Schmuckkörbchen *(Cosmos bipinnatus)*	rosarot	100–120	Blütezeit VII–X
Blaudolde *(Didiscus caeruleus)*	himmelblau	60	Sonne, warm
Dahlie *(Dahlia*-Hybriden)	gelb, weiß, violett	bis 40	Sonne
Schlafmützchen *(Eschscholzia californica)*	vielfarbig	20–50	Blütezeit VI–X
Schnee auf dem Berge *(Euphorbia marginata)*	weiße Hochblätter	70–100	Blütezeit VII–X
Mittagsgold *(Gazania*-Hybriden)	weiß, gelb, orange	15–25	volle Sonne
Schleifenblume *(Iberis umbellata)*	lila oder purpurn	20–30	Blütezeit VI–VIII
Männertreu *(Lobelia erinus)*	blau, rotviolett, weiß	10–30	Blütezeit V–X
Duftsteinrich *(Lobularia maritima)*	weiß, rosa, lila	10–15	Blütezeit VI–VIII, als Einfassung
Elfenspiegel *(Nemesia*-Sorten)	blau, rot	20–50	viele Sorten
Jungfer im Grünen *(Nigella damascena)*	blau, rosa, weiß	50	Blütezeit VI–IX
Einjahrs-Phlox *(Phlox drummondii)*	vielfarbig	10–50	Blütezeit VII–IX
Garten-Reseda *(Reseda odorata)*	grünlich gelb, rote Staubgefäße	15–60	Blütezeit VII–IX
Kreuzkraut *(Senecio bicolor)*	gelb	bis 80	dekoratives, graufilziges Blatt
Verbene *(Verbena bonariensis)*	hellblau	bis 200	mag keine Nässe
Zinnie *(Zinnia angustifolia* 'White Star')	weiß	40	warm

■ Die Herbstzeitlose füllt Lücken, ein Farbengruß in blütenarmer Zeit.

Rosen mit Kräutern

Rosen und Kräuter – diese Kombination verbindet besonders ansprechend Zierde und Nutzen von Pflanzen. Bereits in den Klostergärten des Mittelalters bildeten beide wichtige Bestandteile der lebenden Hausapotheken. Frische Kräuter aus dem Garten sind bis zum heutigen Tag beliebte Zutaten zur Verfeinerung von Speisen geblieben. Mit einigen Rosenstöcken daneben ist es nur noch ein kleiner Schritt zum eigenen Klostergärtlein.

Die sanften Farben der Alten Rosen passen besonders hübsch zu Kräutern. Strauchrosen werden durch Kräuterarrangements in ihrer Natürlichkeit verstärkt. Damit die Rosen gezielt gedüngt werden können, ohne dass dabei die Kräuter zu viele Nährstoffe erhalten und dadurch an Aroma einbüßen, empfiehlt sich wiederum das Nebeneinander beider Pflanzengruppen.

Kräuter schmeicheln nicht nur dem Auge, einige, wie der **Lavendel,** stehen zudem in dem Ruf, Blattläuse auf für uns aromatische Art und Weise von den Rosen fernzuhalten. Das funktioniert allerdings nur, wenn eine entsprechende Menge in unmittelbarer Umgebung der Rose gepflanzt wurde. Der Lavendel passt mit seinem grauen Laub, das auf gute Hitzeverträglichkeit hinweist, zu dem Sonnenkind Rose und sorgt, neben parfümlosen Beetrosen gepflanzt, auch für angenehme Duftnoten in Rosen-Stauden-Beeten.

Prinzipiell können Kletter-, Strauch-, Flächen- und Beetrosen mit Kräutern kombiniert werden. Besonders geeignet sind bereits tief verwurzelte Rosenstöcke. Warum? Sie können beachtliche Trockenperioden überraschend gut überstehen. Sie müssen nicht laufend, sondern höchstens während ausgesprochener Hitzeperioden ab und an durchdringend gewässert werden. Der trockene Boden in den

■ Rosen kombiniert mit Stauden und Zwiebelpflanzen.

■ »Dufte« Pflanzen unter sich: Rosen und Lavendel.

oberen Schichten kommt vielen Kräutern südlicher Herkunft zupass und sorgt für eine hohe geschmackliche Güte der Ernte aus dem rosigen Kräuterbeet.

Gestaltungsvorschlag: ein rosiger Kräutergarten

Unser Gestaltungsvorschlag sichert die Selbstversorgung mit Kräutern auf kleinstem Raum, schafft würziges Kübel-Ambiente und nutzt mittels Rosenbogen die Gartendimension Höhe. Die genannten Kräuterarten gehören zum Grundsortiment einer Küche und gedeihen problemlos im Garten. Wer häufig Besuch von Nacktschnecken bekommt, kann seine Kräuterbeete durch Schneckenzäune vor unerwünschten Gästen schützen. Natürlich kann die Gestaltung der Kräuterecke auch formaler, geometrischer Natur sein, durch eine Rahmenpflanzung mit dem kompaktwachsenden Einfassungs-Buchs 'Blauer Heinz' begrenzt.

Die meisten Kräuterarten stammen aus südlichen Regionen und bevorzugen – wie die Rose – sonnige Lagen. Im Kräuterbeet ausgelegte Trittsteine erleichtern den Zugang zu den einzelnen Pflanzen zu Pflege- und Erntearbeiten und speichern die Tageswärme, die sie in den Abendstunden kräuterfördernd abgeben. Das Kräuterbeet sollte in Hausnähe eingerichtet werden, damit man sich auf die Schnelle mit den würzigen Zutaten in höchster Frische versorgen kann.

TIPP **Erfahrene Gartenfreunde schneiden den Lavendel nach der Blüte Mitte August etwa um die Hälfte zurück. Dies fördert den Neuaustrieb und die Pflanzen kommen besser durch den nächsten Winter.**

Rosiger Kräutergarten

1. Lavendel *(Lavandula angustifolia)*
2. Echter Thymian *(Thymus vulgaris)*
3. Pfefferminze *(Mentha × piperita)*
4. Zitronenstrauch, im Kübel *(Aloysia triphylla)*
5. Rosmarin, im Kübel *(Rosmarinus officinalis)*
6. Petersilie *(Petroselinum-Arten)*
7. Garten-Salbei *(Salvia officinalis)*
8. Zitronenmelisse *(Melissa officinalis)*
9. Estragon *(Artemisia dracunculus)*
10. Lorbeer, als Hochstamm im Kübel *(Laurus nobilis)*
11. Schnittlauch *(Allium schoenoprasum)*
12. Garten-Bohnenkraut *(Satureja hortensis)*
13. Origano *(Origanum vulgare)*
14. Kletterrose 'New Dawn'

Rosen mit Gräsern und Bambus

Gräser vermitteln in der Gestaltung mit Rosen Struktur und Disziplin. Sie sind lichthungrig wie die Rosen, kommen ihnen aber im Wurzelbereich nicht in die Quere. Während des Sommers bieten sie ein dauerhaftes, konstantes Bild und strahlen Gelassenheit und Ruhe aus. Während der Frostperiode füllen viele Arten mit ihren wintergrünen, bisweilen gelb- bzw. weißbunten Halmen die blütenlosen Rosenbeete und bringen Leben ins triste Wintergrau.

Niedrige Arten wie der Blauschwingel *(Festuca cinerea)* oder das Bärenfellgras *(Festuca gautieri)* eignen sich ideal als Einfassung für Beetrosengruppen. Höhere Gräser, neben Strauch- und Wildrosen gepflanzt, geben diesen Rahmen und Halt.

Bewährte »Rosen-Gräser« wie der Blaustrahlhafer oder das Lampenputzergras kommen selbst auf begrenzten Standorten zurecht und bringen auch in kleine Hausgärten eine »Linie«.

Von Zeit zu Zeit, spätestens nach fünf Jahren, sollte man die Horste aus dem Boden nehmen und teilen.

Auch der **Bambus** gehört zur großen Familie der Gräser. Was ihn zum »Supergras« macht, ist die Tatsache, dass er sich nicht, wie viele andere Gräser, im Winter zurückzieht. Das bietet die Möglichkeit, ihn wie ein immergrünes Laub- und Nadelgehölz als feste Konstante rund ums Jahr in die Gartengestaltung einbinden zu können. Wichtig für den Garten- und Rosenfreund ist die Kenntnis der Einteilung der Bambusse in horst- bzw. ausläuferbildende Arten/Sorten, letztere mit teilweise starkem Ausbreitungsdrang. Im Handel erhältliche professionelle Rhizomsperren aus starker Folie oder Betonringe halten, wenn sie rund um die Pflanze eingegraben werden, die Ausläuferbildung im Zaum und verhindern ein »Wandern« der unterirdischen Triebe durch den Garten. Rhizome machen nämlich selbst

Kräuter als Rosenbegleiter

Art	Wuchshöhe (in cm)	Blühzeit, Blütenfarbe	Verwendung	Hinweise
Schnittlauch *(Allium schoenoprasum)*	20–30	ab Juni, rötlich rosa	Salate, Quark, Suppen	nicht mitkochen; mehrjährig, für Einfassungen
Zitronenstrauch *(Aloysia triphylla)*	bis 200	ab Juni, weißrosa	Süßspeisen, Eistee, Gebäck, Duftkissen, Badezusatz	nicht winterharter Strauch, Blätter mit Zitronenduft
Dill *(Anethum graveolens)*	bis 120	Juni bis August, gelb	Salate, Suppen, Rohkost	einjährig, warm, sonnig, für Blumengestecke
Estragon *(Artemisia dracunculus)*	bis 130	ab Juli, grünweiß	Soßen, Suppen, Geflügel	mehrjährig, auch Halbschatten
Waldmeister *(Galium odoratum)*	bis 30	Mai, weiß	Bowlen, Säfte, Duftpotpourris	mehrjährig, guter Bodendecker im Schatten
Lorbeer *(Laurus nobilis)*	im Süden über 10 m	ab Mai, gelblich weiß	Suppen, Soßen, Marinaden, Essig	Kübelpflanze, Formgehölz
Lavendel *(Lavandula angustifolia)*	bis 50	ab Juli, blau	Soßen, Fisch, Eintopf, Duftpotpourris	mehrjähriger Halbstrauch, vollsonnig, trocken
Zitronenmelisse *(Melissa officinalis)*	bis 90	ab Juli, weißblau	Salate, Suppen, Quark, Geflügel, Fisch, Tee	mehrjährig, sonnig
Pfefferminze *(Mentha × piperita)*	bis 60	ab Juni, rosaweiß	Salate, Soßen, Suppen, Rohkost, Tee	mehrjährig, auch Halbschatten
Majoran *(Origanum majorana)*	bis 50	ab Juli, weiß, rosarot	Fleischgerichte, Quark, Aufläufe, Kartoffelklöße	einjährig, sonnig
Origano *(Origanum vulgare)*	bis 50	ab Juli, rosa, rot, weiß	Fisch, Fleisch, Pizza, Soßen	mehrjährig, sonnig
Petersilie *(Petroselinum-*Arten)	bis 30	ab Juni, grünlich gelb	Suppen, Soßen, Quark, Fleisch, Gemüse, Salat	aromatische glattblättrige Arten, als einjährige Pflanzen ziehen
Rosmarin *(Rosmarinus officinalis)*	bis 70	ab April, blauviolett	Fleisch, Grillgerichte, Gemüse, Essig	mehrjähriger Halbstrauch, sonnig, nadelartige Blätter
Garten-Salbei *(Salvia officinalis)*	bis 70	ab Mai, blauviolett	Fleisch, Grillgerichte, Gemüse, Tee	mehrjähriger Halbstrauch, sonnig
Garten-Bohnenkraut *(Satureja hortensis)*	bis 30	ab Juli, weiß, rosaviolett	Fleisch, Wild, Eintopf, Bohnen	einjährig, auch Halbschatten
Echter Thymian *(Thymus vulgaris)*	bis 40	ab Mai, violett	Fleisch, Wurst, Grillgerichte, Pasteten, Gemüse, Käse, Essig	mehrjähriger Halbstrauch, sonnig

Gräser als Rosenbegleiter

Art	Blattfarbe	Wuchshöhe (in cm, Höhe Laub/Blüten)	Hinweise
Silberährengras *(Achnatherum calamagrostis)*	hellgrün	bis 60/80	schweifartige Blütenrispen, überhängend, sonnige Lage
Reitgras *(Calamagrostis × acutiflora* 'Karl Foerster')	gelblich grüne Halme	100/160	horstartig, dichttriebig
Rote Segge *(Carex buchananii)*	rotbraune Halme	40/50	steif aufrechte Blatthorste, sonnige Standorte
Japan-Segge *(Carex morrowii* 'Variegata')	Blätter dunkelgrün, heller Rand, wintergrün	30/40	halbschattig
Rasen-Schmiele *(Deschampsia caespitosa)*	dunkelgrüne Blatthorste	bis 60/100	sonnig bis halbschattig, liebt Bodenfeuchte
Blau-Schwingel *(Festuca cinerea)*	stahlblaue Blatthorste	15/20	sonnig bis halbschattig, niedrige Polster
Bärenfellgras *(Festuca gautieri)*	grüne Blatthorste	je 15 bis 20	rasenartig, niedrig, für sonnige Lagen
Japangras *(Hakonechloa macra)*	bläulich	bis 30/60	wintermilde Standorte
Blaustrahl-Hafer *(Helictotrichon sempervirens)*	bläulich grün	60/100	immergrüne, dichte Horste
Chinaschilf *(Miscanthus sinensis)*	grünlich	150/200	monumentale Riesengräser
Feinhalm-Chinaschilf *(Miscanthus sinensis* 'Gracillimus')	hellgrün	120/150	sonnige Lage
Zebra-Chinaschilf *(Miscanthus sinensis* 'Zebrinus')	gelb gestreift	120/150	dichtbuschig, sonnige Lage
Pfeifengras *(Molinia arundinacea)*	grünlich	bis 50/200	goldene Oktoberfärbung
Rutenhirse *(Panicum virgatum*-Sorten)	grün, auch rötlich grau	bis 120/170	mittelstark wachsend
Lampenputzergras *(Pennisetum compressum)*	grünlich	50/70	dekorative Blütenähren im Herbst
Zotten-Raugras *(Spodiopogon sibiricus)*	graugrün	50/100	Schnittgras
Reiher-Federgras *(Stipa barbata)*	gelblich grün	30/80	sonnig

vor Terrassenbelägen nicht halt, lässt man ihnen ihren eigenen Willen.

Bambusse blühen in großen Zeitabständen, die bis zu 120 Jahre betragen können. Nach der Blüte und Fruchtbildung stirbt der Bambus ab. Manche Arten wachsen krautartig, andere erreichen – in ihrer ostasiatischen Heimat – Höhen von bis zu 35 Metern.

Insbesondere junge Pflanzen schützt man im Winter durch eine Mulchabdeckung. Ältere Exemplare sind wesentlich frosthärter. Deshalb wird in der Regel die Frühjahrspflanzung im April bevorzugt. Während der Wachstumsphase reagieren Bambusse positiv auf eine organische Düngung und gute Bodenfeuchte, Staunässe schadet ihnen jedoch. Für die Benachbarung mit Rosen eignen sich die horstartigen Bambusse mit ihrem »kontrollierten« Wachstum und von den ausläuferbildenden Arten jene mit schwachem bis mittelstarkem Wuchs.

■ Purpurfarbener Strukturgeber: die Rutenhirse 'Rotbraun'.

■ Ährenvolle Bestauslese: das Lampenputzergras 'Hameln'.

Gestalten mit Rosen

■ Beschwingte Reiher-Federgräser *(Stipa barbata)* umspielen Rosenblüten.

Vor allem zu Strauch- und Wildrosen passen folgende Bambusse (eine Auswahl):

- ***Fargesia murielae* (Schirm-Bambus-Sorten):** immergrüne, mittelstark und horstartig wachsende Bambusse der neuen Generation, Halme olivgrün, breitausladende Wuchsform, Höhe 2,5 bis 4 m.
- ***Phyllostachys nigra* (Schwarzlack-Bambus):** schwach ausläufertreibende, mittelhohe Bambusart, Halme dicht, grün, später braun-schwarz glänzend, Höhe 3 bis 6 m.
- **Sasa kurilensis:** ausläufertreibende Bambusart, Höhe 1,5 m; dekorativer Blattschmuck.
- ***Sasa palmata* var. *nebulosa*:** ausläufertreibende Bambusart, Höhe 1,5 bis 2 m; auffallend großes, zierendes Laub.

Rosen mit Laubgehölzen

Laubgehölze sind die Pflanzen, die unsere Gärten am nachhaltigsten prägen. Keine andere Pflanzengruppe zeigt so viele verschiedene Laub-, Wuchs-, Frucht- oder Blüteneigenschaften. Dieser Formenreichtum, den wir oft als Zierde ansehen, ist jedoch kein Luxus, den die Natur sich leistet, sondern immer funktional begründet.

Wenn man das weiß, kann man von bestimmten Merkmalen – beispielsweise der Laub- oder Wuchsform – auf die passenden Licht- und Standortbedürfnisse rückschließen. Derb-ledrige und/oder kleine Blätter lassen auf Hitzeverträglichkeit schließen, geschlitztes oder gefiedertes Laub ist häufig sehr windangepasst, ältere Gehölze, die bis ins Innere belaubt sind, gelten als schattentolerant, nur an ihrer Peripherie belaubte Sträucher oder Bäume signalisieren Sonnenhunger, rotes Laub toleriert ebenfalls viel Sonne. Bläulich silbriges Laub weist auf eine hohe Trockenheitstoleranz hin, viel Bodenfeuchte wünschen dagegen frischgrüne Gehölze, während gelbblättrige Laubgehölze bei ungleichmäßigem Bodenfeuchteangebot zum Verbrennen neigen.

Laubhumus ist eine besonders wertvolle Humusart, die die inneren Widerstandskräfte der Gehölze stärkt. Vorausgesetzt, man belässt ihn im Garten und stopft ihn nicht in die Mülltonne. Großes Laub kompostiert man, bevor man es unter kleinere Gehölze verteilt. Unter größeren Sträuchern und Bäumen kann es zum Rotten direkt bis etwa fünf Zentimeter dick verteilt werden.

Pflanzt man Laubgehölze vor oder neben Rosen, ist – je nach Wuchsstärke – auf ausreichenden Abstand zu achten. Die Lichtverhältnisse für die Rosen dürfen sich durch die Entwicklung der Gehölze nicht verschlechtern. In idealer Weise wirkt sich die Pflanzung einer Gehölzkulisse auf der Ost- und/oder Nordseite des Gartens aus. Sie bremst den Kaltluftzustrom und schützt die Rosen vor allem vor kalten Ostwinden, die ihnen empfindlich zusetzen können.

Die Qual der Wahl der zu Rosen passenden Gehölze für den eigenen Garten erleichtern ein paar **grundsätzliche Überlegungen.** Die Auswahl frischgrüner Frühlingsblüher gestaltet sich ganz problemlos, da sie nicht in optische Konkurrenz zur Rose treten. Buntlaubige Gehölze sind auffallend und deshalb nicht in unmittelbarer Nähe zur Rose zu platzieren. Je mehr das Gehölz während der Rosenblüte im Sommer von den Rosen durch Blatt und/oder Blüte ablenken könnte, desto weiter entfernt sollte es – auch unter dem Gesichtspunkt des Kontrapunktes – von der »Königin der Blumen« gepflanzt werden. Und: Je wuchsfreudiger das Gehölz, desto größer ist der Abstand von den Rosen zu wählen. Bäume werden

Weidenblättrige Birnen setzen mit ihrem grau-silbrigen Laub Akzente im Rosengarten.

einmal groß, deshalb muss man ihnen von Anfang an genügend Raum gewähren.

Wer größere Rosenbeete sein Eigen nennt, kann sehr gut Kleingehölze nutzen, um die »Monotonie« aufzulockern und die einzelnen Rosengruppen für das Auge voneinander abzugrenzen. Als optische »Schmankerl« eignen sich auch Stämmchenformen wertvoller Laubgehölze, zum Beispiel das Mandelbäumchen oder die veredelte Zierkirsche 'Brillant'.

■ **Gold-Ahorn *(Acer shirasawanum* 'Aureum'):** toller Einzelstrauch mit goldgelber Fernwirkung und Ostasienambiente für absonnige Lagen und bodenfeuchte Standorte, bis 200 cm hoch, Wuchs trichterförmig, Blätter goldgelb und eingeschnitten. Auch für Kübel und Trog.

■ **Schmetterlingsstrauch in Sorten *(Buddleja davidii*-Hybriden):** lockt mit seinem intensiven Blütenduft Schmetterlinge aus weiter Entfernung in den Garten, aufrecht wachsend, bis 30 cm lange Blütenrispen, sortenunterschiedlich in Weiß, Rosa, Rot oder Violett ab Juli. Nektar- und pollenspendende Bienenweide für sonnige bis halbschattige Lagen. Auch für Kübel. Starker Rückschnitt im Frühjahr sorgt für jährliche Blütenfülle.

■ **Westamerikanischer Blumen-Hartriegel *(Cornus nuttallii):*** der schönste Blumenriegel, Sammlerstück, Großstrauch mit eiförmigem Laub, das im Herbst rot leuchtet, »Blüten« (botanisch: Hochblätter, sogenannte Brakteen) im Mai, auffallend cremeweiß, für sonnige bis absonnige Lagen.

■ **Maiblumenstrauch *(Deutzia gracilis):*** sehr zierliche und filigran wachsende Deutzie, bis 80 cm hoch, mit zartweißen Blüten von Mai bis Juni. Nektar- und pollenspendende Bienenweide für sonnige bis halbschattige Lagen. Kräftiger Rückschnitt im Frühjahr steigert Blühwilligkeit.

■ **Prunkspiere *(Exochorda macrantha* 'The Bride'):** Prunkspiere mit den größten Einzelblüten für sonnige bis absonnige Standorte, weißer Blütentrauben-Vorhang im Mai, bis 100 cm hoch, Laub eiförmig-länglich. Auch für Kübel.

■ **Goldglöckchen *(Forsythia*-Gartensorten):** Frühlingsblüher mit gelber Fernwirkung, bis 250 cm hoch. Auch für Kübel, einzeln oder in Blütenhecken in sonniger bis absonniger Lage. Stärkerer Rückschnitt der älteren Blütentriebe und Auslichten erhöht Blütenfülle. Sortentipp: 'Weekend', bereits als junge Pflanze überreichblühend, strahlend gelb. Eine tolle neue Zwerg-Forsythie ist 'Mélée d'Or', die nur bis 100 cm hoch wird und überreich blüht.

■ **Perlmuttstrauch *(Kolkwitzia amabilis):*** Rosaweiß blühender Strauch, der den Übergang zwischen Frühjahr und Sommer prägt. Wuchs überhängend, bis 200 cm hoch. Bienenweide für sonnige bis absonnige

■ Sortenempfehlung für die Säckelblume: die dunkelblaue 'Gloire de Versailles'.

■ Den Immergrünen Kissen-Schneeball erkennt man leicht an seiner ausgeprägten Blattnervatur.

■ Der Perlmuttstrauch ist ein pflegeleichter Zierstrauch für Sonne und Halbschatten.

Standorte. Für Hecken, Einzelstellung, auch für Kübel.

■ **Stern-Magnolie 'Royal Star' *(Magnolia stellata*-Sorte):** Frühjahrs-Magnolie mit schneeweißer Blüte für sonnige Gartenlagen, bis 200 cm hoher Strauch, schon in jungen Jahren üppig blühend. Einzeln, auch für Kübel, wohl einer der edelsten Frühjahrsblüher im März bis April.

■ **Rosa Kissen-Spiere 'Little Princess' *(Spiraea japonica*-Sorte):** kleine Blütenprinzessin mit weißlich rosa Blüten von Juni bis Juli. Niedriger Strauch, 30 bis 40 cm hoch. Nektar- und pollenspendende Bienenweide. Für Flächen, Böschungen, kleine Hecken. Auch für Kübel.

Blaue Gehölze

In der Kombination mit Rosen spielen Pflanzen in der Farbe Blau immer wieder eine besondere Rolle. Dies wird so lange der Fall bleiben, solange es keine wirklich blauen Rosen gibt. In Anbetracht der Auswahl an blau blühenden Gehölzen braucht man sie auch eigentlich nicht. Blaue Gehölze sorgen zusammen mit ihren Kollegen aus dem Bereich der Stauden und Sommerblumen für Weite und Tiefe im Garten. Die »Stauden-Legende« Karl Foerster schrieb gar ein ganzes Buch über den »Blauen Schatz der Gärten«.
Aber Vorsicht: Blau wirkt kühl, in Verbindung mit Grau wird es gar ins Kalte gesteigert. Mit roten und rosafarbenen Rosen kommt jedoch spürbar Wärme ins Spiel der Farben.
Neben den bekannten Klassikern wie Hortensien, Schmetterlingsstrauch und Flieder in blauen bis fliederfarbenen Sorten verdienen noch folgende »Bläulinge« Aufmerksamkeit:

■ **Bartblume *(Caryopteris × clandonensis* 'Kew Blue'):** duftende, dunkelblaue Blüten im Spätsommer locken Bienen und andere Insekten. Kleinstrauch mit graugrünem Laub, idealer Rosenbegleiter. Rückschnitt im Frühjahr erhöht Blühwilligkeit. Auch für Kübel.

■ **Säckelblume *(Ceanothus*-Sorten):** Sommer- und Herbstblüher, bis 100 cm hoch; Laub dunkelgrün, blaue Blütenrispen ab Juli bis zum Frost. Kräftiger Rückschnitt im Frühjahr fördert Blütenreichtum. Auch für Kübel. Sortenauswahl: 'Gloire de Versailles' mit blauen Blüten.

■ **Blauraute 'Blue Spire' *(Perovskia atriplicifolia*-Sorte):** Spätsommerblüher für sonnige Lagen, Blütezeit ab Juli bis Oktober, Blütenstände in Blau, bis 100 cm hoch. Wertvolle Bienenweide in nektar- und pollenarmer Zeit. Rückschnitt im Frühjahr erhöht Blütenreichtum. Auch für Kübel. Das silbergraue Laub passt vortrefflich zu Rosen.

Immergrüne

Als »immergrün« bezeichnet man Gehölze, die ihr Laub über mehr als zwei Wachstumsperioden behalten. Aber auch bei Immergrünen gibt es einen Laubfall, oft verfärben sich mitten im Sommer ältere Blätter gelb und fallen ab. Dies ist eine vollkommen normale Erscheinung und – sofern es dem Gartenfreund überhaupt auffällt – kein Grund zur Sorge.

Immergrüne können bei der Gestaltung mit Gehölzen als ruhende, grüne Pole inmitten ringsum wechselnder Farbenspiele genutzt werden. Mit ihnen lassen sich Rosenbeete abgrenzen, sie stellen den (halbschattigen) Hintergrund, und vor allem bringen sie Grün ins winterliche Grau.

■ Formierte Buchswälle bieten sich als immergrüne Rahmen für Strauchrosen und Rosenstämme an.

Gestalten mit Rosen

Zierendes Bauerngärtchen mit romantischem Flair

1. Hochstammrose 'Raubritter'
2. *Rosa × centifolia* 'Muscosa'
3. Lavendel *(Lavandula angustifolia)*
4. Beetrose 'Leonardo da Vinci'®
5. Beetrose 'Rose de Resht'
6. Strauchrose 'Heritage'®
7. Strauch-Hortensie 'Annabelle'
8. Rittersporn 'Völkerfrieden' *(Delphinium-*Sorte)
9. Einfassungs-Buchs 'Blauer Heinz' *(Buxus)*
10. Rosen-Kugeln
11. Blauraute 'Blue Spire' *(Perovskia atriplicifolia-*Sorte)
12. Säckelblume 'Gloire de Versailles' *(Ceanothus-*Sorte)
13. Kissen-Aster *(Aster dumosus* 'Schneekissen')
14. Katzenminze *(Nepeta × faassenii)*
15. Strauch-Pfingstrose 'Reine Elisabeth' *(Paeonia-*Suffruticosa-Hybride)
16. Eisenhut *(Aconitum)*

Gestaltungsvorschlag: ein zierendes Bauerngärtchen mit romantischem Flair

Gartenhistorisch folgten die Bauerngärten den Klostergärten des Mittelalters. Die geometrischen Beetformen wurden übernommen, wobei Umrahmungen mit Einfassungs-Buchs den formalen Beetcharakter zusätzlich betonen. Wege unterteilen die Fläche in rechteckige oder quadratische Teile, lassen dabei Wegkreuze entstehen, die an die christliche Lehre erinnern.

Kleine Gänge in Kreuzform, in dem hier gemachten Gestaltungsvorschlag mit Rondell in der Mitte, lassen den Gartenfreund alle Beetbereiche leicht erreichen. Bauerngärten verbinden wie kaum eine andere Gartenform Nutzen und Zierde auf traditionelle und zugleich sehr farbenfrohe, bunte Art und Weise. Typisch sind mit Erbsen und Wicken berankte Holzzäune als äußere Einfassung. Diese begrenzen das eigene Kleinod klar, schirmen es aber nie so ab, dass nicht noch der Nachbar einen neidvollen Blick hineinwerfen könnte.

Stämmchen und Rosenkugeln dienen als Blickfang; wem ausreichend Platz zur Verfügung steht, der kann noch eine Bank oder Laube integrieren.

Rosen mit Nadelgehölzen

Rosiger Nadelstreif – warum nicht? Der bizarre Wuchs des einen Nadelgehölzes schafft lebhafte Kontraste im Garten, während das dunkle Grün eines anderen für gestalterische

Ruhe sorgt. Mit ihren immerblauen, -gelben oder -grünen Nadelfarben sagen Nadelgehölzsorten der Wintertristesse Adieu und bringen Farbe in die rosenlose kalte Jahreszeit.

Die Auswahl an passenden Nadelgehölzen für eine Kombination mit Rosen ist groß. Wir stellen an dieser Stelle vor allem kompakt wachsende Zwergformen, buntnadlige Auslesen und exquisite Einzelstücke vor, die den Garten strukturieren können. Letztere sind jedoch mit ausreichendem Abstand zu den Rosen zu platzieren. Als junge Pflanze aus der Baumschule kommend, sehen sie zunächst niedlich aus; sobald sie aber Fuß gefasst haben, legen sie kontinuierlich zu. Der Abstand zwischen den Rosenbeeten und dem äußeren Kronenrand von Nadelbäumen sollte im Minimum immer einen Meter betragen.

Platzprobleme gibt es mit den **Zwergformen** nicht. Diese Miniaturausgaben ihrer imposanten Artkollegen schaffen selbst auf kleinsten Flächen, die im Zuge der Gestaltungslust mitunter allzu bunt ausgestattet wurden, mit ihrer zumeist dunkelgrünen Farbe Ruhe. Ihr Grün harmoniert eigentlich mit allen Rosenfarben, von der Wuchsform her eignen sich besonders Beetrosen als Partner dieser nadligen Liliputaner.

Aus Unwissenheit werden Nadelgehölze häufig als fremdländisch und damit ökologisch wertlos abqualifiziert. Dabei agieren viele Sorten im Frühling als zwar unscheinbarer, aber ergiebiger Pollenspender für Bienen, Hummeln und andere Insekten. Sie bieten mit ihrem Ganzjahresgrün, beispielsweise als Hecke, vielen Vögeln und anderen Tieren auch im Winter sicheren, da nicht einsehbaren Schutz. Nadelgehölze sind sehr pflegeleicht und anspruchslos. Raupen beispielsweise meiden sie, sie bevorzugen einheimische Laubkost.

Gestaltungsvorschlag: ein Rosenbeet im Nadelstreif

Wo Kinder spielen, ist immer etwas los, treffen sich Menschen, entsteht Kommunikation. Ein solcher Platz sollte ganzjährig ansprechend gestaltet werden. Unser Gestaltungsvorschlag baut deshalb um eine Kinderschaukel ein immergrünes Szenario mit Nadelgehölzen, Immergrünen und Rosen auf. Damit sich die Kinder nicht an den Rosenstacheln verletzen, kommen nur Sorten zum Einsatz, die fast stachellos sind. Natürlich können auch andere Sorten gesetzt werden, sie sollten dann aber

Rosenbeet im Nadelstreif

1 Buchs-Kugel *(Buxus)*
2 Strauchrose 'Ghislaine de Feligonde'
3 Schlangenhaut-Kiefer *(Pinus leucodermis)*
4 Funkien in buntlaubigen Sorten *(Hosta)*
5 Kletterrose 'Maria Lisa'
6 Mähnen-Scheinzypresse *(Chamaecyparis nootkatensis* 'Pendula')
7 Bambus *(Fargesia nitida)*
8 Mops-Kiefer *(Pinus mugo* 'Mops')
9 Blaue Igel-Fichte *(Picea glauca* 'Echiniformis')
10 Kriech-Wacholder 'Blue Carpet' *(Juniperus squamata*-Sorte)
11 Raketen-Wacholder *(Juniperus virginiana* 'Skyrocket')
12 Rambler 'Venusta Pendula'

■ 1 Immergrüner Gartenzwerg: Kugel-Kiefer 'Mops'. 2 Hübsch zu Rosen: die Igel-Fichte. 3 Blaues Nadelkissen: Zwerg-Wacholder 'Blue Star'.

durch eine Gehölzvorpflanzung vom unmittelbaren Kinderkontakt getrennt sein.

Markantes, rosiges Ausrufezeichen ist ein Baumstumpf, der zu einem ästhetisch sinnvollen Einsatz kommt. Lianenartig wird er von der Ramblerrose 'Venusta Pendula' umwoben. Natürlich erfüllt ein lichter Baum oder Großstrauch die gleiche Stützfunktion. Ein Bambus schafft spannende Dschungelatmosphäre. Integrieren lässt sich natürlich noch ein Kinder-Gartenbeet, das die Kleinsten selbst bestellen und beernten können.

Rosen mit großblumigen Clematis und anderen blühenden Kletterpflanzen

Die Waldrebe – botanisch *Clematis* genannt – weist viele Parallelen zur Rose auf. Aufgrund ihrer Wuchskraft und Blütenfülle bezeichnet man sie als »Königin der Kletterpflanzen«. Auch ihr haftet, wie der »Königin der Blumen«, der Ruf an, empfindlich und etwas heikel in der Kultur zu sein. Richtig ist, dass die Waldrebe, wie die Rose, tiefgründige Böden benötigt und auf stauende Nässe äußerst empfindlich reagiert. Reine Lehm- bzw. Tonböden sind deshalb vor einer Pflanzung nachhaltig aufzubessern.

Man unterscheidet in der Gruppe der winterharten, verholzenden *Clematis* zwischen Wildarten und großblumigen *Clematis*-Sorten. Für den Gartenfreund besitzen letztere aufgrund ihrer bis zu zwanzig Zentimeter großen Blüten und ihres Nachblühverhaltens den höchsten Zierwert. Sie begrünen elegant Spaliere, Gitter, Zäune und auch lichte Bäume.

Ihren Kopf recken *Clematis*-Sorten gerne in die Sonne, ihre Füße lassen sie am liebsten im kühlen Schatten baumeln. Damit sind die Lichtansprüche der Waldrebe erschöpfend umschrieben. Und schon bietet sich die Gelegenheit für eine rosige Kombination an, denn Schattenbildung im Wurzelbereich der *Clematis* lässt sich beispielsweise durch vorgepflanzte Flächenrosen wie 'Heideröslein Nozomi'® erreichen.

Eine weitere Möglichkeit ist der gemeinsame Einsatz von Kletterrosen, insbesondere Ramblersorten, und großblumigen *Clematis,* etwa um sie in lichte Bäume wachsen zu lassen. Man pflanzt die Waldrebe auf die kühle Schattenseite des Baumes, die Ramblerrose auf die sonnenzugewandte Stammseite. Beiden Kletterkünstlern gewährt man dabei ausreichenden Abstand zum Stamm, damit die Baumwurzeln ihnen keine zu starke Konkurrenz machen.

Wenn Sie *Clematis* als Vorpflanzung vor jungen Kletterrosen etablieren möchten, sollten die Kletterrosen allerdings mindestens drei Jahre Vorsprung haben und tief genug eingewurzelt sein.

Die Waldrebe ist ein Bienennährgehölz, mit ihren büscheligen Fruchthaaren polstern die Vögel ihre Nester aus. Die Hauptblütezeit variiert je nach Sorte, sie beginnt im Mai und reicht bis in den Herbst hinein.

Bei gleichzeitiger Blüte von *Clematis* und Rosen sollte man auf die Farbharmonie achten. Zeitgleich blühende *Clematis* und Kletter- oder Strauchrosen zählen zu den spannendsten Blütenhöhepunkten des Gartenjahres. Beide Gruppen bieten vielfältige, kontrastierende Farb- und Blütenformen, wie etwa großblumige *Clematis* neben einfachen Wildrosenblüten oder helle neben dunklen Blütenfarben.

Sortenauswahl (Blütenfarbe, Blühzeit):
'Dr. Ruppel' (kräftig rosa mit karminfarbenen Streifen, Mai bis Juli)
'Ernest Markham' (dunkelviolett, Juli bis Oktober)

'Gipsy Queen' (purpurblau, Juli bis Oktober)
'Hagley Hybrid' (rosa mit purpurrotem Mittelband, Juli bis September)
'Jackmannii' (violettpurpur, Juli bis September)
'Königskind' (königsblau, Mai bis Oktober)
'Lady Betty Balfour' (purpurn mit gelben Staubgefäßen, August bis Oktober)
'Lasurstern' (violettblau mit gelben Staubgefäßen, Mai bis Juni)
'Mme Le Coultre' (weiß, Juni bis Juli)
'Rouge Cardinal' (rubinrot, Juli bis September)
'The President' (dunkelviolett, Juni bis Juli).

Neben den großblumigen *Clematis*-Sorten kommen auch die kleinblumigen Wildarten für eine Kombination mit Rosen in die engste Auswahl. Empfehlenswert sind insbesondere welkerobuste Sorten der Art *Clematis viticella,* etwa 'Étoile Violette', die gut neben 'New Dawn' passt. Rote Rosen passen zu 'Huldine', während gelbe Kletterrosen die *Clematis*-Sorte 'Purpurea Plena Elegans' vortrefflich ergänzen. 'Lawinia'® harmoniert prachtvoll mit Blautönen, die orangefarbene Kletterrose 'Salita'® passt gut zu Purpurviolett. Viticella-Sorten werden im Frühjahr bodengleich abgeschnitten und nach dem Austrieb pinziert (entspitzt) – einfacher geht's kaum noch.

Neben der Waldrebe bieten sich **weitere Kletterpflanzen** zur Kombination mit Rosen an – auf kleinstem Raum. Sei es eine kahle Mauer, ein Lichtmast, ein lichter Baum, ein Schuppen oder eine alte Kletterrose – ein Plätzchen für einen Klettermaxe findet sich überall.

Nachfolgend eine Auswahl:
Rote Klettertrompete *(Campsis × tagliabuana* 'Mme Galen'): Kletterstrauch mit gefiedertem Laub und orangeroten trompetenähnlichen Blüten ab Juni bis September, verlangt warmen Standort in sonniger Lage. Auch für Kübel.

Gelber Winter-Jasmin *(Jasminum nudiflorum):* bringt gelbe Leuchtkraft in winterliche Gärten, da von Februar bis März, manchmal schon ab November, blühend. Bienennährgehölz. Auch für Kübel.

Rote Geißschlinge *(Lonicera × brownii* 'Dropmore Scarlet'): orangerot blühende Kletterpflanze für Pergolen und Spaliere.

Feuer-Geißschlinge *(Lonicera × heckrottii):* Kletterpflanze mit gelbroten, zweifarbigen Blüten von Juni bis September. Duft, auch für Kübel.

Wald-Geißschlinge 'Serotina' *(Lonicera periclymenum*-Sorte): blütenreiche Geißschlinge mit reinweißen Blüten, die sich beim Verblühen gelb bis rot verfärben.

TIPP ***Clematis*** **sind sehr bruchempfindlich; deshalb werden sie auch im Handel ausnahmslos gestäbt angeboten. Vorsicht ist daher beim Verpacken, Transport und insbesondere beim Pflanzen geboten.**

Glyzine, Blauregen *(Wisteria sinensis):* stark windender Klettermaxe mit blauen, bis 30 cm langen Blütentrauben von Mai bis Juni. Für Wände, Pergolen, Gitter, auch für Kübel. Vorsicht, darf Rosen (und Regenrinnen) nicht zu nahe kommen.

■ Waldreben erklimmen spielend Lauben und Pergolen, vorausgesetzt, ihre Blattranken finden einen Halt (Draht, Sisal o.Ä.), der ein Abrutschen ihrer üppigen, aber dünnen Triebe verhindert.

ROSEN FÜR BESONDERE STANDORTE

Mitunter liegen Hausgärten in Gegenden, die durch extreme Klima- bzw. Standortbedingungen gekennzeichnet sind und keine optimalen Lagen für Rosen darstellen. Dennoch bieten sich Rosensorten mit besonderen Eigenschaften auch für diese besonderen Pflanzstellen an. Vorausgesetzt, unangepasste Pflegemaßnahmen verschärfen die Standortextreme nicht zusätzlich.

Polarrosen für Frostlagen

Wer einen Hausgarten oder eine Ferienwohnungsterrasse in Höhenlagen über 500 m NN oder in ausgesprochenen Frostlagen (Senken) sein Eigen nennt, braucht auf Rosen nicht zu verzichten. Natürlich ist die Auswahl beschränkt, nichtsdestoweniger lassen sich für größere und kleinere Pflanzstellen Sorten in Weiß, Rosa, Rot und sogar Gelb empfehlen. Besonders einmalblühende Strauch- und Kletterrosen und die Rugosa-Hybriden gelten als ausgesprochen frosthart.

Einmalblühende Strauch- und Kletterrosen: Einmalblühenden Rosen haftet der »Makel« ihrer Blührhythmik an. Seltsamerweise wird bei ihnen etwas als Nachteil empfunden, was bei anderen Blütengehölzen als vollkommen normal gilt. Wer käme auf die Idee, den Rhododendron abzuqualifizieren, weil er nur einmal im Jahr blüht? Alles zu seiner Zeit: Einmalblühende Rosen bezaubern in der Regel vor den öfterblühenden Sorten und ihre bis fünf Wochen lange Blütezeit bietet zahllose gestalterische Einsatzmöglichkeiten. Einmalblühende Strauch- und Kletterrosen sind im besten Sinne des Wortes einmalig (in der Tabelle unten mit einem * gekennzeichnet).

Neben der wohlüberlegten Sortenauswahl muss besonderer Wert auf die standortangepasste Pflege der Polarrosen gelegt werden.

Düngung: Sparsamer Gebrauch von stickstoffbetonten Düngern zur Ausbildung der notwendigen Holzreife ist oberstes Gebot. Organische Dünger auf jeden Fall im Winter bzw. Frühjahr ausbringen, damit eine wachstumsgerechte Umsetzung bis zum Frühsommer möglich ist. Düngemittel, seien sie organischer oder mineralischer Natur, müssen mit ausreichender Bodenfeuchte in Berührung kommen, damit sie umgesetzt werden können. Bleiben sie aufgrund von Sommertrockenheit auf der Bodenoberfläche liegen und kommen erst durch spätsommerliche Niederschläge zum Zuge, ist ein herbstliches Wachstum mit fatalen Frostschäden die Folge.

Winterschnitt: später Schnittzeitpunkt ab Ende April, um Spätfrostschäden an butterweichen Frühtrieben und in der Folge eine Schwächung der Pflanze zu vermeiden. Bei öfterblühenden Sorten sollte man auf den Sommerschnitt verzichten, der den Hagebuttenansatz der Sorten zeitlich nach hinten verschiebt. Ihnen sollte eine naturnahe, der kurzen Wachstumsperiode des Standortes angepasste Entwicklungsrhythmik zugestanden werden. Auch dies dient wiederum der besseren Holzreife. Hochleistungspflege an frostexponierten Standorten bedeutet das sichere Aus für an sich frostharte Sorten.

Polarrosen (* = einmalblühend)

Sorte	Farbe	Blütenfüllung	Wuchshöhe (in cm)	Wuchsform
Bonica '82®	rosa	gefüllt	60–80	buschig
Dagmar Hastrup	rosa	einfach	60–80	aufrecht
Foxi®	rosa	gefüllt	60–80	buschig
Gelbe Dagmar Hastrup®	gelb	halbgefüllt	60–80	aufrecht
Heidetraum®	rosa	halbgefüllt	60–80	buschig
Pierette®	rosa	gefüllt	60–80	buschig
Pink Grootendorst	rosa	gefüllt	100–150	aufrecht
Play Rose®	rosa	gefüllt	60–80	buschig
Polareis®	rosa	gefüllt	60–80	buschig
Polarsonne®	rot	gefüllt	60–80	buschig
Repens alba *	weiß	einfach	30–40	flach, stark wachsend
Rosa moyesii *	rot	einfach	200–300	aufrecht
Rosa sericea f. *pteracantha* *	weiß	einfach	200–300	aufrecht
Rosa sweginzowii 'Macrocarpa' *	rosa	einfach	200–300	aufrecht
Rosarium Uetersen®	rosa	gefüllt	200–300	überhängend
Schnee-Eule®	weiß	gefüllt	40–60	aufrecht
Schneewittchen®	weiß	gefüllt	100–150	buschig
Venusta Pendula *	rosa/weiß	halbgefüllt	300–500	ohne Rankhilfe flach wachsend

Winterschutz: Es versteht sich von selbst, dass insbesondere Beetrosen ein optimaler Winterschutz (durch Anhäufeln, Reisigabdeckung) gewährt wird.

Dachgartenrosen für luftige Höhen

Glaubt man so mancher Pflanzenempfehlung für Dachgärten, eignet sich fast alles, was grün ist, für diesen ungewöhnlichen Standort. Dabei wird vollkommen außer Acht gelassen, dass Dachgärten als Standort für eine Bepflanzung von sehr unterschiedlicher Natur sein können: So kann ein Dachgarten, der über eine Tiefgarage läuft, eine Fortsetzung des eigentlichen Gartens auf gleichem Höhenniveau sein, mit ähnlichem Pflegeaufwand und ähnlicher Bepflanzung. Das andere Extrem bildet der Dachgarten in exponierter Hochlage, den eigentlichen Gartenbereich weit überragend. Diese Dachgartenform ist schutzlos allen Unbilden der Witterung ausgesetzt, in der Regel bei begrenzter Bodenauflage und daraus resultierender, stark eingeschränkter Pflanzenauswahl. Dazwischen ist der abgesenkte, schachtartig von Wänden umgebene Dachgarten einzustufen, etwa als höher gelegener Innenhof.

In der Regel sind Rosen auf dem Dach einer stärkeren und längeren Sonnenstrahlung ausgesetzt. Bereits mit den ersten Sonnenstrahlen beginnt für die Rose der »Arbeitstag«, der erst mit der letzten Abendsonne endet. Viele hitzeempfindliche Rosenbegleiter, etwa buntlaubige Gehölze, scheiden hier aus. Die Hitze macht robusten Rosensorten bei ausreichender Bodenfeuchte im Sommer wenig aus, die Gefahren lauern vielmehr in der kalten Jahreszeit. Das Sonnenkind Rose kann durch starke Wintersonne rasch zum Austrieb gebracht werden. Die nachts zurückkehrende klirrende Kälte trifft dann auf eine aktive Rose – mit zum Teil verheerenden Folgen. Deshalb müs-

■ Oben: Der Winter ist da: Raureif überzieht die zarten Blüten von 'Schneewittchen'®.
■ Unten: Bereifte Hagebutten einer Heckenrose verabschieden den Herbst.

Dachgartenrosen

Sorte	Farbe	Blütenfüllung	Wuchshöhe (in cm)	Wuchsform
Alba Meidiland®	weiß	gefüllt	80–100	buschig
Aspirin®-Rose	weiß	gefüllt	60–80	buschig
Celina®	gelb	halbgefüllt	60–80	buschig
Loredo®	gelb	halbgefüllt	60–80	breitbuschig
Lovely Fairy®	rosa	gefüllt	60–80	buschig
Mirato®	rosa	gefüllt	40–60	buschig
Satina®	rosa	gefüllt	40–60	buschig
Sommerabend®	rot	einfach	30–40	flach, stark wachsend
The Fairy	rosa	gefüllt	60–80	buschig

sen Rosen auf dem Dachgarten durch Reisig oder Sackleinen während der Frostperiode gut abgedeckt werden, ohne dass dabei jedoch durch übertriebenen Schutz eine zusätzliche Erwärmung entsteht.

Eine weitere Extrembedingung des Dachgartens ist die hohe Verdunstung, die außer durch die Sonneneinstrahlung durch den permanenten Windgang verursacht wird. Dürstende Rosen sind anfällig für Schädlinge und Krankheiten. Aus diesem Grund muss der Boden immer ausreichend feucht gehalten werden. Bewässerungsautomatiken sind dabei ganz hilfreich.

Wegen der geringen Bodentiefe im Bereich von Dachgärten kommen vor allem wurzelechte Rosenpflanzen für diesen Standort infrage. Sie gedeihen auch bei geringerer Pflanztiefe – im Gegensatz zu veredelten Rosen – und nutzen selbst die oberen Bodenschichten mit ihrem feinen Wurzelwerk zur Eigenversorgung effektiv aus.

■ Der Dachgarten ist ein besonderer Standort, für den die Rosenauswahl sehr bedacht sein will.

Hangrosen für »Schräglagen«

Die Begrünung und Befestigung von Hängen war die ursprüngliche Aufgabe der Flächenrosen. Eingesetzt als sommerblühender Ersatz für monotone Hangbepflanzungen mit Zwergmispeln *(Cotoneaster)*, die nur grünes Laub boten, begann die eigentliche Karriere der Schwerarbeiter unter den Rosen. Erste positive Erfahrungen sammelte man mit 'Max Graf', später mit 'The Fairy'. Glücklicherweise erkannten die Rosenzüchter frühzeitig die Entwicklung und gaben innerhalb weniger Jahre ein breites Sortiment an geeigneten Hangrosen in den Handel. So kann heute durch umsichtige Sortenauswahl und die Kombination mit anderen Flächendeckern eine neuerliche Pflanzenmonotonie verhindert werden.

Was beim Dachgarten beschrieben wurde, gilt auch hier: Hang ist nicht gleich Hang. Ein Hang kann sowohl ein sanft abgestufter Steingarten sein als auch eine Terrassierung innerhalb mehrerer Beete. Entscheidend für die Bepflanzung sind die Hangneigung und die Flächengröße. Ihre Eigenschaft, an bodenaufliegenden Trieben neue Wurzeln bilden zu können, befähigt die Flächenrosen, zur Hangbefestigung beizutragen. Jedoch können auch sie keine Wunder vollbringen; zu steile Hänge müssen zusätzlich durch Stützmauern aufgefangen werden. Dies ist nicht nur zweckmäßig, sondern bei der Verwendung dekorativen Mauerwerks auch zugleich ästhetisch sehr ansprechend.

An Hängen, die für Schnitt- und Pflegemaßnahmen nur schwer erreichbar sind, sollte auf jeden Fall wurzelechte Pflanzware verwendet werden. So braucht man nicht mühselig Wildtriebe zu entfernen und muss nur alle vier bis fünf Jahre verjüngen. Regionale Baumschulen besorgen die Pflanzen problemlos.

Hangrosen

Flächenrosen-Sorte	Farbe	Blütenfüllung	Wuchshöhe (in cm)
Aspirin®-Rose	weiß	gefüllt	60–80
Celina®	gelb	halbgefüllt	60–80
Loredo®	gelb	halbgefüllt	60–80
Magic Meidiland®	rosa	gefüllt	40–60
Mirato®	rosa	gefüllt	40–60
Satina®	rosa	gefüllt	40–60

Bikinirosen

Sorte	Farbe	Klasse	Blütenfüllung	Wuchshöhe (in cm)
Alba Meidiland®	weiß	Flächenrose	gefüllt	80–100
Aspirin®-Rose	weiß	Flächenrose	gefüllt	60–80
Celina®	gelb	Flächenrose	halbgefüllt	60–80
Friesia®	gelb	Beetrose	gefüllt	60–80
Heidetraum®	rosa	Flächenrose	halbgefüllt	60–80
Lavender Dream®	lavendel	Flächenrose	halbgefüllt	60–80
Maxi Vita®	rosa-orange	Beetrose	halbgefüllt	60–80
Pink Meidiland®	pink/weiß	Flächenrose	einfach	60–80
Romanze®	rosa	Strauchrose	gefüllt	100–150
Sommerabend®	rot	Flächenrose	einfach	30–40
Super Dorothy®	rosa	Rambler	gefüllt	300–500
Super Excelsa®	karminrosa	Rambler	gefüllt	300–500
The Fairy	rosa	Flächenrose	gefüllt	60–80

Regenrosen

Sorte	Farbe	Klasse	Blütenfüllung	Wuchshöhe (in cm)
Aachener Dom®	rosa	Edelrose	gefüllt	60–80
Angela®	altrosa	Strauchrose	halbgefüllt	100–150
Centenaire de Lourdes	rosa	Strauchrose	halbgefüllt	150–200
Focus®	lachsorange	Edelrose	gefüllt	60–80
Ghislaine de Feligonde	gelb	Strauchrose	gefüllt	150–200
Heidetraum®	rosa	Flächenrose	halbgefüllt	60–80
IGA '83 München®	rosa	Strauchrose	gefüllt	80–100
Lichtkönigin Lucia®	gelb	Strauchrose	gefüllt	100–150
Lions-Rose®	creme-apricot	Beetrose	stark gefüllt	60–80
Maxi Vita®	rosa-orange	Beetrose	halbgefüllt	60–80
Rosarium Uetersen®	rosa	Kletterrose	gefüllt	200–300

Bikinirosen – Hitzerosen für heiße Lagen

Manche Rosen mögen's heiß: Obwohl alle Rosen Sonnenkinder sind, empfiehlt sich für exponierte Südlagen mit enorm hoher Sonneneinstrahlung eine besondere Sortimentssichtung. Entscheidend dafür, wie viel Hitze eine Sorte zu erdulden vermag, ist die Kleinlaubigkeit. Je kleiner das Laub, desto geringer die Transpiration, sprich Wasserverdunstung. Kleines Laub findet sich insbesondere bei Rosensorten aus der Gruppe der Flächenrosen. Diese Sorten decken zudem durch ihre Dichtlaubigkeit den Boden ab und bewahren so die Bodenfeuchte. Außer dem Wasserhaushalt spielt die Hitzefestigkeit der Blüten bei der Tauglichkeitsprüfung einer Sorte für extreme Sonnenbäder eine Rolle. Besonders rotblühende Sorten verblassen durch permanente Sonnenbestrahlung und wirken im Vergleich zu ihrer vorherigen Leuchtkraft nur noch wie ein fader Liebesbrief anstelle einer feurigen Liebeserklärung. Besonders hitzefest sind weiße Rosenblüten.

Regenrosen für Gebiete mit hohen Niederschlägen

In Gebieten mit überdurchschnittlichen Niederschlagsmengen, etwa in Norddeutschland oder im Bergischen Land, ist bei der Sortenauswahl erstens auf eine gute Widerstandsfähigkeit der Blätter gegen Sternrußtau und zweitens auf wasserunempfindliche Blütenblätter zu achten. Die Tabelle führt eine Auswahl solcher Sorten auf. Weitergehende gebietsbezogene Sorteninformationen geben die regionalen Baumschulen und Freundeskreise des Vereins deutscher Rosenfreunde.

■ Wurzelechte Flächenrosen eignen sich für die Hangbepflanzung.

Rosen für den Halbschatten

Sorte	Farbe	Klasse	Blütenfüllung	Wuchshöhe (in cm)
Ambiente®	cremeweiß	Edelrose	stark gefüllt	60–80
Angela®	altrosa	Strauchrose	halbgefüllt	100–150
Celina®	gelb	Flächenrose	halbgefüllt	60–80
Focus®	lachsorange	Edelrose	gefüllt	60–80
Heidetraum®	rosa	Flächenrose	halbgefüllt	60–80
Kir Royal®	seidenrosa	Kletterrose	stark gefüllt	200–300
La Sevillana®	rot	Beetrose	halbgefüllt	60–80
Loredo®	gelb	Flächenrose	halbgefüllt	60–80
Maxi Vita®	rosa-orange	Beetrose	halbgefüllt	60–80
Romanze®	rosa	Strauchrose	gefüllt	100–150
Schneewittchen®	weiß	Strauchrose	gefüllt	100–150
The Fairy	rosa	Flächenrose	gefüllt	60–80

■ Keine Regel ohne Ausnahme: Obwohl Rosen Sonnenkinder sind, kommen einige vitale Sorten auch mit einem begrenzten Lichtangebot zurecht.

Rosen für das Halbschattendasein – Rosen für Gräber

Licht ist das wichtigste Lebenselixier der Rosen. Nimmt seine Verfügbarkeit ab, leidet die Blühwilligkeit und steigt in der Regel auch die Anfälligkeit für Pilzkrankheiten. Daran, dass Rosen im Innern des Strauches in der Regel vollkommen unbelaubt sind, erkennt man den hohen Lichtbedarf der »Königin der Blumen«. Nun ist Halbschatten nicht gleich Halbschatten. Robuste Sorten kommen durchaus mit vier bis fünf Stunden direkter Sonne am Tag aus, solange die halbschattige Lage nicht von den Kronentraufen großer Bäume herrührt (siehe Seite 142). Im Wanderschatten von Gebäuden oder Mauern fühlen sich manche Rosen durchaus wohl. Die Tabelle nennt eine Auswahl bewährter Sorten.

Rosen für Grabstellen: Deutschlands Friedhöfe zählen mit mehr als einer Milliarde Besucher jährlich zu den meistfrequentierten Grünanlagen überhaupt. Über die Hälfte der Bundesbürger betreut ein Grab. Auf Friedhöfen treffen sich insbesondere viele ältere Menschen, halten ein Schwätzchen und bleiben so in Kontakt zueinander. Die Grabstätten haben für die Hinterbliebenen eine ganz besondere Bedeutung. Sie suchen die Pflanzen dafür – auch als Ausdruck ihrer Gefühle – meist mit besonderer Liebe und Sorgfalt aus und pflegen sie entsprechend.

Grabstellen alter Friedhöfe liegen sehr oft in halbschattigen, zumindest absonnigen Lagen. Dafür sorgen große Baum-Methusaleme, die zwar mit ihren imposanten Wuchsformen wichtige, weil ungestörte Rückzugsnischen für Vögel, Kleinsäuger und Insekten bieten, aber auch weiten Teilen der Friedhofsanlagen das Licht rauben. Dennoch muss man bei der Grabgestaltung nicht auf Rosen verzichten. In halbschattiger Lage bezaubern Sorten wie 'Sommerwind'®, 'Bonica'® oder 'The Fairy'.

Liegt die Grabstelle sonnig, eignen sich die Liliputaner unter den Rosen, die Miniatur- bzw. Zwergrosen, auf besondere Weise für die Bepflanzung. Sie nutzen das äußerst begrenzte Flächenangebot effektiv und farbenfroh.

Rosensorten wie 'Pink Symphonie'® oder 'Sonnenkind'® nehmen Grabstätten etwas von ihrer Traurigkeit, ohne dabei übertrieben bunt zu wirken. In Kombination mit anderen Gehölz- und Staudendäumlingen, aber auch mit Sommerblumen ergeben sich passende Grabarrangements für das ganze Jahr.

Salzrosen – Rosen für das Salz der Erde

Standorte, an denen Gehölze direktem Salzkontakt ausgesetzt sind – sei es in Küstennähe durch Gischt oder an Hauptstraßen durch Streusalz – sind sicherlich für Rosen nicht ideal. Im Winterstadium wirkt die Schädigung auf die bereits vorgebildeten Knospen.

Salzrosen (wurzelechte Pflanzware)

Sorte	Farbe	Klasse	Blütenfüllung	Wuchshöhe (in cm)
Tolerant gegenüber direktem Salzkontakt:				
Aspirin®-Rose	weiß	Flächenrose	gefüllt	60–80
Ballernia	rosa/weiß	Flächenrose	einfach	60–80
Bingo Meidiland®	rosa	Flächenrose	einfach	40–60
Bonica® '82	rosa	Beetrose	gefüllt	60–80
Celina®	gelb	Flächenrose	halbgefüllt	60–80
Dortmunder Kaiserhain®	rosa	Flächenrose	gefüllt	80–100
Heidetraum®	rosa	Flächenrose	halbgefüllt	60–80
Loredo®	gelb	Flächenrose	halbgefüllt	60–80
Marondo	rosa	Flächenrose	halbgefüllt	60–80
Mirato®	rosa	Flächenrose	gefüllt	40–60
Palmengarten Frankfurt®	rosa	Flächenrose	gefüllt	60–80
Sommerabend®	rot	Flächenrose	einfach	30–40
The Fairy	rosa	Flächenrose	gefüllt	60–80
Zusätzliche Verträglichkeit gegenüber Bodenversalzung:				
Dagmar Hastrup	rosa	Rugosa-Hybride	einfach	60–80
Foxi®	rosa	Rugosa-Hybride	gefüllt	60–80
Gelbe Dagmar Hastrup®	gelb	Rugosa-Hybride	halbgefüllt	60–80
Pierette®	rosa	Rugosa-Hybride	gefüllt	60–80
Polareis®	rosa	Rugosa-Hybride	gefüllt	60–80
Polarsonne®	rot	Rugosa-Hybride	gefüllt	60–80
Repens alba	weiß	Rugosa-Hybride	einfach	30–40
Robusta®	rot	Rugosa-Hybride	einfach	150–200
Schnee-Eule®	weiß	Rugosa-Hybride	gefüllt	40–60

'Foxi'® verträgt sogar Bodenversalzung.

'Schnee-Eule'® ist eine der kompaktesten Rugosa-Sorten.

Rosen für Schrebergärten

Sorte	Farbe	Klasse	Blütenfüllung	Wuchshöhe (in cm)
Ambiente®	cremeweiß	Edelrose	stark gefüllt	60–80
Angela®	altrosa	Strauchrose	halbgefüllt	100–150
Aspirin®-Rose	weiß	Flächenrose	gefüllt	60–80
Elina®	gelb	Edelrose	gefüllt	80–100
Focus®	lachsorange	Edelrose	gefüllt	60–80
Friesia®	gelb	Beetrose	gefüllt	60–80
Gloria Dei	gelb/rot	Edelrose	gefüllt	80–100
Heidetraum®	rosa	Flächenrose	halbgefüllt	60–80
Leonardo da Vinci®	rosa	Beetrose	gefüllt	60–80
Louise Odier	rosa	Strauchrose	gefüllt	150–200
New Dawn	perlmutt	Kletterrose	gefüllt	200–300
Rosarium Uetersen®	rosa	Kletterrose	gefüllt	200–300
Rosenprofessor Sieber®	rosa	Beetrose	gefüllt	60–80
Schneeflocke®	weiß	Beetrose	halbgefüllt	40–60
The Fairy	rosa	Flächenrose	gefüllt	60–80
Westerland®	apricot	Strauchrose	halbgefüllt	150–200

Rosen für Schrebergärten sollten möglichst pflegeleicht und robust sein.

Sie manifestiert sich durch einen unregelmäßigen Austrieb im Frühjahr. Jedoch zeigen sich Laub und Triebe bestimmter Sorten relativ salzunempfindlich.

Es gibt jedoch eine Gruppe von Rosen, die außer direktem Salzkontakt der oberirdischen Teile auch vergleichsweise gut Bodenversalzung toleriert: die Rugosa-Hybriden. Küstennahe Bestände wurzelechter Sämlingspflanzen dokumentieren diese Salzverträglichkeit. Daraus lässt sich auch die Eignung der Rugosa-Hybriden für derartige Standorte ableiten, vorausgesetzt, es handelt sich um wurzelechte Pflanzen.

Andererseits reagieren Rugosen empfindlich gegenüber Kalk, mit ein Grund, warum mit zunehmender geografischer Südwanderung ihre Neigung zu Chlorosen (gelbe Färbung des jungen Laubes) zunimmt. Im trockenen Mittelmeerraum sucht man sie vergeblich. Die Chlorosen treten bei wurzelechten wie veredelten Stöcken auf, weshalb man an besonders kalkhaltigen Standorten auf die Verwendung von Rugosa-Hybriden verzichten sollte.

Wochenendrosen – Rosen für Schrebergärten

Wochenend' und Sonnenschein – seit über 140 Jahren existieren in Deutschland organisierte Klein- und Schrebergärten. Den therapeutischen Wert der Gartenarbeit erkannte im vergangenen Jahrhundert der Arzt Daniel Gottlieb Moritz Schreber. Er kämpfte bereits damals gegen Zivilisationskrankheiten an und empfahl als Therapie die Bewegung in frischer Luft und grüner Umgebung. Auf ihn geht der erste Schreber-Verein zurück.

Kleingärten sind in der Regel intensiv genutzte, artenreiche Grünflächen mit Lauben abseits der Wohngegenden, die nicht nur für ihre Besitzer, sondern auch für viele Kleinlebewesen zu einem wichtigen Refugium geworden sind. Meist am Wochenende gestalten dort vor allem Bürger aus den dicht besiedelten Innenstädten ihre eigene grüne Oase am Stadtrand. Nach der Zäsur des Krieges wurden die Gärten hauptsächlich zur Eigenversorgung mit Gemüse und Obst genutzt. Rosen oder andere Blumen fanden sich, wenn überhaupt, nur auf kleinen Beeten. Heutige Kleingärten teilen sich meistens in einen Nutz- und einen Zierbereich auf.

Robuste Edel-, Beet-, Flächen-, Kletter- und Strauchrosen bringen Sommer für Sommer Farbe in diese kleinen Paradiese und tragen zur Erhöhung des Artenreichtums und damit der Pflegeleichtigkeit der Anlagen bei. Durch ihre ansprechende Erscheinung wird der Kleingarten zum Wohngarten mit hohem Freizeitwert.

Die Mauerblümchen – überhängende Mauerrosen

Rosenblüten und Mauerwerk in Kombination sorgen eigentlich immer für ein besonders romantisches Ambiente. Vor allem Flächen- und Kletterrosen mit langen, überhängenden Trieben führen hier ihr Können als bezaubernde Mauerkünstler vor, die von der Mauerkrone herab in die Tiefe wachsen.

Kletterrosen? Ihr Einsatz mag verwirren, kennt man sie doch eher in ihrer Rolle als von unten nach oben wachsende Wandbegrüner. Damit wurden diese Multitalente jedoch einseitig festgelegt, denn auch die umgekehrte Wuchsrichtung macht speziellen Sorten nicht die geringsten Probleme.

TIPP **Die Mauerbegrünung stellt sich nicht im ersten Jahr ein, etwas Geduld schadet nicht. Deshalb sollte man die Sortenauswahl mit besonderem Bedacht vornehmen, um Enttäuschungen vorzubeugen: Auf Robustheit und die Harmonie der Farben von Blüten und Mauerwerk ist besonderes Augenmerk zu legen.**

Überhängende Mauerrosen

Sorte	Farbe	Blütenfüllung	Trieblänge (in cm)
Alba Meidiland®	weiß	gefüllt	100
Ghislaine de Feligonde	gelb	gefüllt	150
Immensee®	rosa	einfach	300
New Dawn	perlmutt	gefüllt	300
Rosarium Uetersen®	rosa	gefüllt	300
Super Dorothy®	rosa	gefüllt	300
Super Excelsa®	karminrosa	gefüllt	300
Swany®	weiß	gefüllt	100
The Fairy	rosa	gefüllt	150

Wichtig ist der Standort der Mauern. Heiße Südlagen sind ungeeignet. Sie fördern den Befall der Pflanzen durch Spinnmilben und Echten Mehltau. Wenn überhaupt, kommen hier nur Rosen mit Steppencharakter, etwa *Rosa hugonis,* infrage. Wer Experimenten aus dem Weg gehen will, wählt deshalb für die Bepflanzung mit Rosen Mauern mit Ost- bzw. Westausrichtung.

Zwischen den Rosenranken frei bleibendes, leicht geneigtes Mauerwerk lässt sich zusätzlich mit passenden Stauden reizvoll bepflanzen. Besonders zu empfehlen sind Arten und Sorten, die mit wenig Erdboden und dem wenigen Niederschlagswasser, das durch die leichte Schräge in die Ritzen läuft, zurechtkommen. Dazu zählen Blaukissen, Polster-Phlox, *Sempervivum* oder sogar Alpen-Edelweiß.

■ Überhängende Mauerrosen schaffen die ideale Verbindung zwischen Stein und Pflanze.

Rosen genießen

Rosenblüten und Rosenfrüchte verfeinern seit Jahrhunderten Speisen und kosmetische Schönheitsmittel, zieren in floristischen Vasenarrangements und betören durch liebliches Blütenparfüm. Mit Rosen werden viele Sinne gleichermaßen angesprochen.

ROSEN FÜR DIE VASE

Eine Rose ziert immer. Sei es als bienenumworbene, einfache Blüte heimischer Wildrosen mit ihren goldgelben Staubgefäßen, sei es als luxuriöse, elegante Edelrose. Wie hoch der Zierwert eingeschätzt, was als »schön« empfunden wird, entscheidet jeder, der eine Rose betrachtet, für sich individuell. Die geballte Blütenfülle Englischer Rosen in üppigen Gestecken oder duftende Edelrosen in der Vase, Stammrosenblüten in Augenhöhe oder Rosenstiele als Trockenblumen – die Spannbreite ästhetischer Verwendungsmöglichkeiten von Rosen ist schier unerschöpflich.

Vasenrosen

Für jeden Rosenfreund gibt es die Möglichkeit, sich mit Schnittrosen aus eigenem Anbau während der Sommermonate zu versorgen. Die meisten Rosen bereiten viele Tage in der Vase Spaß – wenn man sie richtig kultiviert und handhabt. Viele Gartenfreunde haben bereits tolle Rosensorten im eigenen Garten stehen, deren Vasentauglichkeit ihnen gar nicht bewusst ist. Wie so oft im Leben kommt es nur auf das Gewusst-wie an, denn zahlreiche Kleinigkeiten entscheiden über die Lebensdauer eines Rosenstiels nach dem Schnitt.

Schnittrosen-Typen

Ein Blick auf die Tabelle mit dem Vasenrosensortiment zeigt, dass viele Vasenrosen aus der Klasse der sogenannten **Edelrosen** stammen. Edelrosen – auch **Teehybriden** genannt – kennzeichnen lange, zum Vasenschnitt prädestinierte Stiele, auf denen große, elegant geformte, gut gefüllte, meist einzelne Blüten stehen. Hervorgegangen sind Edelrosen ursprünglich aus Kreuzungen mit chinesischen Teerosen, die sie aber an Winterhärte schnell übertrafen und deshalb verdrängten.

■ Nicht nur im Garten, auch in der Vase ist die Rose die »Königin der Blumen«.

Die Sorte 'La France', 1867 von dem Franzosen Jean Baptiste Guillot eingeführt, gilt als erste Teehybride. Heute befinden sich viele hundert Sorten im Handel; bei der hier getroffenen Auswahl stand die Robustheit der Sorten im Vordergrund.

Die zweite interessante Gruppe der Vasenrosen bilden die sogenannten **Sprayrosen,** besonders büschelblütige Sorten mit zahlreichen Blüten pro Stiel. Sie setzen sich aus Sorten der Beet- und Flächenrosen zusammen. Ihr Vorteil liegt in ihrer hohen Effektivität: Bereits mit wenigen, auch kurzstieligen Blütenbüscheln lassen sich üppige Sträuße zusammenstellen.

Für Gestecke prädestiniert sind die stark gefüllten Strauchsorten der **Englischen Rosen.** Schon eine einzelne Blüte wertet ein Gesteck fantastisch auf. Englische Rosen als Schnittrosen werden in den Blumengeschäften – wenn überhaupt – sehr teuer angeboten und sind ein exklusives floristisches Gestaltungsmaterial von höchstem Wert.

Alle genannten Sorten sind nur eine Auswahl, die nicht repräsentativ sein kann. Wer bereits verschiedene Rosensorten im Garten hat, kann nach folgender Faustregel deren Eignung für die Vase abschätzen: Je gefüllter eine Rosensorte ist, umso länger ist in der Regel ihr Blütenleben, umso geeigneter ist sie für einen Vasenschnitt. Lediglich stark duftende Sorten, deren Vasenleben selten über sieben Tage hinausreicht, weichen von dieser Regel ab.

Blüten ausbrechen

Wer gezielt Vasenrosen im Garten kultiviert, möchte durch das Ausbrechen bestimmter, sich gerade entwickelnder Blütenknospen die Entwicklung der verbleibenden Knospen steuern.

Bei Edelrosen bewirkt – ähnlich wie bei der Fruchtausdünnung eines Obstbaumes – das Ausbrechen der Beiknospen eine bessere Entwicklung der obersten Hauptknospe, der dann alleine Nährstoffe und Wasser zugute kommen und die entsprechend größer wird.

Bei Beet- und Flächenrosen, die Blütenbüschel ausbilden, wird umgekehrt vorgegangen: Die oberste Hauptknospe muss entfernt werden, alle Beiknospen bleiben. Geschieht dies nicht, öffnet sich die Hauptknospe weit vor den anderen Beiknospen. Wird dann der Stiel geschnitten, gehen die noch geschlossenen Beiknospen in der Vase nicht mehr auf, der Blütenreichtum ist verloren.

Blütenreife

Der richtige Schnittzeitpunkt entscheidet erheblich über die spätere Lebensdauer einer Vasenrose. Wer hat sich nicht schon einmal über einen wunderbaren Rosenstrauß aus dem Blumengeschäft gefreut und dann geärgert, weil die teuren Blumen bereits am nächsten Tag ihre Blütenköpfe hängen ließen und welkten? Der Hauptgrund dafür liegt darin, dass Schnittprofis bisweilen ihre Rosen zu knospig schneiden, weil sie geringere Preise für angeblühte, also etwas geöffnete und eigentlich zur richtigen Zeit geschnittene Rosen durch den Blumengroßhandel befürchten müssen. Diesen Nachteil können Sie bei der Ernte eigener Schnittrosen umgehen.

Der **günstigste Schnittzeitpunkt** ist gekommen, wenn die äußeren Kelchblätter der Blüten sich gelöst haben und nach unten weisen, während sich das erste Blütenblatt am oberen Blütenrand langsam zu öffnen beginnt. Die Blütenknospe fühlt sich in diesem Stadium weich an. Eine Blüte, die im knospigen, harten Zustand mit geschlossenen Kelchblättern geschnitten wurde, wird sich nicht in der Vase öffnen und vorzeitig welken.

Vasenrosen

Klasse	Sorte	Farbe	Blütenfüllung	Wuchshöhe (cm)
Klassische, langstielige Schnittrosen:				
Edelrose	Aachener Dom®	rosa	gefüllt	60–80
Edelrose	Augusta Luise®	pfirsich	stark gefüllt	60–80
Edelrose	Broceliande®	gelb-fuchsienrot gestreift	gefüllt	80–100
Edelrose	Focus®	lachsorange	gefüllt	60–80
Edelrose	Nostalgie®	weiß/rot	gefüllt	80–100
Edelrose	Tea Time®	kupfer-goldorange	gefüllt	80–100
Sprayrosen:				
Beetrose	Bonica '82®	rosa	gefüllt	60–80
Flächenrose	Alba Meidiland®	weiß	gefüllt	80–100
Flächenrose	The Fairy	rosa	gefüllt	60–80
Rosen für nostalgische Rosensträuße:				
Englische Rose	Abraham Darby®	apricot	gefüllt	150–200
Strauchrose	Eden Rose '85®	rosa	gefüllt	150–200
Englische Rose	Graham Thomas®	gelb	gefüllt	100–150
Englische Rose	Leander®	apricot	stark gefüllt	150–200
Beetrose	Leonardo da Vinci®	rosa	gefüllt	60–80
Englische Rose	William Shakespeare® 2000	purpurrot	stark gefüllt	100–150

Schnitttermin

Geschnitten werden Rosen, die für die Vase bestimmt sind, in den frühen Morgenstunden, wenn die Kühle der Nacht noch vorherrscht. Niemals sollten Vasenrosen während der heißen Mittagszeit geschnitten werden, denn zum einen ist dann ihr Wassergehalt am niedrigsten und zum anderen ihr innerer Nährstoffvorrat am größten. Mit dem Schnitt gingen überdurchschnittlich viele Nährstoffe und Kohlenhydrate für die weitere Entwicklung des Rosenstocks verloren, da diese am Abend nicht mehr in ältere Pflanzenteile und die Wurzeln zurücktransportiert werden können.

Schnitttiefe

Beim Schnitt ist darauf zu achten, die Rosen nicht zu langstielig zu schneiden. Jedes Blatt, das der Rose verloren geht, verringert die Produktionsfläche für lebenswichtige Zuckerverbindungen. Die Rose atmet über die Blätter, das chlorophyllhaltige Laub ist ihre »Lunge«.

Nur wenn ausreichend Blattmasse nach dem Schnitt verbleibt, kann die Rose zügig nachtreiben.

Pro Rosenstock sollte man deshalb maximal zwei Stiele auf einmal schneiden und mindestens drei normal entwickelte, siebenfiedrige Rosenblätter am diesjährigen Trieb stehen lassen. (Fiedrig heißt: Die Rose besitzt Fieder-

Ausbrechen: Durch das frühzeitige Abkneifen (siehe Pfeile) der Seitenknospen mithilfe von Daumen und Zeigefinger kann sich die Hauptknospe der Edelrosen größer entwickeln.

So halten Schnittrosen länger

Frühmorgens schneiden

Sofort ins Wasser stellen

Stielenden schräg anschneiden

Stielenden 3 Sekunden lang in kochendes Wasser tauchen

■ Rosiges Arrangement mit Frauenmantel, Rittersporn, Salbei und Gartenjasmin. Tipp: Vasenrosen halten bedeutend länger, wenn man 1. saubere Gefäße verwendet, 2. sauberes, handwarmes Wasser langsam (ohne Sauerstoffbildung) einlaufen lässt, 3. die Arrangements nicht in die direkte Sonne bzw. in Zugluft stellt und 4. die Vasen nachts in einen kühlen Raum bringt.

blätter, deren einzelne Fieder wie eigenständige Blätter aussehen, jedoch botanisch, in ihrer Gesamtheit, als ein Blatt – eben ein Fiederblatt – aufgefasst werden.) Wer bis ins alte, mehrjährige Holz schneidet, hat den Schnitt viel zu tief angesetzt und gefährdet die Lebenskraft seiner Rosen.

Nützlich für den Schnitt von Vasenrosen ist die sogenannte Präsentierschere, wie sie im Kapitel »Werkzeug-Einmaleins« (Seite 172) beschrieben wird.

Vasenleben verlängern

Wasserverlust und Wasseraufnahme steuern die Haltbarkeit von Schnittrosen ganz maßgeblich. Der Wasserverlust wird durch die Blattoberfläche, Lufttemperatur, Luftfeuchte, Lichtintensität und Luftbewegung beeinflusst. Die Wasseraufnahme erfolgt über die Leitungsbahnen der Stiele. Versuche haben gezeigt, dass die Haltbarkeit von Rosen, die fünfzehn Minuten nach der Ernte noch der Sonne ausgesetzt waren, bereits erheblich kürzer war. Diese Zeit genügt, um den Wasserfluss in den Leitungsbahnen abreißen und ein verstopfendes Vakuum darin entstehen zu lassen.

Nach dem Schnitt sollte man die Stiele deshalb sofort (!) in einen Eimer einstellen, der gut zur Hälfte mit handwarmem Wasser gefüllt ist. Warmes Wasser erleichtert die Wasseraufnahme. Idealerweise wird der Eimer dann an einen kühlen, schattigen Ort gebracht, z. B. einen Kellerraum, an dem die Vasenrosen etwa vier Stunden durchkühlen können. Dies verlangsamt die physiologischen Abbauprozesse innerhalb der Stiele beträchtlich. Hat man keine Möglichkeit, die Rosen sofort in Wasser zu stellen, wickelt man sie erst einmal in feuchtes Zeitungspapier ein und bringt sie aus der direkten Sonne. Niemals geschnittene Rosenstiele von oben überbrausen. In den Blüten verfangene Wassertropfen würden sich sehr schnell zu Faulstellen entwickeln.

TIPP **Wenn langstielige Rosen vorzeitig welken, kann man ihnen mit einem nächtlichen Aufenthalt in der mit zwei bis drei Zentimeter Wasser gefüllten Badewanne eine wahre Frischzellenkur verschaffen. Unter Wasser schneidet man dann die welken Rosen neu an und verhindert damit ein erneutes Verstopfen der Leitungsbahnen durch Luftbläschen.**

Die folgenden Tipps beziehen sich nicht nur auf Vasenrosen aus dem eigenen Garten, sondern auch auf gekaufte Schnittrosen.

Stacheln und Blätter der Rosenstiele werden bis zu der Stelle entfernt, an der sie später im Wasser stehen, sodass sich kein Rosenlaub im Vasenwasser befindet. Bestens bewährt hat sich zum Abstreifen der Stacheln ein handschonendes Spezialwerkzeug, der sogenannte Entdorner. Mit seinem scharfen Messer schneidet man anschließend die Stielenden auf einer Länge von etwa vier bis fünf Zentimetern schräg an, damit Nährstoffe und Wasser über eine möglichst große Fläche eindringen können und die Stiele am Vasengrund nicht komplett aufstehen.

Einen optimalen Abschluss findet die Vorbereitung der Rosen für die Vase, wenn man die unteren Stielenden jetzt bundweise kurz – für etwa drei Sekunden – in einen Topf mit kochendem Wasser taucht. Das ist kein Aprilscherz, sondern eine Methode der Schnittprofis, das Leben von Vasenrosen zu verlängern. Durch den Schnitt gelangen unmittelbar Luftbläschen – das bereits erwähnte Vakuum – in die Leitungsbahnen der Stiele, die die Wasserkanäle verstopfen. Ein Vorgang, der etwa mit einer Embolie beim Menschen vergleichbar ist, bei der Luft in die Blutbahn gerät. Das kochende Wasser zieht die Bläschen aus den Leitungsbahnen, der Weg für die weitere Versorgung der Schnittstiele mit Wasser ist wieder frei.

Die Gefäße und Vasen, in die die Schnittrosen eingestellt werden sollen, müssen peinlich sauber sein. Der fertige Schnittrosenstrauß verträgt keine direkte Sonneneinstrahlung oder Zugluft. Das Wasser der Vasen sollte täglich gewechselt und die Stielenden erneut angeschnitten werden, um verstopfte Leitungsbahnen wieder frei zu machen. Aufgeblühte Rosen verbrauchen wesentlich mehr Wasser als knospige Stiele.

Frischhaltemittel

Der Fachhandel bietet Frischhaltemittel in Tabletten- oder Pulverform an, die ins Vasenwasser eingerührt werden. Durch ihre desinfizierende Wirkung verlängern sie das Leben einer sachgerecht geschnittenen Vasenrose um einige Tage. Bakterien im Vasenwasser, die die Leitungsbahnen der Stiele verstopfen, werden abgetötet. Wunder wirken diese Präparate jedoch nicht, eine vorherige falsche Behandlung der Schnittrosen können sie nur bis zum einem gewissen Grade ausgleichen.

Die Dosierungsanweisungen für die Frischhaltemittel sollte man im Übrigen genau einhalten, denn zu viel davon schädigt die Rosen eher, als sie frischzuhalten. Man kann sich sein Frischhaltemittel auch selbst zusammenstellen. Ein Hausrezept nennt folgende Zusammensetzung: 1 Liter Wasser, 1 Teelöffel Obstessig, 1 Esslöffel Zucker.

Steuern des Blütenflors

Bei der Kultur von Vasenrosen im Freiland ergibt sich das Problem, dass viele Sorten auf einmal blühen. Um die Ernte über einen längeren Zeitraum hinweg zu verteilen, hat sich das sogenannte **Pinzieren** der Jungtriebe bewährt. Etwa drei oder vier Wochen vor der Hauptblüte – je nach Wunsch – wird ein Teil der heranwachsenden Triebe eingekürzt. Derart pinzierte Triebe sind gezwungen, nun wieder neu auszutreiben. Ihre Blüte verzögert sich um etwa sechs bis sieben Wochen.

Ende der Schnittsaison

Nach dem 1. Oktober dürfen keine Vasenrosen mehr geschnitten werden, damit die Rose zur Ruhe kommt und ausreifen kann.

Vasenrosen – Blütenreife

Falsch: Knospig geschnittene Rosen blühen nicht auf | Knospe kurz vor dem idealen Schnitttermin | Richtiger Schnitttermin für Vasenrosen im Sommer | Angeblühte Knospen: gut für den Schnitt in kühler Jahreszeit | Falsch: Aufgeblühte Rosen haben nur noch ein kurzes Vasenleben vor sich

Rosen genießen

DUFTROSEN – ROSEN MIT SEELE

Düfte üben in vielerlei Hinsicht Reize auf unser Leben aus. Doch den über dreitausend verschiedenen Düften, die wir riechen können, setzt unsere Sprache nur wenige Begriffe entgegen. Düfte sind für uns somit im wahrsten Sinne des Wortes »unbeschreiblich«: Wir nehmen sie wahr, aber es fehlen uns die Worte, sie treffend zu beschreiben. Diese Sprachlosigkeit hängt damit zusammen, dass der Duftsinn der einzige unserer Sinne ist, der direkt, unter Umgehung des Sprachzentrums, mit dem Gefühlszentrum im Gehirn verbunden ist. Bei der Aufnahme all unserer anderen Sinneseindrücke werden aufwendige Verarbeitungsvorgänge in Gang gesetzt, nur beim Riechen nicht. Deshalb verbinden wir mit bestimmten Duftnoten keine beschreibenden Worte, sondern Erinnerungen. Der neue Strohhut riecht nicht »heuig«, sondern lässt beispielsweise die Erinnerung an einen Landspaziergang wach werden, der über weite Felder führte, die nach frischem Heu rochen. Gerüche rufen Erinnerungen wach, doch umgekehrt können wir uns nicht an Gerüche erinnern. Sie haben einen flüchtigen Charakter, auch im Gedächtnis. Und das, obwohl mehr als 100 Millionen Rezeptoren in der nur wenige Quadratzentimeter großen Riechschleimhaut der Nase ständig Duftmoleküle empfangen. Die dort ausgelösten Riechreize gelangen über einige der 20 Millionen Riechnerven direkt ins limbische System unseres Gehirns.

■ Rosen ohne Duft sind nicht weniger schön, aber doch weniger anziehend.

Das limbische System ist der stammesgeschichtlich älteste menschliche Gehirnteil und spielt eine lebenswichtige Rolle bei der Entstehung und Steuerung von Gefühlen. Es beeinflusst direkt u. a. eine Hormondrüse, die die Ausschüttung von Sexualhormonen regelt. Noch bevor solche Dinge wissenschaftlich belegt waren, kannten die Menschen den Zusammenhang zwischen Düften und sexuellen Reizen. So hoffte man auf den stimulierenden Duft des Moschusparfüms, dessen Grundstoff aus den männlichen Drüsen des Moschustieres stammt. Oder man nutzte den hohen Anteil von Sexuallockstoffen in Trüffeln, um der suchenden Sau vorzugaukeln, ein feuriger Eber sei in der Nähe. Auch Napoleon glaubte an die aphrodisierende Wirkung der Körpergerüche. Jedes Mal, bevor er von einem Feldzug zurückkehrte, schrieb er an seine Kaiserin Joséphine: »Nicht waschen – komme zurück!«

Moderne Untersuchungen belegen, dass es Frauen früher »stinkt« als Männern; Frauen haben den besseren Geruchssinn. Wahrscheinlich hängt dies mit der höheren Konzentration des weiblichen Hormons Östrogen zusammen, das die Geruchsrezeptoren aktiviert. Erreicht die Konzentration dieses Hormons während des Eisprunges ihren Höhepunkt, ist auch der Geruchssinn einer Frau am stärksten ausgeprägt.

Rosenduft

Was ist Rosenduft? Der Dendrologe Gerd Krüssmann beschreibt in seinem Standardwerk »Rosen, Rosen, Rosen« seine chemische

Struktur folgendermaßen: »Duftstoffe sind flüchtige Ausscheidungsprodukte bestimmter Drüsen oder einzelner Drüsenzellen oder ganzer Organe (Blüten, Blätter). Der Duft ist oft ein Gemisch aus mehreren Duftarten ... Duftstoffe sind ungesättigte und aromatische Alkohole und Aldehyde, Fettsäuren, Phenole, Carbonsäuren und ihre Ester, ätherische Öle und Harze.« Ein Hauptbestandteil ist übrigens Geraniol. Deshalb duftet der Storchschnabel *(Geranium)* auch ein wenig nach Rosen und dient zur Herstellung einer preiswerten Rosenölvariante.

Was bei dem Rosenanalytiker Krüssmann an die Chemiestunden längst vergangener Schultage erinnert, ist die Lockformel des Rosenduftes, der für viele Lebewesen, insbesondere den Menschen, höchste Anziehungskraft ausstrahlt. Wer sich einer Rose nähert, beugt sich sofort nieder und riecht an ihrer Blüte. Von Rosen erwartet man Duft. Fehlt er, stellt sich Enttäuschung ein. Der australische Rosenfreund A. S. Thomas formulierte es treffend: »Eine Rose ohne Duft ist nicht weniger schön, aber sie ist weniger anziehend.«

Warum duften Rosen überhaupt? In der Natur existiert nämlich grundsätzlich kein Luxus. Der Duft bestimmter Rosen muss also eine rationale, über unser schöngeistiges Empfinden hinausgehende Bedeutung haben. Zunächst einmal lockt der Duft Insekten an. Für Bienen und Hummeln bedeuten die ätherischen Öle der oft nektararmen Blüten ein wahres Festessen. In den frühen Morgenstunden, wenn der Rosenduft am intensivsten ist, umschwirren sie die Blüten in emsiger Aufgeregtheit. »Bezahlt« wird dieser Genuss mit der Bestäubung der Blüten. Ein weiterer Grund für die Existenz des Rosendufts ist die zum Teil abweisende Wirkung der ätherischen Öle auf Pilze, »feindlich« gesinnte Insekten und Fraßfeinde.

Lässt sich Rosenduft beschreiben? Wer verschiedene Duftrosen im Garten hat, könnte einmal mit Freunden ein privates Duftseminar veranstalten, vielleicht verbunden mit einer gemütlichen Weinprobe. Dabei wird sich schnell zeigen, welch schwieriges Unterfangen das Beschreiben eines Rosenduftes – und eines Weinbuketts – ist. Man beginnt am besten mit dem charakteristischen sogenannten Spitzenduft einer Sorte und umschreibt dann die Mittel- und Basisnote, das sogenannte Bouquet. Dabei bieten die französischen Parfümprofis Hilfe, die verschiedene Begrifflichkeiten geprägt haben, mit denen sich ein Duftbild »malen« lässt: etwa ein fruchtiger, animalischer, metallischer, pudriger oder grasiger Duft, Duft nach Anis, Apfel oder Zitrone.

Auch Alma de l'Aigle charakterisiert in ihrem Buch »Begegnung mit Rosen« sehr ausführlich und äußerst fantasiereich die Duftnoten vieler Rosensorten. Sie hat Begriffe wie »warmdunstig«, »blütig-süß«, »Waldboden im Herbst« oder »nach besonnter Mädchenhaut« in ihr Duftvokabular integriert. Der Titel ist auch fünfzig Jahre nach seiner Veröffentlichung ein Tipp für Fans von Duftrosen.

Duftstärke und Duftnote können bei Duftrosen ein und derselben Sorte variieren, u. a. ändern sie sich auch mit der Bodenart, dem Standort, der Tageszeit und dem Entwicklungsstadium der Pflanze. Bereits der griechi-

Duftrosen

Klasse	Sorte	Farbe	Blütenfüllung	Wuchshöhe (in cm)
Beetrose	Lions-Rose®	creme-apricot	stark gefüllt	60–80
Beetrose	Marie Curie®	goldbraun	gefüllt	40–60
Beetrose	Rose de Resht	rot	gefüllt	80–100
Edelrose	Augusta Luise®	pfirsich	stark gefüllt	60–80
Edelrose	Duftrausch®	lila	gefüllt	80–100
Edelrose	Elvis®	cremeweiß	gefüllt	80–100
Edelrose	Frederic Mistral®	zartrosa	stark gefüllt	60–80
Edelrose	Tea Time®	kupfer-goldorange	gefüllt	80–100
Flächenrose	Lavender Dream®	lavendel	halbgefüllt	60–80
Heim. Wildrose	*Rosa gallica*	rosa	einfach	80–100
Heim. Wildrose	*Rosa pimpinellifolia*	creme	einfach	80–100
Kletterrose	Alchymist	orangegelb	stark gefüllt	200–300
Kletterrose	Compassion®	rosa	gefüllt	200–300
Kletterrose	Gloire de Dijon	orange-apricot	stark gefüllt	200–300
Kletterrose	Laguna®	kräftig pink	stark gefüllt	200–300
Kletterrose	Nahéma®	rosa	stark gefüllt	200–300
Rambler	Bobby James	weiß	halbgefüllt	300–500
Rambler	Jasmina®	violett-rosa	stark gefüllt	150–200
Rambler	Paul Noel	rosa	gefüllt	300–500
Rugosa-Hybriden	in Sorten	weiß, rosa, rot, gelb	einfach bis gefüllt	40–80
Strauchrose	Abraham Darby®	apricot	gefüllt	150–200
Strauchrose	Jacques Cartier	rosa	stark gefüllt	100–150
Strauchrose	Jubilee Celebration®	lachsrosa	stark gefüllt	100–150
Strauchrose	Königin von Dänemark	dunkelrosa	stark gefüllt	100–150
Strauchrose	Louise Odier	rosa	gefüllt	150–200
Strauchrose	Madame Isaac Pereire	rosa	stark gefüllt	150–200
Strauchrose	*Rosa × centifolia* 'Muscosa'	rosa	gefüllt	80–100
Strauchrose	Sharifa Asma®	rosa	stark gefüllt	100–150
Strauchrose	Souvenir de la Malmaison	rosa	gefüllt	80–100

sche Philosoph Theophrast – ein Schüler Aristoteles', der als Vater der Botanik gilt und von 371 bis 287 vor Christus lebte – schrieb: »Die Intensität der Farbe und des Duftes können von Ort zu Ort verschieden sein; auch Rosenstöcke (derselben Art), die auf dem gleichen Grundstück wachsen, duften nicht gleich.« Diese Beobachtung deckt sich mit den heutigen Erfahrungen von Rosenfachleuten, die bei vielen duftenden Sorten eine Zunahme der Intensität einer Duftnote auf lehmigen bis tonigen Böden feststellten.

Welche Rosen duften? Die Tabelle nennt eine kleine Auswahl von Duftrosen. Das Sortiment beschränkt sich nicht nur auf die duftenden Edelrosen – die klassischen Parfümrosen –, sondern bezieht auch Wildrosen, Kletter-, Beet-, Strauch-, ja sogar einige Flächenrosen mit starkem Duft ein. So kann sich jeder Gartenfreund den passenden Duftrosen-Typ für seine individuelle Gartenanlage heraussuchen.

Noch ein Hinweis: Oft wird behauptet, eine Alte Rose sei gleichbedeutend mit einer duftenden Rose. Das ist eine Mär. Es besteht bei den alten Sorten ein mit neueren Sorten vergleichbares Verhältnis duftender und nicht duftender Sorten. Etwa nur ein Viertel des Rosensortiments der letzten Jahrhunderte besaß wirklichen Duft. Dieses Verhältnis erscheint heute verschoben, da von den alten Sorten vornehmlich die mit Duft im Handel sind und die ohne Duft fallengelassen wurden.

Duft in der Rosenzüchtung

Natürlich weiß jeder Rosenzüchter, dass Duft ein anziehendes Verkaufsargument für eine neue Sorte ist. Leider setzt dabei die Genetik, heute wie zu Beginn der systematischen Rosenzüchtung, klare Grenzen. Duftgene werden rezessiv vererbt, d.h., andere Gene überlagern sie. Oft besitzen die Nachkommen »dufter« Eltern überhaupt keinen Duft. Häufig tritt aber auch das genaue Gegenteil ein. Zudem sind die für den Duft zuständigen Gene sehr oft mit bestimmten Genen anderer Eigenschaften wie Farbe und Widerstandsfähigkeit gekoppelt. Fliederfarbene Sorten, sogenannte blaue Rosen, duften fast immer, leiden aber auch unter höherer Anfälligkeit für Pilzkrankheiten. Auch Gelb/Apricot gilt als »duftende« Farbe (jedoch häufig ungenügend frostharter Sorten). Schwer ist Duft in orangefarbene Sorten hineinzubekommen. Weiß und Rot liegen bei der Dufthäufigkeit der Sorten im guten Mittelfeld. Mittlerweile ist es aber den Rosenzüchtern mit Duftsorten wie beispielsweise 'Laguna'®, 'Red Flame'® oder 'Pink Paradise'® (ADR-Rose) gelungen, Neuheiten mit guter Laubrobustheit am Markt einzuführen.

Rosenölproduktion

Wer auf spannende, kurzweilige und unterhaltsame Weise detailliert die alten Methoden zur Gewinnung von Parfümstoffen kennenlernen möchte, sollte Patrick Süskinds Kriminalroman »Das Parfüm« lesen. Der Romanheld Jean Baptiste Grenouille extrahiert darin eine Essenz aus den Körperdüften der von ihm ermordeten Jungfrauen. Als er sich selbst mit einer zu groß geratenen Dosis dieses Parfüms besprüht, wird er… nun, das zu erfahren, soll jedem Leser und Duftliebhaber selbst überlassen bleiben.

Das Wort »Parfüm« stammt vom lateinischen Ausdruck *per fumen* ab, was etwa »durch Rauch« bedeutet. Um flüchtige Düfte zu stabilisieren, wurden schon im Altertum die Blütenblätter der Rosen mit Öl oder Fett vermengt. Noch heute wird in der Welthauptstadt der Parfüme, in Grasse in Südostfrankreich, nach den Prinzipien dieser alten Methode, der **Enfleurage,** gearbeitet. Dazu werden in mehreren Durchgängen Blütenblätter auf Tafeln aus Rindertalg gestreut. Der Talg fixiert die ätherischen Öle, die später durch Alkohol extrahiert werden.

Neuere, effektivere Methoden zur Gewinnung von Duftstoffen sind die Extraktion und die Destillation. Für die **Extraktion** wird der getrocknete Rohstoff angefeuchtet und auf Siebplatten in Edelstahlfässern übereinandergeschichtet. Durch die Zugabe des Lösungsmittels Hexan bei Zimmertemperatur brechen die Pflanzenzellen auf. Bei Rosenblüten dauert dieser Vorgang sieben Minuten, er wird mehrmals wiederholt. Danach wird das Innere der Fässer auf 80 °C erhitzt, das Hexan verdampft und zurück bleibt das sogenannte Concrete in einem Vakuum. Das Concrete ist die erste Stufe der Extraktion, eine wachsartige Masse mit dem Duftstoff. Daraus wird durch Auflösung in Alkohol und eine Frostbehandlung bei minus 35 °C das Absolute gewonnen, die reine Essenz.

Bei der **Destillation** entzieht heißer Wasserdampf den frischen Blüten die ätherischen Öle. Der wertvolle Dampf wird aufgefangen, kühlt in der sogenannten Florentiner Flasche ab und kondensiert. Auf dem Kondenswasser schwimmen die leichteren, absolut reinen ätherischen Öle oben und werden abgeschöpft. Diese Methode wird – außer bei Rosen – vor allem bei Lavendel und Sandelholz angewandt.

Die meisten Blüten zur Gewinnung von Rosenöl werden heute von der sogenannten Ölrose, *Rosa × damascena* 'Trigintipetala', geerntet (siehe Bild Seite 257). Knapp die Hälfte der weltweiten Rosenölproduktion stammt derzeit aus der Ukraine, ein Viertel aus Bulgarien, der Rest u.a. aus der Türkei und Marokko. Die Ernte der halbgefüllten Blüten findet in den frühen Morgenstunden der Tage ab Mai statt. Um 1 Kilogramm Rosenöl zu erzeugen, sind etwa 3000 Kilogramm Blüten notwendig. Reines Rosenöl lohnt den Aufwand, es ist etwa doppelt so teuer wie Gold. Bulgarien beispielsweise hat Hunderte von Fässern reinen Rosenöls bei ausländischen Banken zur Absicherung seiner Handelsbilanz gelagert.

Gestaltungsvorschlag: Ein Duftgarten mit Rosen

So könnte die Gestaltung eines rosigen Duftgartens aussehen: Im März eröffnet die Scheinhasel *(Corylopsis)* den Duftreigen, gefolgt von der Vorfrühlings-Alpenrose *(Rhododendron × praecox)* und dem Seidelbast (Daphne-Arten und -Sorten). Im Mai und Juni schließen sich duftende Azaleen an, die übrigens mit ihrem Laub auch feurige Herbstfärber sind. Im Sommer übernehmen die Rosen das Duftparadies – Englische Rosen, »dufte« Beet- und Edelrosen betören die Nase. Hinter einer Sitzbank baut sich die Apotheker-Rose zur duftverströmenden Kulisse auf. Die stark duftende Feuer-Geißschlinge *(Lonicera × heckrottii)* ziert derweil zusammen mit Rambler-Rosen das Mauerwerk. Dazwischen bezaubern als »Füller« Katzenminze *(Nepeta)*, Salbei *(Salvia)*, Blaukissen *(Aubrieta)*, Polster-Phlox und – last, but not least – das Maiglöckchen *(Convallaria)*.

Ein Duftgarten mit Rosen

1 Azalee *(Rhododendron)* 'Cannon's Double'
2 Azalea *(Rhododendron)* 'Sarina'
3 Azalea *(Rhododendron)* 'Phebe'
4 Vorfrühlings-Alpenrose *(Rhododendron × praecox)*
5 Pracht-Spiere *(Spiraea × vanhouttei)*
6 Polster-Phlox *(Phlox subulata*-Sorten) in Farben
7 Scheinhasel *(Corylopsis spicata)*
8 Seidelbast *(Daphne mezereum* 'Select')
9 Blaukissen *(Aubrieta*-Hybriden)
10 Kugel-Akazie *(Robinia pseudoacacia* 'Umbraculifera')
11 Zier-Apfel *(Malus floribunda)*
12 Maiglöckchen *(Convallaria majalis)*
13 Buchsbaum-Kugel *(Buxus)*
14 Apotheker-Rose *(Rosa gallica* 'Officinalis')
15 Beetrose 'Friesia'®
16 Katzenminze *(Nepeta × faassenii)*
17 Englische Rose 'Graham Thomas'®
18 Englische Rose 'Abraham Darby'®
19 Edelflieder 'Madame Lemoine' *(Syringa vulgaris*-Sorte)
20 Bauernjasmin *(Philadelphus coronarius)*
21 Rosmarin-Seidelbast *(Daphne cneorum)*
22 Engelstrompete, weißblühend, im Kübel *(Datura)*
23 Lavendel *(Lavandula*-Sorte)
24 Salbei *(Salvia*-Sorte)
25 Feuer-Geißschlinge *(Lonicera × heckrottii)*
26 Rambler 'Bobby James'
27 Rambler 'Paul Noël'
28 Edelrose 'The McCartney Rose'®

Rosen genießen

NOSTALGIEROSEN – ROMANTIK MIT CHARME

Mit dem Begriff »Nostalgierosen« werden Alte, Romantische und Englische Rosen zusammengefasst. Eigentlich handelt es sich bei Nostalgierosen um keine eigenständige Rosenklasse, denn viele unterschiedliche Wuchstypen, insbesondere zahlreiche Sorten mit Strauchrosenwuchs, sind vertreten. Gemein sind allen Sorten der Alten, Romantischen und Englischen Rosen die traumhaft gefüllten, rosetten- oder ballonförmigen Blütenbälle, die die Blicke magisch auf sich ziehen. Im Gegensatz zu vielen modernen Edelrosen, die betont spitze Blüten ausbilden und in den ersten Tagen der Blütenentfaltung am meisten faszinieren, werden die Nostalgierosen mit jedem Tag schöner, an dem die Blüte sich weiter öffnet. Zudem verströmen viele Sorten einen wunderbaren Duft. Bereits wenige Blüten dieser Rosen genügen, um sich in Großmutters Garten zurückversetzt zu fühlen.

Romantische und Alte Rosen

Obwohl keine andere Pflanze in diesem Jahrhundert züchterisch so stark bearbeitet wurde wie die Rose und herrliche neue Sorten mit vielen Vorteilen entstanden sind, zieht es eine nicht geringe Zahl von Gartenfreunden zu den alten Sorten hin.

Sicher spielt die Sehnsucht nach Omas Rosengarten oder dem gemütlichen Bauerngarten eine wichtige Rolle beim Griff zu den »guten, alten Sorten«. Auch empfinden viele Rosenliebhaber die Farben der alten Sorten als weicher als die »grellen«, augenblendenden Töne moderner Sorten. In der Tat ist das Rosa, Hauptfarbe im Bereich Alter Rosen, bei einigen Sorten von unübertroffener Reinheit. Und noch eines ist gewiss: Alte Rosen haben Charme!

Neue Rosenformen sind immer ein Spiegel des jeweils herrschenden Zeitgeistes. Alte Rosen beispielsweise reflektieren ihre Entstehungsepoche mit üppiger Blüten- und Duftfülle. Sie erinnern an die pompösen Ballkleider ihrer Zeit, an Träume aus Seide und Samt, mit Rüschen über und über besetzt: optische Höhepunkte rauschender Opernbälle und prachtvoller Festlichkeiten.

Aber ab wann gilt eine Rose als alt? Die sogenannten Alten Rosen werden auf der Grundlage ihres Einführungsjahres eingestuft. Dabei wird der Begriff präzise abgegrenzt; die Amerikanische Rosengesellschaft definierte 1966: »Eine Rose ist eine **Alte Rose,** wenn sie zu einer Klasse gehört, die bereits vor 1867 – dem Jahr der Einführung der Sorte 'La France' als erster Teehybride – bestand.«

Diese Regelung kann heutzutage nicht mehr befriedigen, denn auch nach 'La France' und besonders in den letzten zwanzig Jahren entstanden Rosen mit dem Flair alter Sorten – denken wir nur an die Englischen Rosen. Viele Rosenfreunde schließen sich deshalb dieser strengen Auslegung nicht an und sehen den Ausdruck »Alte Rosen« nicht als Zeit-, sondern als Stilbegriff. Die Rosenzüchtung hat seit Beginn dieses Jahrhunderts eine Reihe von Rosen hervorgebracht, die dem Flair wirklich Alter Rosen in nichts nachstehen und deshalb mit diesen gemeinsam hier zu einer Gruppe zusammengefasst sind. Diese neuen »Alten« Rosen werden als **»Romantische Rosen«** bezeichnet, weil sie wie ihre Vorbilder aus vergangenen Jahrhunderten den Betrachter verzaubern und in ihm ein romantisches Lebensgefühl wecken wollen – fern von jeglicher Hektik. Altes und Neues sollte – fast wie im menschlichen Miteinander – wie selbstverständlich zusammengehören.

Alte und Romantische Rosen (Auswahl)

Klasse	Sorte (Einführungsjahr)	Farbe	Duft	Wuchshöhe (in cm)
Beetrose	Gruß an Aachen (1909)	creme		40–60
Beetrose	Leonardo da Vinci® (1993)	rosa		60–80
Beetrose	Rose de Resht (unbekannt, vor 1880)	rot	ja	80–100
Edelrose	Augusta Luise® (1999)	pfirsich	ja	60–80
Edelrose	Sebastian Kneipp® (1997)	cremeweiß	ja	80–100
Kletterrose	Alchymist (1956)	orangegelb	ja	200–300
Kletterrose	Fantin Latour (um 1850)	zartrosa	ja	150–200
Kletterrose	Gloire de Djion (1853)	orange-creme	ja	200–300
Kletterrose	Nahéma® (1991)	rosa	ja	200–300
Strauchrose	Eden Rose '85® (1985)	rosa		150–200
Strauchrose	Jacques Cartier (1868)	rosa	ja	100–150
Strauchrose	Louise Odier (1851)	rosa	ja	150–200
Strauchrose	Red Eden Rose® (2002)	dunkelrot	ja	100–150
Strauchrose	*Rosa* x *centifolia* 'Muscosa' (1796)	rosa	ja	80–100
Strauchrose	Souvenir de la Malmaison (1843)	rosa	ja	80–100
Englische Rose	Abraham Darby® (1985)	apricot	ja	150–200
Englische Rose	Graham Thomas® (1983)	gelb	ja	100–150
Englische Rose	Heritage® (1984)	rosa	ja	100–150
Englische Rose	Jubilee Celebration® (2002)	lachsrosa	ja	100–150
Englische Rose	Sharifa Asma® (1989)	zartrosa	ja	100–150

Von Alten und Romantischen Rosen erwartet der Gartenfreund – nachdem seine Begeisterung durch Beiträge und fantastische Abbildungen in vielen Zeitschriften und Katalogen geweckt wurde – wahre Wunderdinge. Widerstandskraft, Duft und Dauerblütigkeit werden als gegeben vorausgesetzt, vor allem mit Blick auf einen Kaufpreis, der oft fast das Doppelte des Preises moderner Rosen beträgt. Seine Höhe resultiert daher, dass trotz der Renaissance der stark gefüllten Rosettensorten die Nachfrage – gemessen an anderen Sorten – relativ bescheiden ist und dementsprechend die Produktionszahlen in den Rosenbaumschulen – oftmals Spezialbetriebe, die sich nur mit diesem Teil des Rosensortiments beschäftigen – relativ klein sind. Was nur in geringen Stückzahlen hergestellt wird, kostet meistens mehr als »Massenware«.

Trotzdem sind Alte Rosen ebenso Rosen wie alle anderen auch. Sie bleiben von den Unbilden eines Rosenlebens nicht verschont, können genau wie ihre jüngeren Sorten-Kollegen von Krankheiten befallen werden. Einige alte Sorten sind sogar sehr anfällig, vor allem für Echten Mehltau und Sternrußtau. Als Faustregel kann man sich merken, dass die Auswahl alter Sorten umso sorgfältiger erfolgen muss, je mehr eine Sorte durch Öfterblütigkeit, Blütenfülle und Duftstärke brilliert.

Viele Alte Rosen setzen kaum Hagebutten an. Vor allem die Staubblätter (mit dem männlichen Pollen) der Blüten sind zu Blütenblättern umgewandelt, beispielsweise bei den unwahrscheinlich gefüllten Zentifolien; sie fruchten also nicht mehr. Eines aber gilt als Privileg der Alten Rosen: Sie sind vielleicht nicht immer die widerstandsfähigsten bzw. »ökologischsten« Rosen, ihre Zähigkeit jedoch, die sie befähigt, auch in jahrzehntelang nicht gepflegten Wildgärten die Zeit zu überdauern, ist unbestritten. Die Auswahl in der Tabelle auf Seite 118 berücksichtigt vor allem solche wüchsigen und robusten Sorten.

Die Geschichte der Alten Rosen beginnt mit dem Ende des Mittelalters, als mit Rosen aus Vorderasien, aus China und aus Indien der Rosenduft und die Blütenfüllung nach Europa gelangten und den Beginn erster Rosenzüchtung markierten. Seitdem sind zahlreiche Gruppen Alter Rosen entstanden; sie alle ausführlich zu behandeln würde allein ein dickes Buch füllen. Deshalb an dieser Stelle nur die wichtigsten Klassen und bewährte Einsteigersorten.

Bourbon-Rosen

Die erste Bourbon-Rose und spätere Ausgangssorte dieser Gruppe entstand sehr wahrscheinlich Anfang des 19. Jahrhunderts aus Kreuzungen von Damaszener- mit chinesischen Rosen auf der Insel Île de Bourbon (heute La Réunion) im Indischen Ozean. Französische Siedler begrenzten ihre Felder mit Rosenhecken und fanden diesen Sämling. Später kam er nach Frankreich, wo er züchterisch zur Klasse der Bourbon-Rosen weiterbearbeitet wurde. Eine bedeutende Sorte aus dieser Gruppe ist 'Souvenir de la Malmaison', für viele die schönste Alte Rose überhaupt; oder 'Louise Odier', Liebling des viktorianischen Englands, eine der am sichersten nachblühenden Alten Rosen. Weitere empfehlenswerte Bourbon-Rosen sind 'Zéphirine Drouhin' und 'Mme Isaac Pereire'.

Damaszener-Rosen

Man unterscheidet zwei Arten von Damaszener-Rosen: erstens die im Sommer blühende Variante und zweitens die im Sommer blühende und im Herbst nachblühende Herbstdamaszener-Rose, die vermutlich einer Kreuzung von *Rosa gallica, Rosa moschata* und *Rosa fedtschenkoana* entsprangen. Typisch für die Damaszener-Sorten sind das graugrüne, weiche Laub und der schwere, üppige Duft, den sie an viele nachfolgende Rosensorten weitergegeben haben. Eine der besten Sorten aus dieser Gruppe ist 'Rose de Resht'. Sie ist absolut winterhart, stark duftend und öfterblühend und hat von der Gallica-Linie eine ordentliche Portion Robustheit mitbekommen. Eine sichere Einsteigersorte für alle Fans der Damaszenen – und für diejenigen, die es werden wollen. Erwähnenswert ist auch 'Mme Hardy', ein großartiger Damaszener-Abkömmling.

Portland-Rosen

In engster Verwandtschaft zu den Damaszener-Rosen stehen die Portland-Rosen. Entstanden ist diese Gruppe wahrscheinlich aus einer Kreuzung der öfterblühenden Herbstdamaszener-Rose mit *Rosa gallica* 'Officinalis', der Apotheker-Rose. Portland-Rosen eignen sich gut für den Hausgarten; insbesondere 'Jacques Cartier' (die oft auch den Damaszener-Rosen zugeordnet wird) ist einen Versuch wert. Ihr Laub steht dicht und gilt als gesund; also **der** Tipp für alle Portland-Einsteiger.

Zentifolien und Moosrosen

Die Zentifolien gelten als Inbegriff der Alten Rosen schlechthin: üppige Blütenfülle und

■ **Damaszener-Rose für Einsteiger: 'Rose de Resht'.**

■ 1 Ideale Bourbon-Rose: 'Louise Odier'.
2 Gesunde Portland-Rose: 'Jacques Cartier'.
3 Mehltausensibel: *Rosa × centifolia* 'Muscosa'.
4 Duftige Alba-Rose: 'Maiden's Blush'.

fantastischer Duft, der als »Zentifolienduft« ein fester Bestandteil zahlreicher Duftbeschreibungen moderner Sorten geworden ist. Man sollte allerdings wissen, dass die Zentifolien gut zwei Meter hoch werden; der Strauch neigt zudem zum Auseinanderfallen. Kompakter wächst eine Spielart der Zentifolien, die Moosrose. Entstanden aus einer Mutation (d.h. einer spontanen Veränderung) der Blütentriebe, kennzeichnen die Moosrosen ihre moosartig dicht mit Drüsen besetzten Blütenstiele, Fruchtknoten und Kelchblätter. Als wohl schönste darf sich die stark duftende *Rosa × centifolia* 'Muscosa' bezeichnen, sie ist auf vielen Gemälden flämischer Meister verewigt. Weiterer Zentifolientipp: 'Fantin Latour'.

Noisette-Rosen

Diese öfterblühende Rosenklasse geht auf den Franzosen Louis Noisette zurück. Mit Sämlingen seines in den USA lebenden Bruders Philippe kreuzte Louis ab Beginn des 19. Jahrhunderts; es entstanden niedrige und kletternde Sorten.

Teerosen

Alte Rosengruppe mit stark gefüllten Blüten und außergewöhnlichem Duft. Eine Kletterrose für alle, die sich mit dieser Rosenklasse beschäftigen möchten, ist 'Gloire de Djion', eine robuste, einigermaßen winterfeste Teerose.

Alba-Rosen

Last, but not least führt der Ausflug zu den wichtigen Klassen der Alten Rosen zur »Weißen« Rose – *Rosa × alba* und Formen. Sie ist die älteste Gartenrose überhaupt. Die später erzielten Formen und Sorten zeichnen eine sehr gute Winterhärte, robuster Wuchs und überragender Duft aus. Empfehlenswert ist die porzellanrosafarbene Sorte 'Maiden's Blush', ein einmalblühendes Duftwunder mit kompaktem Wuchs.

Das Hobby: Alte Rosen sammeln

Wer »anfällig« für schöne, alte Dinge ist, mit Passion »Geschichte« sammelt und einen Garten besitzt, für den eröffnet sich hier eine neue, reiche Fundstätte. Aber Vorsicht: Die Gefahr ist groß, sich mit dem Virus eines ungewöhnlichen Hobbys zu infizieren, das, hat es einmal von jemandem Besitz ergriffen, zu einer Leidenschaft werden kann.

Alte Rosen sind lebendige Antiquitäten. Der Streifzug durch die Rosenklassen zeigt, welchen Umfang allein schon die verschiedenen Gruppen haben, ganz zu schweigen von den vielen, vielen Sorten. Es ist unmöglich, alle diese Souvenirs vergangener Zeiten kommerziell zu erhalten. Die bereits erwähnten Spezialbetriebe für Alte Rosen bemühen sich zwar, im Rahmen eines erstaunlich großen Sortiments viele Hunderte von Sorten anzubieten, doch trotzdem sind bestimmte Sorten heute ausgesprochene Raritäten, deren Existenz nur noch in Sammlerkreisen bekannt ist.

Oft vermehren deshalb besonders leidenschaftliche Rosensammler ihre Sorten selbst. Sie bekämen sie ohnehin nicht mehr zu kaufen, möchten die Vitalität ihrer wertvollen Sammlerstücke durch Nachvermehrungen immer wieder erneuern und erhalten ausgesuchte, rosige Raritäten als individuelle, »unbezahlbare« Geschenke an Freunde und andere Liebhaber.

Was ist beim Aufbau einer Sammlung zu beachten? Die Sortenauswahl muss jedem selbst überlassen bleiben, Patentsortimente zu nennen würde jeder Individualität entgegenlaufen. Zunächst sollte man jedoch in die einzelnen Rosenklassen der Alten Rosen hineinschnuppern. Am besten kauft man sich bewährte, in der Regel leicht handhabbare Sorten wie die erwähnten Klassiker. Das ist eine überschaubare Investition, mit der man erste eigene Erfahrungen sammeln kann.

Eigene Erfahrungen sind unverzichtbar, zum einen, um die vorhandenen Standorte im Hausgarten auf ihre Rosentauglichkeit hin zu überprüfen, zum anderen, um besser abschätzen zu können, welchen Pflegeaufwand man in eine zukünftige Rosensammlung zu investieren bereit ist. Denn eines muss jedem Rosensammler klar sein: Je mehr rosiges Altertum auf engem Gartenraum konzentriert wird, umso höher wird der Pflegeaufwand. Geschichtsträchtige Rosenschätze zu erhalten ist ein aufwendiges Unterfangen. Wer sich des Öfteren in professionellen Rosensammlungen, den sogenannten Rosarien, mit offenen Augen umsieht, bekommt eine Ahnung davon, welch enorme Handarbeit sich hinter all der dort gezeigten Pracht verbirgt. Ein echter Liebhaber sollte diesen Pflegeaufwand nicht scheuen, das Hacken, Schneiden, Binden, Laubsammeln nicht als Arbeit, sondern als rosigen Lustgewinn betrachten.

Sind erste eigene, positive Erfahrungen gesammelt und ist die Lust am Weitermachen geweckt, empfiehlt sich der Austausch mit Gleichgesinnten. Als Forum dafür bieten sich die regelmäßigen Treffen der regionalen Freundeskreise des Vereins deutscher Rosenfreunde an. Der Informationsaustausch mit anderen Rosenliebhabern in geselliger Runde bietet den großen Vorteil, Sortenwissen zu erhalten, das die regionalen Witterungs- und Bodenverhältnisse berücksichtigt und so in keinem Fachbuch steht. Das erspart viele Enttäuschungen beim Aufbau einer privaten Rosensammlung.

Englische Rosen

Das Lebenswerk des englischen Rosenzüchters David Austin sind Englische Rosen, die Bauerngartenrosen der Neuzeit. Seit über 40 Jahren beschäftigt sich Austin, Jahrgang 1926 und von Haus aus Landwirt, mit der spezialisierten Züchtung neuer Rosensorten, die das Flair und das verschwenderische Rosenparfüm von Großmutters Rosensorten mit der Öfterblütigkeit und Robustheit moderner Formen verbinden. Zudem sind viele stark gefüllte Alte Rosen Schönwetterrosen, d.h., sie reagieren empfindlich auf Regen. Ihre Blütenblätter verkleben und bilden unschöne graubraune Blütenmumien. Austins Englische Rosen dagegen können als regenunempfindlich eingestuft werden, denn auch in nassen Jahren bleiben die Blüten ansprechend.

Mit der einmalblühenden Sorte 'Constance Spry' begann 1961 der weltweite Siegeszug der Englischen Rosen. Austin hatte die moderne Floribundarose 'Dainty Maid' mit der alten Gallica-Rose 'Belle Isis' gekreuzt.

Bereits dieser erste Erfolg verdeutlicht die Doktrin der Austin'schen Rosenzüchtung: Sein entscheidender, genialer Grundgedanke war und ist, das schlummernde, nie wirklich in seiner ganzen möglichen Fülle genutzte Züchtungspotenzial Alter Rosen mit den Entwicklungsvorsprüngen der modernen Züchtung zu kombinieren. So als ob Leonardo da Vinci für die Ausarbeitung und Verwirklichung seiner, der damaligen Zeit weit vorauseilenden technischen Fantasien ein Computer und moderne Maschinen zur Verfügung gestanden hätten.

David Austin darf wohl mit Recht als der erfolgreichste Gartenrosenzüchter der letzten Jahre angesehen werden. Es gibt derzeit kaum einen Rosenliebhaber auf der ganzen Welt, der nicht zumindest eine Austin-Sorte sein Eigen nennt.

Natürlich kann man nicht alle Englischen Rosensorten unbesehen für unsere Klimaverhältnisse empfehlen. Das sehr ausgewogene atlantische Klima der Insel lässt Sorten gedeihen, die in unseren Breiten, etwa im schon fast kontinental geprägten Klima Sach-

■ 1 'Constance Spry' – erste, noch nicht öfterblühende Englische Rose von David Austin (1961). 2 Heritage'® – die beste Englische Rose für Einsteiger. 3 'Othello'® – eine Englische Rose für Fortgeschrittene.

■ 'Graham Thomas'® – eine Englische Rose mit schönstem Strauchwuchs für mittelgroße Gärten.

sens – mit z. T. extrem heißen Sommern und polarartigen Winterperioden –, versagen. Die Auswahl der auf Seite 118 genannten Austin-Sorten berücksichtigt dies und gibt den in unserer Klimazone bewährten Sorten den Vorzug.

Der Begriff »Englische Rosen« bezieht sich nicht auf eine fest umrissene Klasse. Austin ordnet seinen Englischen Rosen sowohl Beet- als auch Strauch- und Kletterrosen unterschiedlichster Höhe zu. Nicht alle haben Duft, auch gibt es – wenn auch wenige – einfachblühende Sorten darunter. Die meisten der hier vorgestellten »New English Roses« sind jedoch stark gefüllte, duftende Strauchrosen. Ihre Farben leuchten kräftiger, als man es von Alten Rosen gewohnt ist. Auch »neue« Farbnuancen sind Austin gelungen. Die Bernsteinfarbe einer 'Graham Thomas'® oder das Karminrot von 'The Squire'® findet man bei den wirklich Alten Rosen nicht, sodass Englische Rosen auch die Farbskala erweitert haben.

■ Duftender Blütenrausch Englischer Rosen.

FLORISTIK-ROSEN

Die kreative Beschäftigung mit Rosen im Rahmen der Floristik ermöglicht es, die »Königin der Blumen« rund ums Jahr im Haus zu haben. In den Sommermonaten können frische Rosen zu reizvollen Vasengestecken verarbeitet werden, aber auch im Herbst und Winter locken getrocknete Rosen in malerischen Stillleben oder getrocknete Blütenblätter in wohlriechenden Potpourris das Auge und die Nase.

Floristik mit getrockneten Rosen

Die Rose eignet sich wie kaum eine andere Blume für das Trocknen. Selbst in Jahren und Jahrzehnten, teilweise sogar Jahrhunderten geht nichts von ihrer romantischen Ausstrahlung verloren, bleibt ihr morbides Charisma erhalten. Mit den richtigen Methoden lassen sich sogar erstaunliche Annäherungen an die Frische und Farbe lebender Rosen erreichen.

Das Trocknen von Pflanzenteilen blickt auf eine lange Tradition zurück. Es war für die Menschen vergangener Jahrhunderte – lange bevor man Fotografien und bunte Gartenzeitschriften kannte – eine der wenigen Möglichkeiten, Pflanzen dauerhaft zu fixieren, um sich an ihnen längere Zeit aus nächster Nähe erfreuen zu können. Heute wird die alte Kunst der Blütenkonservierung wiederentdeckt. Vornehmlich die stark gefüllten Duftrosen aus der Gruppe der Edelrosen und der Alten und Englischen Rosen eignen sich vortrefflich dafür. Aber auch stark gefüllte Beetrosen sind mit ihrer üppigen Blütenfülle beliebte »Baumaterialien« hübscher, kleiner Biedermeiersträußchen.

»Trocknen« bedeutet, der Rose sehr langsam und vorsichtig das in ihr vorhandene Wasser zu entziehen. Dazu bieten sich verschiedene Methoden an:

Lufttrocknen

Wer Zeit und Platz hat und sich an der natürlichsten Konservierungsmethode für Rosen versuchen möchte, hängt seine Rosen bundweise kopfüber in einem gut belüfteten, zugigen, trockenen Raum – etwa auf dem Dachboden – auf. Die Stielenden werden vor dem Aufhängen entblättert, die Bunde mit einem lockeren Gummiband zusammengehalten. Starre Bindematerialien wie Kordeln eignen sich nicht, weil die Stiele durch den Wasserentzug schrumpfen und dann aus den Bunden herausfallen würden.

Je nach Blütenfüllung und Stiellänge dauert der Konservierungsvorgang zehn bis dreißig Tage. Die Bundstärke sollte nicht mehr als zehn Rosenstiele betragen. Zu dicke Bunde trocknen nur sehr ungleichmäßig und vor allem die inneren Stiele sind dann keiner ausreichenden Luftzirkulation ausgesetzt. Deshalb müssen die einzelnen Bunde auch auf Abstand hängen.

Salztrocknen

Im Bastelladen bekommt man ein Trockensalz, mit dessen Hilfe man Rosenblüten – und natürlich auch Blüten anderer Pflanzen – farbecht trocknen kann. Ideal ist das Trocknen in einer geschlossenen Dose, etwa einer alten, flachen Blechdose für Kekse. Man bestreut den Dosenboden mit Trockensalz, legt die bis auf einen kurzen Stiel eingekürzten Blütenköpfe hinein und berieselt sie dann so lange mit weiterem Salz, bis nichts mehr von ihnen zu sehen ist. Die Blechdose wird verschlossen und an einem trockenen, warmen Ort gelagert. Nach einigen Tagen öffnet man die Dose und entnimmt die Blüten. Das Salz wird »recycelt«, indem man es absiebt und im Backofen trocknet. Es kann dann wiederverwendet werden.

Was kann man alles mit Trockenrosen anfangen? Hier einige Vorschläge: ein kleiner Biedermeierstrauß mit getrockneten roten Rosen, eingehüllt in Efeuranken und Efeu-

■ Zum Konservieren werden Rosenblüten komplett in Trockensalz eingelegt.

fruchtstände. Oder ein Rosenpräsentkorb, gefüllt mit getrockneten Rosenstielen und Strohhalmen. Schön wirkt auch ein gemischter Trockenstrauß mit Lavendel und Gräsern aus dem Garten und zusätzlichen Eukalyptusblättern vom Floristen um die Ecke. Wer etwas Ausgefallenes sucht, dem sei rosiger Körperschmuck empfohlen, beispielsweise eine Halskette, zu der Rosenblütenblätter »aufeinandergestapelt« werden. Tischdekorationen mit Aha-Effekt ergeben jeweils drei in Bast oder Schleifen eingebundene Blütenköpfe. Etwas Besonderes sind in Gießharz eingelassene Rosenblüten als Briefbeschwerer – ein nicht alltägliches Objekt und ein Blickfang allererster Güte. Der Kreativität sind keine Grenzen gesetzt.

Auf einige besondere Dinge sei an dieser Stelle noch hingewiesen:

Duftpotpourris

Sie bestehen aus losen Blütenblättern oder -köpfen. Geerntet wird in den frühen Morgenstunden bei trockener Witterung. Zum Trocknen legt man die Blüten nebeneinander – nicht übereinander – auf Drahtgittern und Zeitungspapier aus. Das Papier saugt überschüssiges Wasser auf, zirkulierende, warmtrockene Luft sorgt für das richtige Trockenklima. Beträufelt mit etwas Rosenöl und aufbewahrt in Dosen, Säckchen oder flachen Schalen, wird das Potpourri in Dielen, Wohnräumen, Bädern und Schränken aufgestellt. Gut macht sich auch eine Mischung aus Rosenblättern, Kräutern und Gewürzen. Im 18. Jahrhundert, der Hochzeit der Potpourris, wärmte man im Winter die Gefäße am offenen Feuer an, lüftete anschließend die Deckel und erfreute sich an dem würzigen Geruch.

Bewährt hat sich folgendes **Rezept:**
4 Becher getrocknete Rosenblütenblätter von Duftrosen, 1 Becher getrocknete Rosenknospen, 1 Becher Lavendelblüten, ½ Becher gemahlene Veilchenwurzel, je 1 Löffel gemahlenes Pigment, Zimt und Muskat, ½ Löffel gemahlene Gewürznelken, einige Tropfen Rosenöl.

Romantische Rosenblüten mit Duft sind beliebt für Potpourris.

Rosenbälle

Wer kleine, aber feine Weihnachtsgeschenke oder Geburtstagsüberraschungen sucht, kann mit getrockneten Rosenblütenblättern profanen Alltagsgegenständen ein rosiges Kleid überziehen. Weihnachtskugeln, Tischtennisbälle, Dosen, Schachteln, Blumentöpfe aus Kunststoff und vieles mehr – alles lässt sich mit aufgeklebten Blütenblättern in dekorative Accessoires verwandeln. Zum Kleben verwendet man einen Bastelkleber, beispielsweise Loctite fashion. Dekorationen mit Schleifen und Bändern werten das fertige Unikat zusätzlich auf.

Rosenstämmchen

Für die etwas fortgeschrittenen Floristik-Liebhaber ist die Herstellung künstlicher Rosenstämmchen eine besondere Herausforderung. Der »Stamm« wird aus getrockneten, besonders attraktiv bestachelten Rosentrieben geformt, die zu viert oder fünft im Bündel zusammengefasst werden. Ihn krönt eine aus dünnen Weidentrieben geformte Kugel oder ein Kegel, die bzw. der mit Blütenblättern verziert wird. Denkbar ist auch eine Krone aus trockener Bastelsteckmasse, in die getrocknete, möglichst kleine Rosenblüten dicht an dicht gesteckt werden. Damit die Steckmasse von zu vielen Einstichen nicht porös wird, bündelt man immer drei Blüten mit einer Drahtmanschette aus Bindedraht zu einer Einheit und arbeitet mit diesen Büscheln. Ein alter Blumentopf, der bereits Patina angesetzt hat, dient, gefüllt mit Steckmoos, als Standfuß. Wer mehr Stabilität wünscht, kann den Topf auch mit Gips auffüllen, der nach dem Erhärten mit Moos abgedeckt wird.

Glyzerin für das rosige Beiwerk

Viele Laubgehölze eignen sich in getrocknetem Zustand ideal als Beiwerk für rosige Trockensträuße, u. a. Buche, Ahorn, Lorbeer, Efeu. Werden sie luftgetrocknet, zerbröseln sie schnell. Um sie geschmeidig zu halten, stellt man sie deshalb während des Trockenvorgangs in Glyzerin ein. Das klare, sirupartige Glyzerin gibt es in der Drogerie. Man mischt ein Teil Glyzerin mit zwei Teilen Wasser. Die an den Stielenden entblätterten und rindengeschälten Triebe kommen etwa eine Handbreit tief in diese Lösung. Das Behältnis wird kühl und dunkel aufgestellt. Sobald sich auf den Blättern die ersten Glyzerintropfen zeigen, ist das Präparieren abgeschlossen.

Floristik mit frischen Vasenrosen

Das Arrangieren von Sträußen und Gestecken mit frischen Schnittrosen erweitert den Rosengarten bis in die Wohnräume hinein. Die Frage, welche Farbe mit welchem Beiwerk kombiniert wird, entzieht sich eigentlich jeder Diskussion, weil sowieso jeder seine eigenen Vorlieben hat. Empfindet der eine die Einheitlichkeit eines Rosenstraußes aus einer Sorte und Farbe als besonders wohltuend und beruhigend, wird der andere kunterbunte Mischungen vieler Farben und Sorten für reizvoller halten. Faustregeln gibt es also keine, obwohl in der älteren Literatur noch präzise beschrieben wird, welche Rosenfarben mit welchem Beiwerk zu welchem Geburtstag oder einer Hochzeit passen: z. B. Schleierkraut und rote Rosen, Frauenmantel mit gelben Rosen, weiße Margeriten mit rosafarbenen Rosen.

Letztendlich wird sich die Blütenpracht aus eigener Produktion an dem orientieren, was der Garten hergibt. Viel wichtiger sind das Beachten der Regeln des Vasenrosenschnitts, wie sie im Kapitel »Vasenrosen« ausführlich dargelegt sind (siehe Seite 110 ff.), und die Anlage einer artenreichen Pflanzung im Garten, die das passende Beiwerk liefert. Wer regelmäßig eigene Vasenrosen schneiden und sie abwechslungsreich arrangieren möchte, macht sich mit folgenden Beiwerkspflanzen (Auswahl) weitgehend unabhängig von Zukäufen im Sommer. Gleichzeitig erhöht er den Artenreichtum seines Gartens beträchtlich:

Stauden: Anemonen, Astilben, Eisenhut, Frauenmantel, Gräser, Iris, Lavendel, Mädchenauge, Margeriten, Rittersporn, Schleierkraut, Schwertlilien, Tränendes Herz.

Kletterpflanzen: *Clematis,* Efeu.

Gehölze: buntblättrige Ahorn-Sorten *(Acer negundo*-Sorten), Blaue Altas-Zeder, Blutbuche, Blutpflaume, Buddleien, *Cotoneaster* 'Skogholm', Deutzien, Ginster, Kiefern, Sanddorn, Weigelien, Wildrosenarten, Zieräpfel und Zierkirschen.

Wer seiner Gartenparty zusätzlich einen rosigen Rahmen geben, Eingangsbereiche dekorieren oder einfache Gefäße schnell in kunstvolle Vasen umwandeln möchte, kann mit Teppichklebeband die gewünschten Stellen (Mauern, Holzlatten oder ähnliche robuste Materialien) abkleben und darauf dicht an dicht Rosenblüten setzen.

TIPP **Auch im Bereich der Rosenfloristik gibt es »Seerosen«. Sie haben nichts mit den echten Seerosen der Gattung Nymphaea gemein, wie man sie auf Teichen und Weihern sieht. Aber auch dicken, stark gefüllten Rosenblüten gelingt es hervorragend, auf dem Wasser zu schwimmen. Wenige Handgriffe genügen, damit flache, mit Wasser gefüllte Schalen und Gefäße den idealen Rahmen für »Seerosen«-Arrangements der besonderen Art bilden können, eine aufsehenerregende Dekoration für Grill- und Sommerfeste im Freien.**

Schnittrosen zum Anstecken

Dünnwandige, etwa fingerdicke Glasröhrchen mit eingearbeiteter Anstecknadel halten, gefüllt mit Wasser, die Rosenblüte im Knopfloch frisch. Zu erhalten sind sie seit Kurzem im gärtnerischen Rosenhandel.

■ Salzgetrocknete Rosen: Rosen, die nie verblühen.

KÜCHEN-ROSEN – ROSIGE GAUMENVERFÜHRUNG

Da es allgemein – und spätestens seit Umberto Ecos Kloster-Krimi »Der Name der Rose« – bekannt ist, dass die Mönche mittelalterlicher Klöster keine Kostverächter waren, kann es auch nicht überraschen, dass so mancher Klosterkoch mit frischen Rosenblättern Fleisch und Süßspeisen würzte. Mit dem Anbau der Rose schlugen die klugen Mönche zwei Fliegen mit einer Klappe: Einerseits konnten sie sich an der duftenden Blütenpracht der Rosen in den Klostergärten erfreuen, andererseits bereicherten die Rosenblüten und -früchte die Klosterküche und -apotheke.

Neuerdings entdecken viele Rosenfreunde die Küchenrosen neu. Der milde Geschmack der Rosen entspricht ihrem zarten Duft. Pektine, Gerbstoffe, ätherische Öle, Flavonglycoside sind einige der Inhaltsstoffe, die Rosen zum Gourmet-Eldorado machen. Rosen verfeinern den Geschmack vieler Speisen auf unnachahmliche Art und Weise.

In der Regel werden Duftrosen verarbeitet. Dies können Englische Rosen, Zentifolien, aber auch Parfümrosen der neuen Generation sein. Für alle gilt eines: Sie dürfen **keinesfalls** mit Pflanzenschutzmitteln behandelt worden sein, ihre Herkunft **muss** bekannt sein und ist idealerweise der eigene Garten.
Tipp: Robuste ADR-Rosen kommen ohne Pflanzenschutz aus!

Rosenwasser

Zutaten:
4 Handvoll stark duftende Rosenblüten
½ l Wasser
Zubereitung:
Von den Blütenblättern die hellen Spitzen abschneiden (könnten bitter sein). Das Wasser erwärmen und damit zwei Handvoll Blütenblätter übergießen. Das Ganze abdecken und 2 Tage ziehen lassen. Abseihen und das Wasser über die restlichen Rosenblüten gießen. Nochmals ziehen lassen, dann das fertige Rosenwasser in Fläschchen abfüllen.
Tipp: Das Rosenwasser lässt sich einfrieren. Für Marzipan, Glasuren, Sorbets verwenden.

■ Rosenkonfitüren und -gelees bereichern als erlesene Kostbarkeiten die Genießerküche.

Rosensirup

Zutaten:
2 Handvoll stark duftende Rosenblüten
1 Zitrone, ½ l Wasser
Zucker
Zubereitung:
Von den Blütenblättern die hellen Spitzen abschneiden (könnten bitter sein). Die Blütenblätter zusammen mit dem Wasser einmal aufkochen, gut abgedeckt 15 Minuten ziehen lassen und dann abseihen. Für intensiveren Geschmack diesen Vorgang mit frischen Blütenblättern wiederholen. Dann den Rosensud mit Zucker im Verhältnis 1:1 (oder je nach Geschmack weniger) nochmals aufkochen und in Flaschen abfüllen.
Tipp: Der Rosensirup lässt sich einfrieren. Für Fruchtsalate, Eis, Glasuren u. a. verwenden.

Rosenessig

Zutaten:
1 Handvoll duftende Rosenblüten
1 Handvoll Himbeeren
½ l Weißweinessig
Zubereitung:
Von den Blütenblättern die hellen Spitzen abschneiden (könnten bitter sein). Blütenblätter und Himbeeren vorsichtig in eine zuvor heiß ausgespülte und (im warmen Backofen) gut abgetrocknete Flasche füllen und den Essig zugießen. An einem warmen, sonnigen Ort 2–3 Wochen (nicht länger) ziehen lassen und dann abfiltern. Den fertigen Essig kühl und dunkel aufbewahren.
Tipp: Essig zum Verschenken zusammen mit 2–3 frischen Rosenblättern in eine dekorative Flasche füllen.

Rosenbowle

Zutaten:
Duftende Blütenblätter von ca. 10 Rosen (Menge je nach gewünschter Geschmacksintensität)
100 g Würfelzucker
1 kl. Glas Weinbrand oder Grand Marnier (nach Geschmack)
2 Fl. trockener Weißwein (oder 1 Fl. Weißwein, 1 Fl. Mineralwasser)
1 Fl. Sekt
Zubereitung:
Von den Blütenblättern die hellen Spitzen abschneiden (könnten bitter sein). Die Blütenblätter zusammen mit dem Zucker in eine Schüssel geben, mit Weinbrand und einer halben Flasche Wein übergießen, abdecken, kühl stellen und etwa 1 Stunde durchziehen

■ Gute Grundzutat: Rosensirup.

■ Rosenessig aus eigener Produktion.

■ Rosenbowle - lecker für Sommerfeste.

lassen. Abseihen und kurz vor dem Servieren mit gekühltem Wein und Sekt auffüllen. Zur Dekoration einige frische Rosenblütenblätter in der Bowle schwimmen lassen.

Kandierte Rosenblüten

Zutaten:
Rosenblüten
Eiweiß
feiner Zucker oder Puderzucker
Zubereitung:
Eiweiß verquirlen, die Blütenblätter oder ganzen Rosenblüten eintauchen und im Zucker wenden. Überschüssigen Zucker abschütteln. Die Blätter auf einem Rost 2–3 Tage an einem luftigen, warmen Ort trocknen lassen, bis sie sich hart anfühlen. In einem gut verschließbaren Gefäß zwischen Pergamentpapierlagen aufbewahren.
Tipp: Zur Dekoration von Kuchen und Desserts oder als besondere Leckerei zu einem Glas Sherry oder Dessertwein.

Rosen-Eiswürfel

Zutaten:
Rosenblüten in gewünschter Menge (besonders geeignet: die kleinen Blüten der Sorte 'Mozart')
Wasser
Zubereitung:
Eine Eiswürfelschale mit Wasser füllen und die Blüten einlegen. Gefrieren lassen.
Tipp: Äußerst dekorativ nicht nur in Getränken, sondern auch zum Servieren einer besonderen Flasche Sekt oder Weißwein.

Rosenlikör

Zutaten:
125 g duftende Rosenblütenblätter
½ l Wasser
½ l Weinbrand
250 g Zucker
½ TL Zimt (nach Geschmack)

■ Schnell und einfach zubereitet: belebender Rosentee.

Zubereitung:
Von den Blütenblättern die hellen Spitzen abschneiden (könnten bitter sein). Die Blütenblätter mit dem Wasser übergießen und 2 Tage zugedeckt stehen lassen. Durch ein feines Sieb abseihen und das Rosenwasser mit Weinbrand auffüllen. Zucker und Zimt hinzufügen und weitere 14 Tage in einem verschlossenen Gefäß stehen lassen, dazwischen ab und zu gut durchschütteln. Dann den Likör filtern und in Flaschen abfüllen.

Rosentee

Zutaten:
1 Handvoll frische oder getrocknete, duftende Rosenblütenblätter
½ l Wasser
Zubereitung:
Von den Blütenblättern die hellen Spitzen abschneiden (könnten bitter sein) und mit kochendem Wasser übergießen. 10 Minuten ziehen lassen, nach Geschmack süßen.

Rosengelee

Zutaten:
Blütenblätter von ca. 15 stark duftenden Rosen
1 kg Gelierzucker
¾ l trockener Weißwein
evtl. Rosenwasser
Zubereitung:
Von den Blütenblättern die hellen Spitzen abschneiden (könnten bitter sein). Die Blütenblätter zusammen mit dem Wein erhitzen, 10–15 Minuten ziehen lassen und abseihen. Gelierzucker in die abgekühlte Flüssigkeit geben und alles unter Rühren 4 Minuten sprudelnd kochen lassen. Nach Geschmack etwas Rosenwasser zufügen. Das Gelee in heiß ausgespülte Gläser füllen und verschließen. Dunkle und kühle Aufbewahrung ermöglicht lange Haltbarkeiten.

Rosenkonfitüre

Zutaten:
frische Blütenblätter von 40 duftenden Rosen
250 g Zucker
1 kg Gelierzucker
Saft von 5 Zitronen

Zubereitung:
Von den Blütenblättern die hellen Spitzen abschneiden (könnten bitter sein). Mit dem Zucker vermischen und durch einen Fleischwolf drehen. Dieses »Rosenmus« zusammen mit dem Gelierzucker und Zitronensaft zum Kochen bringen und unter häufigem Rühren 7 Minuten kochen lassen. Die Konfitüre in heiß ausgespülte Gläser füllen und diese sofort verschließen.

Rosencreme

Zutaten:
1/2 Tasse Rosengelee (siehe Rezept links unten)
350 g Himbeeren, Erdbeeren, Johannisbeeren
200 g Sahne
1 Päckchen Sahnesteif

Zubereitung:
Das leicht erwärmte Rosengelee unter die Beeren rühren und die steif geschlagene Sahne unterheben.

Ausgebackene Rosenblätter

Zutaten:
25 Blütenblätter von duftenden Rosen
75 g Mehl
1 Ei
4 EL Weißwein
1 EL Milch
1 Prise Salz
1 TL Zucker
Öl zum Ausbacken
1/8 l Rosensirup (siehe Seite 127)
4 EL Crème fraîche
Puderzucker

Zubereitung:
Von den Blütenblättern die hellen Spitzen abschneiden (könnten bitter sein). Aus Mehl, Ei, Wein und Milch einen glatten Teig rühren und mit Salz und Zucker abschmecken. Das Öl erhitzen (die Temperatur ist richtig, wenn an einem eingetauchten Holzstäbchen kleine Bläschen aufsteigen). Insgesamt 20 Blütenblätter zuerst im Rosensirup und dann im Ausbackteig wenden und nacheinander im heißen Öl hellbraun backen. Auf Küchenkrepp abtropfen lassen. Die restlichen 5 Blütenblätter in kleine Stücke schneiden und zusammen mit dem Rosensirup erhitzen. Die ausgebackenen Blütenblätter auf Tellern mit jeweils einem Löffel Crème fraîche und Rosensirup anrichten und mit Puderzucker bestäuben.

Tipp: Mit einigen frischen Blütenblättern dekorieren.

Rosensorbet

Zutaten:
1/4 l Rosensirup (siehe Seite 127)
1/4 l Roséwein

Zubereitung:
Sirup und Wein mischen und einige Stunden ins Gefrierfach des Eisschranks stellen. Das Sorbet vor dem Servieren mit einer Gabel etwas lockern.

■ Rosenblätter als Gaumen- und Augengenuss

Rosen genießen

VITAMIN-ROSEN MIT GESUNDEN HAGEBUTTEN

Seit vielen Jahrhunderten wird die Frucht der Rose als Speise genutzt. Ohne dass unsere Vorfahren es ahnten, waren Hagebutten für sie – vor allem während der Wintermonate, in denen frisches Obst und Gemüse fehlte – eine wichtige, äußerst ergiebige Vitamin-C-Quelle. Hagebuttenrosen kann man deshalb ohne Scheu als Vitaminrosen bezeichnen.

Neben dem Vitamin C finden sich in Hagebutten auch die Vitamine K, P und das Provitamin A. Zahlreiche Mineralstoffe wie Kalzium, Kalium, Natrium, Magnesium, Eisen und Phosphor lassen sich ebenfalls nachweisen.

Der Vitamin-C-Gehalt der Hagebutten schwankt sehr stark und hängt unmittelbar von ihrem Reifezustand ab. Zum richtigen Zeitpunkt gepflückt, lassen Hagebutten in dieser Hinsicht sogar die Zitronen hinter sich. Am besten erntet man Hagebutten, wenn die Früchte voll ausgefärbt, aber noch hart und knackig sind. Zu früh geerntete Hagebutten besitzen noch keine ansprechende geschmackliche Reife. Bei zu spät gepflückten, überreifen, weichen Hagebutten beginnt durch die fortlaufende Sauerstoffzusetzung bereits der Abbau der inhaltsreichen Stoffe. Die Hagebutten sollten unmittelbar nach der Ernte verarbeitet werden, da sich während der Lagerung der innere Abbau ebenfalls weiter fortsetzt. Auch zu langes Einkochen sorgt für einen Vitaminverlust. Man kann, wenn man die Früchte zuvor gründlich zerkleinert, die Kochzeit entscheidend verkürzen und die Inhaltsstoffe dadurch schonen. So wird die

■ Die Vielfalt der Hagebutten eignet sich für die Zubereitung vieler leckerer Rezepte.

Konfitüre aus Hagebutten zur vitaminreichsten, die wir kennen.

Hagebutten müssen vor der Verarbeitung grundsätzlich entkernt werden. Die Kerne schmecken scharf und pelzig und sind nicht gerade eine Gaumenfreude.

Empfehlenswerte Vitaminrosen

Für den Frischverzehr die Hagebutten waschen und entkernen. Die Früchte gründlich durchkauen, denn dadurch werden die Wirkstoffe gelöst. Besonders bekömmliche Hagebutten für den Frischverzehr sind etwa diejenigen der Stacheldraht-Rose *(Rosa sericea* f. *pteracantha)* mit süßsäuerlichem Geschmack.

Viele Rosenarten und -sorten setzen Hagebutten an. Die Tabelle rechts zeigt nur eine Auswahl, die sich leicht erweitern ließe. Besonders inhaltsreich sind die Hagebutten der Apfel-Rose *(Rosa villosa)* – so genannt wegen ihrer apfelförmigen Hagebutten – und der folgenden Vitaminrosen:

Rosa-Rugosa-Hybriden

Die Rugosa-Hybriden sind Auslesen bzw. Züchtungen aus der Kartoffel-Rose, *Rosa rugosa.* Diese Art stammt aus China und ist vor allem in Ostasien sehr verbreitet. Heute gilt sie bei uns als eingebürgerte Wildrose. Sie blüht rosa bis hellrot. Der zunehmende Bedarf an Rosen mit widerstandsfähigem Laub ließ die Nachfrage nach *Rosa rugosa* und ihren Abkömmlingen ständig steigen. Im luftfeuchten nordeuropäischen Küstenraum bringen sie mit ihren geringen Standortansprüchen deutliche Vorteile in der Verwendung. Ungewöhnlich ist die hohe Toleranz wurzelecht vermehrter Rugosa-Hybriden gegenüber Bodenversalzung. Lediglich zu alkalische Böden mit hohen pH-Werten schränken ihren Einsatz ein.

Die Hagebutten der Rugosen erreichen eine ungewöhnliche Größe und liefern viel verwertbares Fruchtfleisch. Schwebfliegen benutzen die Blüten der Rugosa-Hybriden als beliebte Anflugstationen. Ihren Larven kommt als natürlichen Feinden der Blattläuse im Rahmen biologischer Schädlingsbekämpfungsmaßnahmen große Bedeutung zu. Rugosa-Hybriden sind sehr frosthart und robust, als nachteilig erweist sich jedoch die Empfindlichkeit der Blüten verschiedener Sorten bei Regen. Die Blütenblätter verkleben und bilden hässliche, braune Mumien, die sich nicht selbst reinigen. Um zu verhindern, dass die Rugosen vorzeitig verkahlen, schneidet man die Sorten jedes Frühjahr um etwa ein Drittel bis zur Hälfte zurück.

Kinder und solche, die ihre Kindheit nicht – wie Erich Kästner sagt – wie einen alten Hut abgelegt und dann vergessen haben, ernten die Hagebutten der Rugosen, entkernen sie und piesacken mit den pelzigen Samen ihre Freunde und Verwandten – sie eignen sich nämlich hervorragend als **Juckpulver!**

Pillnitzer Vitaminrose 'Pi-Ro 3': Nicht alle Hagebutten haben einen gleich hohen Vitamin-C-Gehalt. Auch muss eine hohe Menge an verwertbarem Fruchtfleisch nicht zwangsläufig mit einem großen Vitamingehalt einhergehen. Deshalb hat man u. a. in Russland und Ostdeutschland in vielen Jahren mühevoller Auslese nach Formen von Vitaminrosen gesucht, die beides, Quantität und Qualität, miteinander verbinden. Gefunden hat man die Gruppe der Pillnitzer Vitaminrosen, aus der besonders die Selektion 'Pi-Ro 3' dem angestrebten Ideal sehr nahe kommt. In freiwach-

Vitaminrosen

Klasse	Sorte	Farbe	Wuchshöhe (in cm)
Beetrose	Bonica '82®	rosa	60–80
Beetrose	La Sevillana®	rot	60–80
Beetrose	Märchenland	rosa	60–80
Beetrose	Play Rose®	rosa	60–80
Beetrose	The Queen Elizabeth Rose®	rosa	80–100
Flächenrose	Apfelblüte®	weiß	80–100
Flächenrose	Ballerina	rosa/weiß	60–80
Flächenrose	Pink Meidiland®	pink/weiß	60–80
Heimische Wildrose	*Rosa arvensis*	weiß	80–100
Heimische Wildrose	*Rosa gallica*	rosa	80–100
Heimische Wildrose	*Rosa rubiginosa*	rosa	200–300
Heimische Wildrose	*Rosa villosa*	rosa	150–200
Kletterrose	Dortmund®	rot	200–300
Kletterrose	New Dawn	perlmutt	200–300
Rugosa-Hybride	Dagmar Hastrup	rosa	60–80
Rugosa-Hybride	Foxi®	rosa	60–80
Rugosa-Hybride	Polareis®	rosa	60–80
Rugosa-Hybride	Polarsonne®	rot	60–80
Rugosa-Hybride	Schnee-Eule®	weiß	40–60
Strauchrose	Bourgogne®	rosa	150–200
Strauchrose	IGA '83 München®	rosa	80–100
Strauchrose	Pi-Ro 3	rosa	150–200
Strauchrose	*Rosa gallica* 'Officinalis'	karmesinrot	100–150
Strauchrose	*Rosa hugonis*	gelb	200–300
Strauchrose	*Rosa moyesii*	rot	200–300
Strauchrose	*Rosa sericea* f. *pteracantha*	weiß	200–300
Strauchrose	*Rosa sweginzowii* 'Macrocarpa'	rosa	200–300
Strauchrose	Schneewittchen®	weiß	200–300

senden, zierenden Hecken zeigt diese Strauchrose, die aus der einheimischen Art *Rosa pendulina* hervorgegangen ist, neben einem reichen Blütenflor im Frühjahr einen üppigen Hagebuttenansatz im Herbst. Wer im großen Stil Hagebutten mit höchsten inneren Werten anbauen möchte – der innerhalb dreier Anbaujahre ermittelte durchschnittliche Vitamin-C-Gehalt beträgt bei 100 g entkernter Frischsubstanz 1150 mg –, den werden die schwach bestachelten Triebe zusätzlich erfreuen, da sie die Erntearbeit erleichtern.

■ Oben: Das Fruchtfleisch gewinnt man, indem man die vorgekochten Hagebutten durch ein Sieb streicht.
■ Unten: Deutlich sind die unterschiedlichen Fruchtfleisch-Anteile: ergiebig bei *Rosa rugosa* (oben), spärlich bei *Rosa canina.*

Rosa jundzillii

Die Raublättrige Rose (Synonym: *Rosa marginata)* ist ein Geheimtipp unter den Hagebuttenfreunden. Sie bildet wunderschöne, leuchtend rote, kugelförmige und sehr inhaltsreiche Hagebutten aus. Wer sich über die exakten Inhaltsstoffgehalte der Hagebutten vieler Wildrosen informieren möchte, dem sei das Buch »Wild- und Gartenrosen« von S. G. Saakov empfohlen. Die Angaben des russischen Vitamin-C-Professors sind in ihrer Fülle einmalig und gehen auf die intensive Erforschung der Wildrosenarten in der ehemaligen UdSSR ab 1930 zurück.

Hagebutten-Rezepte

Der hohe Vitamin-C-Gehalt der Hagebutten macht die Frucht als Speise interessant. Der Körper braucht regelmäßig Vitamin C, kann es aber nicht speichern und muss es deshalb ständig zugeführt bekommen. Vitamin C baut fiebrigen Erkältungen vor, beeinflusst die Funktion der Nebenniere und steuert unmittelbar die Produktion wichtiger Hormone. Zu guter Letzt ist es für die Wundheilung beim Menschen unverzichtbar.

An dieser Stelle sollen die kulinarischen Genüsse, die die Hagebutte zu bieten hat, im Mittelpunkt stehen. Natürlich wurden und werden die reichhaltigen Inhaltsstoffe der Hagebutte seit Jahrhunderten auch als Heilmittel, z. B. als Tee, eingesetzt. Mehr darüber im Kapitel »Heilpflanze Rose« (siehe Seite 135).

Die Geschichte der Zubereitung von Hagebutten für den menschlichen Verzehr reicht einige tausend Jahre zurück: In der Schweiz fanden Wissenschaftler Hagebuttenkerne in großen Mengen neben anderen Nahrungsmittelresten in den Wohnhöhlen steinzeitlicher Ureinwohner.

TIPP **Rosen ohne Hagebutten: Bisweilen sucht man Rosensorten, die keine Hagebutten ansetzen und somit auch keine Vögel anlocken. Sie werden für Standorte gebraucht, an denen durch Vögel akute Gefahren hervorgerufen werden können, etwa für Flugplätze, oder für Standorte, an denen für die Tiere selbst Gefahr besteht, z. B. durch andere Tiere (u. a. Katzen), sowie für technische Bauten. Fruchtlose Rosensorten sind beispielsweise 'Alba Meidiland'®, 'Ferdy'®, 'Heidekönigin'®, 'Magic Meidiland'®, 'Palmengarten Frankfurt'®, 'The Fairy'.**

Hagebuttenmark (Grundsubstanz für weitere Rezepte)

Zutaten:
Hagebutten
1 Glas Weißwein oder Wasser

Zubereitung I:
Die geputzten, gewaschenen und entkernten Hagebutten mit dem Wein oder Wasser übergießen und 4–6 Tage kühl und dunkel stellen. Ab und zu umrühren. Wenn die Hagebutten weich sind, werden sie durch ein Sieb gestrichen.

Zubereitung II:
Die geputzten, gewaschenen und entkernten Hagebutten im Mixer der Küchenmaschine zerkleinern und mit dem Wein oder Wasser zusammen 20–30 Minuten unter mehrmaligem Rühren aufkochen. Die Hagebutten durch ein Sieb streichen.

Hagebuttensirup

Zutaten:
500 g Hagebutten
1 l Wasser
500 g Zucker

Zubereitung:
Die geputzten, gewaschenen und entkernten Hagebutten gut zerkleinern, zusammen mit dem Wasser aufkochen und zwanzig Minuten köcheln lassen. Durch ein sehr feines Sieb oder Baumwolltuch abseihen. Den Saft mit dem Zucker zusammen langsam unter Rühren wieder erwärmen. Den Sirup heiß in Gläser abfüllen und diese sofort verschließen.
Tipp: wie Rosensirup zum Aromatisieren von Fruchtsalat, Eis u. a. verwenden. Mit gekühltem Sekt aufgefüllt ein sommerlicher Aperitif. Der Sirup lässt sich einfrieren.

Hagebuttenlikör

Zutaten:
500 g Hagebutten (geerntet nach dem ersten Frost)
150 g Kandiszucker
1 Flasche Kirschwasser
Zubereitung:
Die geputzten, gewaschenen und entkernten Hagebutten zerstampfen (oder im Mixer der Küchenmaschine zerkleinern) und mit Kandiszucker und Kirschwasser in ein Gefäß füllen. Gut verschließen und mehrere Wochen durchziehen lassen. Dann den Likör durch ein feines Sieb gießen und in Flaschen abfüllen. Nach vier Monaten Lagerzeit ist der Hagebuttenlikör genussreif.

Hagebuttenwein

Zutaten:
4 kg Hagebutten
2 kg Zucker
5 l Wasser
Zubereitung:
Die geputzten, gewaschenen, entkernten und halbierten Hagebutten in einen Glasballon oder eine große Flasche füllen. Zucker im Wasser auflösen und über die Hagebutten gießen. Den Behälter verschließen (Vorsicht, durch die Gärung entsteht Druck!) und an einen warmen Ort stellen. Sechs Monate gären lassen, ab und zu schütteln. Dann den Wein durch ein Tuch filtern und in Flaschen füllen. Im Keller noch einige Wochen ruhen lassen.

Hagebuttenkonfitüre

Zutaten:
500 g Hagebutten
½ l Wasser
Zucker
Schale einer unbehandelten Zitrone
Zubereitung:
Die geputzten, gewaschenen und entkernten Hagebutten mit dem Wasser übergießen und einen Tag stehen lassen. Die mürbe gewordenen Früchte mit dem Einweichwasser erhitzen, so lange kochen lassen, bis sie weich sind, und dann durch ein feines Sieb streichen. Das Fruchtmark abwiegen, die gleiche Menge Zucker und die Zitronenschale hinzufügen, das Ganze nochmals erhitzen und unter Rühren zehn Minuten kochen. Die Konfitüre in heiß ausgespülte Gläser füllen und diese sofort verschließen.

Hagebuttenhonig

Zutaten:
Hagebutten in gewünschter Menge
Wasser
Zucker
Zubereitung:
Die geputzten, gewaschenen und entkernten Hagebutten mit Wasser bedecken, zum Kochen bringen und weich kochen. Durch ein

■ Hagebuttenkonfitüre ist ein erlesener, inhaltsreicher Brotaufstrich für Kenner und Gourmets.

feines Sieb streichen. Das Fruchtmark mit dem Kochwasser mischen, abmessen und für jeden Liter Flüssigkeit 1 kg Zucker zugeben. Die Mischung erhitzen und so lange einkochen, bis sie die Sämigkeit von Honig erreicht hat. In heiß ausgespülte Gläser füllen und diese sofort verschließen.

Hagebutten-Chutney

Zutaten:
200 g Hagebutten
200 g Äpfel
200 g Zwiebeln
3 Knoblauchzehen
200 g Tomaten
200 g Zucchini
100 g Sultaninen
400 g brauner Zucker
¼ l Weinessig
gemahlener Zimt
gemahlenes Piment
Cayennepfeffer

Zubereitung:
Die Hagebutten putzen, waschen und entkernen, Äpfel, Zwiebel und Knoblauchzehen schälen, die Tomaten heiß überbrühen und häuten, die Zucchini putzen und waschen. Alle Zutaten klein schneiden, die Knoblauchzehen zerdrücken. Mit den übrigen Zutaten in einem großen Topf unter ständigem Rühren langsam erhitzen. Auf kleiner Flamme köcheln lassen, bis das Chutney eine sämige Konsistenz angenommen hat. Heiß in Gläser füllen und diese sofort verschließen. Kühl aufbewahren und noch einige Wochen durchziehen lassen.

Hagebuttenbaisers

Zutaten:
2 EL Hagebuttenmark (siehe Seite 132)
500 g Zucker
Schale einer halben unbehandelten Zitrone
1 Eiweiß

Zubereitung:
Das Hagebuttenmark mit 250 g Zucker und der fein gehackten Zitronenschale schaumig rühren. Das Eiweiß sehr steif schlagen und zusammen mit dem restlichen Zucker unterheben. Mit zwei Löffeln kleine Häufchen auf ein Backblech setzen und diese im Backofen bei sehr schwacher Hitze (ca. 125° C) trocknen lassen.

Hagebuttenmakronen

Zutaten:
4 Eiweiß
250 g Puderzucker
2 EL Hagebuttenmark (siehe Seite 132)
375 g gemahlene Mandeln
evtl. Backoblaten

Zubereitung:
Das Eiweiß sehr steif schlagen und vorsichtig den gesiebten Puderzucker unterrühren. Hagebuttenmark, Mandeln und zwei Esslöffel des Eischnees zu einem Teig kneten. Mit zwei Teelöffeln jeweils ein kleines Häufchen auf eine Oblate oder direkt auf ein mit Backpapier ausgelegtes Blech setzen, in die Mitte eine Vertiefung drücken und mit Eischnee füllen. Die Makronen etwa 35 Min. bei leichter Hitze (125–150 °C) hellbraun backen.

Hagebuttenkompott

Zutaten:
500 g Hagebutten
500 g Zucker
Zimt
Schale einer unbehandelten Zitrone
Wasser

Zubereitung:
Die geputzten, gewaschenen und entkernten Hagebutten zusammen mit Zucker, Zimt, der in feine Streifen geschnittenen Zitronenschale und wenig Wasser aufkochen und köcheln lassen, bis die Früchte weich sind. Mit einem Schaumlöffel herausheben und in Gläser füllen, den Sirup so lange weiter einkochen, bis er dickflüssig geworden ist. Über die Hagebutten gießen und Gläser verschließen.
Tipp: als leichtes Gericht zu Hefeklößchen oder gebackenen Nudeln. Als Dessert mit Sahne oder Vanilleeis servieren.

Hagebuttensauce

Zutaten:
6 EL Hagebuttenmark (siehe Seite 132)
½ l Wasser
1 EL Speisestärke
Rotwein
Zitronensaft
Zucker
Salz
Senf

Zubereitung:
Das Hagebuttenmark zusammen mit dem Wasser zum Kochen bringen und mit der in wenig Wasser angerührten Speisestärke binden. Die Sauce mit Wein, Zitronensaft und den Gewürzen pikant abschmecken.
Tipp: zu Fondue, gegrilltem Fleisch oder Braten reichen.

Hagebuttensalat

Zutaten:
250 g getrocknete Hagebutten
½ l Wasser
125 g Zucker
5 EL Zitronensaft
3 EL Johannisbeersaft
einige Senfkörner

Zubereitung:
Die Hagebutten in dem Wasser über Nacht einweichen. Dann beides zum Kochen bringen und so lange köcheln lassen, bis von der Flüssigkeit nur noch drei bis vier Esslöffel übrig sind. Nun den Zucker untermischen und mit dem Zitronen- und Johannisbeersaft beträufeln. Mit den zerstoßenen Senfkörnern bestreuen und abkühlen lassen.
Tipp: zu dunklem Bratenfleisch reichen, ähnlich wie Preiselbeeren verwenden.

HEILPFLANZE ROSE

Seit dem Altertum werden Wildrosen für medizinische Zwecke genutzt. Plinius der Ältere berichtet 77 n. Chr. von 32 Krankheiten, die durch die Kraft der Rosen zu heilen seien. Aus Wurzeln, Blüten, Früchten, Blättern bereitete man die verschiedensten Heilmittel, die die frühe Medizin von den Jahreszeiten unabhängig machte. Nicht nur im Frühjahr und Sommer, wenn die Rosen blühten und Blätter trugen, konnte man ihre Kraft nutzen – durch die aus ihren Bestandteilen hergestellten Medikamente standen sie das ganze Jahr über zur Verfügung.

Zahlreiche medizinische Rezepturen, in denen die Ingredienz »Rose« zu finden ist – allein oder gemischt mit bis zu zwanzig Kräuterarten – belegen die Funktion der Rose als wichtige Stütze der frühen Medizin. Man versuchte mit ihr Magen-, Kopf-, Zahn- und Wundschmerzen zu kurieren, Schlaflosigkeit zu lindern, gar den Geist bei Geisteskrankheiten zu »reinigen«. Frische Rosenblätter legte man zwecks Kühlung auf geschwollene Augen und Brandwunden. Im Orient schrieben arabische Ärzte den Rosen in erster Linie eine stopfende Wirkung zu. Die Mönche in Europa verfeinerten die Methoden zur Herstellung von Säften, Sirup, Honig, Tinkturen und Salben immer mehr; zahlreiche Kapitel in alten Klosterbüchern legen hiervon Zeugnis ab. Die christliche Symbolik der Rose erhöhte zusätzlich den Wert dieser Pflanze.

Ein Ausschnitt aus der Abhandlung »Herbolario vulgare«, 1522 in Venedig erschienen, dokumentiert eindrucksvoll die Allgegenwärtigkeit des Heilmittels Rose: »Rosenzucker … hilft, wenn der Darm geschunden ist, … ebenfalls gegen Erbrechen. Rosensirup wird Melan cholikern und geschwächten Cholerikern verschrieben. Bei entzündeter Leber reibe die Leber und bei Kopfweh Stirne und Schläfen mit Rosenöl ein. Bei Geschwüren im Mund hilft Rosenhonig mit Rosenwasser vermischt. Bei Herzbeklemmung und Herzleiden trinke man Rosenwasser, und dasselbe benütze man auch, um das Gesicht zu waschen.«

Pierre Joseph Buchoz (1731–1807) – ein französischer Allround-Vielschreiber, der weniger durch profunde Kenntnisse als durch spektakuläre Medizinprosa auffiel –, empfahl

■ Hagebuttentee gehört seit Urzeiten zur Hausapotheke unserer Vorfahren.

später sogar: »Die Damen der Provence trinken bei hysterischen Anfällen ein Getränk aus drei Unzen Rosenwasser und gleich viel Orangenblütenwasser, in dem über kleinem Feuer ein Zuckerwürfel aufgelöst wurde.« Apropos Rosenwasser: Als Aqua Rosarum kam es oft als Geschmacks- und Geruchsverbesserer unangenehm schmeckender oder übel riechender Medizin zum Einsatz.

Offenbar gab es kaum ein Gebrechen, das nicht mit der Heilkraft der Rose zu kurieren gewesen wäre. Das erklärt auch, warum vor gut 600 Jahren in Provins, einem Ort in der Nähe von Paris, damit begonnen wurde, großflächig die halbgefüllte Apotheker-Rose, *Rosa gallica* 'Officinalis', anzubauen. Der Sortenname leitet sich von der Bezeichnung für die mittelalterlichen Apotheken, der »Offizin«, ab. Anfangs wurden die dort gewonnenen Rosenblüten hauptsächlich als Medizin verwendet. Nach und nach gewann jedoch die Herstellung erstklassigen Rosenöls an Bedeutung. Links und rechts der Hauptstraße standen in Provins eine beachtliche Anzahl von Drogerien und Apotheken, die ihre Produkte in alle Welt verschickten. Und zwar noch bis in die Mitte des letzten Jahrhunderts – 1860 wurden u. a. 36 Tonnen Rosenblüten nach Amerika exportiert. Von den vielen alten Rezepturen haben sich vor allem diejenigen rund um die Hagebutte bis in unsere Tage erhalten. Auf den vorhergehenden Seiten wurden bereits zahlreiche Hagebuttenrezepte vorgestellt. Nachgereicht werden soll nun die Zubereitung einiger Tees.

Hagebuttentee

Die Hagebutten für den Tee werden im Herbst gesammelt, halbiert und entkernt, dann getrocknet und trocken gelagert. Zur Zubereitung des Tees setzt man sie mit Wasser kalt an. Man lässt sie etwa 10 Minuten kochen und dann 15 Minuten ziehen. Auf eine Tasse Wasser kommt etwa ein gehäufter Teelöffel Hagebutten.

In getrocknetem Zustand enthalten die Hagebutten zwar nur noch wenig Vitamin C, dafür aber eine große Palette anderer wichtiger Inhaltsstoffe. Wie schon Heilpfarrer Kneipp lobend erwähnte, wirken diese heilend bei Blasen- und Nierenleiden, Rheuma und Gicht. Vorzüglich eignet sich der Tee auch als wohlschmeckende Vorbeugungsmaßnahme während der winterlichen Erkältungszeit. Um den Vitamin-C-Gehalt zu erhöhen, kann man einen Schuss Zitronensaft unterrühren. Das Beimischen von Lindenblüten – zu gleichen Teilen wie die Hagebutten – verstärkt die erkältungslindernde Wirkung dieses Haustees.

Kernlestee

Auch aus den Kernen der Hagebutten lässt sich ein wirkungsvoller, wohltuend nach Vanille schmeckender Tee brühen. Für den Kernlestee werden die haarigen Kerne im Backofen bei geringer Hitze so lange getrocknet, bis die Härchen abfallen. Man gibt zwei Teelöffel zerstoßene Kerne auf eine Tasse Wasser. Wie bei den getrockneten Hagebutten wird etwa 10 Minuten aufgekocht. Versüßen lässt sich der Tee mit einem Schuss Honig.

Der Kernlestee gilt in der Volksmedizin als besonderer Gesundheitstee. Man nimmt ihn bei Husten und Erkältungskrankheiten ein. Nebenwirkungen der Hagebuttentees sind zwar sehr selten, eine Quelle berichtet jedoch nach Dauergebrauch von Allergien, die bei einem Patienten auftraten.

Schlafäpfel

Die Rosengallwespe verursacht an Rosentrieben moosähnliche, deutlich sichtbare Wucherungen, die sogenannten Schlafäpfel, die durch ihre haarartigen Auswüchse auffallen. Die bis zu fünf Zentimeter großen Schlafäpfel, im Mittelalter als *Fungus Rosae* bezeichnet, legte man früher Kindern als Schlafmittel unter das Kopfkissen.

Rosen für die Körperpflege

Besonders wegen ihres verlockenden Duftes wurden Rosen bereits vor Jahrtausenden als Kosmetika geschätzt. Pflegeprodukte aus Rosen verwöhnen die menschliche Haut auf unnachahmliche Art und Weise. Mit Rosenwasser verfeinerte man allerlei Dinge, besprenkelte Türschwellen, Kleidungsstücke oder auch die Haare. Heute veredelt die Zugabe von wertvollem Rosenöl Salben, Cremes, Lotionen oder Shampoos.

Kosmetisches Rosenwasser

Man kann es kaufen, aber auch selbst herstellen. Frische Blütenblätter von besonders duftenden, ungespritzten Rosenblüten kommen in eine Schale und werden mit kochendem Mineralwasser übergossen. Anschließend fügt man reinen oder hochprozentigen Alkohol hinzu. Man rechnet etwa einen Teil Alkohol auf zehn Teile Wasser. Das Ganze lässt man ziehen und seiht es dann in sterilisierte Flaschen ab. Bevor die Flaschen verschlossen werden, gibt man noch einige frische Blütenblätter zum Rosenwasser.

Rosen-Gesichtswasser

Ein besonders feines und edles Rezept für ein spezielles Rosen-Gesichtswasser lautet wie folgt: Man mischt zu gleichen Teilen Rosen-, Orangenblüten- und Hamameliswasser mit reinem Alkohol. Die Zutaten sind in der Apotheke erhältlich oder werden – wie das Rosenwasser – selbst gemacht.

Rosen-Schönheitswasser

Gerste wird in Wasser weich gekocht, anschließend der Gerstensaft abgeseiht. Mit gleichen Teilen Rosenwasser vermischt, kommen auf 100 g Wasser etwa 25 g reiner Alkohol. Das Schönheitswasser bewahrt man in gut verkorkten Flaschen auf.

Rosen-Handcreme

Man braucht 2 Esslöffel frische Rosenblütenblätter, 4 Esslöffel Mandelöl, 8 Esslöffel Lanolin, 4 Esslöffel Glyzerin und mehrere Tropfen Rosenöl. Alle Zutaten gibt es zu kaufen, die Herstellung von Rosenöl ist im Kapitel »Duftrosen« beschrieben (siehe Seite114 ff.). Die Feuchtigkeitscreme wird folgendermaßen hergestellt: Die Blütenblätter mit heißem Mineralwasser übergießen; das Ganze lässt man etwas ziehen und anschließend abkühlen. Glyzerin, Lanolin und Mandelöl bringt man vorsichtig in einem Glas, das im Wasserbad steht, zum Schmelzen. Nun wird die Masse gründlich und gleichmäßig mit den trockengetupften, klein gehackten Blütenblättern unter Zugabe des Rosenöls verrührt.

Rosen-Badeöl

Es gibt sehr viele Badeöle mit Rosenaroma zu kaufen, jedoch befriedigt deren Wirkung und Duft nicht immer. Wer ein mit Sicherheit luxuriöses und entspannendes Bad in duftenden Rosen nehmen möchte, nutzt folgende Rezeptur: Drei Teile Glyzerin werden mit einem Teil Rosenöl gemischt. Die Mischung füllt man in eine dekorative Flasche ab, die man verkorkt im Bad lagert. Für die Zubereitung des Bades entnimmt man einen Löffel der wertvollen Essenz und hält ihn unter das einlaufende heiße Wasser. Nach dem Bad benetzt man den Körper mit kühlendem Rosenwasser. Schon Kleopatra soll auf diese Art und Weise königliche Bäder genossen haben.

Rosen-Badesäckchen

Die Römer höchster gesellschaftlicher Schichten schätzten Duftsäckchen, die sie, gefüllt mit Rosenblütenblättern, in ihrer Kleidung mittrugen. Man kann diese Säckchen aus Baumwolle oder Musselin auch zur Aromatisierung ins Badewasser werfen. Die Blütenblätter werden, wie im Kapitel »Floristikrosen« unter dem Stichwort »Duftpotpourris« beschrieben (siehe Seite 124), getrocknet und präpariert. Zusätzlich erhöht die Beigabe anderer Kräuter wie Lavendel oder Rosmarin die duftende Wirkung.

Rosen-Dampfbad

Einfach und effektiv ist die entspannende Behandlung der Gesichtshaut mit Rosendampf. Menschen mit normaler oder fettiger Haut können die wohltuenden, duftenden Gesichtssaunen nutzen. Wer empfindliche Haut hat, sollte besser darauf verzichten. Man gibt einfach eine oder zwei Handvoll duftende, unbehandelte Blütenblätter in eine Schüssel mit heißem Wasser, lässt sie kurz ziehen und hält anschließend das Gesicht über die aufsteigenden, nicht zu heißen Dämpfe. Wenn man dabei ein Handtuch über Kopf und Schüssel legt, wirken die rosigen Dämpfe noch intensiver auf die Gesichtshaut. Die Poren öffnen sich, die Haut wird gereinigt und erfrischt. Durch Zugabe von einigen Tropfen Rosenöl lässt sich die wohltuende Wirkung des Rosen-Dampfbads noch steigern. Abschließend wird die Gesichtshaut zur Abkühlung mit Rosen-Gesichtswasser betupft.

■ Rosenwasser für die Körperpflege.

Die Praxis

Beim Kauf ist die Rose zunächst nur ein Stück Holz, an das große Erwartungen geknüpft werden. Damit diese sich erfüllen und das Supergehölz Rose seinem Namen alle Ehre machen kann, gilt es, einiges rund um das Pflanzen und Pflegen zu beachten.

DER ROSIGE STANDORT – EIN PLATZ AN DER SONNE

Rosen brauchen Sonne und Luft. Wer diese Formel beherzigt, hat den ersten Schritt zur Erfüllung seiner rosigen Gartenträume getan. Die Wahl des passenden Standortes für die gewünschte Rosensorte – oder, besser gesagt, die Wahl der passenden Rosensorte für den vorhandenen Standort – entscheidet maßgeblich über den Erfolg mit dem Gestaltungsstoff Rose.

Einfach gesagt, denkt sich der Gartenfreund – aber wie kann ich beurteilen, ob der in meinem Garten vorgesehene Standort für eine Rosenpflanzung geeignet ist, die mir über Jahre hinweg viel Freude und wenig Ärger machen soll? Worauf muss ich achten? Welche Regeln soll ich beherzigen?

Wie so oft, gibt es keine Patentrezepte. Dies liegt daran, das sich die **Standort-Gleichung** aus mehreren Faktoren zusammensetzt, die sich gegenseitig bedingen. In der Erfolgsformel für problemlose Rosenpflanzungen sind dies insbesondere die Faktoren Licht, Boden, Klima und Sortenrobustheit. Andert sich einer dieser Werte, beeinflusst dies die Summe, es sei denn, ein anderer Wert wirkt ausgleichend entgegen. In der Regel wachsen Rosen in jedem kultivierten Gartenboden, in dem auch andere Ziersträucher gedeihen.

Licht

Rosen lieben Sonne. Zwar variieren der Sonnenbedarf und die Hitzeverträglichkeit der einzelnen Arten und Sorten, aber Rosen bleiben trotz aller artspezifischen Unterschiede Sonnenkinder. Ihre jeweiligen Ansprüche hängen u.a. von der Genetik, der Blattgröße und den allgemeinen Standortbedingungen ab.

Genetik: Betrachtet man das ausgedehnte Verbreitungsgebiet der Gattung *Rosa* und ihrer vielen Arten, wird klar, dass durch die eingekreuzten Wildarten sehr unterschiedliche Lichtansprüche in die Genetik einer Kultursorte gelangt sein können. Beispielsweise sind Wildrosenformen aus polnaher Heimat auf eine kurze Sommerperiode mit langen Tagen eingestellt. Rosenzüchter berücksichtigen bei ihrer Kreuzungsarbeit diese Gegebenheiten und prüfen während langjähriger Selektionsprozesse, ob eine neue Sorte dem hiesigen Klima entspricht. Alle in diesem Buch beschriebenen Rosensorten wurden daraufhin ausgewählt und haben sich in unserem Klima bewährt.

Blattgröße: Rosen sind Sonnenanbeter, aber nicht alle Sorten vertragen »hundstägliche« Hitze gleichermaßen. Im Allgemeinen zeigen kleinlaubige Sorten, wie sie beispielsweise in der Gruppe der Flächenrosen zu finden sind, eine größere Hitzetoleranz und gedeihen auch in exponierten Südlagen.

Standortbedingungen: Sonnige Standorte bieten den wichtigen Blatt- und Blütentreibstoff Licht in großzügigen Mengen. Zudem trocknen nasse Blätter schneller ab, was wiederum den Befallsdruck durch Pilzkrankheiten erheblich mindert. Vorsicht ist aber beim Pflanzen von Rosen vor **heißen Südwänden** geboten. Normalerweise treffen die Strahlen der Sonne nur die Oberseiten der Pflanzenblätter. Hitzespeichernde Mauern und gepflasterter oder betonierter Boden ringsum reflektieren aber die Sonnenstrahlen, sodass eine hohe Strahlendosis indirekt auch die Blattunterseiten trifft – trotz guter Sonnenverträglichkeit können die Blätter in der Folge regelrecht verbrennen, vor allem, da die kühlende, strahlenbindende Erdoberfläche fehlt. Problematisch sind solche Standorte auch aufgrund ihrer hohen Lufttrockenheit.

■ Rosen sind Sonnenkinder, die einen luftigen Standort lieben. Niemals Rosen unter die Kronentraufe großer Bäume pflanzen. Reflexion vor Südwänden können zu Laubverbrennungen führen.

Boden

Rosen lieben tiefgründigen, sandig-lehmigen Boden mit ausreichendem Humusanteil. Viele Bücher beschreiben beim Thema Boden die Eigenschaften der reinen Sand-, Ton- und

Humusböden. Diese reinen Böden trifft man jedoch nur sehr selten im Garten an. Vielmehr ist das Wissen um Bodenmischformen und ihre Komponenten von großer Bedeutung für die Bewertung der physikalischen Eigenschaften des Bodens.

Ein guter Rosenboden ist immer ein gelungenes Teamwork von Humus, Lehm und Sand, in dem keine Komponente eine extreme Vorrangstellung einnimmt. In welche Richtung der Boden des eigenen Gartens tendiert, zeigt die Spatenprobe. Lässt sich der Boden mühelos umgraben, handelt es sich um einen eher leichten, sandigen Boden. Wird das Umgraben schnell zur schweißtreibenden Sportübung, liegt ein schwerer Boden mit höheren Ton- bzw. Lehmanteilen vor.

Die Kultur von Rosen auf ausgesprochenen Sandböden mit schlechter Wasser- und Nährstoffspeicherung erfordert einen hohen Bewässerungs- und Pflegeaufwand und ist nur nach einer gründlichen Bodenverbesserung sinnvoll. Der Humusanteil muss deutlich und langfristig auf mindestens acht Prozent erhöht werden. Sie müssten also vor der Pflanzung entsprechende Mengen gereiften Gartenkomposts in den Boden einarbeiten.

Eine Verbesserung bringt auch die Beimischung von **Bentonit,** einem Bodenhilfsstoff, der als Katzenstreu preiswert zu bekommen ist. Ist eine Bodenverbesserung nicht möglich, können Sie auf Strauchrosen zurückgreifen. Vitale Strauchrosen gleichen Bodenarmut gut aus. Sie wachsen auf Sand wie niedrige Beetrosen und ermöglichen damit eine vertretbare Rosenkultur.

Humus: Humus hat eine dunkle Farbe und besteht aus organischem Material. Entstanden aus abgestorbenen Organismen, besitzt er die Fähigkeit, zusammen mit den Tonanteilen des Bodens als Partnern wichtige Nährstoffe für die Rosen festzuhalten und nach und nach abzugeben. In humusreichen Böden herrscht ein aktives Bodenleben, sie sind gute Feuchtigkeitsspeicher und erwärmen sich leicht. Der Humusgehalt sollte bei eher sandbetonten Böden bei etwa acht Prozent liegen, schwere Lehmböden kommen dagegen bereits mit einem Gehalt von drei Prozent aus. Mit dem Einarbeiten von Gartenkompost vor der Pflanzung kann der Humusgehalt erhöht werden.

Lehm: Ein hoher Lehmanteil sorgt mit seinen Tonteilchen für eine große innere Oberfläche des Bodens, die viele Nährstoffe binden kann – eine Grundvoraussetzung für wüchsige Rosen. Ein zu hoher Lehmanteil verringert jedoch die Wasserdurchlässigkeit und Durchlüftung des Bodens. Er wird zu einem nasskalten, nur mühsam zu bearbeitenden Klumpen, der in Trockenzeiten verkrustet und hart wie Beton wird.

■ Rosen als Tiefwurzler bevorzugen einen tiefgründigen, aktiven Boden.

Sand: Sand lockert mit seiner Grobkörnigkeit lehmige und tonige Böden auf, sorgt für bessere Durchlüftung und guten Wasserabfluss.

Tiefgründigkeit: Rosen sind Tiefwurzler. Das heißt, sie verankern sich im Boden mithilfe einer tief nach unten wachsenden, teilweise einige Meter langen Pfahlwurzel. Trifft diese Wurzel bereits in den oberen Bodenschichten auf eine unüberwindliche Sperre, leidet die Pflanze und zeigt einen nur kümmerlichen Wuchs. Vor allem in Neubaugärten sollte die Tiefgründigkeit überprüft werden, da dort bisweilen Mutterboden auf verdichtetem Bauschutt aufgeschüttet wurde. Eine durchwurzelbare Bodenschicht von mindestens 60 bis 80 cm ist für eine erfolgreiche Rosenpflanzung unbedingt notwendig. Bevor der Garten endgültig angelegt wird, unterstützt eine Gründüngung die Aktivierung des Bodenlebens.

Groß-, Lokal- und Kleinklima

Das Klima, der für ein bestimmtes Gebiet charakteristische Verlauf der Witterung innerhalb des Jahres, setzt sich aus Temperatur, Niederschlagsmenge, Luftfeuchtigkeit, Luftreinheit, Tageslänge, Dauer der Sommerperiode, Luftbewegung und Intensität der Sonnenstrahlen zusammen. Großflächig lässt es sich nicht beeinflussen.

Großklima: Denkt man an die »mediterrane« Pfalz mit ihren milden Wintern um Freinsheim und vergleicht diese »deutsche Toskana« mit der »arktischen Kälte« eines Winters in Sachsen, dann muss man konstatieren, dass ein einheitliches bundesrepublikanisches Großklima mit Blick auf die Rosen eigentlich nicht existiert. Deshalb sind bundesweite Sortenempfehlungen immer relativ und Missgriffe nicht ausgeschlossen.

Lokalklima: Ziel der Sortenvorgabe sollte es deshalb sein, möglichst vielen Lokalklimaten, die sich auf eine Region beziehen, in ihrem Durchschnitt gerecht zu werden. Durch landschaftsprägende Eigenarten, etwa Seen oder Gebirgszüge, entstehen aber auch regional z. T. gewaltige Standortdifferenzen. So liegen beispielsweise im Schwarzwald die Hochlagen des Feldberges und die wärmeverwöhnten Tallagen um Freiburg nur wenige Luftkilometer auseinander. Trotzdem sind beide vollkommen unterschiedliche Standorte, für die verschiedene Rosensorten zu empfehlen sind. Rat bei der Sortenauswahl geben in solchen Fällen die am Ort ansässigen Gärtnereien oder Baumschulen.

Kleinklima: Dieser Begriff bezeichnet das Klima auf engstem Gartenraum. Während sich Groß- und Lokalklima nicht durch Menschenhand steuern lassen, kann der Gartenfreund im eigenen grünen Refugium viel zu einem rosigen Kleinklima beitragen – besonders, wenn er weiß, welche Kleinklimate Rosen nicht sehr behagen.

Ein solches Kleinklima mit negativer Auswirkung auf Rosen wurde bereits beim Thema Licht unter dem Stichwort **»Heiße Südwand«** dargestellt (siehe Seite 140). Ungewöhnlich hohe Temperaturen können auch auf südlichen Hanglagen erreicht werden. Nur hitzeunempfindliche Rosensorten sind für diesen Standort geeignet.

Kümmernde Rosen auf »rosenmüdem« Boden

Ein weiteres für Rosenpflanzungen mit Risiken behaftetes Kleinklima findet sich in beengten, **luftstillen Ecken,** in denen kein ausreichender Luftaustausch stattfindet. Diese Nischen sind beliebte Aufenthaltsorte für Pilze, insbesondere Echten Mehltau, aber auch für Schädlinge wie die Blattläuse, die sich dort als anhängliche Rosenliebhaber zeigen.

Unter der **Kronentraufe** alter, großkroniger Laubbäume existiert ein anderes Kleinklima mit Folgen für die Rose. Im Tropfbereich der Baumkronen kann das Laub der Rosenpflanzen durch die erhöhte Luftfeuchtigkeit nicht rasch genug abtrocknen und bietet einen idealen Nährboden für Mehltau- und Sternrußtaupilze. Nebellagen fördern durch ihre extrem hohe Luftfeuchtigkeit ebenfalls den Pilzdruck. Jedoch sind diese Lagen nicht mit Standorten in niederschlagsreichen Gebieten in einen Topf zu werfen und grundsätzlich als rosenungeeignet einzustufen. Es lassen sich durchaus geeignete »Regenrosen« finden (siehe Seite 103), vorausgesetzt jedoch, der ausgewählte Standort ist zugleich windumspielt, sodass das Blattwerk rechtzeitig abtrocknen kann.

Auch das Kleinklima halbschattiger Standorte gilt in der Regel als der Rose nicht besonders zuträglich. Eine überlegte Sortenwahl robuster Züchtungen macht es dennoch möglich, auch hier Rosen zu pflanzen (siehe Seite 104). Zu guter Letzt bergen Senken, in denen sich Kaltluft sammelt, erstens ein erhöhtes Überwinterungsrisiko und zweitens eine hohe Spätfrostgefahr für die Neuaustriebe von Rosen. Die jungen, weichen Triebe vertragen nur kurzfristig wenige Minusgrade. Dies gilt auch für die Austriebe von an sich besonders frostharten Rosen wie den Rugosa-Hybriden. Diese Zusammenstellung zeigt, dass Rosen keine klimatischen Extreme favorisieren. Hinweise auf Sorten, die derartigen Sonderstandorten dennoch trotzen, finden sich im Kapitel »Die Rose für besondere Standorte« (Seite 100 ff.).

»Bodenmüdigkeit« (Nachbaukrankheit)

Die Bodenmüdigkeit bei Rosen ist ein komplexes, bisher nicht völlig geklärtes Phänomen. Sie kann auftreten bei Nachpflanzungen von Rosen auf einer Fläche, auf der bereits Rosen, aber auch andere Vertreter der großen Familie der Rosengewächse (Rosaceae) – beispielsweise Äpfel und Birnen – gestanden haben. Dabei ist nicht der Boden »müde« – im englischsprachigen Raum benennt man das Problem treffender mit *replant-disease* (Nachbaukrankheit) –, sondern es kommen vielfache Wechselwirkungen von Bakterien, Nematoden und Substanzen, die die Wurzeln der Vorgänger-Rosaceaen ausgeschieden haben, beim erneuten Pflanzen von Rosen an derselben Stelle derart zum Tragen, sodass die frisch gepflanzten Rosen einen Minderwuchs zeigen. Vereinfachend könnte man sagen, dass sich Rosen im »Abfall« ihrer Vorgänger nicht besonders wohlfühlen.

Dass alte, eingewurzelte Rosen viele Jahrzehnte am gleichen Standort bestens wachsen können, ohne dass »Bodenmüdigkeit« auftritt – man denke nur an die über 600 Jahre alte Rose am Hildesheimer Dom –, erklärt sich dadurch, dass die tief gehenden Wurzeln alter Pflanzen den Nährstoffen hinterherwachsen, und zwar in immer abgelegenere Schichten, die noch »rosenfrisch« sind. In der Natur wachsen Rosen in der Regel nicht in bereits von den Wurzeln früherer Rosenpflanzen durchdrungene Bereiche hinein; »Nachpflanzungen« menschlicher Prägung sind in der Entwicklungsgeschichte der Rosen nicht vorgesehen.

Was ist bei Bodenmüdigkeit zu tun? Auch auf müden Böden ist mithilfe eines Erdaustausches eine Rosenneupflanzung erfolgreich möglich. Dafür wird die Erde bis zu 50 cm tief ausgehoben und durch neuen, rosenfrischen Boden ersetzt.

WORAUF BEIM ROSENKAUF ACHTEN?

Die Rosenanbieter leben vom Verkauf ihrer Ware. Jeder preist seine Rosen verständlicherweise so gut er kann, zeigt in den bunten Katalogen die Sorten von ihrer jeweils schönsten Seite. Diese Fotos verfehlen erfahrungsgemäß nicht ihre Wirkung und verleiten zum spontanen Rosenkauf. Viele Roseneinsteiger erwerben auf diese Art und Weise ihre ersten Rosen – und sind enttäuscht, wenn die Sorte ihren Erwartungen nicht entspricht, wenn sie beispielsweise in Farbe und Wuchsform mit anderen Gartenpflanzen nicht harmoniert oder gar krank wird. Schuld daran ist dann natürlich die Rosensorte.

Rosenkauf

Dabei gibt es eigentlich keine »falschen« Rosen – es passen nur häufig vorhandener Standort und ausgewählte Rose nicht zueinander. Und da es leichter ist, die Rosenauswahl dem gegebenen Standort anzupassen als umgekehrt, ist die Frage nach den Standortverhältnissen die wichtigste überhaupt: Welche Lichtverhältnisse herrschen? Müssen robustere Sorten gewählt werden, weil der Standort nicht optimal ist? Ist auf Fernwirkung zu achten oder werden die Pflanzen in unmittelbarer Nähe des Betrachters stehen? Welche Farbe haben die Blüten der umgebenden Pflanzen? Wie groß darf die Rose werden?

Bezugsquellen: Ist die Sortenwahl klar oder zumindest eingegrenzt, stellt sich die Frage nach den Bezugsquellen. Grundsätzlich lassen sich zwei Einkaufswege unterscheiden: entweder die Bestellung per Post oder der Einkauf direkt vor Ort.

Postversand: Die Rosenschulen bieten in Katalogen und Listen ihr Sortiment an. Die bekannten Anbieter sind traditionsreiche Firmen, die in der Regel nur Qualitätsware versenden und zuverlässig liefern. Obwohl Angebote und Farbkataloge ganzjährig verschickt werden, beschränkt sich die Auslieferung der Ware auf die üblichen Pflanzzeiten im Herbst und Frühjahr. Wer sich für bestimmte Neuheiten interessiert, sollte schon frühzeitig seine Wünsche anmelden und eine Reservierung vornehmen lassen, da neue Sorten – wie auch spezielle Raritäten – erfahrungsgemäß nicht in großen Stückzahlen vorliegen und schnell vergriffen sind. Und wer die Telefongebühren nicht scheut, kann sich mit sortenspezifischen Fragen auch direkt an die Anbieter wenden. Noch ein Hinweis: Bisweilen kommen mit der Post versandte Pflanzen terminlich unpassend beim Empfänger an. Eine **kurzfristige Lagerung** der ungeöffneten Verpackung an einem kühlen, aber frostfreien Ort – etwa in einer Garage – ist problemlos möglich. Falls bestellte Rosen während einer Dauerfrostperiode eintreffen, sollte man die Sendung ebenfalls an einem frostfreien Ort langsam auftauen lassen.

Vor-Ort-Einkauf: Ist die Sortenauswahl noch nicht ganz geklärt und intensivere Beratung erwünscht, empfiehlt sich der Gang in eine Baum- bzw. Rosenschule, ein Garten-Center oder ein Gartenfachgeschäft. Auch Baumärkte mit angeschlossener, gut sortierter Rosenabteilung sind eine Einkaufsmöglichkeit. Kritisch zu prüfen sind vermeintlich billige Angebote von namenlosen Rosen in Supermärkten, die auf Wühltischen wenig würdevoll und informationslos feilgeboten werden. Ohne das Wissen um die exakte Sorte wird die Pflanzung solcher Rosen zum Lotteriespiel, zahlreiche Nieten inbegriffen.

Direkt vom Erzeuger: Ein zusätzlicher Vorteil des Einkaufs bei Baumschulen, die selbst ihre Rosen anziehen, liegt darin, dass man sich während des Sommers, im Juli/August, die Wunschsorte *in natura* auf den Feldern anschauen kann. Ein Spaß für die ganze Familie, der sich mit einem Ausflug ins Grüne verbinden lässt. Der Eindruck, den die Pflanze auf dem Feld macht, sagt oft mehr als viele Bilder und zeigt auch die Blüten in ihrer natürlichen Farbe. Regional gezogene Pflanzware ist zudem auf die vorherrschenden Klima- und Bodenbedingungen abgestimmt, außerdem ist das Sortimentsangebot bewährt und in der Regel auf die lokalen Besonderheiten zugeschnitten.

Angebotsformen

Der Handel bietet Rosen in einer ganzen Reihe von Angebotsformen an. Dabei ist es unerheblich, um welche Art von Rose es sich handelt, ob sie als Busch oder als Stamm verkauft wird.

Grundsätzlich werden alle angebotenen Rosen im Herbst geerntet. Je nach der Form des Angebotes kommen diese Pflanzen jedoch zu recht unterschiedlichen Zeitpunkten in den Handel. Zur besten Pflanzzeit für die verschiedenen Angebotsformen siehe Seite 146.

■ Mittlerweile versenden Rosenschulen wie W. Kordes' Söhne in Spezialkartons auch blühende Containerrosen per Post.

Wurzelnackte Pflanzen: Der Verkauf von Rosen als wurzelnackte Ware ist die ursprünglichste und traditionsreichste Angebotsform der Baumschulen. Wurzelnackte Rosen sind »schlafende Schönheiten«, die sich im Zustand absoluter Winterruhe befinden. Der Kunde erkennt bei dieser verpackungsfreien Angebotsweise auf einen Blick die Qualität einer Pflanze. Man sollte aber unbedingt darauf achten, während und nach dem Einkauf im Herbst (ab Mitte Oktober) bzw. im zeitigen Frühjahr die ungeschützte Pflanzware – vor allem aber die feinen Wurzeln, die keine Rinde haben – vor direkter Sonnenbestrahlung und Trockenheit zu schützen. Bereits ein kurzes, offenes Liegen der Wurzeln in greller Sonne oder starkem Zugwind (z.B. im Einkaufswagen der Baumschule) kann zu irreversiblen Trockenschäden führen und das Anwachsen der Pflanzen ernsthaft infrage stellen.

Vorverpackte Rosen: Bei dieser Verpackungsform sind die Wurzeln in ein feuchtigkeitsspendendes Naturmaterial, beispielsweise Moos oder Pflanzerde, eingepackt, wodurch ein Austrocknen verhindert werden soll. Die so präparierte Rose kommt in einen Folienbeutel bzw. eine Kunststoffbox mit einem großen Farbbild, dessen Rückseite zahlreiche Pflanzinformationen für den Kunden enthält. Diese Angebotsform findet sich häufig in Garten-Centern oder Baumarkt-Gartenabteilungen. Solange es sich um frische Ware handelt, eine saubere Sache für den Selbstbedienungsverkauf. Die oberirdischen Triebe der Pflanzen sind bisweilen gewachst, um eine übermäßige Verdunstung zu verhindern. Nach dem Auspflanzen treiben die Rosenknospen durch das Wachs, deshalb braucht man es nicht zu entfernen. Man sollte das auch niemals mit Gewalt versuchen: die Beschädigungsgefahr ist einfach zu groß. Auch beim Öffnen der Wurzelverpackung muss man sorgsam zuwege gehen, da die Wurzel unter Umständen schon junge, zerbrechliche Feinwurzeln getrieben hat.

Wurzelballierte Rosen: Eine noch relativ neue Angebotsform, die für den Handel und den Gartenfreund etliche Vorteile birgt. »Wurzelballiert« heißt, dass die Wurzeln der Rose in einem Erdballen stecken, der von einem Karton oder einem Netz zusammengehalten wird. Das Netz ist zusätzlich mit einem feuchthaltenden Folienbeutel überzogen, der vor dem Pflanzen entfernt wird. Netz und Karton zersetzen sich im Boden und werden deshalb mitgepflanzt, sodass die bereits aktive Wurzel beim Pflanzvorgang nicht gestört und in ihrer Entwicklung zurückgeworfen wird. Die wurzelballierte Rose wächst ohne Unterbrechung weiter, auch wenn sie bereits belaubt ist und austreibt. Eine Angebotsform, die transportextensiv, abfallmindernd und ressourcenschonend ist und gleichzeitig den Umgang mit einer wachsenden Pflanze bis weit ins Frühjahr hinein ermöglicht.

Containerrosen: Diese Angebotsform bietet den unschlagbaren Vorteil, dass man die ausgewählte Sorte blühend und in ihrer wirklichen Farbe und Form vor dem Kauf sehen und sie außerdem das ganze Jahr über – außer bei Frost – pflanzen kann. Die Hauptangebotszeit mit der größten Sortimentsbreite liegt allerdings in den Monaten Mai, Juni und Juli, wenn die Pflanzzeit der wurzelnackten Rosen vorbei ist. Der impulsiven sommerlichen Gestaltung des Gartens und der Terrasse steht seit der Einführung der Rosen im Container nichts mehr im Wege.

Das Volumen der Kunststoff-Container liegt in der Regel zwischen zwei und fünf Litern. Wegen des höheren Kultur- und Transportaufwandes sind Containerrosen teurer als Rosen mit nackter Wurzel.

■ Links: verpackungsfrei: wurzelnackte Rose. Rechts: vorverpackte Rosen.

■ Links: Wurzelballierte Rosen dürfen beim Kauf bereits belaubt sein. Rechts: Containerrosen für die Sommerpflanzung

Qualität

Die Qualität einer Rosenpflanze lässt sich nicht von der Angebotsform ableiten und ist in jedem Einzelfall neu zu beurteilen. Die nachfolgend beschriebenen Qualitätskriterien gelten für alle Gartenrosen, gleich, ob sie wurzelnackt, vorverpackt oder getopft angeboten werden.

Die äußere Qualität: Pflanzen lassen sich nur schwer normen. Die Festlegung von Richtlinien, an denen sich die äußere Qualität einer Pflanze messen lassen soll, ist deshalb immer die Vorgabe einer Idealvorstellung, die sich bemüht, in der Praxis eine Hilfestellung zum Unterscheiden von guter und schlechter Ware zu leisten. Der Bund deutscher Baumschulen – der Berufsverband der Baumschulen mit Sitz in Berlin – formuliert für seine Mitgliedsbetriebe Gütebestimmungen für alle Baumschulpflanzen, so auch für Rosen. Diese Bestimmungen werden europaweit von anderen Berufsverbänden anerkannt und bis in alle Handelsstufen akzeptiert. Veredelte Rosen werden in **zwei Güteklassen** getrennt:

Buschrosen der **Güteklasse A** müssen neben einem gut verzweigten Wurzelwerk mindestens drei kräftige Triebe aufweisen, davon mindestens zwei aus der Veredlungsstelle entspringen müssen. Der dritte Trieb darf bis zu fünf Zentimeter über der Veredlungsstelle ansetzen.

Buschrosen der **Güteklasse B** müssen ebenfalls mit gut verzweigtem Wurzelwerk angeboten werden und mindestens zwei der Veredlungsstelle entspringende Triebe besitzen. Die Anzahl der Triebe sagt nichts über die innere Qualität und Wüchsigkeit einer Rose aus. In Jahren mit schlechteren Ernteergebnissen können durchaus überdurchschnittlich viele Rosen der Güteklasse B angeboten werden. Im guten Fachhandel sollte die Beachtung der Gütebestimmungen für Rosen und das Angebot ausschließlich unbeschädigter und sachgemäß behandelter Ware selbstverständlich sein.

Für **Stammrosen** gelten ebenfalls Gütebestimmungen, die neben der Triebzahl auch die Anzahl der vorhandenen Veredlungsstellen berücksichtigen. Der erfahrene Rosenkäufer achtet darauf, dass die Krone sich aus kräftigen Trieben zusammensetzt, die aus mindestens zwei Veredlungsstellen entspringen (Güteklasse A). Kronen mit lediglich einer Veredlungsstelle neigen zu einseitigem Wuchs, der sich später nur schwer korrigieren lässt.

Die innere Qualität: Die innere Qualität einer Rose lässt sich nicht messen und baut auf der umweltgerechten Kultur des Erzeugers und der sachgemäßen Behandlung der Ware im Handel auf. Vernünftig kultivierte Rosen zeigen festes Holz und glatte, pralle Triebe. Die Wurzeln sind nicht glasig und nach leichtem Ankratzen mit dem Fingernagel innen weiß. Vom Kauf von Rosen, die an ihren Trieben Rindenflecken zeigen, sollte man Abstand nehmen. Trockenschäden, ausgelöst durch unsachgemäße Behandlung auf den Handelswegen, signalisieren die Rosen durch eine eingeschrumpelte Rinde.

Spezielle Prüfungskriterien …

… **für vorverpackte Rosen:** Die sogenannte Supermarkt-Rose muss nicht grundsätzlich schlechter sein als wurzelnackte Ware. Vorausgesetzt, es handelt sich um frische, ausgereifte Pflanzen, die rasch verkauft und gepflanzt werden. Bei einem längeren, sich über Wochen hinziehenden Verbleib in der Folie leiden sie jedoch stark, vor allem wenn sie in geheizten, sehr warmen Räumen präsentiert werden. Die Folge ist ein vorzeitiges Austreiben der Knospen; innerhalb der Verpackung entwickelt die Rose helle, sehr lange Triebe. Solche stark vorgetriebenen Pflanzen reagieren im Garten empfindlich auf Frost und eine unsachgemäße Wurzelbehandlung. Ein Kauf dieser überständigen Tütenrosen ist daher nicht ratsam.

… **für Containerrosen:** Eine gute Containerrose hat einen Topf mit einem Mindestvolumen von zwei Litern und zeichnet sich durch eine gute Durchwurzelung ihres Ballens aus. Rosen, die nicht im Topf gewachsen und erst kurz vor dem Verkauf in die Container getopft wurden (man erkennt sie an den ungenügend durchwurzelten, wenig kompakten Ballen), rechtfertigen nicht den höheren Preis einer Containerrose und wachsen nach dem Pflanzen in der Regel nur zögerlich weiter.

■ Güteklassen A und B (oben Busch, unten Stamm).

RUND UM DAS PFLANZEN

Wann ist die beste Pflanzzeit? Früher war die Antwort klar, im Herbst wurden die meisten Rosen gepflanzt. Die Vorteile der Herbstpflanzung sind in den letzten Jahren durch die Allgegenwärtigkeit der Containerpflanzen jedoch etwas ins Hintertreffen geraten. Heute ist es möglich, 365 Tage im Jahr Pflanzen zu kaufen und auch zu pflanzen, vorausgesetzt, der Boden frostfrei.

Pflanzzeit

Rosen können, von Perioden mit Bodenfrost abgesehen, rund ums Jahr gepflanzt werden, da sie in irgendeiner der genannten Angebotsformen immer auf dem Markt zu finden sind. Jede Angebotsform hat jedoch ihre jeweils beste Pflanzzeit. Nachfolgend sind diese wichtigen Unterschiede aufgeführt. Zusätzlich können auch andere Aspekte, wie die Lage des Standortes oder die Bodenart, Einfluss auf die Pflanzzeiten haben. Noch ein Hinweis: Bisweilen erinnert eine wurzelnackte Rose im unbelaubten Zustand an ein lebloses Stück Holz mit Stacheln und lässt vergessen, dass es sich um eine lebende Pflanze handelt, die es schonend zu behandeln gilt. Man sollte wissen, dass jedes Verpflanzen eine einschneidende Zäsur im Leben einer Rose darstellt. Je mehr man den Bedürfnissen der Rose bereits von Anfang an entspricht, umso seltener wird sie später enttäuschen.

Herbstpflanzung: Die beste Pflanzzeit für wurzelnackte und vorverpackte Rosen liegt zwischen Mitte Oktober und Mitte November. In dieser Zeit ist der Gartenboden noch warm genug und die frisch gepflanzten Rosen setzen frühzeitig mit neuem Wurzelwachstum ein. So kann die sommerliche Restwärme des Bodens genutzt werden, um den Rosen die ideale Startposition zu sichern.

Vor Mitte Oktober – oder gar bereits im September – ist es wenig ratsam, wurzelnackte oder vorverpackte Rosen zu pflanzen, denn die dazu verwendete Pflanzware muss früh geerntet werden; ihre Triebe sind daher meist nur ungenügend ausgereift. Unausgereifte Rosen werden rasch zum Raub des Frostes im folgenden Winter.

■ Der mitgepflanzte Wurzelballen ist nach einem Jahr problemlos durchwurzelt.

■ Schutzwachs nicht gewaltsam entfernen! Es fällt mit der Zeit von alleine ab.

Frühjahrspflanzung: Wurzelnackte und vorverpackte Rosen können auch im zeitigen Frühjahr gepflanzt werden, sobald der Frost aus dem Boden gewichen ist. Wenn in besonders kalten Lagen bzw. auf extrem schweren Böden Rosen gepflanzt werden sollen, ist generell die Frühjahrspflanzung der Herbstpflanzung vorzuziehen.

Die meisten Baumschulen überwintern die Pflanzware in teilweise riesigen Klimakammern, die an Kühlräume erinnern und ein vorzeitiges Austreiben der Rosenstöcke verhindern. Die Luftfeuchtigkeit innerhalb dieser Kammern lässt sich optimal steuern. Dies verhindert, dass die Triebe und Wurzeln austrocknen. Derart zurückgehaltene Rosen lassen sich bis in den Mai hinein pflanzen. Unbedingt notwendig ist jedoch ihre optimale Behandlung danach (Anhäufeln), vor allem, wenn die Tagestemperaturen bereits sommerliche Werte erreichen. Als Regel kann gelten: Wurzelnackte und vorverpackte Rosen haben umso mehr Anwachsschwierigkeiten, je später im Frühjahr sie gepflanzt werden. Wer sich Reinfälle ersparen möchte, sollte bei späten Pflanzterminen im Frühjahr auf wurzelballierte Rosen (Netzballierung oder Karton) zurückgreifen.

Sommerpflanzung: Mit dem Einzug der Containerrosen in die Verkaufsflächen von Garten-Centern und Baumschulen hat sich dem Rosenfreund eine vollkommen neue Pflanzzeit für Rosen eröffnet: der Sommer. Containerrosen wachsen bei sachgemäßer

Pflanzung und fortlaufender Bewässerung auch bei sommerlichen Außentemperaturen im Garten risikolos an. Verankert im festen Wurzelballen, bleiben die feinen, lebensnotwendigen Faserwurzeln beim Pflanzen unversehrt und ungestört.

Bodenvorbereitung

Der Boden ist ein komplexer Organismus mit zahlreichen ihm innewohnenden Lebensformen (siehe Grafik Seite 141). Ohne dieses Bodenleben wäre das Leben von Pflanzen und in der Folge auch von Menschen und Tieren nicht möglich. Also sollte man ihn optimal vorbereiten, insbesondere bei einer auf viele Jahre angelegten Rosenpflanzung.

Rosenfreund Regenwurm: Den unschätzbaren Wert des Regenwurms als dienlichen Mitarbeiter im Garten erkannte Charles Darwin vor über 100 Jahren. Durch seine aufsehenerregende Veröffentlichung »Über die Bildung der Ackererde durch Würmer« befreite er den Regenwurm von seinem damals vorherrschenden Image als schädlicher Wurzelnager. Zwar frisst der Regenwurm auch Pflanzenteile, aber nur, wenn sie bereits abgestorben sind. Mithilfe seiner Verdauung macht er daraus in Verbindung mit Tonmineralien besten Humus.

Schätzungsweise zweihundert Regenwürmer durchackern einen Quadratmeter Fläche. Es gibt tief und flach grabende Arten und auch Gartenkompostwürmer. Ein Regenwurm sorgt nicht nur für mehr Humus im Boden, sondern er lockert ihn durch seine unterirdische Tunnelarbeit auch auf. Das fördert die Durchlüftung und Wasserführung des Bodens entscheidend und ist dem Gedeihen der Rosen höchst förderlich. Die Anzahl der Regenwurmgänge gibt Auskunft über die Dichte der »Bevölkerung«. Tausend Gänge pro Quadratmeter gelten bei Gartenböden als ideal. Wer will, kann den Bestand durch das Abschürfen einer Fläche von 50 × 50 × 5 cm Boden ermitteln. Die Zahl gefundener Gänge mit vier multipliziert, ergibt die Regenwurm-Summe pro Quadratmeter.

Gründüngung mit *Tagetes erecta:* Eine Aussaat von Gründüngungspflanzen ab April, vor der Rosenpflanzung im Herbst, verbessert die Bodenstruktur und – durch Mehrung des Humus – die Bodenfruchtbarkeit. Zudem sind Gründüngungspflanzen wichtige Futterpflanzen für Bienen und andere Nutzinsekten. Als Begrünungspflanze für die Vorkultur von Rosen eignet sich besonders *Tagetes erecta* (Studentenblume). Diese und nur diese Tagetes-Art vertreibt nach neuen Forschungsergebnissen, die auf norddeutschen sandig-humosen Böden erzielt wurden, rosenfeindliche Nematoden, insbesondere der gefährlichen Gattung *Pratylenchus.* Voraussetzung für diese umweltfreundliche und grundwasserschonende Nematodenvertreibung ist jedoch, dass die Fläche vor der Einsaat absolut unkrautfrei gemacht wird. Das ist deshalb so wichtig, weil die Nematoden sonst an den Wurzeln der Unkräuter Unterschlupf fänden. Von einer Aussaat von *Phacelia* – wie oft in neuer Literatur empfohlen – raten die norddeutschen Ergebnisse betont ab, da *Phacelia tanacetifolia* (Bienenfreund) ebenfalls als

■ Je mehr Regenwürmer den Boden bevölkern, desto besser wachsen die Rosen.

■ Ausgereifter Kompost ist ideal zur Bodenverbesserung. Auch als Dünger und zum Mulchen während der Sommermonate eignet er sich hervorragend.

Rosen richtig pflanzen

Zweistündiges Wasserbad

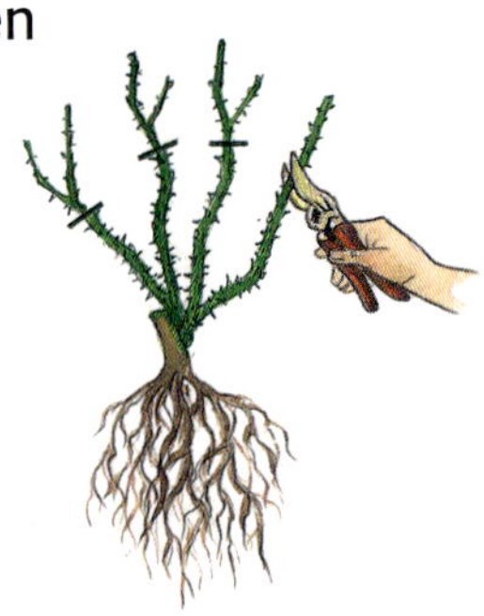

Triebe viel, Wurzeln wenig schneiden

Pflanzlochsohle mit Grabegabel lockern

Veredlungsstelle 5 cm tief setzen, die Wurzeln sollen frei hängen können.

Falsch: Veredlungsstelle über der Erdoberfläche, die Wurzeln liegen gebogen im Pflanzloch.

Durch leichtes Rütteln des Rosenstockes werden Hohlräume gefüllt.

Maßvolles Antreten mit dem Absatz

Tüchtig mit Schlauch oder Kanne einschlämmen

Immer mit Erde anhäufeln!

Wirtspflanze für Nematoden eingestuft wird. Dies gilt besonders für Flächen, auf denen vor der Gründüngung auch andere Vertreter der Familie der Rosengewächse – z. B. Äpfel, Birnen, Feuerdorn und viele mehr – gestanden haben.

Gartenkompost: Ein bevorzugtes und erschwingliches Bodenverbesserungsmittel ist Gartenkompost. Durch seine Verwendung werden organische Materialien in den Bio-Kreislauf zurückgeführt. Außerdem fördert Gartenkompost ein organisiertes, kontrolliertes Wachstum der Rosen, da die in ihm enthaltenen Stickstoffkomponenten sehr langsam in Abhängigkeit von der Bodentemperatur und damit in Harmonie mit dem Pflanzenwachstum fließen. Bei der Rosenpflanzung kann etwa dreißig Prozent Gartenkompost unter die Füllerde gemischt werden. Die Bedeutung des Gartenkompostes als Nährstofflieferant in bereits bestehenden Rosenpflanzungen wird unter dem Abschnitt »Düngung« (siehe Seite 159) angesprochen. Nicht zuletzt macht die Kompostverwendung den Einsatz des wertvollen Naturrohstoffes Torf – der sowieso nichts bei Rosen zu suchen hat – überflüssig.

Unkrautfreiheit: Vor dem eigentlichen Pflanzen der Rosen müssen alle Wurzelunkräuter aus dem Beet entfernt werden. Mit einer Grabegabel lassen sich die Wurzeln aus dem feuchten Boden herauslösen. Diese Arbeit ist recht ermüdend und reizt zum Schludern. Mit Sicherheit sind die verbleibenden Unkräuter im späteren Rosenbeet aber eine ungleich größere Plage als ihre rechtzeitige, peinlich genaue Entfernung.

Pflanzung

Vor dem Pflanzen werden die oberirdischen Triebe von wurzelnackten und vorverpackten veredelten Rosen auf etwa 20 cm (Scherenlänge) **zurückgeschnitten.** Wenn dickere

Wurzeln beschädigt oder geknickt sind, kann man sie bis zu dieser Stelle abschneiden. Auf keinen Fall dürfen aber die feinen Faserwurzeln beschnitten werden, weil die Pflanze allein durch sie Nährstoffe aufnimmt. Je mehr intakte Faserwurzeln eine Rose besitzt, desto leichter und rascher wächst sie an und desto kräftiger treibt sie aus. Danach kommen die Rosen grundsätzlich zwei bis drei Stunden mit allen Trieb- und Wurzelteilen in ein Wasserbad, unabhängig davon, ob im Herbst oder im Frühjahr gepflanzt wird.

Das **Pflanzloch** sollte in Höhe, Tiefe und Breite etwa eine Handbreit größer als der Ballen- bzw. Wurzelumfang sein. Die Pflanzlocherde wird an die Seite gepackt. Sie kann mit Gartenkompost gemischt werden. Torf sowie mineralischer Dünger haben bei einer Rosenpflanzung nichts verloren; lediglich eine Handvoll Hornspäne (etwa 50 g) bzw. einige Körner Langzeitdünger, die ihre Nährstoffe langsam und ausgewogen abgeben, kommen mit in die Erde. Die Sohle des Pflanzlochs lockert man mit der Grabegabel gründlich auf. Dann stellt – oder, wenn ein weiterer Helfer zur Hand ist, hält – man die Rose senkrecht ins Pflanzloch. Die Wurzeln sollten dabei frei in der Luft hängen können, ohne dass sie gebogen werden müssen. Zu berücksichtigen ist, dass nach dem Pflanzen die **Veredlungsstelle** 5 cm (auf ausgesprochen lehmigen, bindigen Böden nur 3 cm) tief in der Erde sein muss, damit die Neigung der Veredlungsunterlage zur Wildtriebbildung unterdrückt und der Frostschutz für den Rosenstock erhöht wird. Ein quer über das Pflanzloch gelegter Stab kann dafür eine Orientierungshilfe geben.

Das Loch wird nun mit der Pflanzlocherde aufgefüllt und um die Rose herum leicht mit dem Absatz angetreten. Mit Gießkanne ohne Tülle oder dem Gartenschlauch wird kräftig angewässert. Ein kleiner Erdwall um den Rosenstock verhindert, dass das Schlämmwasser wegläuft.

Zum Schluss häufelt man die Erde so weit an, dass nur noch die Triebspitzen der Setzlinge erkennbar sind. Es muss immer (!) angehäufelt werden, auch bei Frühjahrspflanzungen. Das **Anhäufeln** schützt die Rosen vor austrocknenden Winden, Sonne und Frost. Die Verdunstung der Triebe wird zudem so lange reduziert, bis die Eigenversorgung über neu verankerte Wurzeln gesichert ist. Erst acht Wochen nach der Frühjahrspflanzung – bei Herbstpflanzung ab Ende März – wird abgehäufelt.

■ 1 Schneiden Sie überlange Rosenwurzeln vor dem Pflanzen zurück. 2 Bessern Sie die Pflanzstelle mit Kompost oder einer guten Pflanzerde auf. 3 Die Veredlungsstelle der Rose sollte etwa 5 cm tief in der Erde sitzen. 4 Vermischen Sie vor dem Auffüllen die Aushuberde mit der neuen Pflanzerde. 5 Treten Sie die lockere Erde um den Rosenstock fest an. 6 Gießen Sie Rosen immer kräftig an, auch bei Regenwetter.

Spezielle Pflanztipps

Wurzelballierte Rosen: Verpackungsfolien muss man vor dem Pflanzen entfernen, Netzballierungen bzw. ballenumgebende Kartons können in der Regel mitgepflanzt werden. Hinweise auf der Verpackung geben hierüber detailliert Aufschluss.

Containerrosen: Die Pflanzen werden aus den Töpfen herausgenommen. Die Ballen taucht man vor dem Pflanzen so lange in einen Eimer Wasser, bis keine Blasen mehr aufsteigen. Ballen von Containerrosen bestehen aus einer lockeren, humosen und nährstoffreichen Pflanzerde. Damit die Wurzeln nach dem Auspflanzen aus diesem »Wuchsparadies« in den schwereren Gartenboden hineinwachsen können, muss dieser gut gelockert sein. Sonst gehen die Rosenwurzeln den Weg des geringsten Widerstandes und bleiben im Bereich des ursprünglichen Ballens, ohne sich wirklich im Garten zu verankern. Dem Aufbau einer selbstständigen Wasser- und Nährstoffversorgung wäre dies natürlich abträglich. Stark verwurzelte Ballen sollte man vor dem Pflanzen im Sohlenbereich lockern und eventuellen Wurzelfilz aufbrechen.

TIPP **Zu bedenken ist der Platzbedarf für das Umbiegen über die Zapfenschnittstelle bei einer späteren Überwinterung. Die Ausrichtung der Zapfenstelle sollte man also schon beim Pflanzen berücksichtigen. Hierzu mehr beim Thema »Frostschutz« (siehe Seite 162).**

Stammrosen: Die Pflanzung erfolgt wie bei den veredelten Buschrosen, allerdings muss man nicht auf eine basale Veredlungsstelle achten. Dafür findet sich am Stammfuß die sogenannte **Zapfenschnittstelle,** die über der Erdoberfläche bleibt. Immer ist zusätzlich ein stützender, in der Höhe dem Stämmchen entsprechender Pfahl notwendig, der mithilfe von Kokos, Jute oder Bast mindestens zweimal, besser dreimal fixiert wird. Auf keinen Fall dürfen die Bindematerialien einschneiden und den Stamm abschnüren. Im Herbst sollte man die Fixierungen auf ihre Festigkeit überprüfen.

Pflanzlöcher für Hochstammrosen können gut etwas größer als bei den Buschrosen ausfallen. Allerdings dürfen durch besonders tiefe Pflanzlöcher Hochstammrosen nicht »verkürzt« werden. Dies mag zwar ästhetischen Überlegungen in Einzelfällen entsprechen, der Rose schadet es aber.

Alle frischgepflanzten Rosen, ob Busch oder Stamm, ob im Container oder wurzelnackt, brauchen in den ersten Wochen nach dem Pflanzen ausreichend Wasser. Bei trockenem Wetter muss man dafür selbst sorgen – auch bei einer Herbstpflanzung.

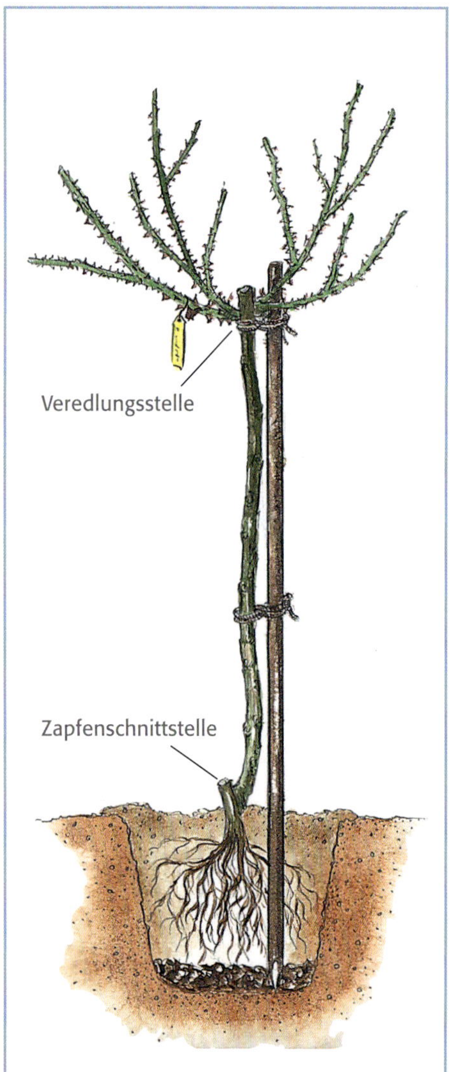

■ Vor dem Einsetzen der Stammrose wird ein kräftiger Pfahl in das Pflanzloch eingeschlagen.

■ Auch beim Auspflanzen einer Containerrose in den Garten muss sich die Veredlungsstelle unter der Erdoberfläche befinden.

■ Rosen sind Sonnenkinder, die einen luftigen Standort lieben. Niemals Rosen unter die Kronentraufe großer Bäume pflanzen.

ROSEN RICHTIG SCHNEIDEN

Der Schnitt der Rosen ist für viele Gartenfreunde ein Mysterium. In der Literatur und in Katalogen werden zu diesem Thema so zahlreiche Hinweise gegeben, dass im Laufe der Lektüre leicht der Überblick verloren geht. Dabei ist der Rosenschnitt keine Wissenschaft, obwohl manche Darstellungen diesen Eindruck vermitteln.

Viele der heute praktizierten Schnittmethoden haben ihren Ursprung im viktorianischen England. Glaubt man englischen Quellen, waren einige Methoden schon damals nicht in erster Linie am Wohle der Rosen orientiert, sondern wurden als »Arbeitsbeschaffungsmaßnahme« für die zahlreichen zu beschäftigenden Gärtner in der arbeitsarmen Nachsaisonzeit ersonnen.

Schnittgründe: Dass bestimmte Rosengruppen einen regelmäßigen Schnitt verlangen, ist unstrittig. Nur so können sich beispielsweise Buschrosen verjüngen: Licht kann auf untere, ruhende Knospen fallen, sodass sich aus der Basis der Stöcke neue Triebe entwickeln. Ohne Schnitt würden sich die Pflanzen zudem zu regelrechten »Kleiderständern« aufbauen, mit nachlassender Blühwilligkeit und Blütengröße. **Für moderne, öfterblühende Sorten gilt: je mehr junges Holz, desto mehr Blüten.** Auch die Wildrose – die Urmutter aller Kultursorten – ist an ihrem natürlichen Standort der südlichen Waldränder seit je an eine regelmäßige Verjüngung durch Äsung gewöhnt. Bei anderen Gruppen, etwa den Rugosa-Hybriden, sterben artbedingt unverhältnismäßig viele Triebe bereits nach dem dritten oder vierten Jahr ab. Wenn man sie nicht entfernt und damit die Bildung neuer Triebe anregt, würden viele dieser Sorten rasch vergreisen.

Ein überlegter Schnitt verbessert auch die Lichtverhältnisse innerhalb eines Rosenstrauches, wodurch mehr und besser entwickelte Blätter gebildet werden können. Oft wird die wichtige Funktion des Laubes als »Lunge« der Pflanze vergessen. In Verbindung mit einer maßvollen Düngung können über eine größere Laubfläche mehr Aufbaustoffe (Assimilate) für die Rose produziert und für die Pflanzenentwicklung zur Verfügung gestellt werden.

Schnittumfang: Streit entflammt immer wieder über das Ausmaß des Rosenschnittes. Dabei kann man interessanterweise beobachten, dass die Anhänger eines mäßigen Schnittes ihre Rosen häufig in einer Gegend mit Weinbauklima pflegen, während die »Starkschneider« oft mit Frostlagen zu kämpfen haben. Dort frieren die Triebe der Rosen regelmäßig so stark zurück, dass ein Schnitt unausweichlich ist. Davon bleiben die Rosenfreunde milder Klimate jedoch verschont. Das Bewusstsein für die sehr unterschiedlichen Klimazonen in Mitteleuropa bringt somit Licht in die kontrovers diskutierte Schnittproblematik.

Wachstumsgesetze: Eine generelle Aussage zum Schnittumfang lässt sich also nicht machen. Eindeutig sind jedoch die Auswirkungen der Schnitt-Tiefe: Wer Rosen stark zurückschneidet und nur wenige Knospen, sogenannte Augen, stehen lässt, wird weniger, dafür aber längere und starke Triebe erzielen. Umgekehrt bewirkt ein nur leichter Schnitt zahlreiche, dafür aber kürzere und eher schwache Neutriebe.

Schnittführung: Wer Rosen schneidet, sollte auf die richtige Schnittführung achten. Rosen schneidet man etwa 5 mm über dem Auge schräg ab, und zwar so, dass das Auge auf dem obersten Punkt des eingekürzten Triebes sitzt. Der Schnitt darf nicht zu schräg angesetzt werden, um die Wundfläche so klein wie möglich zu halten. Auch dürfen keine größeren Zapfenstummel stehen bleiben. Die

■ Nur das Frühjahr (Forsythienblüte) ist der richtige Zeitpunkt für den Rosenschnitt.

■ Entfernen Sie im Frühjahr abgestorbenes Holz aus den Sträuchern.

■ Schneiden Sie die Rosentriebe leicht schräg ab, damit die Wunde klein bleibt.

verwendete Rosenschere muss scharf sein, denn sie soll die Triebe nicht abquetschen, sondern eine glatte Schnittstelle zurücklassen.

Frühjahrsschnitt: Der richtige Zeitpunkt für den Rückschnitt der Rosen in unseren Breiten ist das Frühjahr. Der optimale Zeitpunkt schwankt innerhalb der einzelnen Regionen. Je milder das Klima, desto früher kann mit dem Schnitt begonnen werden. In ungünstigen Lagen sollte man lieber bis Ende April warten. Als zeitliche Orientierungshilfe für den Frühjahrsschnitt bietet sich die Blüte der Forsythien an.

Auf jeden Fall dürfen die Arbeiten im Rosengarten erst dann beginnen, wenn keine stärkeren Fröste mehr drohen. Auch wenn Frühlingsgefühle die Ungeduld schüren, sollte bedacht werden, dass die Neuaustriebe der Rosen in Spätfrostlagen starken Schaden nehmen können, vor allem, wenn nach einer klaren, kalten Nacht die Morgensonne die Triebe intensiv bestrahlt.

Für den Frühjahrsschnitt der Rosen existieren **grundsätzliche Regeln:** Zuerst werden alle durch Krankheiten, Verletzungen oder Frost geschädigten, meist bräunlichen Triebe bis in das gesunde, innen noch grünlich weiße Holz zurückgeschnitten. Nicht ausgetriebene Triebstummeln des Vorjahres sind ebenfalls rigoros am Ansatz zu entfernen. Dies gilt auch für alle dünnen und schwachen Triebe. Dabei sollte man beim Gebrauch der Schere keine Ängstlichkeit oder Scheu zeigen, denn der Austrieb kräftiger und gesunder Neutriebe mit guter Blühwilligkeit ist nur aus entsprechend starkem, dickem Holz zu erwarten.

■ Links: starker Rückschnitt – wenige, aber starke Triebe. Rechts: schwacher Rückschnitt – viele, aber dünnere Triebe.

Der früher übliche **Herbstschnitt** wird heute kaum noch praktiziert. Im Herbst kürzt man lediglich stark wachsende hohe Triebe ein, um Schäden durch Windbruch bzw. Schneelast vorzubeugen.

Es gibt keine einheitliche Schablone, die man allen Rosengruppen beim Schnitt anlegen könnte. Jede Gruppe hat andere Ansprüche. Außerdem kann jeder Rosenbesitzer mit den Schnittmaßnahmen Einfluss auf den Verwendungszweck seiner Pflanzen nehmen und entscheiden, ob sie beispielsweise Hagebutten tragen sollen oder eine höhere Blütenausbeute gewünscht ist.

Noch eine Anmerkung: Jede größere Schnittmaßnahme ist im wahrsten Sinne des Wortes ein einschneidender Vorgang im Leben einer Rose. Je nach Art und Stärke sollte sie von flankierenden Maßnahmen begleitet sein, z. B. von einer für die Produktion starker, widerstandsfähiger Neutriebe notwendigen, ausreichenden und ausgewogenen Ernährung der Pflanzen.

Schnittabfälle: Nach dem Schnitt der Rosen dürfen keine Schnittabfälle in den Beeten und Rabatten liegen bleiben, denn derartige Triebstücke sind der ideale Nährboden für Bakterien und Pilze, die Triebe und Wurzeln der lebenden Rosen befallen können. Den erfahrenen Rosengärtner erkennt man nicht zuletzt am sauber aufgeräumten Beet nach der Schnittarbeit. Rosenschnittgut ist unter Um-

TIPP **Kurz gesagt: Ein schwacher Rückschnitt verursacht einen schwachen, ein starker Rückschnitt bewirkt einen starken Austrieb.**

ständen mit Dauersporen gefürchteter Pilzkrankheiten wie Sternrußtau befallen und gehört deswegen nicht auf den Komposthaufen. Es muss vernichtet werden.

Etikettierung: Beim Schnitt der Strauch- und Kletterrosen muss man grundsätzlich zwischen einmal- und öfterblühenden Sorten unterscheiden. Mit der Einführung öfterblühender Rosen ist nicht nur ein großer, begierig aufgenommener Züchtungsfortschritt gelungen. Auch die Schnittregeln wurden komplexer. Roseneinsteiger sollten sich deshalb beim Kauf einer Sorte aufschreiben, welche Blührhythmik sie hat, ein entsprechendes Etikett an der Pflanze befestigen oder diese Information in einem Pflanzplan notieren. Sie ist auch für einen Gärtner wichtig, der private Anlagen regelmäßig pflegt und fachgerecht arbeiten will.

Schnitt der Zwerg-, Beet- und Edelrosen (Buschrosen)

Nach dem Abhäufeln erhalten Zwerg-, Beet- und Edelrosen im Frühjahr von allen Rosengruppen den jährlich stärksten Schnitt. Zuerst werden alle kränklichen und abgestorbenen Triebe entfernt. Die Höhe, auf der der Schnitt angesetzt wird, variiert dabei gemäß den Wachstumsgesetzen und dem gewünschten Aufbau zwischen einer Handbreit (etwa bei Zwergrosen) und zwanzig Zentimetern über dem Boden.

Manche Edelrosen neigen dazu, nur wenige neue Grundtriebe zu entfalten und sparrig locker zu wachsen. Das sogenannte **Pinzieren** (Halbieren der Neutriebe; siehe Seite 113) ab Mitte Mai regt Neutriebe zu einer weiteren Verzweigung an und fördert damit die Buschigkeit an sich staksig wachsender Sorten. Nach dem ersten Blütenflor können die Zwerg-, Beet- und Edelrosen bis unter die Blüte bzw. den Blütenstand zurückgeschnitten werden **(Sommerschnitt).** Dabei aber nicht zu tief schneiden: Richtschnur ist das erste voll ausgebildete Laubblatt, über dem der Schnitt angesetzt wird. Ein zu tiefer Schnitt, mit dem »Bleiarm« in tief gebückter Haltung, kostet wertvolle Laub- und damit Assimilationsfläche und verzögert den Nachtrieb mit neuer Blütenfülle erheblich, vor allem bei heißer Wetterlage. Je mehr Blattwerk (»Rosenlunge«) erhalten bleibt, desto flotter treibt die Sorte nach. Zu bedenken ist auch, dass entsprechende Wurzelpartien einer Rose absterben, wenn im Sommer zu viel Blattmasse entfernt wird. Das wichtige Gleichgewicht zwischen Blatt und Wurzel wird dadurch während der Wachstumsphase gestört.

Schnitt der einmalblühenden Kletterrosen

Noch zu Goethes Zeiten waren keine öfterblühenden Kletterrosen bekannt. Sein Gartenhaus in Weimar schmückten einmalblühende Sorten. Damit war für ihn Anfang Juli die Rosenblüte vorbei. Hätte er nun seine einmalblühenden Sorten im Frühjahr geschnitten, wäre die Blütenpracht für das betreffende Jahr verloren gewesen. Denn einmalblühende Kletterrosen blühen nicht an ihren diesjährigen Langtrieben. Erst die aus den diesjährigen Langtrieben entspringenden Seitentriebe tragen die üppige Blütenpracht im nächsten Jahr.

So mancher Baumschulverkäufer bzw. manche Fachkraft im Gartenmarkt musste im Herbst erboste Kunden beruhigen, die sich beschwerten, man habe ihnen eine »blinde« Rose verkauft, die nach der Pflanzung im Frühjahr keine einzige Blüte gebracht habe. Und noch Schlimmeres ist denkbar: Wird dieser Kunde nicht fachgerecht beraten und schneidet er die einjährigen Triebe im kommenden Frühjahr wiederum zurück, ist sein nächster Blütenfrust vorprogrammiert.

Junge, einmalblühende Kletterrosen schneidet man überhaupt nicht, sondern bindet sie nur fest. Sollen sie in lichte Bäume wachsen, legt man die Triebe behutsam in die gewünschte Richtung oder biegt sie um vorbe-

■ Links: Beet-, Edel- und Zwergrosen schneidet man auf vier bis fünf Augen (Knospen) zurück.
Rechts: »Der Sommerschnitt bei Rosen stimuliert den Neutrieb wie die aus dem Nest gestohlenen Eier ein neues Gelege«. *(Helmut Maethe)*

reitete Gerüste und Spaliere. Etwas Geduld ist mitzubringen, denn bis zum Blütenrausch dauert es schon einige Jahre.

Ältere Pflanzen schneidet man nach der Blüte. Die verwelkten Blüten sitzen auf kurzen Seitentrieben, die man bis auf zwei bis drei Augen zurücknimmt. Dies spornt den Stock zur Bildung neuer Triebe an, die bis zum Herbst ausreifen können – eine wichtige Voraussetzung, damit sie unbeschadet über den Winter kommen.

Will man die Rosen als Futterpflanzen für die Vogelwelt in Szene setzen, sollen also Hagebutten im Herbst die Pflanze zieren, dürfen die Blüten nicht im Sommer abgeschnitten werden, da keine weiteren nachgebildet werden. Manch einer nimmt hierfür gerne die geringere Blütenfülle im nächsten Jahr in Kauf. Die verwelkten Blüten der stark gefüllten Sorten neigen nach längeren Regenperioden zum Faulen, hässliche »Mumien« bilden sich. Aus ästhetischen Gründen sollte man sie entfernen.

Unabhängig davon, ob die Kletterrose nun fruchten soll oder nicht, bleiben neue einjährige Triebe auf jeden Fall stehen. Sie sind das Gerüst für die Blüten des folgenden Jahres.

■ Links: Öfterblühende Kletterrosen: Entfernen von altem und totem Holz. Rechts: Seitentriebe auf drei bis fünf Augen einkürzen.

Ramblerschnitt: Ramblerrosen werden bei entsprechendem Raumangebot überhaupt nicht regelmäßig geschnitten, sondern – wenn überhaupt – nur ausgelichtet, d. h., man entfernt alte, mehrjährige Triebe an ihrer Basis. Im Rosarium Dortmund, wo man den jährlichen Schnitt ebenfalls entfallen lässt, wurde für Ramblerrosen eine spezielle, arbeitsextensive Schnittmethode zur regelmäßigen Verjüngung entwickelt. Sie ist auch für den Hausgarten interessant, vor allem, wenn sich das Raumangebot für die starkwüchsigen Kletterkünstler in Grenzen hält. Im Turnus von vier Jahren werden die Stöcke nach der Blüte bis zum Boden zurückgeschnitten und nur die diesjährigen Jungtriebe verbleiben – quasi wie bei der Brombeerkultur.

Schnitt der öfterblühenden Kletterrosen

Öfterblühende Kletterrosen blühen sowohl am diesjährigen wie am ein- und mehrjährigen Holz. Im Frühjahr werden – ähnlich wie bei den Buschrosen – alle toten und beschädigten Triebe entfernt. Schwache Triebe schneidet man direkt an der Austriebsstelle, kräftige Seitentriebe kürzt man nach der Blüte bis auf drei bis fünf Augen ein. Man kann die ersten verblühten Triebe bis zu einem gut entwickelten Auge entfernen **(Sommerschnitt)**, da die öfterblühenden Rosen im Sommer innerhalb von sechs bis sieben Wochen eine neue Blüte bilden und diese später – je nach Sorte – Hagebutten ansetzen können.

Überlange Seitentriebe und neue Langtriebe werden am Klettergerüst festgebunden.
Sie sind die Grundlage für die nächstjährige Blütenfülle.

Zum Schneiden kann es notwendig sein, befestigte Triebe zu lösen und nach dem Schnitt neu festzubinden. Beim Anbinden der Triebe – mit nicht einschnürendem Material – sollte man darauf achten, dass die Verschnürung leicht wieder zu lösen ist.

Schnitt der einmalblühenden Strauchrosen

Einmalblühende Strauchrosen sind Park-, Moos- und Wildrosen, die am alten Holz, also an ein- und mehrjährigen Trieben, blühende Seitentriebe entwickeln.

Diese Gruppe wird nur sehr behutsam geschnitten; mancher Kenner verzichtet völlig auf einen Schnitt. Nur krankes, zurückgefrorenes und totes Holz ist zu entfernen, zu dicht stehende Triebe können ausgelichtet werden. Haben zu entfernende Triebe bereits Aststärke erreicht, empfiehlt sich der Einsatz einer Säge oder einer belastbaren Baumschere. Würde man die Triebe wie bei den Buschrosen jedes Jahr im Frühjahr zurücknehmen, bliebe im Juni/Juli die Blüte aus. Wenn überhaupt, werden die verblühten Seitentriebe im Sommer auf zwei bis drei Knospen zurückgeschnitten. Es bilden sich Kurztriebe, die im nächsten Jahr blühen. Dieser **»Sommerschnitt«** hält die Strauchriesen in Form und lässt ihre Kultur auch an beengteren Standorten zu.

Schnitt der öfterblühenden Strauchrosen

Im Gegensatz zu den einmalblühenden Strauchrosen bilden die öfterblühenden Sorten ihre Blütentriebe nicht nur als Seitenholz älterer Äste, sondern auch am diesjährigen Holz aus. Die modernen Sorten sind in der Regel ohne Schnitt so blüh- und wuchswillig, dass das Entfernen alter Triebe und zeitweiliges Auslichten genügen. Verblühtes des ersten Flors kann bis auf ein kräftiges Auge zurückgenommen werden **(Sommerschnitt)**, die Nachblüte erscheint erfahrungsgemäß – wie bei den öfterblühenden Kletterrosen – nach sechs bis sieben Wochen. Der Sommerschnitt verhindert bei den fruchtenden Sorten den Hagebuttenansatz nicht, sondern verschiebt ihn lediglich.

Wenn aufgrund von Frostschäden oder nachlassender Blühfreude doch einmal Triebe zurückgenommen werden sollen, dann schneidet man die Haupttriebe nur leicht, die Seitentriebe dagegen kräftiger. Turnusgemäß entfernt man alle vier bis fünf Jahre alte, kräftige Grundtriebe der öfterblühenden Strauchrosen – übrigens wie bei vielen anderen Blütensträuchern auch – direkt am Basisansatz in Bodennähe.

Schnitt von Alten und Englischen Rosen

Die Alten Rosen aus Urgroßmutters Garten kehren zurück in unsere Gärten. Und zwar so zahlreich, dass sich die Frage nach dem richtigen Schnitt stellt. Schnitthinweise aus dem traditionsreichen Rosenland England, wie man sie oft in bunten Gartenzeitschriften nachlesen kann, sind dabei nicht immer hilfreich. Sie gelten für die englischen Klimaverhältnisse und lassen sich daher nicht zwangsläufig auf die Pflege mitteleuropäischer Rosenpflanzungen übertragen.

Der Großteil der **Alten Rosen** blüht erst am ein- und mehrjährigen Holz. Im Frühjahr werden nur alte, kranke und tote Triebe entfernt. Ein Verjüngungsschnitt bringt vergreiste Pflanzen wieder in Form. Viele Alte Rosen blühen mit Vorliebe besonders an den langen Triebenden. Statt sie zu schneiden, erscheint es sinnvoller, diese Langtriebe nach unten zu biegen und am Boden zu verankern. Damit zwingt man die Pflanze, Seitenholz zu bilden, und erhöht dadurch deutlich die Blütenfülle an Triebteilen, die sonst kahl wären.

Englische Rosen: Bei den einmalblühenden Englischen Rosen wird beim Schnitt wie bei den Alten Rosen verfahren. Die öfterblühenden Sorten werden wie moderne öfterblühende Strauchrosen geschnitten. Ein starker Schnitt ist hierbei durchaus möglich, jedoch sollte der sortentypische Habitus, sprich: die Strauchform, erhalten bleiben.

Schnitt der Flächenrosen

Flächenrosen bedecken unter Umständen größere Flächen. Ein radikaler Rückschnitt braucht nur alle drei bis vier Jahre vorgenommen zu werden. Pflegt man öfterblühende Sorten einzeln oder in kleinen Gruppen, schneidet man sie wie Beetrosen, allerdings etwas gemäßigter, etwa bis auf dreißig Zentimeter Höhe.

Handelt es sich nicht um Veredlungen, sondern um wurzelechte Flächenrosen, wie sie heutzutage in öffentlichen Anlagen zahlreich

■ Links: Öfterblühende Strauchrosen können über Jahre ohne Schnitt bleiben. Rechts: Wenn notwendig, kann ausgelichtet und ein Teil der Grundtriebe eingekürzt werden.

Schnitt der Kronen von Stammrosen

Wildtriebe müssen gründlich entfernt werden…

Zuerst legt man den wilden Trieb frei und …

… schneidet oder reißt ihn dann an seiner Ansatzstelle sauber ab.

zum Einsatz kommen, können diese Pflanzen ebenso wie andere Flächensträucher rigoros und zeitsparend mit der Heckenschere oder gar einem Mähbalken einheitlich bis auf etwa dreißig Zentimeter zurückgeschnitten werden.

Schnitt der Stammrosen

Die Kronen der **Fuß-, Halb- und Hochstämme** schneidet man – wie die Beetrosen – auf etwa zwanzig Zentimeter zurück. Zu achten ist auf eine gleichmäßige, aber nicht symmetrisch kugelrund geschnittene Kronenform. Der äußere Umriss der Krone darf nach dem Schnitt ruhig locker und offen, eben natürlich, sein.

Die **Kaskadenrosen,** bei denen in der Regel starkwüchsige Kletterrosen auf die Stämme aufveredelt sind, werden nach den für diese Gruppen gültigen Schnittregeln zurückgenommen – je nachdem, ob einmal- oder öfterblühend. In der Regel läuft dies auf einen nur leichten Schnitt hinaus, der vergreiste Triebe entfernt, aber mehrjähriges Holz als Blütenbasis schont. Auch hier werden die einmalblühenden Sorten nicht im Frühjahr, sondern erst unmittelbar nach der Blüte geschnitten.

■ Entfernen Sie Wildtriebe möglichst an der Ansatzstelle im Wurzelbereich.

Ebenfalls bedenken sollte der Gartenfreund beim Schnitt der **Kaskadenrosen,** dass sich der Pflanzensaft durch einen relativ dünnen Stamm kämpfen muss und einem explosionsartigen Neuaustrieb als Folge eines überstarken Rückschnitts nur ein begrenzter Nachschub zur Verfügung steht.

Wildtriebe

Rosen sind auf Unterlagen, dem sogenannten Wildling, veredelt. Es kann immer vorkommen, dass aus der Unterlage – oder bei Stammrosen aus dem Stamm – Wildtriebe herauswachsen. Die Wildtriebe müssen direkt an der Ansatzstelle abgerissen oder mit einem scharfen Messer entfernt werden, denn es sollten keinesfalls Stummel mit schlafenden Augen stehen bleiben. Diese würden nur die nächsten Wildtriebe hervorbringen, die wiederum der Edelsorte die Energie rauben. Unter Umständen muss zum Erreichen der Ansatzstelle etwas Erde entfernt werden, die man dann nach dem Schnitt wieder anhäufelt.

ROSEN RICHTIG PFLEGEN

Die beste Garantie für jede Rosenpflanzung ist und bleibt die gründliche Bodenvorbereitung und die richtige Pflege in der Folge. Wer nicht für einen optimalen Start seiner Rosen sorgt, sie nicht weiter gut versorgt und sich um sie kümmert, darf sich über Misserfolge nicht wundern. Die Rose ist nun mal eine Lady, die entsprechend umsorgt sein möchte. Nachfolgend finden Sie die wichtigsten Pflegehinweise, damit Ihrem rosigen Gartenerfolg nichts mehr im Wege steht.

Faktor Wasser

Kennzeichen moderner und zeitgemäßer Rosensorten sind üppiges, widerstandsfähiges Laub und Öfterblütigkeit. Beide positive Eigenschaften basieren auf der Wuchsfreudigkeit einer Sorte. Um sie zu fördern, muss den Pflanzen zwar in ausreichendem Maße, aber auch mit Augenmaß und Sachverstand, Wasser zur Verfügung gestellt werden. Mangelnde Wasserversorgung fördert beispielsweise die Anfälligkeit der Rosen für Pilzbefall. Stauende Nässe hingegen lässt Rosenwurzeln mangels ausreichender Bodendurchlüftung regelrecht ersticken. Die falsche Art zu wässern, schlimmstenfalls eine abendliche Beregnung über das Laub, zwingt auch die robustesten Sorten in die Knie und macht sie zu Pilz-Vergnügungszentren.

Je jünger eine Rosenpflanzung ist, umso sorgfältiger muss auf eine rosengerechte Bewässerung geachtet werden. Gut eingewurzelte, ältere Pflanzen sind – wie andere Blütengehölze auch – unter normalen Bedingungen in der Lage, ihren Wasserhaushalt selbst zu regeln. Junge Rosenpflanzen bedürfen jedoch der Obhut des Gärtners, bis sie tiefer gehende Wurzeln gebildet und entsprechend feuchte Bodenschichten erreicht haben. Die nachfolgenden Ausführungen gelten deshalb in erster Linie für noch im Wurzelaufbau befindliche Rosen.

Winterfeuchte: Ein guter Vorrat an Bodenfeuchtigkeit aus dem Winter ermöglicht den Rosen einen guten Start im Frühjahr. Nur in einem ausreichend feuchten Boden können Nährstoffe gelöst und so den Pflanzen verfügbar gemacht werden. Dabei sind die Wurzeln – je nach Witterungslage – bereits ab Februar aktiv, also lange bevor sich an den oberirdischen Pflanzenteilen Austrieb und Wachstum beobachten lassen. Über die feinen Faserwurzeln der Rosen gelangen die Nährstoffe in die Pflanze und werden in ihr über die Leitungsbahnen transportiert. Auch für diesen innerpflanzlichen Transportverkehr benötigt die Rose ausreichend Wasser.

Frühjahrstrockenheit: Eine witterungsbedingte Trockenheit während der Startphase im Frühjahr kann sich auf die Rosen negativ auswirken. Durch entsprechende Bodenbearbeitung lassen sich solche trockenen Phasen leichter überbrücken.

Rosen bevorzogen einen gelockerten Boden. Durch Sonne oder Regen verkrustete Bodenoberflächen werden am besten mit Hacke oder Grubber gelockert, wobei man flach arbeitet und nicht über zehn Zentimeter Tiefe hinausgeht. Keinesfalls darf zwischen Rosenstöcken tief gegraben werden. Bewährt hat sich zudem das Mulchen von Rosen (siehe Seite 158).

Sommertrockenheit: Zur Blütenbildung brauchen Rosen ausreichend Wasser und Nährstoffe. Vor allem öfterblühende Sorten müssen deshalb nach dem ersten Blütenflor im Sommer zur Bildung neuer Blüten gut mit Feuchtigkeit versorgt sein. Ob ausreichend Wasser im Boden ist, kann man feststellen, indem man mit den Fingern ein kleines Loch in den Boden gräbt. Ist die Erde bis in

■ Niemals Rosenlaub von oben befeuchten. Optimal sind perforierte Schläuche, aus denen das Wasser sanft in den Boden rieselt.

etwa zehn Zentimeter Tiefe trocken, ist eine ausgiebige Bewässerung notwendig.

Ausgiebig heißt, mit dem Schlauch je nach Witterungslage durchaus eine Stunde und mehr zu wässern. Eine zu kurze Bewässerung feuchtet in der Regel nur den Oberboden an und es gelangt kaum Feuchtigkeit in tiefere Schichten.

Bei schweren Böden können die Gießintervalle auch bei Hitze bis zu drei Wochen, bei leichteren sollten sie lediglich acht Tage auseinanderliegen.

Besonders trockenheitsgefährdet sind Strauch- und Kletterrosen, die vor einer Hauswand in südlicher Lage stehen. Der Regen gelangt nur spärlich an die Wurzeln, vor allem wenn Vordächer den natürlichen Wasserkreislauf behindern. An derartigen Standorten wird die Rose ohne ausgleichende Wassergaben geschwächt und es stellen sich rasch Schädlinge wie Spinnmilben (Rote Spinne) ein.

Ab September sind zusätzliche Wassergaben einzustellen. Das Holz der Rose soll vernünftig ausreifen und gut gerüstet in den Winter gehen können.

Wichtig: In diesem Buch wird mehrmals darauf hingewiesen, dass Rosen niemals über das Laub gewässert werden dürfen. Die Wiederholungen sind beabsichtigt, weil insbesondere diese Regel für gesunde Rosen sehr wichtig ist und immer wieder missachtet wird. Die feucht-fröhliche Feierabendarbeit mit dem Gartenschlauch lässt bei einer Beregnung von oben den Garten für die Rosen zur »Pilzhölle« werden. Dies sollte man vor allem dann bedenken, wenn man beispielsweise den eventuell an die Rosen angrenzenden Rasen besprenkelt. Feuchtes Rosenlaub gilt als Nummer eins der Gründe für eine explosionsartige Ausbreitung von Pilzerkrankungen.

TIPP **Grundsätzlich gilt: lieber seltener und ausgiebig als häufig und sparsam wässern.**

Wann wässern? Gewässert wird idealerweise in den frühen Morgenstunden. Eventuell feucht gewordene Blätter können dann in der Tagessonne rasch abtrocknen. Man legt den Gartenschlauch in das Beet hinein und lässt das Wasser langsam – bei geringem Druck – laufen und versickern. Noch besser ist natürlich die Verwendung eines perforierten Schlauches. Aus seinen vielen Löchern läuft das Wasser gleichmäßig dorthin, wo es hingehört: nämlich ohne Umwege in den Boden. Auf keinen Fall darf durch zu starken Druck das Wasser aus den Schlauchlöchern hochspritzen und das Laub »abduschen«.

Bleibt bei anhaltender Trockenheit im Sommer die Wasserversorgung aus, können unter Umständen große Teile der Düngergaben des Frühjahrs noch ungelöst im Boden deponiert sein. Setzen dann im September starke Niederschläge ein, gehen diese Nährstoffe innerhalb kurzer Zeit in Lösung. Die Folge: Die Rosen beginnen zu wachsen, und zwar bis in den späten Herbst hinein. Ihr Holz hat keine Zeit auszureifen und wird zur leichten Beute für winterliche Fröste, vor allem, wenn der Frosteinbruch plötzlich und unverhofft eintritt und auf eine aktive Pflanze trifft. In diesem Fall können die Stöcke sogar absterben.

Bodenabdeckung durch Mulchen: Der Begriff »Mulch« leitet sich von dem niederdeutschen Ausdruck »mölsch« ab, was so viel wie »weich, am Anfang der Zersetzung befindlich« bedeutet und die Abdeckung des Bodens mit organischen Reststoffen bezeichnet.
Das Mulchen wird bei uns seit vielen Jahrhunderten betrieben.

Mulchen verbessert nicht nur die Bodenqualität, sondern erspart dem Gärtner weitgehend auch die Unkrauthackerei. Wenn Unkraut trotzdem zum Problem wird, lässt es sich aufgrund der hohen Bodenfeuchtigkeit leicht auszupfen (jäten). Der Wasserspareffekt ist zudem bei Rosenpflanzungen nicht zu unterschätzen.
Ein Versuch der Lehr- und Versuchsanstalt in Kassel belegt den positiven Einfluss von Mulch auf die Bodenfeuchtigkeit eindeutig. Alle fünfundsechzig Rosensorten zeigten im Versuch mit aufgebrachtem Mulch eine bessere Entwicklung als ohne, und dies bei geringerem Pflegeaufwand und ausgeglichenerer Bodenfeuchte. Die Bodenstruktur erwies sich als sehr gut und es erübrigte sich – sozusagen als zusätzlicher Nebeneffekt – der Einsatz von Herbiziden, also Unkrautvernichtungsmitteln.

Eine Vielzahl von **Mulchmaterialien** stehen dem Gartenfreund zur Auswahl: Stallmist, Rohkompost, Rasenschnitt, Stroh, Sägemehl, Ernterückstände, Schreddermaterial und Rindenprodukte.

Die Eignung der unterschiedlichen Mulchmaterialien für Rosenpflanzungen wird von den Fachleuten kontrovers diskutiert. Ob Gartenkompost aus eigener Produktion oder Rindenmulch vom Gartenfachmarkt – alle Mulchmaterialien nehmen starken Einfluss auf das Nährstoffgefüge im Boden. Die Auswirkungen sind recht unterschiedlich und teilweise sogar rosenschädlich. Insbesondere darf niemals mit frischem gehäckseltem Gehölzschnitt gemulcht werden, da die bei dessen Zersetzung frei werdenden toxischen Stoffe den Rosen böse zusetzen.

Umfangreich untersucht sind Rindenprodukte. Aus den Ergebnissen lässt sich ableiten, dass aus dieser Gruppe Rindenmulch von besonderem Interesse ist.

Rindenmulch: Mit dem Begriff »Rindenmulch« wird zerkleinerte Rinde bezeichnet, die ohne weitere Zusätze zur Bodenabdeckung dient. Im Fachhandel wird standardisiertes, gut abgelagertes Material als gütegesicherter Rindenmulch angeboten. Der Einsatz dieses Materials hat sich bei anderen Ziergehölzen schon lange bewährt und so liegt es nahe, diese positiven Erfahrungen auch auf das Gehölz Rose zu übertragen.

Wichtig: Das Wachstum der Rosen bleibt nur dann von dem ausgebrachten Rindenmulch unbeeinflusst, wenn vorher ein Stickstoffdünger gestreut wird. Die stärkste Stickstoff-Fixierung durch das Mulchmaterial findet in den ersten beiden Monaten nach der Ausbringung statt. Ohne Ausgleichsdüngung für die Rosen führt dies vor allem bei frischen Rosenpflanzungen zu starken Mangelerscheinungen, am hellen, gelblichen Laub erkennbar. Um dem vorzubeugen, haben sich zusätzliche Düngergaben von Hornspänen bzw. Horngrieß mit etwa 130 g pro Quadratmeter bewährt. Eine nachträgliche Düngung auf die Mulchschicht führt zu deren schnellerer Zersetzung und ist daher nicht anzuraten.

Mulchausbringung: Vor dem Ausbringen des Mulchmaterials sollte der Boden peinlich genau von Unkräutern, insbesondere Wurzel- und Dauerunkräutern, befreit werden. Sie würden sonst unter der Mulchschicht durch die höhere Bodenwärme und -feuchtigkeit ideale Ausbreitungsbedingungen vorfinden. Je nach Material wird die Mulchschicht etwa vier Zentimeter hoch ausgebracht; idealerweise im Frühjahr nach Schnitt und sachgerechter Düngung. Eine übertrieben starke Mulchschicht lockt vor allem in der Nähe von Wäldern und Wiesen Wühlmäuse und verkehrt den positiven Mulcheffekt ins Gegenteil.

Wie bereits angesprochen, sollte die Düngung auf das verwendete Mulchmaterial abgestimmt werden. Dies ist wichtig, um einerseits Nährstoffmängel auszugleichen und andererseits Nährstoffüberschüsse zu vermeiden.

TIPP **Wer im Umgang mit Mulchmaterialien noch keine eigenen Erfahrungen sammeln konnte, sollte keine Experimente bei frischen Rosenpflanzungen im ersten Standjahr machen.**

Hinweis: Halten Sie beim Mulchen etwas Abstand zu den Rosentrieben, damit die im Rindenmulch enthaltenen Säuren den frischen Trieben keinen Schaden zufügen. Dies gilt auch für speziellen Rosenmulch, der mittlerweile verstärkt angeboten wird. Stärker zersetzt ist Rindenhumus, den Sie ebenfalls zum Mulchen einsetzen können. Der Einsatz von **Rindenhumus** reduziert zudem die Gefahr eines Nährstoffmangels, da die Stickstoff zehrende organische Umsetzung bereits abgeschlossen ist.

Düngung

Nährstoffe: Für das Wachstum der Rosen sind Nährstoffe unentbehrlich. Deshalb müssen sie diesem »Schwerarbeiter« ausreichend zur Verfügung stehen. Nur gut und ausgewogen ernährte Rosenpflanzen bilden ausreichend Blüten und bewahren ihre Widerstandsfähigkeit.

Durch eine **Bodenprobe** lässt sich der Nährstoffbedarf ermitteln. Die im Fachhandel erhältlichen Untersuchungssets erlauben die Bestimmung des Gehalts an Stickstoff, Phosphor und Kali im Boden. Wer eine umfassende Bodenanalyse wünscht, sollte sich mit seinen Proben an ein Bodenuntersuchungsinstitut wenden. Die Institute bieten in den bekannten Gartenfachzeitschriften ihre Dienste an.

Der **pH-Wert** drückt die Konzentration der Bodensäure aus. Stark saure Böden weisen

■ Mulch schützt die Rosenwurzeln vor Austrocknung und direkter Besonnung.

■ 1 Je öfter Rosen geschnitten werden, desto mehr Nährstoffe brauchen sie.
2 Der pH-Wert des Bodens lässt sich mithilfe eines Schnelltests leicht ermitteln.
3 Auf hohen Kalkgehalt (= hoher pH-Wert) reagieren *Rugosa*-Hybriden mit Chlorose.

sehr niedrige pH-Werte um 4 bis 5 oder auch darunter auf. Für Rosen gilt ein Wert von 6,5 im neutralen bis alkalischen Bereich auf sandig-lehmigen Böden als optimal. Im Handel erhältliche Schnelltests geben Auskunft über die Höhe des pH-Wertes im eigenen Garten. Bei zu niedrigen pH-Werten, d. h. zu saurer Bodenreaktion, kann man den pH-Wert durch Kalkgaben erhöhen.

Dünger: Die Nährstoffe werden den Rosen als Dünger zur Verfügung gestellt. Diese Dünger können mineralischer oder organischer Natur sein oder eine Mischform aus beiden darstellen. Der Pflanze ist es gleich, in welcher Form sie die notwendigen Nährstoffe erhält. Dünger mit hohem organischem Anteil verbessern jedoch die Bodenstruktur.

Generell dürfen Dünger niemals über Blatt oder Blüte einer Pflanze gestreut werden.

Mineralische Dünger (Kurzzeitdünger): Bei ihnen handelt es sich um hoch wirksame Nährstoffkonzentrate, die leicht wasserlöslich sind und bei entsprechender Bodenfeuchte umgehend aktiviert werden. Bietet man sie der Rose in überhohter Menge an und werden sie daher nicht sofort aufgenommen, gelangen sie durch Auswaschung rasch in Bodenschichten, in denen sie für die Rose verloren sind und das Grundwasser belasten. Mineralische Dünger haben keine den Boden verbessernden Eigenschaften. Sie sind als »Nährstoff-Feuerwehr« anzusehen, wenn es gilt, rasch Mangelsymptome auszugleichen.

Der regelmäßige Einsatz empfiehlt sich – wenn überhaupt – aber nur bei bereits gut eingewachsenen Rosenstöcken, etwa Strauchrosen mit entsprechend weitläufigem Wurzelwerk. Dosierungen von 50 bis 80 Gramm pro Quadratmeter sind auf den meisten Gartenböden ausreichend. Der verantwortungsbewusste Gartenfreund beachtet dabei die Angaben der Hersteller auf der Verpackung.

Mineralische Dünger sind so zu verteilen, dass die Harmonie des Bodenlebens nicht durch eine schockartige Steigerung des Bodensalzgehaltes gestört wird. Späte Gaben nach dem 1. Juli können die Holzreife negativ beeinflussen und Triebe frostanfälliger machen.

An frisch gepflanzte Rosen sollte man niemals mineralische Dünger geben. Auf gut vorbereiteten Beeten stehen den jungen Rosen ausreichend Nährstoffe zur Verfügung, sodass eine unnötige Salzgabe der Wurzeletablierung – und dem Bodenleben – nur schadet.

Ebenfalls von vielen Rosenfreunden aufgrund des hohen Kaliumanteils angewendet wird »Nitrophoska perfekt«. Kalium fördert die Holzreife und damit die Winterhärte der Rosen. Ein sehr umweltverträglicher Dünger mit langer Wirkungsphase ist »Compo Blaukorn NovaTec«.

Langzeitdünger (Depotdünger): Unter den Begriffen Langzeit- bzw. Depotdünger sind mineralische Düngerarten zusammengefasst, deren Düngerkörner von einer halbdurchlässigen Harzhülle umgeben sind. Dank dieser Hülle geben die Körner die in ihnen enthaltenen Nährstoffe temperaturabhängig ab. Dies bedeutet in der Praxis, dass bei höheren Bodentemperaturen mehr, bei niedrigen Temperaturen weniger bis keine Nährsalze freigesetzt werden. Da das Pflanzenwachstum ebenfalls temperaturabhängig ist, passt sich die Menge der abgegebenen Nährstoffe ideal dem Wachstum der Gehölze an. Vor allem im Winter, wenn die Pflanzen keine Nährstoffe aufnehmen, verhindert diese Aufbereitung eine Auswaschung der Nährstoffe.

Die »mitdenkenden« Langzeitdünger haben allerdings ihren Preis und sind – aufgrund der aufwendigen Herstellungsprozesse – teurer als normale mineralische Dünger. Der höhere Preis sollte jedoch im Zusammenhang mit der Effektivität dieser Dünger betrachtet wer-

TIPP Gartenfreunde, die bereits bei der Rosenpflanzung wissen, dass sie zukünftig größere Mengen Gartenkompost auf die Beete ausbringen wollen, sollten an die bodenerhöhende Wirkung regelmäßiger Kompostgaben denken. Bereits nach wenigen Jahren kann die Erdschicht über der Veredlungsstelle von ehemals fünf Zentimetern bis auf das Doppelte angewachsen sein. Es bilden sich dann oberhalb der Veredlungsstelle Wurzeln, der Einfluß der Veredlungsunterlage nimmt ab. Die Folge: Schwachwüchsige Edelrosensorten, die auf die Wuchskraft ihrer Unterlage angewiesen sind, können Chlorose-Erscheinungen zeigen. Also setzt man die Veredlungsstellen bei der Pflanzung etwas höher als sonst, nämlich nur etwa zwei bis drei Zentimeter tief. Ganz besonders gilt das für lehmige, sehr bindige Böden.

den, denn ihre Wirkungsdauer geht in der Regel über eine Wachstumsperiode hinaus. Je nach Hersteller und Zusammensetzung wirken sie fünf, sechs, neun Monate und länger. Da sich die Zeitangaben auf den Packungen auf einen 21 °C warmen Boden beziehen und im Freiland im Allgemeinen über lange Zeitabschnitte deutlich niedrigere Bodentemperaturen herrschen, kann man die Herstellerangaben jedoch getrost mit zwei oder drei multiplizieren, um die tatsächliche Wirkungszeit der Langzeitdünger in einer Rosenpflanzung zu erhalten.

Die Hersteller empfehlen etwa 25 Gramm Dünger pro Rosenpflanze (Angaben der Hersteller beachten), der ab Mitte Mai in unmittelbarer Pflanzennähe ausgebracht wird. Ein leichtes Einharken der Körner sorgt für einen engen Kontakt mit dem feuchten Boden und für den zügigen Beginn der Nährstoffabgabe. Eine ideale Angebotsform zur Nachdüngung von älteren Rosensolitären und größeren Strauch- und Kletterrosen sind zu Kegeln verklebte Düngerkörner. Die Erde rund um den Stock lockert man leicht und wurzelschonend mit der Grabegabel und drückt die Kegel in den Wurzelbereich hinein.

Organische Dünger: Organische Dünger geben ihre Nährstoffe langsam ab. Erst nach ihrem Abbau durch die Mikroorganismen im Boden stehen sie den Pflanzen zur Verfügung. Das bedeutet, dass ihr Einsatz einer Vorplanung bedarf, damit die Rosen termingerecht ausreichend mit Nährstoffen versorgt sind und es zu keinem Mangel kommt.

Hornspäne: Hornspäne sind ideale organische, pflanzen- und bodenschonende Stickstofflieferanten. Am besten streut man sie bereits im Spätherbst aus, etwa 80 (junge Pflanzung) bis 120 Gramm (ältere Pflanzung) pro Quadratmeter. Im Frühjahr folgt die zweite, gleichstarke Gabe.

Gartenkompost: Rosen-Altmeister Wilhelm Kordes schrieb zum Thema Gartenkompost bereits vor vielen Jahrzehnten: »Ein Mittel, um viel Geld zu sparen und zugleich seinen Rosen den besten Dünger der Welt zu geben, ist ein gut gepflegter Komposthaufen.« Diese Aussage trifft heute noch zu und ist nur inso-

■ Selbst ein kleiner Komposthaufen produziert große Mengen an wertvollem Gartenkompost.

fern zu relativieren, als die heutigen Haushaltskomposthaufen wegen der oft kleinen Größe der Gärten und der dadurch nicht sehr zahlreich anfallenden Gartenabfälle in der Regel für eine optimale Rosenernährung alleine nicht ausreichen. Aber der vorhandene Gartenkompost rechtfertigt seinen Einsatz durch seine positive Wirkung auf die Bodenaktivität und Bodenstruktur voll und ganz.

Zur Kompostherstellung werden die organischen Haus- und Gartenabfälle gesammelt. Rosenblätter und -zweige müssen außen vor bleiben, da ihre unverwüstlichen Dauersporen, insbesondere die des Sternrußtaus, die Kompostierung überleben und später weitere Infektionsherde im Rosenbeet fördern würden. Ansonsten folgt die übliche Gartenkompost-Wirtschaft mit Regenwurm und Mikroorganismen als wichtigen Helfern.

Gartenkompost kommt erst dann ins Rosenbeet, wenn er gut abgelagert und ausgereift ist, insbesondere bei der Rosenneupflanzung.

Lediglich bei der Verwendung **als Mulchmaterial** kann auch ungesiebter, halbreifer Gartenkompost genommen werden. Er wird etwa drei bis fünf Zentimeter stark aufgetragen und mit 100 Gramm Gesteinsmehl pro Quadratmeter bestreut. Fertiger Gartenkompost dient in Mengen von ein bis zwei Kilogramm pro Quadratmeter, verbunden mit einer Kalkgabe, als sinnvoller Rosendünger und Bodenverbesserer. Zu den Vorteilen der Beimischung von Gartenkompost zur Auffüllerde bei der Rosenpflanzung siehe Seite 149.

Rosendünger: Mehrnährstoffdünger, die im Fachhandel als »Rosendünger« angeboten werden, enthalten die notwendigen Nährstoffkomponenten im richtigen Mengenverhältnis und sind auf die Ansprüche der Pflanzen abgestimmt.

Frostschutz

Der innere Frostschutz: Die im Handel angebotenen Rosensorten sind in der hiesigen Klimazone ausreichend frosthart, wenn man ihrer Pflanzenphysiologie gerecht wird. Es klingt paradox, aber **Frostschutz beginnt im Hochsommer.** Wer seinen Rosen nach dem ersten Juli wachstumsstimulierende Stickstoffgaben verabreicht, schmälert ihre Holzreife. Er fördert das Wachstum der Pflanzen bis in den Herbst hinein und damit die Bildung eines aufgeschwemmten, stark wasserhaltigen, sehr frostsensiblen Gewebes.

Ganz im Gegensatz zum Stickstoff fördert Kali – ab Ende August in Form von Patentkali verabreicht – die Entwässerung der Triebe und erhöht dadurch die Holzreife und Frosthärte.

Ein besonderes Augenmerk sollte man auf stark von Sternrußtau befallene Rosensorten haben: Werfen sie infolge des Pilzbefalls im August alle Blätter ab, reagiert die Rose mit einem »Notprogramm«, treibt neu durch und kommt mit Sicherheit nicht rechtzeitig vor der kalten Jahreszeit zur Ruhe. Eine derart spätaktive Pflanze ist im höchsten Maße frostgefährdet.

Der äußere Frostschutz: Der beste natürliche Frostschutz ist der Schnee. Nun sollte man aber seine Rosenstöcke nicht mit verfestigtem Nassschnee künstlich verpacken. Das ist nicht gemeint und auch nicht ratsam. Lockerer Pulverschnee jedoch isoliert bestens und schützt ideal vor Frost. Leider kann man sich auf ihn nicht verlassen, sodass die Rosen durch geeignete Maßnahmen zusätzlich vor gefährlichen Barfrösten – also

■ Anhäufeln: für Beetrosen ein ausreichender Winterschutz.

■ Kletterrosen schützt man durch Sackleinen oder …

■ … das Einbinden von Nadelreisig vor Wintersonne und Eiswinden.

Frösten ohne Schnee – geschützt werden müssen.

Der äußere Frostschutz beginnt mit dem Pflanzen der Rosen. Wurde die Veredlungsstelle fünf Zentimeter tief unter die Erdoberfläche gesetzt, ist dieser wichtige »Knotenpunkt« zwischen edler Sorte und Wildlingsunterlage ausreichend geschützt.

Eine Gefährdung der Rosen besteht vor allem in extremen Frostlagen und bei langanhaltenden tiefen Temperaturen. Dies gilt besonders für die Zeit des Spätwinters, wenn die Rose bereits wieder im Saft steht und nach einer kalten Nacht von der Sonne beschienen wird.

Anhäufeln: An besonders frostgefährdeten Standorten, bei empfindlichen Sorten sowie in rauen Lagen ab 500 m über NN sollte ab Dezember angehäufelt werden, sodass im Boden befindliche ausgereifte Triebe optimal vor Frost geschützt sind. Angehäufelt wird etwa 15 bis 20 Zentimeter hoch mit lockerer Lauberde, Gartenkompost und Ähnlichem. Auf die jetzt noch herausschauenden Triebe wird zusätzlich Nadelholzreisig gelegt. Das sieht hübsch aus und schützt die Triebe vor austrocknenden Winden. Nicht ratsam ist es, zum Anhäufeln die gewachsene Erde rund um die Rose hochzuhacken, denn dies würde zu viele Wurzeln freilegen und beschädigen. Und: niemals mit Torf anhäufeln. Einerseits aus umweltschonenden Überlegungen, andererseits, weil nasser Torf im gefrorenen Zustand zu einem eisigen »Schraubstock« wird, der die Rose erwürgt. Sehr gut zum Anhäufeln eignet sich **Rosenmulch.** Dieser muss allerdings im Frühjahr um die Pflanze verteilt werden, damit die frischen jungen Triebe nicht mit dem säurehaltigen Mulch direkt in Kontakt kommen.

Strauch- und Kletterrosen: Strauch- und Kletterrosen, unter Umständen der komplette Rosenbogen, werden zum Schutz vor starker Sonneneinstrahlung mit Nadelreisig eingepackt. Schwere Frostschäden entstehen vor allem dann, wenn Rosen intensiv und direkt von der Wintersonne bestrahlt werden, die Wasserversorgung aber wegen des gefrorenen Bodens ausbleibt und die Triebe so regelrecht **vertrocknen.**

Wo das Naturmaterial Reisig nicht vorhanden oder teuer zu erstehen ist, greift man auf Sackleinen oder lockeres Jutegewebe zurück.

TIPP **Winterschutz für Rosen und Rosenstämme kann nützlich und dekorativ zugleich sein. Aus Naturmaterialien wie Weidenruten, Stroh und Leinen lassen sich mit ein wenig Fantasie lustige Figuren gestalten. Dazu passen bunte Schleifen und andere zierende Accessoires. Es lohnt sich, kreativ zu sein. Immerhin begleitet uns der Winterschutz drei bis vier Monate.**

In Baumschulen kann man preiswert sogenanntes Ballentuch erwerben, ein ideales Abhäng- bzw. Wickelmaterial für Spaliere und Rosenbögen.

Die genannten Materialien haben den Vorteil, dass sie austrocknende Winde abhalten, kühlende Luft aber durchlassen und damit einen Wärmestau, vor allem im Spätwinter, verhindern. Ein solcher Wärmestau würde einem vorzeitigen Austreiben der Rosen im Schutz ihrer Abdeckung Vorschub leisten und sie insbesondere während Witterungslagen, in denen sich sonnenreiche Tage mit klirrend kalten Nächten abwechseln, Schaden nehmen

■ Guter Frostschutz: Strauchrosen mit Strohmatten umstellen und mit Laub auffüllen.

■ In Nadelreisig eingewickelte Rosenbögen kommen auch durch strenge Frostwinter.

■ Locker eingebundene Reisigzweige schützen Rosenkronen.

lassen. Deshalb die Triebe auch nicht zu dick einwickeln und das Material etwa gegen Ende März an einem trüben Tag entfernen.

Niemals sollte man Rosen, insbesondere die Kronen von Stammrosen, in Plastikfolien, auch nicht in perforierte, einpacken. Wärmestaus und Fäulnis im Innern dieser winterlichen »Treibhäuser« sind die sichere Folge, eine Schwächung der Pflanze und Schäden durch Nachtfröste sind vorprogrammiert.

Stammrosen: Wie Strauch- und Kletterrosen werden die Kronen alter Stammrosen, unabhängig von ihrer Stammhöhe, mit Sackleinen bzw. Nadelreisig eingepackt. Dies ist die einfachste, aber nicht die sicherste Methode.

Bei Stammrosen liegen die Veredlungsstellen nämlich weit über dem Boden; insbesondere junge Stammrosen sind im Winter deshalb besonders frostgefährdet. Ein bewährter Schutz ist – bei ausreichendem Platzangebot – das **Umlegen der Stämme.** Dabei wird der Stamm über die Zapfenstelle zum Boden gebogen und mit Haken befestigt. Vorsicht: Biegt man den Stamm weg von der Zapfenstelle, kann er an dieser Stelle brechen. Die laubfreie Krone und die Veredlungsstellen liegen jetzt auf dem flachen Boden und werden locker mit Lauberde bzw. Gartenkompost bedeckt. Zusätzlich wird der Stamm mit Reisig oder Sackleinen umwickelt. Das Umlegen von Stammrosen ist in der Regel bis zu einem Pflanzenalter von zehn Jahren problemlos möglich und ein sicherer Frostschutz auch in rauen Lagen. Die Stämme im Frühjahr nicht ruckartig, sondern behutsam wieder aufrichten.

Ältere Stämme, die sich nicht mehr biegen lassen, können auch – etwas aufwendiger – durch einen Drahtkäfig geschützt werden. Dieser wird um den Stamm aufgebaut und mit Stroh bzw. Laub bis über die Krone aufgefüllt.

Raue Lagen: Abschließend noch einige allgemeine Tipps für Rosenfreunde, die in Lagen ab 500 m über NN leben:
- keine für Sternrußtau besonders anfälligen Sorten pflanzen
- einmalblühende Strauch- und Kletterrosen bevorzugen
- gelbblühenden Beet- und Edelrosen besonderen Winterschutz gewähren
- nie auf das Anhäufeln und Abdecken mit Reisig bzw. Sackleinen verzichten
- in schneereichen Gebieten Strauchrosen durch Aufbinden an einen Pfahl vor allzu großer Schneelast schützen.

■ In besonders kalten Regionen ist das Umlegen der Rosenstämme üblich. Unabdingbar ist der Schutz des Stammes vor ungewohnter direkter Sonneneinstrahlung – entweder durch Nadelreisig oder Erde.

Umpflanzen alter und junger Rosen

Die ideale Zeit zum Umpflanzen ist der November bis zum Frosteinbruch. Zur Not kommt auch noch das zeitige Frühjahr infrage. Grundprinzip der Umpflanzaktion sollte es sein, viele Feinwurzeln unbeschädigt aus dem Boden zu bekommen.

Bei Beet- und Edelrosen gräbt man die Pflanze vorsichtig frei und setzt den Spaten dabei möglichst tief an den Rosenwurzeln an. Dann wird die Rosenpflanze ohne Erdballen aus dem Loch gehebelt. Abgebrochene Wurzeln schneidet man vor dem Neupflanzen zurück und auch die oberirdischen Triebe werden bis auf eine Handbreit zurückgenommen. Gepflanzt und angehäufelt werden die alten Stöcke wie neue Rosen. Das Anhäufeln ist besonders bei der Pflanzung von alten Rosenstöcken im Frühjahr wichtig, denn es schützt die Rose vor dem Austrocknen. Abgehäufelt wird nach etwa acht Wochen, also im Mai/Juni.

Bei Strauch-, Wild- und Kletterrosen nimmt man die oberirdischen Triebe ebenfalls sehr stark, etwa bis auf fünfzehn Zentimeter, zurück. Altes, totes Holz ist dabei gleich am Ansatz zu entfernen. Oft ist es beim Ausgraben dieser Rosenarten möglich, einen Erde-Wurzel-Ballen zu erhalten, den man kreisförmig mit senkrechten Spatenstichen absticht und mit hebelnden Bewegungen aus dem Boden löst. Ein solcher Naturballen ist ideal, aber nicht zwingend notwendig, um Rosen erfolgreich zu versetzen. Wie bei den Beet- und Edelrosen kommt es in erster Linie darauf an, möglichst viel Wurzel- und nicht Erdmasse zu erhalten. Sollte also die Erde beim Bewegen der Pflanzen abfallen, ist dies nicht weiter tragisch. Gepflanzt werden die alten Rosen wie neue Rosen.

ROSEN GESUND ERHALTEN

Alles ist relativ. Albert Einstein, der Begründer der Relativitätstheorie und Revolutionär der Physik, dachte bei der Formulierung seines berühmten Satzes sicher nicht an Rosen. Dennoch trifft er auch in Bezug auf die Robustheit von Rosen voll zu. Ihre Robustheit ist relativ, weil sie von zahlreichen Faktoren abhängt, die sich nur zum Teil durch den Menschen beeinflussen lassen.

Jedes Jahr ist anders: Zahlreiche Untersuchungen belegen eindeutig, dass die Befallsstärke der häufigsten Pilzkrankheiten bei Rosen, Sternrußtau und Mehltau, jahrgangsweise erheblich schwankt. Es gibt Jahre, in denen ein wesentlich stärkerer Befall registriert wird als im vorangegangenen oder folgenden Jahr, und zwar bezogen auf eine Sorte am gleichen Standort unter gleichen Pflegebedingungen.

Sortenunterschiede: Für die moderne Rosenzüchtung ist die Robustheit ein wichtiges, wenn nicht das wichtigste Selektionskriterium geworden. Die Robustheitsskala der Sorten zeigt sich breit gefächert, wobei erfahrene Rosenzüchter wissen, dass eine Sorte über mehrere Jahre hinweg genau beobachtet werden muss, um eine Aussage zu ihrer Robustheit machen zu können.

Standortwahl: Das Verhalten einer Rosensorte wird entscheidend von den Standortbedingungen geprägt. Ist der Standort nicht rosengerecht und beispielsweise hitzig und windstill oder nass und schattig, geht auch eine robuste Sorte »in die Knie«. Der Gartenfreund kann also die Robustheit seiner Rosen durch die richtige Standortwahl deutlich fördern und den Befallsdruck spürbar minimieren.

Pflege: Auch eine an sich robuste Sorte braucht ausreichend Nährstoffe und Bodenfeuchtigkeit, insbesondere bei häufigem Schnitt. Hungernde und dürstende Pflanzen sind besonders anfällig für Angriffe durch Krankheiten und Schädlinge.

Bleibt Rosenlaub mit den unverwüstlichen Dauersporen der Sternrußtaupilze in den Beeten liegen, bietet dies den idealen Start für einen üppigen Neubefall im nächsten Jahr.

ADR-Prädikat

Das ADR-Prädikat ist eine Orientierungshilfe auf der Suche nach relativ robusten Rosensorten. Deshalb soll an dieser Stelle auch auf diese **härteste Rosenprüfung der Welt** eingegangen werden.

Die ADR-Rosenprüfung – die Buchstaben stehen für **A**llgemeine **D**eutsche **R**osenneuheitenprüfung – wurde zum ersten Mal 1950 durchgeführt. Wilhelm Kordes initiierte sie und setzte damit die vor dem 2. Weltkrieg begonnenen Rosenprüfungen fort. Bereits damals war den Rosenzüchtern klar, dass nur gute, erprobte Sorten in den Handel kommen sollten.

Fast ein halbes Jahrhundert lang wurden seitdem innerhalb der ADR-Prüfung Rosenneuheiten bewertet. Natürlich veränderten sich in dieser Zeit die Züchtungsziele laufend. In den 1960er und 1970er Jahren war das Spritzen von Rosen mit chemischen Pflanzenschutzmitteln gang und gäbe; die Robustheit einer neuen Sorte rangierte bei der Züchtung und der ADR-Prüfung klar hinter Farbwirkung

ADR-Rosen*)

'Heidetraum'® (1990), 'Apfelblüte'® (1991), 'Wildfang'® (1991), 'Super Excelsa'® (1991), 'Schneeflocke'® (1991), 'Palmengarten Frankfurt'® (1992), 'Schöne Dortmunderin'® (1992), 'Rugelda'® (1992), 'Mirato'® (1993), 'Armada'® (1993), 'Dortmunder Kaiserhain'® (1994), 'Bingo Meidiland'® (1994), 'Aspirin'®-Rose (1995), 'Magic Meidiland'® (1995), 'Medusa'® (1995), 'Rosenprofessor Sieber'® (1996), 'Sommerabend'® (1996), 'Celina'® (1999), 'Neon'® (1999), 'Bad Birnbach'® (2000), 'Maxi Vita'® (2000), 'Aprikola'® (2001), 'Gärtnerfreude'® (2001), 'Loredo'® (2001), 'Phlox Meidiland'® (2001), 'Diamant'® (2002), 'Gebrüder Grimm'® (2002), 'Kir Royal'® (2002), 'Lions-Rose'® (2002), 'Rotilia'® (2002), 'Pink Swany'® (2003), 'Gelber Engel'® (2004), 'Knirps'® (2004), 'Rouge Meilove'® (2004), 'Petticoat'® (2004), 'Eliza'® (2005), 'Inspiration'® (2005), 'Red Leonardo da Vinci'® (2005), 'Canzonetta'® (2005), 'Limesglut'® (2005), 'Flashlight'® (2006), 'Golden Gate'® (2006), 'Medley Pink'® (2006), 'Pomponella'® (2006), 'Sorrento'® (2006), 'Cherry Girl'® (2007), Elbflorenz® (2007), 'Lupo®' (2007), 'Westzeit'® (2007), 'Roxy'® (2008), 'Schloss Ippenburg'® (2008), 'Sommersonne'® (2008), 'Garden of Roses'® (2009), 'Schöne Koblenzerin'® (2009), 'Solero'® (2009), 'Black Forest Rose'® (2010), 'Hermann Hesse Rose'® (2010), 'Souvenir de Baden-Baden'® (2010), 'Pink Paradise'® (2011), 'Charisma'® (2012), 'Guirlande d'Amour'® (2012).

*) Den jeweils aktuellen Stand finden Sie im Internet unter www.adr-rose.de.

und Blütenaufbau. Erst seit Mitte der siebziger Jahre wird der Widerstandsfähigkeit einer Rosenpflanze in der ADR-Prüfung allerhöchste Priorität eingeräumt.

Die ADR-Prüfsorten wachsen an elf verschiedenen Standorten in ganz Deutschland. Die Prüfung erstreckt sich über drei bis vier Jahre. Ein Arbeitskreis, der sich aus Mitgliedern des Bundes deutscher Baumschulen (BdB), Rosenzüchtern und Fachleuten unabhängiger Prüfgärten zusammensetzt, diskutiert einmal jährlich die Sichtungsergebnisse und erteilt den Sorten, die während der Prüfung die notwendige Punktzahl erreichten, das ADR-Prädikat.

Mittlerweile haben über 1500 Sorten die ADR-Prüfung durchlaufen. Nicht einmal hundert davon haben bisher das ADR-Zeichen erhalten – ein Indiz für die Strenge der Prüfung. Und: Das ADR-Prädikat wird von der ADR-Jury wieder aberkannt, wenn eine einmal prämiierte Sorte nach Jahren nicht mehr den ADR-Qualitätskriterien entspricht. Alle, in diesem Buch genannten Sorten, die das ADR-Prädikat erhalten haben (geordnet nach dem Jahr der ADR-Vergabe), finden Sie im Kasten Seite 165.

Wichtige Rosenkrankheiten

Echter Mehltau

Schadbild: Vorwiegend auf der Blattoberseite junger Blätter sowie auf den Blütenkelchen und insbesondere Triebspitzen findet sich ein mehlig-weißer, abwischbarer Belag. Die betroffenen Blätter kräuseln sich bei stärkerem Befall und laufen rötlich an.
Auftreten: Echter Mehltau tritt bereits ab Frühsommer an Neutrieben bei warmer Witterung mit Temperaturen über 20 °C und über 90 % Luftfeuchte auf, wie sie oft in Weinbauklimaten vorkommt. In Gegenden mit hoher Niederschlagsneigung wird durch die totale Benetzung der Blätter der Echte Mehltau zwar unterdrückt, jedoch der Sternrußtau gefördert.
Vorbeugung: Robuste Sorten wählen; Rosen optimal ernähren und rosengerecht wässern, Stickstoffüberdüngung vermeiden; schlecht durchlüftete Standorte meiden; befallene Blätter absammeln und vernichten, keinesfalls kompostieren.
Bekämpfung mit Handelspräparaten: Celaflor Pilzfrei Ectivo, Rosen-Pilzfrei Saprol, Cueva Pilzschutz.
Hausmittel: Ackerschachtelhalm-Brühe, Brennnessel-Jauche.

Falscher Mehltau

Schadbild: weißgrauer Schimmelrasen auf der Blattunterseite – im Gegensatz zum Echten Mehltau. Auf der Blattoberseite sind dunkle Flecken sichtbar, befallene Blätter welken und fallen ab. Der Falsche Mehltau kann leicht mit Sternrußtau verwechselt werden, beginnt im Gegensatz zu diesem jedoch an den jungen Blättern und befällt die Rose von oben nach unten.
Auftreten: Die Krankheit tritt vor allem während starker Temperaturschwankungen im Spätsommer und Herbst auf. Abends, nach rascher Luftabkühlung, bildet sich Kondenswasser auf den Blättern, das den idealen Nährboden für diesen Pilz abgibt.
Vorbeugung: Sonniger, nicht zu enger Stand der Pflanzen, der ein rasches Abtrocknen der Blätter ermöglicht; wüchsige und gesunde Rosen sind widerstandsfähiger; befallene Triebe herausschneiden, zusammen mit befallenen Blättern vernichten, keinesfalls kompostieren. Bei Kultur im Gewächshaus starke Temperaturschwankungen durch Lüften vermeiden.
Bekämpfung mit Handelspräparaten: Cuera Pilzfrei, Kupfer-Pilzfrei. Blattunterseite beim Spritzen nicht vergessen.

■ Echter Mehltau überzieht das Rosenlaub mit einem mehlartigen Belag.

■ Typisches Schadbild für den Sternrußtau, den gefürchtetsten Rosenpilz.

■ Rost erkennt man an seinen rostig-orangefarbenen Pusteln auf der Blattunterseite.

Sternrußtau
Schadbild: Auf den Blattoberflächen sind sternförmige, violettbraune bis schwarze Flecken sichtbar, die strahlenförmig auslaufen – daher die Bezeichnung Sternrußtau. Die Blätter werden gelb und fallen ab. Zum Teil zeigen sich auch auf den Trieben Flecken. Der Sternrußtau schwächt die Rose in vielerlei Beziehung nachhaltig, beeinträchtigt z. B. Blühfreude und Frosthärte. Dieser Umstand macht den Sternrußtau zu einer der heimtückischsten Pilzkrankheiten, die Rosen befallen können. Er wird leicht mit Falschem Mehltau verwechselt, beginnt im Gegensatz zu diesem jedoch an den Blättern der unteren Region und befällt die Rose von unten nach oben, sodass sie von unten her aufkahlt.
Auftreten: Sternrußtau tritt meist im Spätsommer und Herbst auf. In regenreichen Sommern ist er auch schon ab Juni zu beobachten, vor allem in an sich schon regenreichen Regionen.
Vorbeugung: Robuste Sorten pflanzen, obwohl kaum eine Rosensorte absolut gegen Sternrußtau resistent ist; licht- und luftumspielten Standort wählen; nicht zu eng pflanzen; nasse Blätter vermeiden und vor allem länger anhaltende Blattfeuchte verhindern, da die Pilzsporen zur Keimung etwa sieben Stunden lang eine ausreichende Feuchtigkeit brauchen; niemals Rosen in den Schatten bzw. an feuchte Standorte pflanzen; da Infektionsherde sich bodennah bilden, sollte man abgefallenes Laub peinlich genau aufsammeln und vernichten, keinesfalls kompostieren; vor allem nach längeren Regenfällen auf Befall achten. Auf ausreichende Kaliversorgung (am besten mit Patentkali) achten.
Bekämpfung mit Handelspräparaten: Celaflor Pilzfrei, Bayer Garten Universal-Pilzschutz M, Rosen-Pilzfrei Saprol.
Hausmittel: Ackerschachtelhalm-Brühe.

Rosenrost
Schadbild: Nach dem Austrieb im Frühjahr finden sich orangefarbene, stark stäubende, etwa stecknadelkopfgroße Sporenlager an der Blattunterseite. Im Herbst sind die Pusteln schwarzbraun. Ein Befall tritt insbesondere auf stark lehmigen Standorten auf.
Auftreten: Rosenrost zeigt sich jahrgangsweise sehr unterschiedlich, teilweise setzt der Befall nach mehreren Seuchenjahren komplett aus.
Vorbeugung: Hohe Luftfeuchtigkeit begünstigt einen Befall, rosengerechten Standort wählen, an dem die Blätter rasch abtrocknen können; stark lehmige Standorte durch Sandgaben auflockern; bei ungenügender Kalk-Kali-Versorgung sind auf der Wildlingsunterlage *Rosa laxa* veredelte Rosen rostanfälliger als andere; befallenes Laub niemals kompostieren, sondern einsammeln und vernichten.
Bekämpfung mit Handelspräparaten: Compo Ortiva Rosen Pilzschutz, Cueva Pilzschutz, Rosen-Pilzfrei Saprol. Wichtig: Blattunterseite beim Spritzen nicht vergessen, auch nicht befallene Rosen in unmittelbarer Nähe spritzen.
Hausmittel: Farnkraut-, Wermut- bzw. Ackerschachtelhalm-Brühe.

Weitere, allerdings weit seltener auftretende Pilzerkrankungen

Grauschimmel: Der Pilz, der auch unter dem Namen Botrytis bekannt ist, verursacht Faulstellen auf Blütenblättern und Knospen. Befallenene Knospen frühzeitig entfernen.

Rindenfleckenkrankheit: Insbesondere auf nicht ausgereiften, weichen Trieben zeigen sich nach milden Wintern bräunlichrote Flecken, die leicht mit Frostschäden verwechselt werden können. Kranke Triebe entfernen, auf gute Holzreife der Rosen achten, im Winter für ausreichende Luftzirkulation sorgen, Winterabdeckung so früh wie möglich entfernen.

Valsakrankheit: Mit diesem Pilz befallene Triebe welken, teilweise stirbt sogar die gesamte Rosenpflanze ab – deshalb wird die Krankheiten auch »Triebsterben« genannt. Kranke Triebe entfernen, Zapfenbildung durch sachgemäßen, sorgfältigen Schnitt vermeiden.

Rußtaupilze: Es bildet sich ein schwarzer Pilzrasen auf den Blättern, der nicht mit Sternrußtau zu verwechseln ist. Die Pilze siedeln auf den zuckerhaltigen Ausscheidungen von Blatt- und Schildläusen, die von sich über den Rosen befindenden Trieben anderer Gehölze auf das Rosenlaub tropfen. Bei einem Befall reicht es aus, die Blätter mit Schmierseifen-Lösung abzuspritzen und so zu reinigen; besser ist es natürlich, derartige Standorte zu meiden.
Sehr selten können auch **Viren-** (z. B. Rosenmosaikvirus) und **Bakterienerkrankungen** (Krebswucherungen) an Rosen auftreten. In diesen Fällen ist eine Bekämpfung wenig Erfolg versprechend, die ganze Pflanze sollte entfernt und vernichtet werden.

Wichtige Rosenschädlinge

Rosenblattlaus
Blattläuse sind wohl die am meisten geschundenen Kreaturen im Garten. Sie werden von Bakterien, Viren, Räubern, Raubparasiten und dem Menschen derart ausgenutzt und verfolgt, dass sie nur mittels einer sehr hohen Vermehrungsrate überleben können. Dabei wenden sie mit der sogenannten teleskopischen Generationenfolge einen zeitsparenden Trick an. Er besteht darin, dass bereits in den Laus-Embryonen schon wieder die Embryonen der nächsten Generation sitzen.

Es gibt über 3000 verschiedene Blattlausarten, die meisten davon hochgradig spezialisiert. Generell stechen Läuse die Siebröhren (= Saftleitungen) der Pflanze an. Bevor eine Laus aber ein »Saftfass« aufmacht, wägt sie den Anstich genau ab. Erst nach mehreren Probestichen kommt es zum Hauptstich, der die Laus sehr viel Energie kostet und bis zu einem Tag dauern kann. Ist der Anstich erfolgreich, sprudelt der Pflanzensaft aufgrund des hohen Drucks in den Siebröhren reichlich. Für die Blattlaus sind die in dem Saft enthaltenen Stickstoffverbindungen überlebenswichtig. Ihren großen Bedarf kann sie nur über entsprechende Saftmengen abdecken, den im Saft enthaltenen Zucker benötigt sie jedoch nicht. Sie scheidet ihn aus. Um ihre »Trinkkumpanen« dabei nicht mit einer Zuckerglasur zu überziehen, schleudert sie den Zuckersaft mit den Hinterbeinen von sich weg. Landet die klebrige, glänzende Glasur auf in der Nähe befindlichem Rosenlaub, siedeln sich dort umgehend Rußtaupilze an.

Schadbild: Grüne Läuse befallen junge, noch weiche Triebe, die sie mit geringem Energieaufwand leicht anstechen können.

Auftreten: Bei warmer Witterung vermehren sich die Läuse ab April massenhaft.

Vorbeugung: Keine Rose ist vor einem Befall gefeit, jedoch fordern ihn übertriebene Stickstoffdüngung und Wassermangel geradezu heraus. Beides verursacht weiches, schwammiges Gewebe, das sich leicht anstechen lässt. Die hohen inneren Stickstoffwerte im Saft der Rose fördern zudem die Fruchtbarkeit der Läuse. Besonders hohe Stickstoffkonzentrationen finden sich auch im Saft von Rosen, die unter Trockenstress leiden. Deshalb: heiße, lufttrockene Standorte meiden.

Bekämpfung mit Handelspräparaten: Neudosan, Schädlingsfrei Naturen, Schädlingsfrei Neem, Parexan-Plus, Pyreth Naturinsektizid, Spruzit Neu, Nützlingseinsatz.

Hausmittel: Kleinere Läusemengen mit scharfem Wasserstrahl abspritzen oder mit den Fingerspitzen wegschnippen. Versuche mit Zwiebel- und Knoblauchsäften als Spritzmittel zeigten eine akzeptable Wirksamkeit. Brennnessel-Brühen werden sehr oft empfohlen, sind in ihrer Wirkung jedoch umstritten. In vergleichenden Versuchen mit klarem Wasser wiesen sie keine deutlich höhere Wirksamkeit auf.

Duldsam

Des Morgens früh, sobald ich mir
Mein Pfeifchen angezündet,
Geh ich hinaus zur Hintertür
Die in den Garten mündet.
Besonders gern betracht ich dann
Die Rosen, die so niedlich;
Die Blattlaus sitzt und saugt daran
So grün, so still, so friedlich.
Und doch wird sie, so still sie ist,
Der Grausamkeit zur Beute;
Der Schwebefliege Larve frißt
Sie auf bis auf die Häute.
Schlupfwespchen flink und klimperklein,
Sosehr die Laus sich sträube,
Sie legen doch ihr Ei hinein
Noch bei lebendgem Leibe.
Sie aber sorgt nicht nur mit Fleiß
Durch Eier für Vermehrung;
Sie kriegt auch Junge hundertweis
Als weitere Bescherung.
Sie nährt sich an dem jungen Schaft
Der Rosen, eh sie welken;
Ameisen kommen, ihr den Saft
Sanft streichelnd abzumelken.
So seh ich in Betriebsamkeit
Das hübsche Ungeziefer
Und rauche während dieser Zeit
Mein Pfeifchen tief und tiefer.
Daß keine Rose ohne Dorn,
bringt mich nicht aus dem Häuschen.
Auch sag ich ohne jeden Zorn:
Kein Röslein ohne Läuschen.

Wilhelm Busch

Rote Spinne

Schadbild: winzig kleine, orangerote Tierchen, die sich an den Blattunterseiten befinden, dort an der Pflanze saugen und nur mit der Lupe zu erkennen sind. Die Blattoberseiten färben sich braungelb, bis die Blätter abfallen. Im Gegensatz zur Gemeinen Spinnmilbe bildet sie kein Gespinst.

Auftreten: bei trocken-heißer Witterung ab Mai massenhafter Befall.

Vorbeugung: heiße, extrem lufttrockene Standorte meiden. Besonders gefährdet sind (Kletter-)Rosen vor heißen Südmauern durch von allen Seiten auf das Laub treffende Reflexionswärme.

■ Ameisen mehren ihre Blattlauskolonien, indem sie die natürlichen Gegenspieler der Blattläuse von ihnen fernhalten. Deshalb: Ameisen den Zutritt zu Rosen verwehren.

Bekämpfung mit Handelspräparaten: Neudosan, Schädlingsfrei Naturen, Schädlingsfrei Neem, Pyreth Naturinsektizid, Spruzit Neu, Raubmilben-Einsatz.
Hausmittel: Ackerschachtelhalm-Brühe.

Rosenblattrollwespe
Schadbild: Typisch für den Befall mit Blattrollwespen sind die eingerollten Blätter. Die Eiablage am Blattrand löst dieses Einrollen des Rosenlaubes aus.
Auftreten: Ab Mai, die Larven verlassen im Juli die Blattröllchen, um sich im Boden zu verpuppen.
Vorbeugung: schwierig, Blätter ab Anfang Mai beobachten. Letztendlich helfen nur vorbeugende Spritzungen mit systemischen Präparaten, die aber auch Nützlingen die Lebensgrundlage entziehen.
Bekämpfung: befallene Blätter sofort entfernen und vernichten, Absammeln der Larven mit der Hand. Spritzungen sind nicht sinnvoll.

Rosenzikade
Schadbild: Die Blätter sind auf der Oberseite weißlich gesprenkelt. Auf der Blattunterseite findet man grünlich weiße, blattlausähnliche Insekten, die sich hüpfend fortbewegen.
Auftreten: Da die Rosenzikaden mit Vorliebe in Mauerritzen überwintern, tritt der Befall häufig an dort wachsenden Kletterrosen auf.
Vorbeugung: trockene, heiße Standorte meiden.
Bekämpfung mit Handelspräparaten: Schädlingsfrei Naturen, Parexan-Plus, Pyreth Naturinsektizid, Spruzit Neu, Neudosan.
Hausmittel: Brennnessel-Brühe.

Thrips (Blasenfüße)
Schadbild: Thripse befallen vor allem blühreife Knospen. Die Blütenblätter verkrüppeln und zeigen am Rand braune Flecken. Durch Abklopfen der Blüten springen einige der winzig kleinen Insekten aus der befallenen Blüte auf die Handoberfläche und sind unter der Lupe erkennbar.
Auftreten: ab Juni bei warmer Witterung.
Vorbeugung: schwierig, hohe Wachsamkeit nach Vorjahresbefall während trocken-heißer Witterungsphasen.
Bekämpfung mit Handelspräparaten: Neudosan. Rechtzeitig Blütenknospen spritzen, befallene Blüten sofort entfernen und vernichten. Einsatz von Nützlingen nur bei Gewächshauskultur Erfolg versprechend.

Weitere Schädlinge

Rosengallwespe: Die Rosengallwespe tritt häufig, aber nicht nur an Wildrosen auf. An den Trieben zeigen sich moosähnliche, deutlich sichtbare Wucherungen, die durch ihre haarartigen Auswüchse, die sogenannten **Schlafäpfel,** auffallen. Betroffene Triebe entfernen.
Die Schlafäpfel, die bis fünf Zentimeter groß werden, gelten in der Volksmedizin als Schlafmittel. Unter das Kopfkissen gelegt, sollen sie dem Schlaf förderlich sein. Siehe Abbildung Seite 136.

Dickmaulrüßler: etwa 10 mm langer, schwarzer Rüsselkäfer, der an den Knospen, Blättern und Trieben nagt und ausgebuchtete Fraßstellen hinterlässt. Nachts absammeln, Bekämpfung der Larven über Nematoden möglich.

Triebbohrer: Die Triebe beginnen am oberen Ende zu welken. Spaltet man sie in Längsrichtung, entdeckt man einen Fraßgang, in dem eine kleine Raupe sitzt. Frisst sie sich im Trieb von oben nach unten, handelt es sich um den Abwärtssteigenden Rosentriebbohrer. Spritzungen wenig sinnvoll. Bei umgekehrter Fraßrichtung ist der Aufwärtssteigende Rosentriebbohrer am Werk.
Triebe bis ins gesunde Holz abschneiden, Raupen entfernen. Spritzungen sind wenig sinnvoll.

Schildläuse: An verholzenden Trieben und Zweigen sitzen braune, durch einen harten Panzer geschützte Läuse, die einen

■ Die Gemeine Spinnmilbe erkennt man an ihrem Gespinst.

■ Charakteristisch für den Befall mit Rosenblattrollwespen sind eingerollte Blätter.

■ Rosenzikaden finden sich oft an Kletterrosen.

klebrigen Saft ausscheiden. Bei trockener, windstiller Lage ist ein Massenbefall möglich; Kletterrosen an Hauswänden sind besonders gefährdet. Mineralölspritzung; Florfliegen als natürliche Feinde der Schildläuse schonen.

Wurzelnematoden: Ihre Bekämpfung ist schwierig. Eine Gründüngung mit *Tagetes erecta* wirkt ihrer weiteren Verbreitung entgegen (siehe auch Seite 147).

Gartenlaubkäfer: Ziemlich selten auftretend, nagt der etwa zehn Millimeter lange Käfer mit Vorliebe an Blättern und Blütenknospen. Wenn er nicht gerade in Massen auftritt, richtet er keinen Schaden an. Nicht zu verwechseln ist der Gartenlaubkäfer mit dem etwa doppelt so großen **Goldkäfer.** Der Goldkäfer liebt Gartenrosen, in deren Blüten er sich förmlich in die Pollen einwühlt und die Staubgefäße frisst. Der seltene Käfer ist stark gefährdet und steht unter Naturschutz. Daher **nicht absammeln**!

Allgemeine Hinweise zur Bekämpfung von Krankheiten und Schädlingen

Unter verantwortungsbewussten Rosen- und Gartenfreunden sollte grundsätzlich die Devise **»Vorbeugen ist besser als spritzen«** gelten. Wer jede Laus verfolgt, kann nicht erwarten, dass sich eine nennenswerte Nützlingsfauna aufbauen kann. Erst wenn eine Schadensschwelle überschritten wird – d. h. der »Schaden« an den Pflanzen die zu erwartenden Bekämpfungskosten übersteigt –, ist der Einsatz von Spritzmitteln eine Überlegung wert. Bei ihrem Kauf unbedingt auf fachmännische Beratung achten.

Bei der Verwendung der Präparate gilt: Niemals in die offene Blüte und nur bei windstillem Wetter spritzen, bienenungefährliche und nützlingsschonende Mittel einsetzen, die Anweisungen auf den Packungsbeilagen grundsätzlich strikt beachten, Restbrühe als Sondermüll sachgerecht entsorgen, Arbeitsmittel nach Gebrauch sorgfältig reinigen.

Eine Bitte des Autors: Nicht mit Kanonen auf Spatzen schießen! Die Spritzmittel, die für Hobbygärtner im gärtnerischen Einzelhandel zu erwerben sind, reichen in ihrer Wirksamkeit völlig aus. Erwerbsgärtner nutzen für den großflächigen Einsatz teilweise andere Präparate, von denen sich Laien oft wahre Wunder versprechen und an die zu gelangen sie deshalb nichts unversucht lassen. In der Regel sind diese Präparate hochwirksam und unterliegen strengsten Ausbringungsvorschriften, die u. a. modernste, keine Abdrift zulassende Geräte und aufwendige Schutzkleidung erfordern. Wer diese Mittel ohne entsprechenden Schutz und Fachverstand im privaten Garten verwendet, gefährdet ohne Not sich und andere. Das kann kein Pflanzenfreund und Naturliebhaber wollen. Auch die Rosenproduktionsbetriebe begrenzen zunehmend ihren Einsatz, einige Betriebe verzichten sogar ganz darauf und produzieren ihre Rosenstöcke im Rahmen biologischer Anbaurichtlinien. Hinweis: Alle Mittelangaben sind vom Stand 2013.

■ Nützlinge bei der Arbeit: Siebenpunkt-Marienkäfer dezimieren Blattläuse.

Rosennützlinge

Die naturnahe Bekämpfung von Schädlingen durch Nützlinge kann nur funktionieren, wenn sie langfristig angelegt und dem Kreislauf der Natur unterstellt ist. Es dauert einige Zeit, bis sich eine entsprechende Nützlingspopulation aufgebaut hat. Diese kann dann auch nur überleben, wenn sie in ausreichendem Maße Schädlinge vorfindet.

Marienkäfer: Die Larven der Marienkäfer sind ungeheuer gefräßig. Jede vertilgt während ihrer etwa dreiwöchigen Entwicklungszeit insgesamt bis zu 600 Blatt- und Schildläuse. Marienkäferlarven sind von braunschwarzer Farbe, bis zu einem Zentimeter lang und sechsbeinig. Nach ihrer Verpuppung sieht man ab Juli den Marienkäfer an den Rosen. Auch das erwachsene Insekt frisst mit Vorliebe Blattläuse und andere weichhäutige Insekten. Sein täglicher Bedarf liegt bei etwa hundert Blattläusen. Alle Lebensstadien dieses Nützlings sind schützenswert; Schutz gewährt man, indem man ihm z.B. die Überwinterung unter liegen gebliebenem Laub ermöglicht.

Florfliegen: Florfliegen werden auch als Blattauslöwen bezeichnet. Ihre Larven sind denen der Marienkäfer ähnlich. Mit ihren Saugzangen greifen sie die Blattläuse an und saugen sie aus. Daneben bekämpfen sie auch Thripse und Milben. Das erwachsene Insekt erinnert an eine Libelle, der Flugstil wirkt etwas unbeholfen. Jedes Jahr werden mehrere Generationen Florfliegen produziert.

Schwebfliegen: Die Larven der Schwebfliegen sind grünlich gelbe bis graue Maden von etwa 2 cm Länge. Sie sind nicht sehr beweglich, deshalb legt die Mutterfliege sie direkt in den Blattlauskolonien ab. Die Larven spießen die Blattläuse mit ihren Mundwerkzeugen auf und saugen sie aus. Eine Larve vertilgt während ihrer kurzen, etwa zweiwöchigen Entwicklungszeit insgesamt 400 bis 800 Blattläuse. Die erwachsene Fliege wird etwa einen Zentimeter lang und fällt mit ihrem schwarzgelb gezeichneten Hinterleib und ihr oft minutenlanges In-der-Luft-Schweben an einer Stelle auf. Manchmal werden die Tiere mit Wespen verwechselt und deshalb verfolgt. Jedes Jahr werden mehrere Generationen produziert. Schwebfliegen können Farben erkennen, wobei sie besonders Gelb anzieht. Rugosa-Hybriden sind beliebte Anflugziele, aber auch Petersilie, Kümmel und Koriander locken diesen Nützling in den Garten.

Raubmilben: Raubmilben saugen die Eier der Roten Spinne (Spinnmilbe) oder die Tiere selbst aus. Die Raubmilbe, ein naher Verwandter, ist größer und kräftiger als die Rote Spinne und baut kein Gespinst auf. Vor allem ist sie wesentlich beweglicher und findet ihre Beute zielsicher. Als Faustzahl gilt, dass eine Raubmilbe etwa fünf erwachsene Spinnmilben bzw. zwanzig Eier pro Tag aussaugen kann. Das ist ziemlich viel und sorgt für eine spürbare Reduzierung der Roten Spinne, da die Raubmilben sich außerdem sehr schnell entwickeln.

Ohrwürmer: Diese etwa zwei Zentimeter langen, braunen Insekten sind an ihrer am Hinterleib befindlichen Zange leicht zu erkennen. Die Behauptung, dass sie ins menschliche Ohr krabbeln, ist eine Mär und gehört ins Reich der Fabel. Ohrwürmer jagen vor allem nachts Blattläuse. Wer ihnen ein nützliches wie ästhetisch anspruchsvolles Zuhause schaffen will, füllt **Rosenkugeln** mit Holzwolle. Die mundgeblasenen Kugeln in Grün, Gold, Rot, Blau oder Aubergine erwärmen sich im Inneren und bilden so ideale Nistplätze und Ausgangspunkte für die Beutezüge dieser Blattlausvertilger. Es kann allerdings auch vorkommen, dass die Ohrwürmer die Blüten der Rosen anfressen.

Apropos Rosenkugeln: Die ihnen nachgesagte Wirkung als Vogelschreck kann wohl ins Reich der Legende verwiesen werden. Angeblich nehmen die Vögel beim Anblick des eigenen, verzerrten Ichs Reißaus.

Blattlaus-Schlupfwespen: Diese Insekten legen ihre Eier in das Ei, die Larve oder Puppe eines anderen Insektes, zum Beispiel von Blattläusen. Selbst Ameisen gelingt es kaum, »ihre« Blattläuse zu schützen und die Eiablage der Schlupfwespen zu verhindern. Ein Schlupfwespen-Weibchen kann bis zu 1000 Läuse anstechen und in ihnen Eier ablegen.

Vögel: Insekten fressende Vogelarten wie Grasmücke, Meise und Haussperling füttern ihren Nachwuchs zum großen Teil mit Insekten. Meisen jagen zur Aufzucht ihrer Brut mit Vorliebe die gefräßigen Raupen. Sträucher und Stauden bieten den Vögeln schützenden Lebensraum. Besonders bewährt hat sich das Aufhängen von Meisenkästen. Ebenso locken eine Tränke im Sommer und ein Futterplatz im Winter den nützlichen Besuch an. Allerdings: Streunen viele Katzen im Garten, wirken auch die attraktivsten Kästen und Tränken nicht verlockend auf Insekten fressende Vögel.

1 Die Larve der Florfliege beim Blattlausmenü. 2 Eine Schwebfliegenlarve. 3 Ohrwurm auf Blattlauspirsch. 4 Ein Rotkehlchen verfüttert im Nest eine Raupe.

WERKZEUG-EINMALEINS

Der Umgang mit der Rose, ihre Pflege und Vermehrung, wird durch eine Reihe von Gartengeräten und Werkzeugen spürbar erleichtert. Dabei müssen es nicht immer die teuersten und buntesten Geräte sein; wichtig ist in erster Linie, dass sie die gewünschten Funktionen einwandfrei erfüllen.

Ein Teil der in diesem Abschnitt vorgestellten Geräte gehört ohnehin zur Grundausstattung des Hobbygärtners. Diese Geräte sollten handlich und in einem brauchbaren, gepflegten Zustand sein, damit die Arbeit mit ihnen nicht zur Plage wird. Schneidewerkzeuge sollen scharf sein. Hacke und Spaten hilft das Einreiben mit ein paar Tropfen Öl, längere Winterpausen schadlos zu überstehen.
Wer sich spezielles Rosenwerkzeug anschafft, sollte vorher prüfen, ob sich der finanzielle Einsatz für ihn lohnt. Dies gilt vor allem für spezielle Messer und Scheren zum Veredeln oder Schneiden der Rosen.

Abdorner (Entdorner): Der Abdorner ist ein sehr nützliches Gerät für alle Freunde von Schnittrosen. Mit ihm lassen sich die Stacheln am unteren Ende des Rosenstieles mit einem Handgriff leicht abstreifen. Mit einer ebenfalls angebrachten scharfen Klinge werden die Enden im nächsten Arbeitsgang schräg angeschnitten. Fertig ist der Rosenstiel für Vasen und Gestecke.

Abziehstein: Das beste Schneidewerkzeug taugt nichts, wenn es nicht scharf ist. Zum Abziehen der Klinge eignet sich ein Abziehstein, zur endgültigen Feinbearbeitung ein sogenannter Belgischer Brocken.

Astschere: Wer viele ältere Strauch- und Kletterrosen im Garten hat, nimmt wahrscheinlich gern die Dienste einer Astschere in Anspruch. Mit ihr lassen sich bis zu vier Zentimeter dicke Triebe leicht, sauber und glatt entfernen.

Baumsäge: Sie eignet sich z. B. zum Verjüngen sehr alter und vergreister Strauchrosen. Dürre Äste lassen sich zudem mit der Schere nur schlecht schneiden. Die Zähne des Sägeblattes sollten so fein sägen, dass keine ausgefransten Sägeschnittstellen zurückbleiben. Besonders handlich sind fuchsschwanzähnliche **Handsägen** mit einem schmalen, auswechselbaren, teilweise sogar einklappbaren Sägeblatt.

Gießkanne: Manchmal, beispielsweise nach dem Pflanzen, lassen sich Rosen besser mit der Gießkanne anwässern als mit dem Gartenschlauch. Bestens bewährt hat sich die ovale Gärtnerkanne mit einem griffigen Längsbügel. Kannen in runder Form oder mit Querbügeln sind im Dauereinsatz unhandlich. Wenn die Kanne aus Metall ist, sollte man auf verzinkte Qualitäten achten (u. a. von Schneider). Kannen aus Kunststoff sind nicht schlechter, solange ihre Form ein angenehmes Arbeiten ermöglicht.

Handschuhe: Rosen haben Stacheln, die ziemlich piksig sein können. Richtig gemein sind die feinen Borsten von Rugosa-Hybriden. Gute Gartenhandschuhe schützen die Hände beim Arbeiten.

Hippe: Die Hippe ist ein gebogenes Gartenmesser, das sich ausgezeichnet zum Entfernen der Wildtriebe an Rosen eignet. Mit einem ziehenden Schnitt entfernt die Hippe sie sauber direkt am Triebansatz.

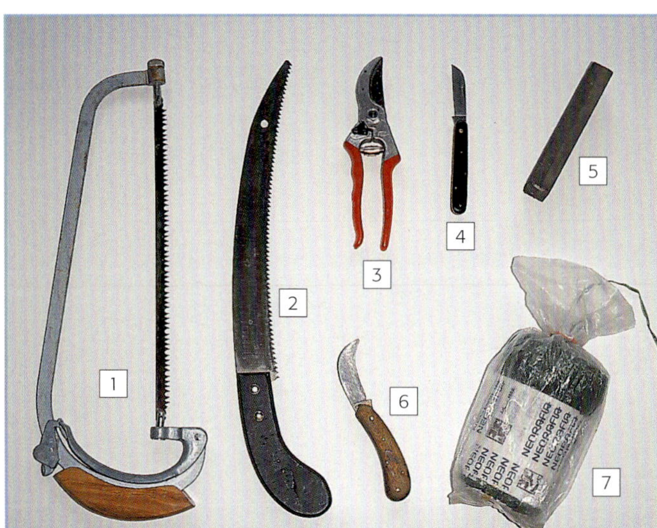

Nützliche Hilfsmittel:

1 Baumsäge
2 Handsäge
3 Schere
4 Okulationsmesser
5 Abziehstein (Belgischer Brocken)
6 Hippe
7 Bindedraht

Wer viele Vasenrosen schneidet, dem erleichtert eine Präsentierschere die Arbeit erheblich.

Kralle: Dieses Werkzeug eignet sich hervorragend zum Abhäufeln der Rosen im Frühjahr. Danach dient es zur Bodenlockerung.

Laubsauger: In allen Rosenbüchern wird dazu geraten, im Herbst das Rosenlaub peinlich genau aus den Beeten zu entfernen. Dieser Rat ist gut, denn die Dauersporen von Sternrußtau & Co. haften an den Blättern. Blieben sie liegen, wäre der Neubefall der Rosen vorprogrammiert. Ob es jedoch unbedingt notwendig ist, das Herbstlaub mit einem Laubsauger zu entfernen, oder ob es nicht doch der gute, alte Laubrechen tut, muss jeder Gartenfreund für sich entscheiden. Ein Laubsauger saugt jedenfalls nicht selektiv, sodass allerlei nützliche Kriech- und Krabbeltiere mit im Auffangsack landen. Deshalb sollte nach einem solchen Saugvorgang das Rosenlaub herausgesucht und vernichtet werden. Den nützlichen Rest sollte man dem Garten wieder zuführen.

Okulationsmesser: Für diejenigen, die viele Rosen selbst veredeln möchten, lohnt sich die Anschaffung eines Veredlungsmessers. Wie noch andere Spezialwerkzeuge sind diese Messer auf die Okulationsarbeit abgestimmt und lassen sich auf Rasierklingenschärfe bringen.

Man unterscheidet zwischen Okuliermessern mit Löser an der Klinge und solchen mit gesondertem Löser aus Kunststoff am Messerende. Die Löser erleichtern das Ablösen der Rinde am Wurzelhals des Wildlings vor dem Einschieben des Auges in den T-Schnitt. Da man ein Okulationsmesser nur wenige Wochen im Jahr benutzt, wird es nach dem Gebrauch und vor der erneuten Einlagerung gesäubert, mit Öl eingerieben und in Stoff eingewickelt. Der Fachhandel bietet vorzügliche Messer der Marke Tina an.

Präsentierschere: Die Präsentierschere ist eine segensreiche Erfindung für alle Freunde von Schnittrosen. Mit ihr lässt sich ein Stiel an der gewünschten Stelle abschneiden, während er gleichzeitig von einem an der Scherenklinge angebrachten Wulst festgehalten wird. Profigärtner schneiden mit einer Hand die Rose, ohne sie direkt anzufassen und legen dann den in der Schere festgeklemmten Stiel in den freien Arm. So lassen sich bequem ganze Schnittbunde sammeln.

Rosengrabegabel: Ein echtes Spezialwerkzeug für den Rosenkenner und sein am häufigsten benutztes Arbeitsgerät ist die zweizinkige Rosengrabegabel. Mit ihr lässt sich der Boden auflockern, ohne die Rosenwurzeln über Gebühr zu strapazieren.

Schere: Wichtig ist nicht der Preis, sondern die Schärfe und Schnittfähigkeit der Schere. Sie soll schneiden und nicht quetschen. Rosen haben ein sehr druckempfindliches, da relativ weiches Holz. Die Gefahr, dass durch den Gebrauch schlechter Scheren größere, nur schwer heilende Wunden an den Pflanzen entstehen, ist groß und bei der Rose besonders fatal, denn die Wundheilung der Rinde geht bei Rosen nur langsam voran. Noch Jahre später kann man größere Wunden an ihnen leicht wiederfinden. Die Schweizer Firma Felco gilt als bewährter Anbieter guter Scheren. Für Frauen empfiehlt sich die Felco Nr. 6, größere Männerhände greifen auf die Felco Nr. 2 zurück.

Spaten: Ohne diesen Geräteklassiker ist die Pflanzung von Rosen und die gründliche Bodenvorbereitung nicht denkbar. Er gehört zur Grundausstattung jedes Gartenfreundes, der deshalb auf kräftige Qualität achten sollte. Bewährt hat sich z. B. der Ideal-Spaten.

Spritzen: Gute Spritzgeräte benötigt man zum effektiven Ausbringen sowohl biologischer und bienenschonender Präparate als auch alter Hausmittel. Beim Kauf sollte man auf Handlichkeit achten. Verlängerungsrohre erleichtern das gezielte Spritzen auch unter die Blätter der Rosenstöcke.

■ Praktische Arbeitshilfe für Vasenrosen: der Rosenabdorner

■ Die Anschaffung eines Okulationsmessers lohnt sich bei häufiger Veredelung.

■ Ausgesprochenes Spezialwerkzeug für Rosenfans: die zweizinkige Rosengrabegabel.

VERMEHRUNG

Seien wir ehrlich: Obwohl es meist viel billiger ist, Pflanzen beim Profi zu erwerben, reizt es einen gestandenen Hobbygärtner und Rosenfreund doch, selbst einmal eine Sorte zu vermehren. Auch wenn das gewünschte Ergebnis erst nach mancher Enttäuschung, etwa unerwarteten Winterschäden, erreicht wird, hat man zu einer selbst vermehrten Pflanze ein ganz persönliches Verhältnis. Die Vermehrung sehr seltener Rosensorten kann zudem einen recht profanen Grund haben, da sich ihre Beschaffung im Handel, vor allem ohne genaue Namensbezeichnung, oft schwierig, wenn nicht gar unmöglich gestaltet. Wer dann bei Freunden Zugriff auf Vermehrungsmaterial hat, kann sich besondere Rosenträume erfüllen.

Der Versuch lohnt also. Und damit aus der Rosenlust kein Rosenfrust wird, sind hier die erfolgsversprechendsten Methoden zusammengestellt.

Ablauf der Okulation

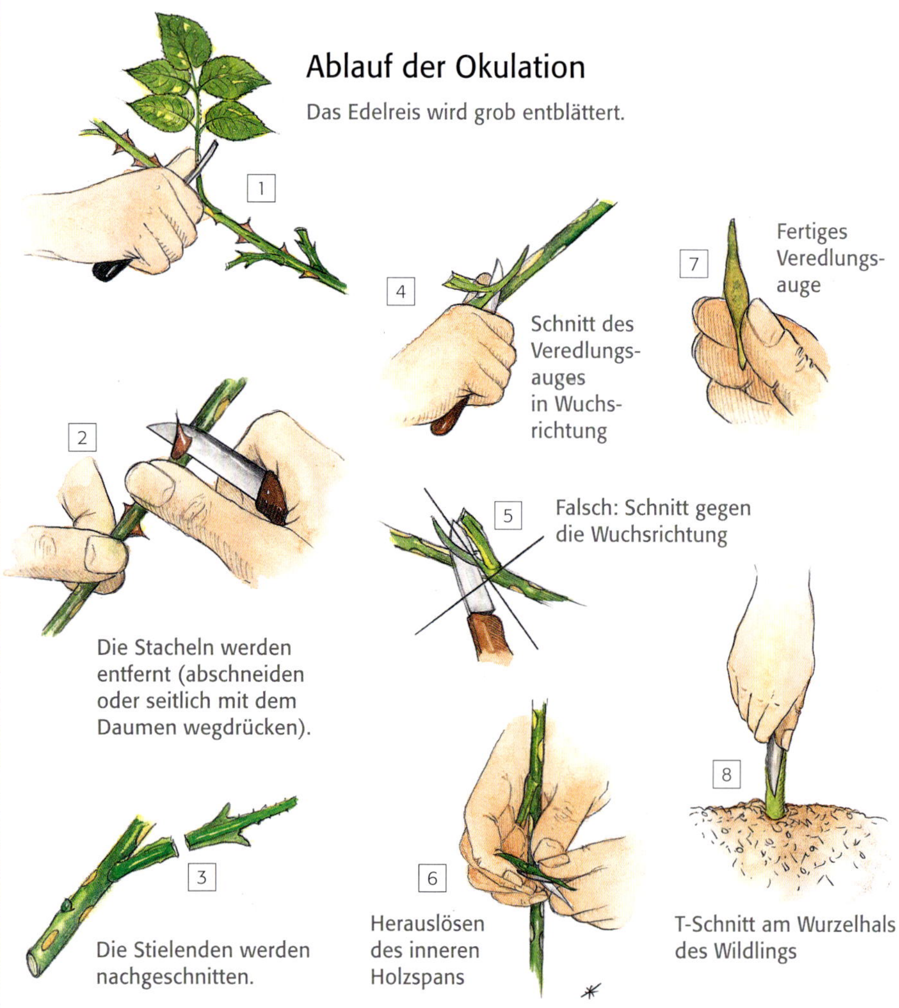

Zwei Vermehrungsprinzipien lassen sich unterscheiden: die **ungeschlechtliche (vegetative) Vermehrung** durch Okulation, Steckholz, Steckling, Absenker, Ausläufer bzw. Meristemkultur und die **geschlechtliche (generative) Vermehrung** durch Aussaat.

Bei der ungeschlechtlichen Vermehrung vererben abgetrennte Pflanzenteile die Eigenschaften der Eltern identisch und sortenecht weiter. Ein Vorteil ist die relativ kurze Kulturdauer. Zudem setzen viele Edelsorten keinen oder nur unreifen Samen an und eignen sich schon aus diesem Grund nur für die ungeschlechtliche Vermehrung. Treten an einer Rose Veränderungen, sogenannte Mutationen auf, können diese explizit vermehrt und als neue Kulturform gesichert werden. Aus den vielen Vorteilen der ungeschlechtlichen Vermehrung erklärt sich deren große Bedeutung auch im Erwerbsanbau von Rosen.

Ausgesät – also geschlechtlich vermehrt – werden in der Regel nur die reinen Wildarten für Pflanzungen in der freien Natur – wofür die Sämlinge die notwendige genetische Variabilität und Wüchsigkeit mitbringen – und die Wildlingsunterlagen, auf die edle Rosensorten aufveredelt, im Fachjargon gesprochen: okuliert werden, damit sie von der Wuchskraft der Wildrose profitieren. Rosenzüchter nutzen zudem die Aussaat, um aus den Ergebnissen ihrer Kreuzungen neues Saatgut und in der Folge neue Rosensorten zu erzielen.

Okulation

Die Okulation ist die am häufigsten bei Rosen angewendete Vermehrungsart. Okulation meint das Einsetzen eines Auges, sprich: einer Triebknospe, einer edlen Rosensorte auf eine Unterlage und geht wortgeschichtlich auf das lateinische Wort für »Auge«, *oculus*, zurück. Mittels Okulation wird so aus einer

Okulation (Fortsetzung)

Wildrose eine Beetrose, eine Kletterrose, eine Strauchrose oder irgendeine andere edle Rosenpflanze.

Wie funktioniert das Okulieren? Wer Rosen okulieren möchte, beschafft sich zunächst in einer Baumschule Wildlingsunterlagen. Diese sind jeweils zu fünfzig Stück gebündelt und werden auch nur in diesem Gebinde gehandelt. Mit etwas Glück verkaufen die Baumschulen dem Rosenfreund diesen Grundstock für die eigene Rosenanzucht. Die bekannteste und am häufigsten als Unterlage verwendete Wildart ist *Rosa laxa.*

Erhält man die Wildlinge, wie sie kurz genannt werden, im Herbst, werden sie zunächst leicht an Trieb und Wurzel zurückgeschnitten und bundweise in Sand eingeschlagen. Gepflanzt werden sie im Frühjahr.

Stehen keine Sämlingsunterlagen zur Verfügung, kann auch auf bewurzelte Steckhölzer von Wildrosen, z. B. von *Rosa multiflora,* veredelt werden.

Die eigentliche Okulation findet an heißen Sommertagen im Juli statt. Die Profis verwenden zum Okulieren ein spezielles Okulationsmesser. Es kostet etwa 40 Euro und lohnt die Anschaffung nur, wenn eine nennenswerte Anzahl von Pflanzen vermehrt werden soll. Ansonsten kann man sich auch mit einem guten, scharfen und sauberen Messer behelfen.

Nun kann die Veredlung beginnen: Zunächst wird am gereinigten, blank polierten und etwa fingerdicken Wurzelhals des Wildlings ein sogenannter T-Schnitt ausgeführt. Dann wird das Reis, also ein ausgereiftes, verblühtes Triebstück der zu veredelnden Sorte, geschnitten. Das Reis wird entblättert und entstachelt. Nur die etwa einen Zentimeter langen Blattstiele bleiben direkt an den Augen stehen. Mit einem ziehenden Schnitt, der etwa zwei Zentimeter unter dem Auge ansetzt, wird ein Rindenstück mit Auge entnommen. Man hält dabei das Reis so, dass das Auge zum Veredler zeigt. Hinter dem geschnittenen Auge sitzt ein Holzspan, der vorsichtig und behutsam entfernt wird.

■ Links: Bei der Stammrosen-Okulation werden zwei bis drei Veredlungen ausgeführt.
Rechts: Aus den aufveredelten Augen erfolgt der Neuaustrieb.

Stammrosen-Unterlagen: Ein zweijähriger, langtriebiger Wildrosenstrauch einer *Rosa canina*-Auslese wird pflanzfertig geschnitten, …

… der Wurzelhals geputzt…

… und die Unterlage für die sommerliche Okulation aufgepflanzt.

Die Rinde um den T-Schnitt wird sorgsam gelockert und das Edelauge in den T-Schnitt eingeschoben. Nur bei heißem Wetter löst sich die Rinde gut, da die Unterlage aufgrund ihrer hohen physiologischen Aktivität voll im Saft steht. Nach dem Einschieben schneidet man das überstehende hintere Rindenteil des Auges auf Höhe des T-Balkens ab.

Die Veredlungsstelle wird abschließend mit Bast, Gummi-Schnellverschluss oder einem Gummibändchen verbunden und schmutzfrei gehalten.

Im Herbst häufelt man die Veredlungsstelle gut an. So übersteht sie den Winter. Im Frühjahr wird sie wieder freigelegt und die Wildkrone über dem T-Balken oberhalb des angewachsenen Auges abgeschnitten. Diesen Vorgang nennen die Baumschuler »abwerfen«. Jetzt konzentriert sich der gesamte Saftstrom der Unterlage auf das edle, noch schlafende Auge und zwingt es zum Durchtreiben. Eine neue, edle Rose wächst heran.

Wildtriebe um die Veredlungsstelle muss man im Sommer immer wieder »räubern«, das heißt sauber an ihrer Ansatzstelle entfernen. Manche Rosensorten verzweigen sich nicht leicht, z. B. solche aus der Gruppe der Edelrosen. Um ihre Verzweigung zu fördern, pinziert man sie im Mai häufiger. Dazu werden überlange, einzelstehende Austriebe geköpft und ihre schlafenden Nebenaugen zum Austrieb gezwungen.

Im Herbst, also gut fünfzehn Monate nach der Okulation, kann man die nun buschige Rose roden und an den Endstandort verpflanzen.

Stammrosen: Auch Stammrosen werden okuliert, und zwar in der gewünschten Kronenhöhe. Damit sich die Krone rund und voll entwickeln kann, bringt man zwei oder sogar drei Veredlungen rund um einen Stamm an. Voraussetzungen für die eigene Vermehrung

TIPP **Ältere Stammrosen, die ihre Edelkrone durch Frost oder Bruch eingebüßt haben, lassen sich durch eine Okulation nachveredeln und somit erhalten. Dies erspart eine Neupflanzung und die damit einhergehenden Probleme der Bodenmüdigkeit.**

von Stammrosen bilden Unterlagen in Form von kronentragenden Stämmchen. Diese Unterlagen sollen gerade und möglichst lang sein. In der Regel benutzen die Baumschulen spezielle Auslesen aus der Art *Rosa canina.* Natürlich kann man auch einen Wildbusch so zurechtschneiden, dass nur noch ein etwa 1,5 m langer Trieb als zukünftiger Stamm übrig bleibt. Wer eine alte Wildrose im Garten hat, kann von diesem Busch ebenfalls mit etwas Glück bewurzelte Wildstämme gewinnen. In früheren Zeiten wurden die Stammrosen ohnehin auf Wildstämme aus dem Wald veredelt.

Winterhandveredlung

Der Vollständigkeit halber sei an dieser Stelle die Möglichkeit einer Winterhandveredlung erwähnt. Sie ist nur interessant für Gartenfreunde, die ein kleines, beheizbares Treibhaus besitzen. Professionelle Gärtner nutzen diese Veredlungsmethode in großem Umfang zur Vermehrung von Gewächshausschnittrosen. Veredelt wird mit schräg angeschnittenen Edelreisern auf starke, fingerdicke Unterlagen der Sorte *Rosa canina* 'Inermis', und zwar in der Zeit von Dezember bis April.

Steckhölzer

Eine sehr erfolgversprechende Vermehrungsmethode vor allem für Strauch-, Flächen- und Kletterrosen ist der Schnitt von Steckhölzern.

Besonders bei Kletterrosen macht das Bewurzeln von Steckhölzern viel Freude. Sie bieten ausreichend Material für die etwa zwanzig Zentimeter langen, bleistiftstarken Steckhölzer, die aus den verholzten, keine Blätter mehr tragenden Zweigen und Trieben geschnitten werden. Diese Hölzer steckt man entweder im Spätherbst oder im zeitigen Frühjahr direkt nach dem Schnitt in die lockere Erde.

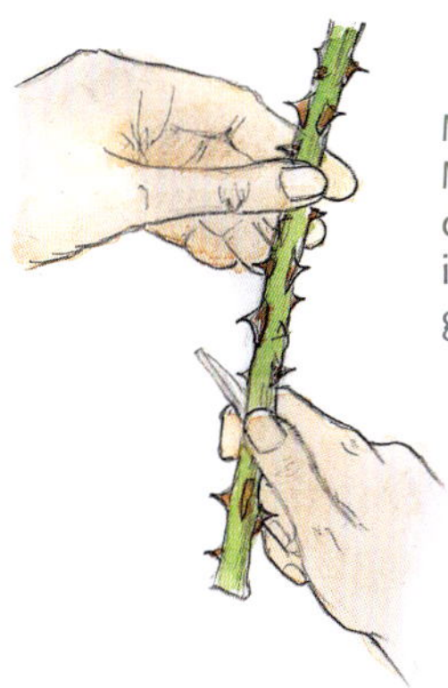

Mit Schere oder Messer werden die Steckhölzer im Winter geschnitten…

…und bis zum obersten Auge in den Boden gesteckt.

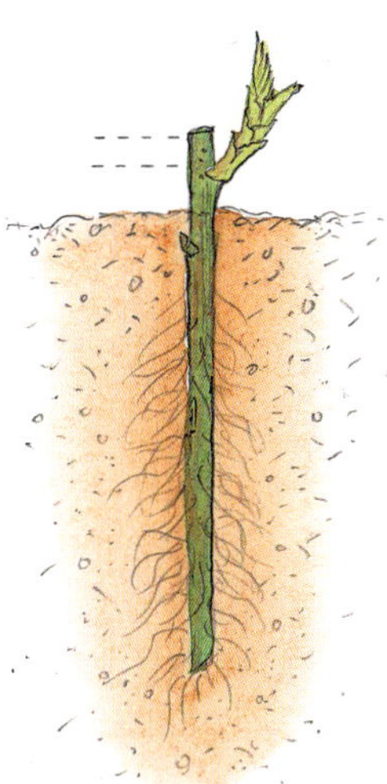

Im Laufe des Jahres entwickeln sich Triebe und Wurzeln.

Schwere Böden sind durch Sand etwas aufzulockern. Am besten steckt man gleich an den gewünschten Endstandort der Rose, wodurch sich ein entwicklungsstörendes Umpflanzen der bewurzelten Steckhölzer erübrigt.

Nach dem Stecken darf nur noch das oberste, das Holz abschließende Auge aus der Erde herausschauen. Werden die Hölzer zu hoch gesteckt, vertrocknen sie leicht. Geschnitten werden die Steckhölzer mit dem Messer, einfacher aber mit einer Schere.

Wie bei der Okulation müssen die Steckhölzer regelmäßig **pinziert** werden (siehe Seite 113). Sonst wird die neue Rose einbeinig und entwickelt sich wenig buschig. Ein **Düngen** der Steckhölzer ist im ersten Jahr nicht notwendig; es würde ihre Holzreife nur negativ beeinträchtigen. Auch damit sie üppige Wurzeln bildet, soll sich die junge Pflanze ihre Nährstoffe zunächst selbst suchen müssen. Ab dem zweiten Jahr werden die Rosen dann normal ernährt.

Im Prinzip lassen sich auch Edelrosen durch Steckhölzer vermehren. Doch fehlt ihnen die genetische Veranlagung einer ausreichenden Wuchskraft, um als wurzelechte Pflanzen langfristig gedeihen zu können. Man sollte sie deshalb besser auf wüchsige Unterlagen veredeln.

Stecklingsvermehrung

Die Vermehrung von Rosen durch Stecklinge ist eine der ältesten Methoden der Rosenvermehrung. Die Gärtner, die zur »Jugendzeit« der heute als »Alte Rosen« bezeichneten Sorten tätig waren, kannten überhaupt keine andere Möglichkeit, Rosen sortenecht zu vermehren. So beschrieb 1845 etwa C. Nickels in seinem in Pressburg erschienenen Buch »Cultur, Benennung und Beschreibung der Rosen« ganz genau, welche Rosensorten für die Stecklingsvermehrung geeignet sind.

Es gibt verschiedene Gründe, weshalb die Stecklingsvermehrung bei Rosen fast das 20. Jahrhundert verschlafen hat und erst seit einigen Jahren eine wahre Renaissance feiert. Stecklingsvermehrten Rosen haftete lange das Image von wuchsschwachen, vorzeitig vergreisenden und frostsensiblen Pflanzen an. Entsprechende Erfahrungen mit der Stecklingsvermehrung von Edelrosen mögen hierzu beigetragen haben. Zudem hatte sich die Okulation seit Beginn dieses Jahrhunderts als maßgebliche Vermehrungsmethode etabliert. Sie konnte ohne Gewächshäuser vollkommen im Freien stattfinden und brachte kräftige, dicktriebige Verkaufsware hervor. Dieses Argumente zugunsten einer Okulation sind heute noch genauso aktuell wie vor

■ Fertig geschnittene Steckhölzer einer Kletterrose.

Jahren, sodass für die meisten Rosensorten die Okulation Vermehrungsmethode Nr. 1 bleiben wird.

Die früheren Vorurteile gegenüber Stecklingsrosen können heute indes als überholt gelten. Interessant und sinnvoll erscheint die Vermehrung durch Stecklinge insbesondere für viele Zwerg-, Flächen- und Wildrosen. Warum? Wurzelechte Zwergrosensorten ohne starke Wildlingswurzel passen viel leichter in schmalere Gefäße wie Balkonkästen und Tröge. Wurzelechte Flächenrosensorten bestechen durch das Ausbleiben lästiger Wildtriebe. Das Entfernen von Wildtrieben, beispielsweise in dicht geschlossenen öffentlichen Anlagen, ist nicht nur mühsam, sondern auch mit teurer, kaum mehr bezahlbarer Handarbeit verbunden. Bei der Anzucht gefährdeter einheimischer Wildrosen hilft die Stecklingsvermehrung, Engpässe bei fehlendem Saatgut zu überbrücken, und trägt damit zum Erhalt dieser Rosenarten bei.

■ Plastikschalen eignen sich hervorragend als Minigewächshäuser. Davor: fertiger Steckling.

Natürlich lassen sich auch Sorten anderer Rosengruppen durch Stecklinge vermehren. Wie bei der Beschreibung der Vermehrung durch Steckhölzer erwähnt, ist die wurzelechte Vermehrung beispielsweise von Edelrosen jedoch wenig sinnvoll, da ihnen die Wuchskraft einer sie antreibenden Unterlage fehlt.

Schnittzeitpunkt: Prinzipiell schneidet man Rosenstecklinge genauso wie Stecklinge anderer Pflanzen. Wichtig ist ein früher Stecktermin, am besten schon ab Juni, spätestens jedoch Juli. So haben die jungen, grazilen Röslein eine reelle Chance, bis zum Winter entsprechendes Holz aufzubauen, das für die knifflige Überwinterung der Stecklinge eine wichtige Voraussetzung darstellt.

Ausführung: Geschnitten wird von reifen, aber nicht harten Trieben, deren Blütenknospen »Farbe« zeigen. Diese »krautigen« Stecklinge haben zwei bis drei Blattansätze und eine maximale Länge von zehn Zentimetern.

■ Schneiden und Stecken eines Rosenstecklings

Das unterste Blatt wird entfernt und der Steckling zwei bis drei Zentimeter tief – bis zum nächsten Blattansatz – in eine mit sandiger Pflanzerde (»Substrat«) gefüllte Schale gesteckt. Gartenkompost kann dem Substrat beigegeben werden, wenn das Material gut abgelagert und gesiebt ist. Stecklinge und Substrat werden nun mit der Brause befeuchtet. Über die Schale spannt man eine klare Folie. (Es eignen sich auch Hartplastikschalen mit durchsichtigen, gut schließenden Deckeln, wie man sie etwa an der Salatbar im Supermarkt erhält.) In diesem Mini-Treibhaus entsteht bei warmer Witterung die sogenannte gespannte Luft. Über ihre hohe Luftfeuchtigkeit versorgt sich der Steckling bis zur eigenen Wurzelbildung mit Wasser.

Den Stecklingen geeigneter Sorten braucht man nicht mit Bewurzelungshormonen nachzuhelfen. Bei ausreichender, nicht stauender Feuchte bilden sich im Laufe der nächsten drei bis vier Wochen zügig neue Wurzeln. Dann werden die Rosenneulinge in kleine Töpfe umgesetzt, sprich »pikiert«, und im Freien, jedoch zunächst vor greller Sonne geschützt, weiterkultiviert. Wer gleich im ersten Jahr buschige Pflanzen haben möchte – etwa als persönliches Geschenk für gute Freunde –, setzt gleich drei bis vier Stecklinge in einen Topf.

Im ersten Winter müssen die Stecklinge frostfrei überwintert werden, um dann im April als Rosen »Marke Eigenbau« an ihren endgültigen Standort umziehen zu können.

Absenker

Alle Rosensorten mit langen und biegsamen Trieben – also Strauch- und Kletterrosen, insbesondere Rambler – lassen sich durch Absenker vermehren. (Wie im Übrigen auch viele Weinreben- und Rhododendron-Sorten.)

Im Herbst oder zeitigen Frühjahr wählt man einen längeren, gut ausgereiften und verholzten Trieb aus und entfernt etwa in der Triebmitte behutsam das Laub. An diesem laublosen Triebteil müssen sich mindestens drei Augen befinden. Vorsichtig wird nun dieser Trieb zur Erde gebogen, an der entblätterten Krümmung leicht eingeschnitten, in die gelockerte Erde gelegt und mit einem Haken festgesteckt. Darüber kommt nun ebenfalls lockere Gartenkomposterde oder Rindenhumus.

Im Laufe des Sommers bilden sich unter dem ständig feucht, aber nicht nass zu haltenden Erdhügel an der bedeckten, »verletzten« Triebkrümmung neue Wurzeln, eine neue Rose entsteht. Im nächsten Frühjahr wird das bewurzelte Triebstück mit der Schere von der Mutterpflanze getrennt und an neuer Stelle eingepflanzt.

Apropos bewurzeln: Manche bodendeckende Flächenrosen wie 'Heidekönigin'® oder 'Immensee'® bilden bei einem Erdkontakt ihrer Triebe ohne Zutun neue Wurzeln und »vermehren« sich auf diese Weise.

Ausläufer, Teilung

Andere Rosenarten bilden – ähnlich wie Brombeeren und Himbeeren – sogenannte **Wurzelausläufer,** die man im zeitigen Frühjahr leicht mit einem scharfen Spaten abtrennen und an neuer Stelle pflanzen kann. Vor dem Neupflanzen sollten die Trieblinge bis auf zwanzig Zentimeter Länge zurückgeschnitten werden, damit sie sich buschig verzweigen. Dann werden sie sofort gepflanzt und gut angegossen. Solche »laufenden« Rosen können – wie Stauden – auch regelrecht geteilt werden.

Vor allem Wildrosenarten wie *Rosa nitida, Rosa rugosa* und deren wurzelechte Hybriden, *Rosa rubiginosa, Rosa moyesii, Rosa spinosissima* und auch *Rosa gallica*-Sorten auf eigener Wurzel eignen sich bestens für diese spezielle Vermehrungsmethode.

TIPP Ausläufer treibende Arten und Sorten werden durchaus auch lästig, z. B. wenn sie mehrere Meter von der Mutterpflanze entfernt unvermittelt und unkontrolliert im Staudenbeet auftauchen. Wer keinen Wert auf Ausläufer legt, sollte deshalb entweder auf veredelte Pflanzware zurückgreifen oder eine Ausläufersperre um die Pflanze legen. Eine Ausläufersperre ist eine sehr dicke Teichfolie (oder ein Betonring), die bzw. der kreisförmig um die Pflanze eingegraben wird und von den flachwandernden Ausläufern nicht überwunden werden kann. Mit dieser Methode hat man bei ausläuferbildenden Bambussorten beste Erfahrungen gesammelt.

Vermehrung von Rosen durch Absenken (links) …

… oder Abstechen von Ausläufern (rechts).

PRAXISKALENDER – ROSENPFLEGE RUND UMS JAHR

JANUAR

- in Rosenliteratur schmökern
- Rosenkataloge studieren, Rosen bestellen
- große Schneemengen von Kletter- und Strauchrosen vorsichtig durch Abklopfen entfernen

FEBRUAR

- Gartenkompost umsetzen
- Pflanzpläne erarbeiten
- Rosen vor Winden und intensiver Wintersonne eventuell durch zusätzliche Reisiglagen schützen
- Bodenvorbereitung für Neupflanzungen
- Neu- und Umpflanzungen vornehmen
- bei bedecktem Himmel Kronen der Stammrosen aus dem Boden nehmen bzw. Reisig entfernen
- Stammrosen pfählen und anbinden
- wenn spezieller Rosendünger vorgesehen ist, jetzt ausbringen
- Vermehrung: Aussaaten vornehmen, Steckhölzer schneiden und stecken

MÄRZ

- bei Schneeschmelze bzw. Tauwetter Reisigschutz entfernen
- ab Ende März abhäufeln, Häufelerde um die Rosen verteilen

APRIL

- Rückschnitt der Rosen
- Schnittgut sauber entfernen
- Bodenlockerung, Unkraut entfernen
- nach Schnitt mulchen, z. B. mit Rindenmulch
- Vermehrung: Abhäufeln der eigenen Okulate, Abwerfen des Wildbusches
- eventuell Gründungspflanzen säen für Rosen-Herbstpflanzung

MAI – mit den Frühlingsrosen beginnt die Saison!

- nicht gemulchte Beete lockern, unkrautfrei halten
- eventuell wässern
- auf Schädlinge und Pilzbefall achten
- wenn Einsatz von Langzeitdünger, dann jetzt ausbringen
- Wildtriebe am Ansatz entfernen

JUNI – Rosensommer auf vollen Touren

- neue Rosensorten bestellen
- Rosarien (bis September) besuchen
- Bodenlockerung, Unkraut entfernen
- Wildtriebe entfernen
- Schädlinge und Pilze nur bei übermäßigem Befall bekämpfen
- eventuell wässern und nachdüngen
- einmalblühende Rosen nicht schneiden, wenn Hagebutten gewünscht

JULI – Rosen, Rosen, Rosen …

- regelmäßig bei ofterblühenden Rosen Verblühtes entfernen, wässern
- keine Stickstoffdüngung mehr verabreichen
- lange Jungtriebe der Kletterrosen anbinden
- Bodenlockerung, durch Wässern entstandene Verkrustungen mit Grubber aufreißen
- Sommerschnitt bei einmalblühenden Strauchrosen
- Vermehrung: Okulation vornehmen, Stecklinge schneiden und stecken

AUGUST – in günstiger Lage zweite Blüte

- weiterhin Verblühtes entfernen, eventuell wässern
- Sommerschnitt bei einmalblühende Kletterrosen
- Vermehrung: Stecklinge stecken

September – jetzt überall Herbstblüte

- Pflanzstellen für Herbstpflanzungen vorbereiten, auf Entfernen der Wurzelunkräuter achten
- die Rosen bedrängende Begleitpflanzen im Zaum halten
- Kalidüngung mit Patentkali bei warmer Witterung und fortgesetztem Wachstum
- Bodenbearbeitung einstellen, damit keine weitere Stickstoff-Freisetzung erfolgt

OKTOBER – Rosen und kein Ende

- mit Pilzsporen befallene Blätter auflesen und verbrennen
- ab Mitte des Monats mit Neupflanzungen beginnen
- Vermehrung: ausgereifte Hagebutten ernten, stratifizieren, Herbstaussaat vornehmen

NOVEMBER – die letzten Rosen nimmt der Frost

- Reisig für Winterschutz besorgen
- Neupflanzungen fortsetzen
- Strauchrosen leicht einkürzen, um Schneebruch zu verhindern
- bei Buschrosen nur sehr lange Triebe einkürzen
- Umpflanzen alter Rosenstöcke Stammrosen umlegen Vermehrung: bewurzelte Stecklinge frostfrei und hell überwintern
- Ende des Monats mit dem Anhäufeln beginnen

DEZEMBER

- Gartenpläne ergänzen
- wenn Gartenkompost, dann jetzt ausbringen
- wenn Hornspäne vorgesehen, dann jetzt ausstreuen

DIE ROSENZÜCHTUNG

Die Rosenherrlichkeit, wie wir sie heute kennen, ist noch keine zweihundert Jahre alt. Bis zum Einsetzen der systematischen Rosenzüchtung in der Mitte des letzten Jahrhunderts kannten Gärtner und Hobbygärtner so gut wie keine öfterblühenden Rosen, Gartenrosen in den Farben Orange, Kupfer, Gelb oder Feuerrot waren ihnen fremd, glänzendes, robustes Laub unbekannt und eine einzelne, geöffnete Blüte, die sich zehn Tage und länger hielt, erschien ihnen rekordverdächtig.

Für den Rosenfreund unserer Zeit sind die vielen besonderen Eigenschaften der Rosen selbstverständlich und scheinen ihm häufig schon keiner Erwähnung mehr wert. Für einen vergleichsweise geringen Betrag kann er Rosen erwerben und sich an ihnen erfreuen. Wer sich mit Rosen jedoch intensiver beschäftigt, wird rasch erfahren, dass die Rose, wie wir sie heute kennen, auf dem Fleiß vieler Züchter und ihrer Arbeit aufbaut.

Die genetischen Grundlagen

Die Besonderheiten jeder Rosensorte sind in Tausenden von Genen fixiert, dem Arbeitsmaterial des Züchters, der durch die Zusammenstellung neuer Genkombinationen neue Rosensorten zu finden versucht. Jedes Merkmal einer Rose ist in einem Gen oder auch in mehreren Genen fixiert. Ein Vergleich der Rose mit einer umfangreichen Bibliothek gibt eine Vorstellung von den gewaltigen Ausmaßen der Genwelt. Die Tausende von Genen einer Rose entsprechen der Anzahl der Bücher einer Bibliothek. Jedes Buch, sprich Gen, liegt in zweifacher Ausführung vor, es gibt jeweils einen Vater- und einen Mutterband. Die Bücher verteilen sich auf einige Dutzend Abteilungen, die Chromosomen, und ihre Seiten sind mit immer neuen Kombinationen einiger weniger Buchstaben, den Nukleotiden, eng bedruckt. Welches Buch nun mit welcher aufgeschlagenen Seite zu einem anderen gestellt wird, um einen neuen Zusammenhang herzustellen: Darin liegt die schwierige Aufgabe des Züchters. Wie zu erwarten, ergeben die Zusammenstellungen nicht immer einen Sinn – die Neuzüchtung erfüllt nicht die an sie gestellten Erwartungen. Hin und wieder jedoch erwächst aus den alten Büchern eine neue literarische Perle, eine neue Rosensorte. Sie einigermaßen zielsicher zu finden ist das Geheimnis der Rosenzüchtung.

Den Genen auf der Spur war der Augustinerpater Gregor Johann Mendel vor knapp 150 Jahren. Die von ihm 1866 aufgestellten Mendel'schen Regeln der Vererbungslehre sind heute Allgemeinwissen. Mendel belegte in seinen Versuchen die Existenz dominanter und rezessiver Vererbungsmerkmale. Ein dominantes Merkmal kann ein rezessives, also schwächeres, eine Generation lang vollkommen unterdrücken. Das unterdrückte Merkmal ist jedoch nicht verloren, sondern taucht mit einer genau zu bestimmenden Wahrscheinlichkeit in der nächsten Generation wieder auf.

Viele Genetiker haben seither die Richtigkeit der Mendel'schen Regeln immer wieder aufs Neue bestätigt. Sie gelten auch für die Rose, jedoch stellen sich die genetischen Verhältnisse bei der »Königin der Blumen« recht komplex dar. Die Dominanz der Merkmale liegt in zahlreichen Abstufungen vor, viele Merkmale werden durch mehrere Gene gesteuert. Um auf die Gen-Bibliothek als Vergleich zurückzukommen: Der Rosenzüchter ist der Bibliothekar, der bestimmte Titel in den riesigen Bücherwänden sucht. Dabei hilft ihm keine alphabetisch geordnete Datei oder Datenbank. Nur durch Abertausende von Bibliotheksbesuchen, die sogenannten Kreuzungen, kann er versuchen, zum Ziel zu kommen.

Die Kreuzung – Ladies first

Die Rosenzüchtung mit all ihren Facetten ist enorm aufwendig und mit einem hohen Einsatz an Geld, Zeit und Geduld verbunden.

Rosenzüchtung

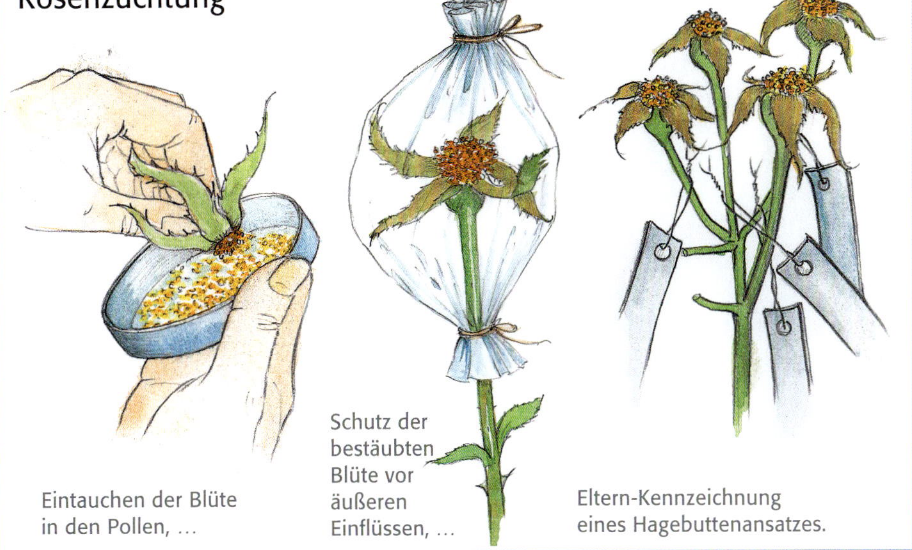

Eintauchen der Blüte in den Pollen, …

Schutz der bestäubten Blüte vor äußeren Einflüssen, …

Eltern-Kennzeichnung eines Hagebuttenansatzes.

Dennoch suchen weltweit professionelle wie private Züchter immer wieder nach neuen Sorten – in der Hoffnung, die »perfekte« Rose zu finden. Wer einmal mit dem Rosenzüchten begonnen hat, wird rasch von diesem Fieber und der Rosenleidenschaft gepackt, wird viel Spaß, aber auch herbe Enttäuschungen erleben. Wilhelm Kordes, »Vater« zahlreicher weltberühmter Sorten, beschreibt den Kreuzungsvorgang mit einem lapidaren Satz: »Wir brauchen also nur in den Garten, noch besser in ein Gewächshaus zu gehen, die Rosen, von denen wir Samen haben wollen, zu entmannen, dann Pollen von einer anderen Sorte auf die Stempel zu übertragen und die Götter den Rest tun zu lassen.«

Jeder Züchter wählt zunächst Kreuzungspartner aus, von denen er sich die Vererbung bestimmter gewünschter Eigenschaften erhofft. Profizüchter nutzen Gewächshäuser für die Kreuzungsarbeit. Für alle, die im Freiland kreuzen, empfiehlt sich die Auswahl von Kreuzungspartnern, die bereits ab September rote, ausgereifte Hagebutten ansetzen. Nur ausgereiftes Saatgut führt zum Erfolg.

Und so läuft der Kreuzungs-Countdown im Sommer ab: Zwei Tage vor der eigentlichen Kreuzung werden die gelben Staubgefäße der Vatersorte mit einer Schere abgeschnitten, auf einem Schälchen aufgefangen und darauf unter Lichtausschluss getrocknet. Zurück bleibt ein feiner, gelber Pollenstaub.

Einen Tag vor dem vollständigen Öffnen der Blüte der Muttersorte entfernt man alle Blütenblätter und Staubgefäße in den frühen Morgenstunden mit der Hand. Damit wird eine Selbstbestäubung ausgeschlossen. Zurück bleibt die kastrierte Blüte.

Am Kreuzungstag taucht der Züchter die kastrierte Blüte der Muttersorte in den Pollen der Vatersorte. Sofort nach der Kreuzung wird über die Blüten ein Beutel aus Papier, Aluminium- oder Plastikfolie gestülpt, der sie vor Insekten und Fremdbestäubung schützt und nach einer Woche wieder entfernt wird. Die Elternsorten der Kreuzung notiert man sich zum einen in einem Notizbuch und zum anderen auf einem Etikett, das man an der bestäubten Blüte anbringt. Die Schreibweise dieses Kreuzungsvermerks sieht vor, dass an erster Stelle die Muttersorte, an zweiter Stelle die Vatersorte genannt wird – Ladies first. Ein solcher Eintrag sieht wie folgt aus: 'Birgits Beste' × 'Bonica'®.

Jetzt beginnt die Hagebuttenbildung. Sie liegt wirklich in der Hand der Götter, die aber bekanntlich vor den Erfolg den Schweiß gesetzt haben. Das heißt in der Praxis der Rosenzüchtung: Je mehr Kreuzungen vorgenommen werden, umso höher ist später die Trefferquote bei den Sämlingen. Europas größte Rosenschule, W. Kordes' Söhne in Schleswig-Holstein, führt beispielsweise jährlich mehr als 80 000 Kreuzungen durch.

Im Herbst werden die reifen Hagebutten mit ihren Samen eingesammelt und später ausgesät.

Ein Jahr nach der Kreuzung blühen die ersten Sämlinge. Die Selektion läuft an, in deren Verlauf man sich unerbittlich – wenn auch oft schweren Herzens – von wenig Erfolg versprechenden Sämlingen trennen sollte. Von Tausenden ausgesäten Pflänzchen bleiben meistens nur einige wenige übrig, oft nur eines, manchmal gar keines.

In den großen Rosenschulen, die eine eigene Züchtungsabteilung besitzen, treffen erfahrene Spezialisten die Entscheidung darüber, welche Sämlinge weitervermehrt werden sollen. Geschult durch viele Jahre Selektionsarbeit, trennen sie die Spreu vom Weizen. Alle viel versprechenden Sämlinge werden bei den

■ Selektionsfeld mit Tausenden von neuen Rosensorten, die auf ihre Marktentdeckung warten.

Züchtungsprofis im August auf Wildlingsunterlagen okuliert, der Rest verworfen. Für den Hobbyzüchter ist die Weiterkultur der interessanten Sämlinge per Steckling schnell, problemlos und weniger aufwendig als die Okulation.

Der Werdegang einer neuen Sorte bei einem großen Rosenzüchter kann so aussehen:
Winter 2014/15: Planung von 50 000 Kreuzungen.
Sommer 2015: Ausführung der Bestäubung, Ernte von 30 000 Hagebutten.
Frühjahr 2016: Keimung der Saat.
Sommer 2016: Erste Selektion der Sämlinge im Hinblick auf Blütenform und Farbe, es bleiben 15 000 Sämlinge übrig.
Sommer 2017 bis 2021: weitere, mehrjährige Selektionen im Hinblick auf Robustheit, Wuchs, Winterhärte usw. Es bleiben drei bis vier Sorten übrig.
Sommer 2021: kommerzielle Vermehrung dieser Sorten in größeren Stückzahlen.
Herbst 2022: Vorstellung und Verkauf der Neuheiten mehr als sieben Jahre nach ihrer Kreuzung, Hoffen auf einen »Bestseller«, der die Züchtungskosten aufwiegt.

Mindestens acht Jahre vergehen also von der Planung bis zum Verkauf einer neuen Rosensorte, eine »Ewigkeit« in der schnelllebigen, modernen Welt. Dieses Szenario sollte den Hobbyzüchter aber nicht abschrecken, denn für ihn ist die langjährige Selektion kein Muss. Im Verein deutscher Rosenfreunde existiert ein Arbeitskreis der Liebhaber-Rosenzüchter, dem man sich zwecks Erfahrungsaustausch anschließen kann. Viele Fehler lassen sich dadurch vermeiden. In Großbritannien existiert in St. Albans sogar ein Testgarten für Neuheiten von Liebhaber-Züchtern. Nach dreijähriger Prüfung erhalten die besten Sorten das »Trial Ground Certificate«, eine hohe Auszeichnung, die während der Jahreshauptversammlung der Britischen Rosen-Gesellschaft übergeben wird.

Sortenschutz und Warenzeichen

Das erste Rosenpatent überhaupt wurde 1931 in den USA für die Sorte 'New Dawn' erteilt. Das **Warenzeichen** ist ein Kennzeichenschutz auf Wort und Bild. Auf der Warenzeichenrolle des deutschen Patentamtes in München ist jedes gültige Warenzeichen eingetragen. Ein Warenzeichen erkennt man an einem hochgestellten ®, das hinter dem geschützten Begriff steht.

Wenn Baumschulen eine sortenschutzrechtlich geschützte Rose gewerbsmäßig vermehren bzw. eine warenzeichenrechtlich geschützte Sorte anbieten wollen, müssen sie hierfür an den Eigentümer eine Lizenzgebühr bezahlen. Dies schlägt sich in den Verkaufspreisen nieder und erklärt den höheren Preis für geschützte Sorten im Handel. Eine gewerbsmäßige Vermehrung der Sorte und die Benutzung des Warenzeichens ohne Erlaubnis des jeweiligen Eigentümers ist aus gutem Grund verboten und wird strafrechtlich verfolgt. Der Verbraucher kann geschützte Rosen an den entsprechenden Schutzetiketten erkennen.

Fazit: Nur wenn Innovationen sich lohnen, wird es auch Innovationen geben. Wer die derzeit besten Rosensorten im Garten haben will, sollte auch dazu bereit sein, für diesen Fortschritt einen Beitrag zu leisten.

Blaue und schwarze Rosen

Obwohl die Rosenzüchtung in den letzten zweihundert Jahren sehr viele neue Wuchs- und Farbkombinationen hervorgebracht hat, sind ihr wirklich blaue bzw. schwarze Rosen bisher noch nicht vergönnt gewesen. Trotzdem oder richtiger: vor allem deswegen üben insbesondere Rosen mit diesen Blütenfarben immer wieder eine starke Faszination auf Rosenfreunde aus und tauchen regelmäßig als vermeintliche Sensationen in bunten Katalogen auf.

Blaue Rosen: Die Araber lösten das Problem der Nachfrage nach blauen Rosen auf besondere Weise. Alte, belegte Quellen berichten von einem Verfahren arabischer Gärtner, die blaue Blütenfarbe künstlich zu erzeugen. Man löste die Wurzelrinde der Rosen, ließ Indigo einlaufen, verband die Verletzungen sorgfältig und grub die Wurzel wieder ein. Die Rosenblüten färben sich tatsächlich blau, leider aber nicht permanent und nur für kurze Dauer.

Dass diese Methode wirtschaftlich wenig praktibel ist, leuchtet ein. Wissenschaftliche Untersuchungen versuchen deshalb, dem Phänomen der Entstehung einer blauen Blütenfarbe gründlich nachzugehen, um einen züchterischen Ansatz für dauerhaft blaue Rosen zu finden. Die Blütenfarbe Blau wird von inneren »Farbstoffen« der Rose, den sogenannten Anthocyanidinen, bewirkt. Diese werden streng genetisch gesteuert. Für das reine Blau in anderen Pflanzenarten zeichnet das Anthocyanidin Delphinidin verantwortlich. Bislang ist es der Züchtung nicht gelungen, Delphinidin in die Rose zu übertragen. Bis dies gelingt, sind wirklich blaue Rosen nur auf entsprechend gefärbten Prospektbildern Realität.

Schwarze Rosen: Auch wirklich schwarze Rosen gehören bisher ins Reich der Fantasie. Immer wieder in Katalogen beworben werden sehr dunkelrote Rosensorten, die sich mit viel gutem Willen als »schwarz« bezeichnen lassen. In der Regel sind diese Sorten wenig wüchsig und krankheitsanfällig.

Wintergrüne Rosen: Ein vollkommen neues Züchtungsziel wird zur Zeit von einigen Rosenzüchtern verfolgt: Rosen, die ihr Laub bis in den Februar hinein behalten. Noch ist dies Zukunftsmusik. Winternackte Rosenstöcke könnten aber in einigen Jahrzehnten der Vergangenheit angehören.

Der Rosenatlas

Rosiger Irrgarten – während kreative Gartenfreunde unbekümmert die Vielfalt der Rosenwelt erforschen, schrecken insbesondere Roseneinsteiger angesichts der gewaltigen Sortenfülle zurück. Fakten und Erfahrungswerte erleichtern die Auswahl – bewährte Wege durch das Rosen-Labyrinth.

Seite 186 ➡ 300 Rosenarten und -sorten für jeden Garten

■ Bewährte Kletterrosen-Sorten wie 'Lawinia'® haben sich viele Jahre bewährt. Die edel geformten Blüten verströmen einen überragenden Duft.

300 ROSENARTEN UND -SORTEN FÜR JEDEN GARTEN

Dieses Kapitel ist mit dem Begriff Rosenatlas überschrieben. Das hat seinen Grund. Ein Atlas ist Führer und Orientierungshilfe in einer unbekannten Landschaft, in diesem Fall der weiten Landschaft der Rosensorten.

Gleich einem geografischen Atlas soll er einen Überblick geben, wichtigste Punkte nennen und der Orientierung dienen. 300 Wegweiser im riesigen »Rosenland« – die Zahl der Sorten schätzt man auf weltweit über 30 000 – sollen für den richtigen Weg zur richtigen Sorte sorgen und dabei helfen, das wichtigste Ziel nicht aus den Augen zu verlieren: nämlich Spaß an Rosen zu haben.

Die im Atlas beschriebenen Sorten sind in erster Linie mit Blick auf ihre Robustheit zusammengestellt worden. Eine Robustheit, die oft mit der Wüchsigkeit einer Sorte korrespondiert. Dies bedeutet vereinfacht ausgedrückt, dass stark wachsende Rosen besser als schwach wachsende Sorten Krankheiten trotzen können. Verständlicherweise kann beim Aufbau eines zeitgemäßen Sortiments für die älteste Kulturpflanze der Menschheit kein reiner Darwinismus vorherrschen, in dem nur die Stärksten überleben. Wir müssten auf die meisten öfterblühenden Zwerg- und Duftrosen verzichten und das Sortiment bestünde vornehmlich aus rosablühenden Strauch- und Flächenrosen. Der rosige Garten würde von kraftstrotzenden Kämpfern dominiert werden, Zierlich-Feinsinnigem wäre der Boden entzogen: ein Rosensortiment ohne Vielfalt.

Daraus ergibt sich das entscheidende Fazit: Robustheit ja, aber der jeweiligen Rosengruppe angemessen.

Charakter und Nutzen

Jede Rosensorte ist ein Individuum mit eigenem Charakter, der einem umso vertrauter wird, je länger man die Sorte an unterschiedlichen Klimazonen und Standorten beobachtet hat. Was wirklich in einer Sorte steckt, zeigt sich am besten, wenn die Rahmenbedingungen nicht optimal gewesen sind. Ende September, nach einem verregneten Sommer, lässt sich mit etwas Erfahrung und geschultem Auge tief in die Seele einer Rosensorte schauen. Das ADR-Prädikat, das einer Rose erst nach langjährigen Prüfungen unter verschärften Bedingungen verliehen wird (siehe Seite 165), ist aus diesem Grunde eine gute Orientierungshilfe, auch in diesem Atlas.

Die subjektive Sorte: Jede Sortenbeschreibung beginnt mit solch einer Charakterisierung (»Der Charakter«), die versucht, den individuellen Eigenarten der Sorte gerecht zu werden. Eine subjektive Persönlichkeitsbeschreibung, die nicht messbar ist und auf der Glaubwürdigkeit des Verfassers aufbaut.

Die objektive Sorte: Dieses Sortenprofil beschreibt wichtige, feststehende Eigenschaften. Es nennt Rosengruppe, Züchter bzw. Herkunft, Einführungsjahr, Blütenfarbe, Blütenfüllung, Blührhythmik, Wuchshöhe, Wuchsform, nennt den Pflanzenbedarf pro m^2 und schließt mit Verwendungstipps und dem Hinweis, ob und wann dieser Rosensorte das ADR-Prädikat verliehen wurde.

Pflanzdichte

Zum Schluss noch ein Wort zur Pflanzdichte: Die Angaben sind nur eine grobe Richtschnur, da der Pflanzenbedarf je nach Standort, Verwendungszweck und Klima deutlich differieren kann. So wachsen bestimmte Edelrosen im Süden wie Kletterrosen, werden aber im rauen Norden kaum meterhoch.

Rosenzüchtung

Die Rosenzüchtung ist einem stetigen Wandel unterzogen, weil die Robustheit einer Rosensorte relativ ist. Sorten, die einst lästigen Sternrußtau- und Mehltaupilzen trotzten, zeigen sich Jahrzehnte später als anfällig. Krankheiten und Schädlinge entwickeln fortlaufend neue, noch aggressivere Arten. Deshalb ist ein Rosensortiment nie komplett, gleichgültig, wie viele Sorten es umfasst. Nur neue, robuste Rosensorten können sich gegen neue Pilzstämme behaupten. Deshalb kann bei der ADR-Rosenprüfung, dem härtesten Rosentest der Welt, Standardsorten auch das einst verliehene ADR-Prädikat wieder aberkannt werden. Wer also Rosen pflanzt, sollte sich den züchterischen Fortschritt zunutze machen und – wo immer möglich – auf Verbesserungen zurückgreifen.

■ Teasing Georgia® ist eine vielfach prämierte des englischen »Rosen-Papstes« David Austin. Die gelben Blüten bilden einen Farbkelch, in dem sich ein einzigartiges Rosenparfüm sammelt.

Sortenübersicht (Höhe jeweils in cm)

	gelb	orange/apricot	rosa	rot	violett	weiß/creme
Beetrosen	Friesia® (60–80, gefüllt, Duft) Gelber Engel® (60 – 80, stark gefüllt) Goldmarie '82® (40–60, gefüllt) Mountbatten® (80–100, gefüllt) Paul Cézanne® (40–40, gefüllt, Duft) Paul Gauguin® (80–100, gefüllt) Sommersonne® (60–80, halb gefüllt Sunlight Romantica® (40–60, stark gefüllt, mit Duft) Rumba® (60–80, gefüllt) Timeless® (60–80, gefüllt)	Amber Queen® (40–60, gefüllt) Aprikola® (60–80, halbgefüllt) Bernstein Rose® (60–80, gefüllt) Gebrüder Grimm® (60–80, stark gefüllt) Goldelse® (40–60, gefüllt) Marie Curie® (40–40, gefüllt, Duft) Westzeit® (60–80, halb gefüllt)	Bad Birnbach® (40–60, gefüllt) Ballade® (60–80, gefüllt) Baronesse® (60–80, gefüllt, mit Duft) Bonica '82® (60–80, gefüllt) Claude Monet® (80–100, gefüllt, Duft) Dolly® (60–80, halbgefüllt) Garden of Roses® (40–60, stark gefüllt) Lady Romantica® (40–60, gefüllt) Leonardo da Vinci® (60–80, gefüllt) Manou Meilland® (60–80, gefüllt, Duft) Mariatheresia® (60–80, stark gefüllt) Märchenland (60–80, halbgefüllt) Maxi Vita® (60–80, halbgefüllt) Neon® (40–60, halb gefüllt) Play Rose® (60–80, gefüllt) Pomponella® (60–80, stark gefüllt) Queen of Hearts® (60–80, stark gefüllt) Rosali '83® (60–80, gefüllt) Rosenprofessor Sieber® (60–80, gefüllt) Royal Bonica® (60–80, gefüllt) Schöne Dortmunderin® (60–80, gefüllt) The Queen Elizabeth Rose® (80–100, gefüllt) Träumerei® (60–80, gefüllt, Duft)	Alfred Sisley® (80–100, gefüllt, Duft) Black Forest Rose® (60–80, halbgefüllt) Camille Pissaro® (80–100, gefüllt, mit Duft) Canzonetta® (40–60, halbgefüllt) Cherry Girl® (100–150, gefüllt) Duftwolke® (60–80, gefüllt, Duft) Gartenzauber '84® (40–60, gefüllt) Happy Wanderer® (40–60, gefüllt) Henri Matisse® (80–100, gefüllt, Duft) Jubile du Prince de Monaco® (60–80, gefüllt) La Sevillana® (60–80, halbgefüllt) Mariandel® (40–60, gefüllt) Matthias Meilland® (60–80, gefüllt) Montana® (80–100, gefüllt) Nina Weibull (40–60, gefüllt) Pußta® (60–80, gefüllt) Red Leonardo da Vinci® (60–80, stark gefüllt) *Rose de Resht (80–100, gefüllt, Duft) Rotilia® (40–60, halbgefüllt) Rouge Meilove® (60–80, gefüllt) Schöne Koblenzerin® (60–80, gefüllt) Stadt Eltville® (60–80, gefüllt)	Maurice Utrilo® (80–100, gefüllt) Rhapsody in Blue (80–100, halbgefüllt)	Edelweiß® (40–60, gefüllt) *Gruß an Aachen (40–60, gefüllt) Hermann Hesse Rose® (60–80, stark gefüllt) La Paloma '85® (60–80, gefüllt) Lions-Rose® (60–80, stark gefüllt, Duft) Lovely Green® (60–80, stark gefüllt) Petticoat® (60–80, stark gefüllt) Schneeflocke® (40–60, halbgefüllt)
Edelrosen	Apéritif® (80–100, gefüllt) Aquarell® (80–100, gefüllt, mit Duft) Banzai '83® (80–100, gefüllt, Duft) Duftgold® (60–80, gefüllt, Duft) Elina® (80–100, gefüllt, Duft) Gloria Dei (80–100, gefüllt) Landora® (60–80, gefüllt) Pullman Orient Express® (60–80, stark gefüllt, mit Duft)	Augusta Luise® (60–80, stark gefüllt, Duft) Chippendale® (80–120, stark gefüllt, Duft) Doris Tysterman® (60–80, gefüllt) Paul Ricard® (60–80, gefüllt, Duft) Tea Time® (80–100, gefüllt, Duft) Whisky® (60–80, gefüllt, Duft)	Aachener Dom® (60–80, gefüllt) Arosia® (60–80, gefüllt) Beverly® (60–80, gefüllt, mit Duft) Broceliande® (80–100, gefüllt, Duft) Eliza® (80–100, stark gefüllt) Focus® (60–80, gefüllt) Frederic Mistral® (60–80, stark gefüllt, Duft) Inspiration® (60–80, gefüllt) Pariser Charme (60–80, gefüllt, Duft) Pink Paradise® (80–100, gefüllt, mit Duft) Rose de Cisterciens® (80–120, gefüllt, Duft) Silver Jubilee® (60–80, gefüllt) Schloss Ippenburg® (80–100, gefüllt, mit Duft) Souvenir de Baden-Baden® (80–100, gefüllt, mit Duft) The McCartney Rose® (60–80, gefüllt, Duft)	Acapella® (80–100, gefüllt, Duft) Barkarole® (80–100, gefüllt, Duft) Burgund '81® (60–80, gefüllt, Duft) Charisma®(80–100, stark gefüllt) Elbflorenz®(60–80, stark gefüllt, mit Duft) Erotika® (80–100, gefüllt, Duft) Ingrid Bergmann® (60–80, gefüllt) Mildred Scheel® (80–100, gefüllt, Duft) Nostalgie® (80–100, gefüllt, Duft) Piano® (80–100, stark gefüllt) Senator Burda® (60–80, gefüllt)	Duftrausch® (80–100, gefüllt, Duft) Old Port® (40–60, stark gefüllt, Duft)	Ambiente® (60–80, stark gefüllt) Elvis® (80–100, gefüllt, Duft) Karl Heinz Hanisch® (60–80, gefüllt, Duft) Polarstern® (80–100, gefüllt, Duft) Roy Black® (60–80, stark gefüllt) Sebastian Kneipp® (80–100, stark gefüllt, Duft)
Heimische Wildrosen			*Rosa gallica* (80–100, einfach, Duft) *Rosa majalis* (150–200, einfach) *Rosa rubiginosa* (200–300, einfach) *Rosa scabriuscula* (150–200, einfach)			*Rosa arvensis* (80–100, einfach) *Rosa pimpinellifolia* (80–100, einfach, Duft)
Flächen-rosen	Celina® (60–80, halbgefüllt) Loredo® (60–80, halbgefüllt)	Sedana® (60–80, halbgefüllt)	Ballerina (60–80, einfach) Bingo Meidiland® (40–60, einfach) Dortmunder Kaiserhain® (80–100, gefüllt) Heideröslein Nozomi® (40–60, einfach) Heidetraum® (60–80, halbgefüllt) Immensee® (30–40, einfach, Duft) Knirps® (30–40, stark gefüllt) Lovely Fairy® (60–80, gefüllt) Magic Meidiland® (40–60, gefüllt) Max Graf (60–80, einfach) Medusa® (60–80, gefüllt) Mirato® (40–60, gefüllt) Mozart (80–100, einfach) Palmengarten Frankfurt® (60–80; gefüllt) Phlox Meidiland® (60–80, einfach) Pink Meidiland® (60–80, einfach) Pink Swany® (60–80, stark gefüllt) *Rosa nitida* (60–80, einfach) Satina® (40–60, gefüllt) Sommermärchen® (40–60, halbgefüllt) Sommerwind® (40–60, halbgefüllt) The Fairy (60–80, gefüllt) Wildfang® (60–80, gefüllt)	Fairy Dance® (40–60, gefüllt) Gärtnerfreude® (40–60, stark gefüllt) Limesglut® (40–60, gefüllt) Red Yesterday® (60–80, einfach) Scarlet Meidiland® (60–80, gefüllt) Sommerabend® (30–40, einfach) Sorrento® (60–80, halbgefüllt)	Lavender Dream® (60–80, halbgefüllt, Duft)	Aspirin®-Rose (60–80, gefüllt) Alba Meidiland® (80–100, gefüllt) Apfelblüte® (80–100, einfach) Diamant® (40–60, halbgefüllt) Snow Ballet® (40–60, gefüllt) Swany® (40–60, gefüllt)

* = Alte Rosen

Sortenübersicht (Höhe jeweils in cm)

	gelb	orange/apricot	rosa	rot	violett	weiß/creme
Kletterrosen	Golden Gate® (200–300, halbgefüllt, Duft)	Alchymist (200–300, stark gefüllt, Duft) *Gloire de Dijon (200–300, stark gefüllt, Duft) Orange Dawn® (200–300, halb gefüllt) Salita® (200–300, gefüllt)	Colibri® (60–80, gefüllt, mit Duft) Compassion® (200–300, gefüllt, Duft) *Fantin Latour (150–200, stark gefüllt, Duft) Fassadenzauber® (200–300, gefüllt) Giardina® (200–300, stark gefüllt, mit Duft) Kir Royal® (200–300, stark gefüllt) Laguna® (200–300, stark gefüllt, Duft) Lawinia® (200–300, gefüllt, Duft) Maria Lisa (200–300, einfach) Mini-Edenrose® (150–200, stark gefüllt) Morning Jewel® (200–300, halbgefüllt, Duft) Nahéma® (200–300, stark gefüllt, duft) New Dawn (200–300, gefüllt, Duft) Parade® (200–300, stark gefüllt) Rosarium Uetersen® (200–300, gefüllt) Shogun® (300–500, gefüllt) *Zéphirine Drouhin® (200–300, halb gefüllt, Duft)	Dortmund® (200–300, einfach) Red Flame® (200–300, stark gefüllt, Duft) Santana® (200–300, gefüllt) Sympathie (200–300, gefüllt)		Harlekin® (200–300, stark gefüllt, Duft) Ilse Krohn Superior® (200–300, gefüllt)
Rambler			*Paul Noël (300–500, gefüllt, Duft) _Rosa × ruga_ (300–500, halbgefüllt, Duft) Super Dorothy® (300–500, gefüllt)	Chevy Chase (300–500, stark gefüllt, Duft) Flammentanz® (300–500, gefüllt) Super Excelsa® (300–500, gefüllt)	Guirlande d'Amour® (200–300, halb gefüllt, mit Duft) Jasmina® (150–200, stark gefüllt, Duft) *Veilchenblau (300–500, locker gefüllt)	*Albéric Barbier (300–500, gefüllt) Bobby James (300–500, einfach, Duft) *Venusta Pendula (300–500, halbgefüllt)
Rugosa-Hybriden	Gelbe Dagmar Hastrup® (60–80, halbgefüllt, Duft)		Dagmar Hastrup (60–80, einfach, Duft) Foxi® (60–80, gefüllt, Duft) Pierette® (60–80, gefüllt, Duft) Pink Grootendorst (100–150, gefüllt) Polareis® (60–80, gefüllt, Duft)	Polarsonne® (60–80, gefüllt, Duft)		Repens Alba (30–40, einfach) Schnee-Eule® (40–60, gefüllt, Duft)
Strauchrosen	Emil Nolde Rose® (100–150, halbgefüllt) Frühlingsgold (150–200, einfach, Duft) *Ghislaine de Feligonde (150–200, gefüllt) Lichtkönigin Lucia® (100–150; gefüllt) Maigold (150–200, gefüllt, Duft) Molineux® (80–100, stark gefüllt, mit Duft) Postillion® (100–150, gefüllt, mit Duft) _Rosa hugonis_ (200–300, einfach, Duft) Rugelda® (150–200, gefüllt) Sahara® (100–150, gefüllt)	Arabia® (100–150, gefüllt, mit Duft) Belvedere® (100–150, stark gefüllt, Duft) Colette® (200–300, stark gefüllt, Duft) Freisinger Morgenröte® (100–150, gefüllt, Duft) Kordes' Brillant® (100–150, gefüllt) Polka® 91 (100–150, gefüllt) Rokoko® (150–200, gefüllt) Westerland® (150–200, halbgefüllt, Duft)	Angela® (100–150, halbgefüllt) Armada® (100–150, gefüllt) Astrid Lindgren® (100–150, gefüllt) Bourgogne® (150–200, einfach) Centenaire de Lourdes (150–200, halbgefüllt, Duft) Dornröschenschloß Sababurg® (100–150, gefüllt) Eden Rose '85® (150–200, gefüllt) Flashlight® (100–150, gefüllt) Guy Savoy® (100–150, gefüllt, Duft) IGA '83 München® (80–100, gefüllt) *Jacques Cartier (100–150, stark gefüllt, Duft) *Königin von Dänemark (100–150, stark gefüllt, Duft) Louise Odier (150–200, gefüllt, Duft) Madame Isaac Pereire (100–150, stark gefüllt, Duft) *Maiden's Blush (100–150, gefüllt) *Marguerite Hilling (150–200, halbgefüllt) Mein schöner Garten® (100–150, gefüllt) Raubritter (200–300, gefüllt) Romanze® (100–150, gefüllt) *_Rosa × centifolia_ 'Muscosa' (80–100, gefüllt, Duft) *_Rosa gallica_ 'Officinalis' (100–150, halbgefüllt, Duft) _Rosa sweginzowii_ 'Macrocarpa' (200–300, einfach) Rosenresli® (150–200, gefüllt, Duft) *Souvenir de la Malmaison (80–100, gefüllt, Duft) Trigintipetala (150–200, halbgefüllt, Duft) *Versicolor (100–150, halbgefüllt, Duft)	Astrid Gräfin von Hardenberg® (100–150, stark gefüllt, mit Duft) Dirigent® (150–200, halbgefüllt) Elmshorn (150–200, gefüllt) Red Eden Rose® (150–200, stark gefüllt, Duft) Robusta® (150–200, einfach, Duft) _Rosa moyesii_ (200–300, einfach)		*Madame Hardy (150–200, stark gefüllt, Duft) _Rosa sericea_ f. _pteracantha_ (200–300, einfach) Schneewittchen® (100–150, gefüllt) *Suaveolens (200–300, gefüllt)
Zwergrosen	Guletta® (30–40, gefüllt) Sonnenkind® (30–40, gefüllt)		Charmant® (30–40, gefüllt, leichter Duft) Medley Pink® (30–40, halbgefüllt) Pink Symphonie® (30–40, gefüllt)	Medley Red® (30–40, gefüllt) Zwergkönig '78® (40–60, gefüllt)	Lupo® (40–60, einfach) Roxy® (30–40, stark gefüllt)	
Englische Rosen	Graham Thomas® (100–150, gefüllt, Duft) Golden Celebration® (100–150, gefüllt, mit Duft)	Abraham Darby (150–200, gefüllt, Duft) Lady Emma Hamilton® (100–150, stark gefüllt, mit Duft) Leander® (150–200, stark gefüllt, Duft) Teasing Georgia® (100–150, stark gefüllt, Duft)	Geoff Hamilton® (100–150, stark gefüllt, mit Duft) Gertrude Jekyll® (100–150, stark gefüllt, Duft) Harlow Carr® (100–150, gefüllt, Duft) Heritage® (100–150, gefüllt, Duft) Jubilee Celebration® (100–150, stark gefüllt, Duft) Mary Rose® (100–150, stark gefüllt) Princess Alexandra of Kent® (100–150, stark gefüllt, mit Duft) Sharifa Asma® (100–150, stark gefüllt, Duft)	Fisherman's Friend® (100–150, stark gefüllt, Duft) L. D. Braithwaite® (80–100, stark gefüllt, Duft) William Shakespeare® 2000 (100–150, stark gefüllt, Duft)		Claire Austin® (100–150, stark gefüllt, mit Duft)

* = Alte Rosen

Der Rosenatlas

Aachener Dom®

Der Charakter: Eine Edelrose mit ledrigem, sehr robustem Laub, auch für raue Lagen geeignet. Ein leichter, feiner Duft umgibt die bis 12 cm großen Blütenbälle. Eine problemlose und damit ideale rosafarbene Edelrose für Einsteiger.
Die langen und kräftigen Blütenstiele eignen sich hervorragend für den Vasenschnitt und für die private Floristik.
Gruppe: Edelrose
Züchter/Herkunft: Meilland
Einführungsjahr: 1982
Blütenfarbe: lachsrosa
Blütenfüllung: stark gefüllt
Blührhythmik: öfterblühend
Wuchshöhe: 60 bis 80 cm
Wuchsform: aufrecht
Pflanzen pro m²: 6 bis 7
Verwendung: Garten, in Gruppen, Frostlagen vertragend, Halbschatten ertragend, sehr regenfest, Kübel, Vasenschnitt, Floristik, kompakte Stammrose mit 90 cm Höhe.

Abraham Darby®

Der Charakter: Die stark duftenden Blüten bezaubern durch ihr einzigartiges Farbenspiel von rosa bis apricot. Das Laub ist robust und glänzend grün.
Ein funkelnder Solitär für die passende Gartenfassung.
Bild Seite 19
Gruppe: Strauchrose mit Duft, Englische Rose
Züchter/Herkunft: Austin
Einführungsjahr: 1985
Blütenfarbe: apricot-gelb, rosa überhaucht
Blütenfüllung: stark gefüllt
Blührhythmik: öfterblühend
Wuchshöhe: 150 bis 200 cm
Wuchsform: überhängend
Pflanzen pro m²: 1 bis 2
Verwendung: Garten, Park, einzeln oder in kleinen Gruppen, Kübel, Vasenrose, auch Rankrose.

Acapella®

Der Charakter: Die zweifarbigen Blüten dieser ungewöhnlich robusten Duftrose öffnen sich spiralenförmig und präsentieren dabei ein faszinierendes Farbenspiel. Von ADR-Prüfern empfohlene, wuchsfreudige und frostharte Edelrose für viele Verwendungsbereiche.
Gruppe: Edelrose mit Duft
Züchter/Herkunft: Tantau
Einführungsjahr: 1994
Blütenfarbe: innen kirschrot, außen silberfarben
Blütenfüllung: stark gefüllt
Blührhythmik: öfterblühend
Wuchshöhe: 80 bis 100 cm
Wuchsform: aufrecht
Pflanzen pro m²: 6 bis 7
Verwendung: Garten, einzeln oder in Gruppen, sehr frosthart, sehr regenfest, Kübel, Vasenschnitt, Stammrose 90 cm.

Alba Meidiland®

Der Charakter: Ein Traum in Weiß, robust und besonders wirkungsvoll auf Hanglagen mit anziehender Fernwirkung. Die Blüten sind klein, dicht gefüllt und zahlreich. Wenige Stiele reichen für zauberhafte Buketts und Gestecke.
Ihre haltbaren Blütenstände machen diese Flächenrose auch attraktiv für die Floristik.
Gruppe: Flächenrose
Züchter/Herkunft: Meilland
Einführungsjahr: 1987
Blütenfarbe: reinweiß
Blütenfüllung: stark gefüllt
Blührhythmik: öfterblühend
Wuchshöhe: 80 bis 100 cm
Wuchsform: buschig
Pflanzen pro m²: 3 bis 4
Verwendung: Garten, einzeln oder in Gruppen, Frostlagen vertragend, Trog, Ampel, sehr regenfest, Hitze vertragend, Vasenschnitt, gelbe Herbstfärbung der Blätter, Stammrose mit 60 und 90 cm Höhe.

■ Aachener Dom®

■ Alba Meidiland®

■ Albéric Barbier

Albéric Barbier

Der Charakter: Luftumspielte Standorte mindern den Befallsdruck durch Mehltau. Dann ziert der üppige Rambler an Pergolen oder locker in lichte Bäume wachsend durch einen opulenten Sommerflor.
Gruppe: Rambler
Züchter/Herkunft: Barbier
Einführungsjahr: 1900
Blütenfarbe: cremeweiß
Blütenfüllung: gefüllt
Blührhythmik: einmalblühend, schwach nachblühend
Wuchshöhe: 300 bis 500 cm
Wuchsform: ohne Rankhilfe flachwachsend
Pflanzen pro m²: 1 bis 2
Verwendung: Garten, einzeln, Halbschatten ertragend.

Alchymist

Der Charakter: Sehr frostharte Rosenliane mit orangegelben Nostalgieblüten, die im Sommer einen starken Honigduft verströmen. Der robuste und einfallsreiche »Goldmacher« erprobt seine Blütenformeln gerne an Torbögen oder Pergolen.
Gruppe: Kletterrose mit Duft
Züchter/Herkunft: Kordes
Einführungsjahr: 1956
Blütenfarbe: orangegelb
Blütenfüllung: stark gefüllt
Blührhythmik: einmalblühend
Wuchshöhe: 200 bis 300 cm
Wuchsform: überhängend
Pflanzen pro m²: 1
Verwendung: Garten, einzeln, Frostlagen vertragend, Halbschatten ertragend, Bauerngarten.

Alfred Sisley®

Der Charakter: Die rot-weiß-gelbe Malerrose aus dem Hause Delbard ehrt einen großen Landschaftsmaler. Das impressionistisch angehauchte Farbenspiel macht jede Blüte zu einem Unikat. Die Lieblingsrose von Henri Delbard duftet zart und gilt als sehr robust.
Gruppe: Beetrose mit Duft
Züchter/Herkunft: Delbard
Einführungsjahr: 2004
Blütenfarbe: rot-weiß-gelb
Blütenfüllung: gefüllt
Blührhythmik: öfterblühend
Wuchshöhe: 80 bis 100 cm
Wuchsform: aufrecht
Pflanzen pro m²: 5 bis 6
Verwendung: Garten, einzeln oder in Gruppen, Kübel, Tröge, Vasenschnitt.

Amadeus®

Der Charakter: Zurzeit sicher eine der besten roten Kletterrosen. Das Besondere an dieser Spitzenzüchtung sind das dunkelgrüne, satt glänzende, kerngesunde Laub und die blutroten, nicht verblauenden Blüten. Das Zusammenspiel beider Eigenschaften ist der Garant für eine ausgezeichnete Fernwirkung. Ideal für Rosenbögen und Pergolen aller Art. Auch für regenreiche Regionen geeignet.
Gruppe: Kletterrose
Züchter/Herkunft: Kordes
Einführungsjahr: 2003
Blütenfarbe: rot
Blütenfüllung: halb gefüllt
Blührhythmik: öfterblühend
Wuchshöhe: 200 bis 300 cm
Wuchsform: überhängend
Pflanzen pro m²: 2 bis 3
Verwendung: Garten, einzeln, große Kübel, robuste Sorte für Schrebergärten, Rosenbögen, Klettergerüste, Stammrose 140 cm.

Amber Queen®

Der Charakter: Die Rose des Jahres 1984 in England gefällt durch ihr robustes Laub und die sich rundlich öffnenden, amber- bis orangefarbenen Blüten. Eine Beetrose mit blickanziehender Farbe.
Bewährte und empfehlenswerte Beetrose für sonnige Staudenrabatten und farbenfrohe Pflanzenkombinationen.

Gruppe: Beetrose
Züchter/Herkunft: Harkness
Einführungsjahr: 1984
Blütenfarbe: ambergelb
Blütenfüllung: gut gefüllt
Blührhythmik: öfterblühend
Wuchshöhe: 40 bis 60 cm
Wuchsform: aufrecht, buschig
Pflanzen pro m²: 6 bis 7
Verwendung: Garten, in Gruppen auf Beeten und Rabatten, Stammrose mit 90 cm Höhe.

■ Alfred Sisley®

■ Amber Queen®

■ Oben: Angela®
■ Unten: Aprikola®

Ambiente®

Der Charakter: Pflegeleichte Edelrosen lassen sich an zwei Händen abzählen und diese Neuheit gehört dazu. Die cremeweißen Blüten mit gelber Mitte thronen auf einem dichten Rosenbusch. Die Sorte wurde mit der Goldmedaille für Rosenneuheiten in Baden-Baden ausgezeichnet.
Gruppe: Edelrose
Züchter/Herkunft: Noack
Einführungsjahr: 2001
Blütenfarbe: cremeweiß
Blütenfüllung: stark gefüllt
Blührhythmik: öfterblühend
Wuchshöhe: 60 bis 80 cm
Wuchsform: buschig
Pflanzen pro m^2: 4 bis 5
Verwendung: Garten, einzeln oder in Gruppen, Halbschatten ertragend, sehr regenfest, Kübel, Vasenschnitt, robuste Sorte für Schrebergärten, Stammrose 90 cm.

Angela®

Der Charakter: Kompaktes Blühwunder, das auch in kleineren Gärten mit begrenztem Sonnenangebot einen Platz findet. Die locker gefüllten Schalenblüten besitzen den Charme ursprünglicher Blütenschönheit. Ideale Kombirose für Stauden-Rosen-Arrangements.
Gruppe: Strauchrose
Züchter/Herkunft: Kordes
Einführungsjahr: 1984
Blütenfarbe: altrosa
Blütenfüllung: halbgefüllt
Blührhythmik: öfterblühend
Wuchshöhe: 100 bis 150 cm
Wuchsform: buschig
Pflanzen pro m^2: 2 bis 3
Verwendung: Garten, einzeln oder in Gruppen, Halbschatten ertragend, sehr regenfest, Kübel, robuste Sorte für Schrebergärten, für frei wachsende Hecken.

Apéritif®

Der Charakter: Sehr robuste gelbe Edelrose, bei der die lästigen Pilzkrankheiten Sternrußtau und Echter Mehltau kaum eine Chance haben. Dazu gesellt sich eine für gelbe Edelrosen ausgesprochen gute Frosthärte. Von ADR-Prüfern empfohlene Edelrose.
Gruppe: Edelrose
Züchter/Herkunft: McCredy
Einführungsjahr: 1998
Blütenfarbe: reingelb
Blütenfüllung: gefüllt
Blührhythmik: öfterblühend
Wuchshöhe: 80 bis 100 cm
Wuchsform: aufrecht
Pflanzen pro m^2: 6 bis 7
Verwendung: Garten, einzeln oder in Gruppen, sehr regenfest, Kübel, Vasenschnitt, robuste Sorte für Schrebergärten.

Apfelblüte®

Der Charakter: Die Sorte ist für Mehltau und Sternrußtau nicht anfällig und trägt zu Recht das ADR-Prädikat. Die niederliegenden Triebe mit ihren imposanten Blütenbüscheln decken den Boden gut ab. Eine robuste Rosensorte mit reichlich Wildrosenflair für naturnahe Gestaltung. Nomen et omen: Die Einzelblüte ist einer Apfelblüte verblüffend ähnlich.
Gruppe: Flächenrose
Züchter/Herkunft: Noack
Einführungsjahr: 1991
Blütenfarbe: weiß
Blütenfüllung: einfach
Blührhythmik: öfterblühend
Wuchshöhe: 80 bis 100 cm
Wuchsform: niedrig, buschig
Pflanzen pro m^2: 3 bis 4
Verwendung: Garten, einzeln, in Gruppen, Halbschatten ertragend, sehr regenfest, Hitze vertragend, Pollenspender, Hagebutten.
ADR-Rose: 1991

Aprikola®

Der Charakter: Der bekannte Rosenzüchter Kordes hat für seine robustesten Kreationen eine eigene Gruppe geschaffen, die sogenannten »Rigo-Rosen«. Apricotfarbene Sorten sind eigentlich als krankheitsanfällig bekannt. Diese ADR-Rose mit rosettenartigen Blüten ist aber hart im Nehmen und wehrt Pilzangriffe tatsächlich rigoros ab.
Gruppe: Beetrose
Züchter/Herkunft: Kordes
Einführungsjahr: 2000
Blütenfarbe: aprikosengelb bis rosa
Blütenfüllung: halb gefüllt
Blührhythmik: öfterblühend
Wuchshöhe: 60 bis 80 cm
Wuchsform: aufrecht buschig
Pflanzen pro m^2: 4 bis 5
Verwendung: Garten, Halbschatten ertragend, sehr regenfest, Kübel, Tröge, Herbstfärber, robuste Sorte für Schrebergärten, für Grabstellen, frei wachsende Blütenhecke, Hanglage, Dachgarten, Stammrosen mit 60 und 90 cm Höhe.
ADR-Rose: 2001

Aquarell®

Der Charakter: Spitzensorte mit fruchtig-süßem Duft, blütenbunter Abkömmling des Klassikers 'Augusta Luise'. Die sehr großen Nostalgieblüten zeigen ein lebhaftes Wechselspiel der Farben zwischen Rot und Pfirsichgelb. Die wuchsstarke Edelrose ist eine Frohnatur, die im Sommer viel gute Laune verbreitet.
Gruppe: Edelrose mit Duft
Züchter/Herkunft: Tantau
Einführungsjahr: 2008
Blütenfarbe: rot/pfirsichgelb
Blütenfüllung: gefüllt
Blühhrythmik: öfterblühend
Wuchshöhe: 80 bis 100 cm
Wuchsform: aufrecht
Pflanzen pro m²: 6 bis 7
Verwendung: Garten, einzeln oder in Gruppen, regenfest, Kübel, Vasenschnitt, Stammrose 90 cm.

Arabia®

Der Charakter: Diese neue Strauchrose fasziniert mit einem exquisiten Farbenverlauf: Die rötlichen Blütenknospen entfalten sich dunkelorangefarben, um dann hellpfirsichfarben und offen abzublühen. Dazu kommt ein würzig-herber Duft. Auf einem rosengerechten Standort trotzt der robuste, kräftig wachsende Strauch spielend den bekannten Rosenpilzen.
Gruppe: Strauchrose mit Duft
Züchter/Herkunft: Tantau
Einführungsjahr: 2010
Blütenfarbe: dunkelorange
Blütenfüllung: gefüllt
Blühhrythmik: öfterblühend
Wuchshöhe: 100 bis 150 cm
Wuchsform: aufrecht buschig
Pflanzen pro m²: 1 bis 2
Verwendung: Garten, einzeln oder in Gruppen, Halbschatten ertragend, sehr regenfest, Kübel, Vasenschnitt, Blütenhecken.

Armada®

Der Charakter: Eine öfterblühende Strauchrose mit buschigem Wuchs. Die frisch-fröhlichen rosafarbenen Blüten erinnern in der Form an elegante Edelrosen.
Gruppe: Strauchrose
Züchter/Herkunft: Harkness
Einführungsjahr: 1989
Blütenfarbe: rosa
Blütenfüllung: gefüllt
Blühhrythmik: öfterblühend
Wuchshöhe: 100 bis 150 cm
Wuchsform: buschig aufrecht
Pflanzen pro m²: 1 bis 2
Verwendung: Garten, einzeln oder in Gruppen.
ADR-Rose: 1993

Arosia®

Der Charakter: Von ADR-Prüfern empfohlene Edelrosen wie 'Arosia' tragen zwar nicht das begehrte ADR-Zeichen, sie haben die Auszeichnung allerdings nur knapp verpasst und können als widerstandsfähig eingestuft werden. Dank der sehr guten Laubrobustheit haften und zieren die Blätter dieser interessanten Sorte bis weit in den Winter hinein.
Gruppe: Edelrose
Züchter/Herkunft: Noack
Einführungsjahr: 1998
Blütenfarbe: reinrosa
Blütenfüllung: gefüllt
Blühhrythmik: öfterblühend
Wuchshöhe: 60 bis 80 cm
Wuchsform: aufrecht buschig
Pflanzen pro m²: 6 bis 7
Verwendung: Garten, einzeln oder in Gruppen, sehr regenfest, Kübel, Vasenschnitt, robuste Sorte für Schrebergärten, Stammrose mit 90 cm Höhe.

Aspirin®-Rose

Der Charakter: Ganz in Weiß zieht diese robuste, absolut problemlose Flächenrose aus der Neuheitenschmiede von Rosen-Tantau den ganzen Sommer über die Blicke auf sich. Sehr hitzetolerant, meistert ohne Kopfschmerzen auch extreme Südlagen.
Gruppe: Flächenrose
Züchter/Herkunft: Tantau
Einführungsjahr: 1997
Blütenfarbe: weiß
Blütenfüllung: gefüllt
Blühhrythmik: öfterblühend
Wuchshöhe: 60 bis 80 cm
Wuchsform: buschig
Pflanzen pro m²: 3 bis 4
Verwendung: Garten, einzeln oder in Gruppen, Halbschatten ertragend, sehr regenfest, Kübel, robuste Sorte für Schrebergärten, Hang, Dachgärten, Stammrose 90 cm, 140 cm.
ADR-Rose: 1995

Arosia®

Aspirin®-Rose

Astrid Gräfin von Hardenberg®

Der Charakter: Eine zauberhafte Strauchrose mit intensiv samt-bordeauxroter Blütenfarbe und einmaligem Duft, der nostalgisch geviertelten Blüten entströmt. Um sich an dieser Sorte dauerhaft zu erfreuen, ist ein rosiger, sonnig-luftiger Standort wichtig. Dort kann einmal nass gewordenes Rosenlaub rasch abtrocknen. Herrlicher Duftspender für die Vase.
Gruppe: Strauchrose mit Duft
Züchter/Herkunft: Tantau
Einführungsjahr: 2001
Blütenfarbe: bordeauxrot
Blütenfüllung: stark gefüllt
Blührhythmik: öfterblühend
Wuchshöhe: 100 bis 150 cm
Wuchsform: aufrecht buschig
Pflanzen pro m²: 1 bis 2
Verwendung: Garten, einzeln oder in Gruppen, Vasenschnitt, Kübel, Stammrosen 90 und 140 cm.

Astrid Lindgren®

Der Charakter: Eine auffallend robuste Strauchrose zum Andenken an die bekannteste Kinderbuch-Autorin unserer Zeit. Eine wüchsige Sorte, die sich sicher auch im Garten der Villa Kunterbunt durchzusetzen wüsste.
Gruppe: Strauchrose
Züchter/Herkunft: Poulsen
Einführungsjahr: 1989
Blütenfarbe: rosa
Blütenfüllung: gefüllt
Blührhythmik: öfterblühend
Wuchshöhe: 100 bis150 cm
Wuchsform: aufrecht
Pflanzen pro m²: 1 bis 2
Verwendung: Garten, einzeln oder in Gruppen, ideal für frei wachsende Hecken.

Augusta Luise®

Der Charakter: Das Besondere an dieser Nostalgierose aus Schleswig-Holsteins Bauerngärten sind die auffallend pfirsichfarbenen, sehr großen Blütenbälle. Bei kühler Witterung mischt sich in das einmalige Farbenspiel ein Schuss Champagner-Rosé. Augusta Luise Stolberg-Stolberg gewidmet, einer bedeutenden Brieffreundin Goethes.
Gruppe: Edelrose mit Duft
Züchter/Herkunft: Tantau
Einführungsjahr: 1999
Blütenfarbe: pfirsich
Blütenfüllung: stark gefüllt
Blührhythmik: öfterblühend
Wuchshöhe: 60 bis 80 cm
Wuchsform: buschig
Pflanzen pro m²: 6 bis 7
Verwendung: Garten, einzeln oder in Gruppen, Vasenschnitt, Stammrose 90 cm.

Bad Birnbach®

Der Charakter: Als Rigo-Rose des Züchters Kordes mit hoher Laubrobustheit kann diese Sorte bedenkenlos in größeren Stückzahlen für Gruppenpflanzungen verwendet werden. Dank ihres kompakten Wuchses auch für kleine Gärten geeignet.
Gruppe: Beetrose
Züchter/Herkunft: Kordes
Einführungsjahr: 1999
Blütenfarbe: lachsrosa
Blütenfüllung: gefüllt
Blührhythmik: öfterblühend
Wuchshöhe: 40 bis 60 cm
Wuchsform: breitbuschig wachsend
Pflanzen pro m²: 4 bis 5
Verwendung: Garten, Halbschatten ertragend, sehr regenfest, Kübel, Tröge, robuste Sorte für Schrebergärten, für Grabstellen, frei wachsende Blütenhecken, Stammrose mit 90 cm Höhe.
ADR-Rose: 2000

■ Astrid Lindgren®

■ Augusta Luise®

■ Bad Birnbach®

Ballade®

Der Charakter: Rosafarbenes Gegenstück zur Weltrose 'Montana'. Robust, reichblühend, mit einer Rosafarbe, die einem zarten Liebesbrief gleicht.
Gruppe: Beetrose
Züchter/Herkunft: Tantau
Einführungsjahr: 1991
Blütenfarbe: rosa
Blütenfüllung: gefüllt
Blührhythmik: öfterblühend
Wuchshöhe: 60 bis 80 cm
Wuchsform: aufrecht
Pflanzen pro m²: 6 bis 7
Verwendung: Garten, einzeln oder in Gruppen, auch flächig, gut Hitze vertragend.

Ballerina

Der Charakter: Die unzähligen, hellen und an Wildrosen erinnernden, einfachen Blüten wirken wie eine grazile Ballerina und lassen kaum die Robustheit und Wüchsigkeit vermuten, die sich in dieser Sorte verbirgt. 'Ballerina' bildet ungewöhnlich rasch Neutriebe.
Gruppe: Flächenrose
Züchter/Herkunft: Bentall
Einführungsjahr: 1937
Blütenfarbe: rosa/weiß
Blütenfüllung: einfach
Blührhythmik: öfterblühend
Wuchshöhe: 60 bis 80 cm
Wuchsform: überhängend
Pflanzen pro m²: 3 bis 4
Verwendung: Garten, ideal für frei wachsende Hecken, Kübel, Trog, Halbschatten ertragend, Pollenspender, Hagebuttenansatz, Stammrose mit 60 und 90 cm Höhe.

Banzai '83®

Der Charakter: Die Robustheit dieser Sorte sucht im Bereich der gelb-roten Edelrosen ihresgleichen. Eine kunterbunte Vasenrose mit kräftigem Wuchs und vollen Blüten, die in den Farben des Feuers funkeln.
Gruppe: Edelrose mit Duft
Züchter/Herkunft: Meilland
Einführungsjahr: 1983
Blütenfarbe: gelb mit orangerotem Außenrand
Blütenfüllung: stark gefüllt
Blührhythmik: öfterblühend
Wuchshöhe: 80 bis 100 cm
Wuchsform: aufrecht
Pflanzen pro m²: 6 bis 7
Verwendung: Garten, in Gruppen, sehr regenfest, Vasenschnitt, Floristik.

Barkarole®

Der Charakter: Die schwarzroten Blüten schimmern taubeladen in der Morgensonne wie edelster Samt. Ein einmaliger Anblick, den man sich auch gerne in die Vase holen darf. Betörender Duft. Schräger Anschnitt der Blütenstiele verlängert die Haltbarkeit.
Gruppe: Edelrose mit Duft
Züchter/Herkunft: Tantau
Einführungsjahr: 1988
Blütenfarbe: rot
Blütenfüllung: gefüllt
Blührhythmik: öfterblühend
Wuchshöhe: 80 bis 100 cm
Wuchsform: aufrecht
Pflanzen pro m²: 6 bis 7
Verwendung: Garten, in Gruppen, Vasenschnitt, Stammrose mit 90 cm Höhe.

Baronesse®

Der Charakter: Diese Sorte ist ein Farbknaller: Das leuchtende Magentapink der nostalgisch anmutenden Rosettenblüten fällt schon von Weitem ins Auge. Die Beetrose bildet einen kompakten, formschönen kleinen Strauch, der im Sommer mit Blüten übersät ist. Auch als Schnitt- und Stammrose ist die Neuheit eine Empfehlung für alle Rosenfreunde. Auch für Minigärten geeignet.
Gruppe: Beetrose mit Duft
Züchter/Herkunft: Tantau
Einführungsjahr: 2009
Blütenfarbe: pink
Blütenfüllung: gefüllt
Blührhythmik: öfterblühend
Wuchshöhe: 60 bis 80 cm
Wuchsform: aufrecht buschig
Pflanzen pro m²: 6 bis 7
Verwendung: Garten, einzeln oder in Gruppen, Vasenschnitt, Kübel, große Tröge, Stammrose 90 cm.

■ Oben: Ballade® ■ Mitte: Ballerina ■ Unten: Banzai '83®

■ Oben: Belvedere®
■ Mitte: Bernstein Rose®
■ Unten: Beverly®

Belvedere®

Der Charakter: Eine duftende Rose mit auffallend großen Blüten und nostalgischem Charme. Die Strauchrose stammt aus dem Züchterhaus Tantau, dem erfolgreichen Schöpfer intensiv duftender Rosen. Mit einem regelmäßigen Schnitt bleibt der zierliche, kompakte Wuchs erhalten.
Gruppe: Strauchrose mit Duft
Züchter/Herkunft: Tantau
Einführungsjahr: 2001
Blütenfarbe: orange-pfirsichfarben
Blütenfüllung: stark gefüllt
Blührhythmik: öfterblühend
Wuchshöhe: 100 bis 150 cm
Wuchsform: buschig aufrecht
Pflanzen pro m²: 2 bis 3
Verwendung: Garten, einzeln oder in Gruppen, Halbschatten ertragend, sehr regenfest, Kübel, Vasenschnitt, Blütenhecken, Stammrose mit 140 cm Höhe.

Bernstein Rose®

Der Charakter: Eine nicht alltägliche Farbe gab dieser robusten Sorte ihren Namen. Dazu gesellt sich eine nostalgische Blütenform, die mit rosettenartigem Aufbau das Flair Englischer Rosen mit kompaktem Beetrosenwuchs verbindet.
Gruppe: Beetrose
Züchter/Herkunft: Tantau
Einführungsjahr: 1987
Blütenfarbe: bernsteingelb
Blütenfüllung: gut gefüllt
Blührhythmik: öfterblühend, früh blühend
Wuchshöhe: 60 bis 80 cm
Wuchsform: buschig
Pflanzen pro m²: 6 bis 7
Verwendung: Garten, in Gruppen, Stammrose mit 90 cm Höhe.

Beverly®

Der Charakter: Eine robuste Edelrose der neuen Generation, die nur knapp das ADR-Prädikat verpasst, dafür aber die »Goldene Rose 2013« von Den Haag gewonnen hat. Den kräftig rosafarbenen, sehr großen Blüten entströmt ein hervorragender Duft, den der Züchter Kordes als jung und erfrischend mit prickelnd-zitroniger Kopfnote beschreibt.
Gruppe: Edelrose mit Duft
Züchter/Herkunft: Kordes
Einführungsjahr: 2007
Blütenfarbe: zartrosa
Blütenfüllung: gefüllt
Blührhythmik: öfterblühend
Wuchshöhe: 60 bis 80 cm
Wuchsform: aufrecht
Pflanzen pro m²: 6 bis 7
Verwendung: Garten, einzeln oder in Gruppen, Vasenschnitt, Kübel, Stammrosen 90 cm.

Bingo Meidiland®

Der Charakter: Eine zivilisierte Wildrose mit gezähmter Wuchskraft und großer Zukunft. Wie eine Zwergausgabe von 'Pink Meidiland'® wirkend, verleiht dieser ergiebige, flächendeckende Pollenspender auch kleineren Gartenbereichen eine naturnahe Ausstrahlung.
Gruppe: Flächenrose
Züchter/Herkunft: Meilland
Einführungsjahr: 1991
Blütenfarbe: zartrosa
Blütenfüllung: einfach
Blührhythmik: öfterblühend
Wuchshöhe: 40 bis 60 cm
Wuchsform: buschig
Pflanzen pro m²: 3 bis 4
Verwendung: Garten, einzeln oder in Gruppen, Frostlagen vertragend, Hitze vertragend, Pollenspender, ideal für Kombinationen mit niedrigen Stauden.
ADR-Rose: 1994

Black Forest Rose®

Der Charakter: Eine weitere Spitzenneuheit aus der Gruppe der Rigo-Rosen. Diese leuchtstarke und sehr reich blühende Beetrose deckt mit ihrem kompakten Wuchs Flächen rasch ab. Die halbgefüllten Blütenschalen konstrastieren mit dem dunkelgrünen, kerngesunden ADR-Laub. Eine Knallersorte mit beeindruckender Laubhärte.
Gruppe: Beetrose
Züchter/Herkunft: Kordes
Einführungsjahr: 2010
Blütenfarbe: rot
Blütenfüllung: halbgefüllt
Blührhythmik: öfterblühend
Wuchshöhe: 60 bis 80 cm
Wuchsform: kompakt buschig
Pflanzen pro m²: 4 bis 5
Verwendung: Garten, einzeln oder in Gruppen, regenfest, Kübel, Tröge, robuste Sorte für Schrebergärten, für Grabstellen, Stammrose 90 cm.
ADR-Rose: 2010

Bobby James

Der Charakter: Ein »dufter« Klettermaxe, der leidenschaftlich gerne in lichte Bäume aufsteigt. Dort wirken die großen, cremigweißen Blütendolden wie Sahnehäubchen. Der richtige Augenschmaus für fruchtige Sommertage. (Bild Seite 42)
Gruppe: Rambler mit Duft
Züchter/Herkunft: Sunningdale Nurseries
Einführungsjahr: 1961
Blütenfarbe: weiß
Blütenfüllung: einfach
Blührhythmik: einmalblühend
Wuchshöhe: 300 bis 500 cm
Wuchsform: ohne Rankhilfe flach wachsend
Pflanzen pro m²: 1 bis 2
Verwendung: Garten, einzeln oder in Gruppen, Halbschatten ertragend, rötliche Herbstfärbung der Blätter.

Bonica '82®

Der Charakter: Eine sommerlang blühende Beetrose mit ausgeprägter Frosthärte. Multifunktionell als Flächendecker und Freilandschnittrose verwendbar. Problemlose Sorte für Roseneinsteiger. Weltrose 2003.
Bild Seite 46.
Gruppe: Beetrose
Züchter/Herkunft: Meilland
Einführungsjahr: 1982
Blütenfarbe: rosa, in heißen Lagen aufhellend
Blütenfüllung: gefüllt
Blührhythmik: öfterblühend
Wuchshöhe: 60 bis 80 cm
Wuchsform: buschig
Pflanzen pro m²: 5 bis 6
Verwendung: Garten, einzeln oder in Gruppen, Frostlagen gut vertragend, Kübel, Trog, Halbschatten ertragend, sehr regenfest, Pollenspender, Vasenschnitt, in heißen Sommern guter Hagebuttenansatz, Stammrose mit 60 und 90 cm Höhe.

Bourgogne®

Der Charakter: Die Hagebutten dieser Sorte gelten als die schönsten unter den Rosenfrüchten. Die leuchtend roten Vitaminspender zieren die malerisch überhängenden Triebe dieses Pendulina-Abkömmlings und sind ein herbstliches Highlight für größere Gärten.
Gruppe: Strauchrose
Züchter/Herkunft: Interplant
Einführungsjahr: 1983
Blütenfarbe: zartrosa
Blütenfüllung: einfach
Blührhythmik: einmalblühend
Wuchshöhe: 150 bis 200 cm
Wuchsform: überhängend
Pflanzen pro m²: 1 bis 2
Verwendung: Garten, einzeln oder in Gruppen, Pollenspender, Hagebuttenrose par excellence.

Burgund '81®

Der Charakter: Unter den roten Edelrosen ein robuster Klassiker. Die absolut edlen Blüten sind wetterfest, das Laub für eine Sorte dieser Rosengruppe überdurchschnittlich robust, die Pflanze wuchsfreudig und frosthart. Die kräftigen Blütenstiele lassen sich gut für die Vase schneiden. Durch den schrägen Anschnitt der Stielenden verlängern Sie die Haltbarkeit um mehrere Tage.
Gruppe: Edelrose mit Duft
Züchter/Herkunft: Kordes
Einführungsjahr: 1981
Blütenfarbe: blutrot
Blütenfüllung: gut gefüllt
Blührhythmik: öfterblühend
Wuchshöhe: 60 bis 80 cm
Wuchsform: aufrecht
Pflanzen pro m²: 6 bis 7
Verwendung: Garten, in Gruppen, Kübel, Vasenschnitt, Stammrose mit 90 cm Höhe.

■ Black Forest Rose®

■ Burgund '81®

Broceliande®

Der Charakter: Der französische Rosenzüchter Adam ist im deutschsprachigen Raum bisher nur Rosenkennern ein Begriff. Dies wird sich mit dieser Sorte ändern. Der fruchtige Duft entströmt klassisch geformten Blüten voller Eleganz. Für eine zweifarbige Duftrose außergewöhnlich robust. Wer eine Duftrose für den edlen Blumenstrauß sucht, liegt mit dieser Rosenzüchtung richtig.
Gruppe: Edelrose mit Duft
Züchter/Herkunft: Adam
Einführungsjahr: 2001
Blütenfarbe: gelb-fuchsienrot gestreift
Blütenfüllung: gefüllt
Blührhythmik: öfterblühend
Wuchshöhe: 80 bis 100 cm
Wuchsform: aufrecht buschig
Pflanzen pro m²: 6 bis 7
Verwendung: Garten, einzeln oder in Gruppen, Kübel, Vasenschnitt.

Camille Pissaro®

Der Charakter: Diese Malerrose steckt voller Überraschungen: Keine Blüte gleicht der anderen, immer wieder neu werden die Farben Rot, Rosa, Gelb und Weiß aneinandergereiht. Das variable Farbspiel kontrastiert dekorativ mit dem dunkelgrünen Laub. Eine blühstarke Beetrose mit aufrechtem, kompaktem Wuchs.
Gruppe: Beetrose mit Duft
Züchter/Herkunft: Delbard
Einführungsjahr: 1996
Blütenfarbe: rot/rosa/gelb/weiß
Blütenfüllung: gefüllt
Blührhythmik: öfterblühend
Wuchshöhe: 80 bis 100 cm
Wuchsform: aufrecht buschig
Pflanzen pro m²: 3 bis 4
Verwendung: Garten, einzeln oder in Gruppen, regenfest, Kübel, Stammrosen 90 cm.

Canzonetta®

Der Charakter: Äußerst robuste Beetrose aus der Züchterwerkstatt Noack. Die ADR-Rose sorgt mit ihren leuchtend roten, nicht verblauenden Blüten und dem elegant dunklen Laub für rosige Glücksgefühle im Garten. Die Pflanze putzt sich sehr gut und sieht selbst im Herbst noch »wie neu« aus.
Gruppe: Beetrose
Züchter/Herkunft: Noack
Einführungsjahr: 2005
Blütenfarbe: rot
Blütenfüllung: halbgefüllt
Blührhythmik: öfterblühend
Wuchshöhe: 40 bis 60 cm
Wuchsform: aufrecht buschig
Pflanzen pro m²: 6 bis 7
Verwendung: Garten, einzeln oder in Gruppen, Halbschatten ertragend, sehr regenfest, Kübel, Tröge, robuste Sorte für Schrebergärten, für Grabstellen, Dachgarten, Stammrosen 60 und 90 cm.
ADR-Rose: 2005

Celina®

Der Charakter: Sehr interessante, gelb blühende (!) Flächenrose aus der Züchterwerkstatt Noack. Nicht nur für Lazygärtner eine bedeutende Erweiterung der Farbpalette, die viel Freude, aber wenig Arbeit macht.
Gruppe: Flächenrose
Züchter/Herkunft: Noack
Einführungsjahr: 1997
Blütenfarbe: gelb
Blütenfüllung: halbgefüllt
Blührhythmik: öfterblühend
Wuchshöhe: 60 bis 80 cm
Wuchsform: buschig
Pflanzen pro m²: 3 bis 4
Verwendung: Garten, einzeln oder in Gruppen, Halbschatten ertragend, sehr regenfest, Kübel, Tröge, robuste Sorte für Schrebergärten, Hang, Dachgärten.
ADR-Rose: 1999

■ Broceliande®

■ Celina®

Centenaire de Lourdes

Der Charakter: Warum diese fantastische, problemlose Strauchrose eher zu den rosigen Geheimtipps zählt, mag mit an ihrem französischen Namen liegen, der sich erst nach mehrmaligem Hören einprägt. Überreiches Blütenfeuerwerk, auch für weniger optimale Standorte.
Gruppe: Strauchrose mit Wildrosenduft
Züchter/Herkunft: Delbard-Chabert
Einführungsjahr: 1958
Blütenfarbe: rosa
Blütenfüllung: halbgefüllt
Blührhythmik: öfterblühend
Wuchshöhe: 150 bis 200 cm
Wuchsform: überhängend
Pflanzen pro m²: 1 bis 2
Verwendung: Garten, einzeln oder in Gruppen, frei wachsende Hecken, Kübel, Halbschatten ertragend, sehr regenfest, Hitze vertragend, Pollenspender, kurzum: multifunktioneller Gartensolitär.

Charisma®

Der Charakter: Sehr gesunde, mittelstark duftende Edelrose in Magenta-Pink mit charismatischer Ausstrahlung. Die Blüten halten sich lange und sind damit auch für den Vasenschnitt bestens geeignet.
Gruppe: Edelrose
Züchter/Herkunft: Noack
Einführungsjahr: 2010
Blütenfarbe: magentarosa
Blütenfüllung: stark gefüllt
Blührhythmik: öfterblühend
Wuchshöhe: 80 bis 100 cm
Wuchsform: aufrecht
Pflanzen pro m²: 6 bis 7
Verwendung: Garten, einzeln oder in Gruppen, regenfest, Kübel, Vasenschnitt, Stammrose 90 cm.
ADR-Rose: 2012

Charmant®

Der Charakter: Dieser Rosen-David wird insbesondere in Kästen und hübschen Gefäßen zu einem Blüten-Goliath. Dazu gesellt sich ein zwar schwacher, aber für Zwergrosen ungewöhnlich süßlicher Duft.
Gruppe: Zwergrose mit leichtem Duft
Züchter/Herkunft: Kordes
Einführungsjahr: 1999
Blütenfarbe: rosa
Blütenfüllung: gefüllt
Blührhythmik: öfterblühend
Wuchshöhe: 30 bis 40 cm
Wuchsform: aufrecht
Pflanzen pro m²: 8 bis 9
Verwendung: Garten, in Gruppen, sehr regenfest, Kübel, Tröge, Kasten, für sonnige Grabstellen, Stammrosen 40 cm, 60 cm.
ADR-Rose: 2004

Cherry Girl®

Der Charakter: Ideale Garten- und Kübelrose mit toller Laubrobustheit. Die ADR-Rose fasziniert mit ihren nostalgisch gefüllten Blüten, die in großen Dolden erscheinen. Die kirschrote Blütenfülle erscheint sommerlang. Eine auffallend gute Sorte mit bester Perspektive. Auch für regenreiche Regionen geeignet.
Gruppe: Beetrose
Züchter/Herkunft: Kordes
Einführungsjahr: 2009
Blütenfarbe: kirschrot
Blütenfüllung: gefüllt
Blührhythmik: öfterblühend
Wuchshöhe: 60 bis 80 cm
Wuchsform: aufrecht buschig
Pflanzen pro m²: 5 bis 6
Verwendung: Garten, einzeln oder in Gruppen, Halbschatten ertragend, sehr regenfest, Kübel, Tröge, robuste Sorte für Schrebergärten, für Grabstellen, Dachgarten, Stammrosen 60 und 90 cm.
ADR-Rose: 2007

Centenaire de Lourdes

Charisma®

■ Oben: Chevy Chase
■ Unten: Claude Monet®

Chevy Chase

Der Charakter: Eine sehr gesunde Rose, die bis heute als beste dunkelrote Ramblersorte eingestuft werden kann.
Dank ihrer Signalfarbe erweitert sich das Spektrum der Ramblersorten um einen wichtigen Farbton, der im Garten an passender Stelle für echtes Aufsehen sorgt.
Gruppe: Rambler mit Duft
Züchter/Herkunft: Hansen
Einführungsjahr: 1939
Blütenfarbe: dunkelrot
Blütenfüllung: stark gefüllt
Blührhythmik: öfterblühend
Wuchshöhe: 300 bis 500 cm
Wuchsform: überhängend
Pflanzen pro m²: 1 bis 2
Verwendung: Garten, einzeln, Halbschatten ertragend, sehr regenfest, über Mauern überhängend, Stammrose mit 140 cm Höhe.

Chippendale®

Der Charakter: Eine gesunde Strauchrose mit edelrosenartigen Blüten, starkem Duft und guter Nachblüte. Sie steht bereits heute in einer Linie mit anderen Tantau-Erfolgen wie 'Nostalgie' und 'Auguste Luise'.
Gruppe: Edelrose/Strauchrose mit Duft
Züchter/Herkunft: Tantau
Einführungsjahr: 2005
Blütenfarbe: dunkelorange
Blütenfüllung: stark gefüllt
Blührhythmik: öfterblühend
Wuchshöhe: 80 bis 120 cm
Wuchsform: aufrecht buschig
Pflanzen pro m²: 4 bis 5
Verwendung: Garten, einzeln oder in Gruppen, Kübel, Tröge, Vasenschnitt.

Claire Austin®

Der Charakter: Diese Sorte ist nach der Tochter von David Austin benannt und gilt nicht nur unter Rosenfreunden als seine bisher beste weiße Züchtung. Die Blüten sind nie ganz weiß, immer schimmert ein weicher Cremeton mit. Die Blütenblätter sind kreisrund angeordnet. Den Blütenbällen entströmt ein starker Duft nach Vanille und Myrrhe, der Englische Rosen so unwiderstehlich macht. Auch als Kletterrose verwendbar.
Gruppe: Strauchrose mit Duft, Englische Rose
Züchter/Herkunft: Austin
Einführungsjahr: 2007
Blütenfarbe: cremeweiß
Blütenfüllung: stark gefüllt
Blührhythmik: öfterblühend
Wuchshöhe: 100 bis 150 cm
Wuchsform: aufrecht buschig
Pflanzen pro m²: 1 bis 2
Verwendung: Garten, einzeln oder in Gruppen, Kübel, frei wachsende Blütenhecken, Vasenschnitt.

Claude Monet®

Der Charakter: Auf seinen Gartengemälden entzündet der Maler Claude Monet ein Feuerwerk der Farben. Die Blüten dieser vitalen Rosensorte entsprechen mit ihren weißen, himbeerroten und gelben Farbtupfern Monets Farbenpracht. Keine der ausgezeichnet duftenden Blüten gleicht der anderen, jede ist ein Unikat. Ideale Partner sind gelbe Rosen und blaue Stauden.
Gruppe: Beetrose mit Duft
Züchter/Herkunft: Delbard
Einführungsjahr: 1992
Blütenfarbe: weiß/rot/gelb
Blütenfüllung: gefüllt
Blührhythmik: öfterblühend
Wuchshöhe: 80 bis 100 cm
Wuchsform: buschig
Pflanzen pro m²: 4 bis 5
Verwendung: Garten, einzeln oder in Gruppen, Vasenschnitt, Stammrose 90 cm.

Colette®

Der Charakter: Schalenförmige Blüten mit rosettenartigem Aufbau sind das ganz spezielle Merkmal dieser außerordentlich reichblühenden Gartenrose. Ideal für Kombinationen mit edlen Gartengehölzen.
Gruppe: Strauchrose mit Duft
Züchter/Herkunft: Meilland
Einführungsjahr: 1993
Blütenfarbe: apricot
Blütenfüllung: stark gefüllt
Blührhythmik: öfterblühend
Wuchshöhe: 150 bis 200 cm
Wuchsform: überhängend
Pflanzen pro m²: 2 bis 3
Verwendung: Garten, einzeln, sehr regenfest, Kübel.

Colibri®

Der Charakter: Ihre weißen Streifen auf pinkfarbigem Untergrund machen diese robuste Meilland-Sorte zu einer »Malerrose« mit Kletterwuchs. Die Pflanze wächst gemäßigt buschig und ist auch für kleinere Rankhilfen geeignet. Die Blüten sind auf der Pflanze sehr gleichmäßig, auch im unteren Bereich, verteilt. Leiten Sie die Triebe wie Spalierobst möglichst waagerecht oder führen Sie sie schlingpflanzenartig um Pfosten oder andere Rankhilfen.
Gruppe: Kletterrose mit Duft
Züchter/Herkunft: Meilland
Einführungsjahr: 2010
Blütenfarbe: pink-weiß gestreift
Blütenfüllung: gefüllt
Blührhythmik: öfterblühend
Wuchshöhe: 200 bis 300 cm
Wuchsform: aufrecht buschig
Pflanzen pro m²: 1 bis 2
Verwendung: Garten, einzeln, Rosenbögen, Pergolen.

Compassion®

Der Charakter: Robuste, frostharte und gleichzeitig traumhaft duftende Kletterrosen gehören zu den Sternstunden der Rosenzüchtung. Mit 'Compassion'® leuchtet ein solcher funkelnder Stern herrlich rosa am Rosenhimmel.
Gruppe: Kletterrose mit Duft
Züchter/Herkunft: Harkness
Einführungsjahr: 1974
Blütenfarbe: lachsrosa
Blütenfüllung: stark gefüllt
Blührhythmik: öfterblühend
Wuchshöhe: 200 bis 300 cm
Wuchsform: überhängend
Pflanzen pro m²: 1 bis 2
Verwendung: Garten, einzeln oder in Gruppen, Pergola, Wandbegrünung, Rosenbögen, Blütenpyramiden.

Dagmar Hastrup

Der Charakter: Als Rugosa-Abkömmling eine borstige Gesellin mit robustem Charme. Die alte Dame unter den Rugosa-Hybriden vergreist nicht, wenn sie jährlich kräftig geschnitten wird.
Gruppe: Rugosa-Hybride mit Duft
Züchter/Herkunft: Hastrup
Einführungsjahr: 1914
Blütenfarbe: pastellrosa
Blütenfüllung: einfach
Blührhythmik: nachblühend
Wuchshöhe: 60 bis 80 cm
Wuchsform: aufrecht
Pflanzen pro m²: 4 bis 5
Verwendung: Garten, in Gruppen als Flächendecker, Frostlagen vertragend, Halbschatten ertragend, sehr regenfest, Pollenspender, gelbe Herbstfärbung der Blätter, gelblich rote Hagebutten.

Diamant®

Der Charakter: Den ganzen Sommer über beladen mit Blüten, ist die weiße Flächenrose der ideale Partner für Stauden in kräftigen Blütenfarben. Sehr hitzetolerant und absolut problemlos an einem rosengerechten Standort.
Gruppe: Flächenrose
Züchter/Herkunft: Kordes
Einführungsjahr: 2001
Blütenfarbe: reinweiß
Blütenfüllung: halb gefüllt
Blührhythmik: öfterblühend
Wuchshöhe: 40 bis 60 cm
Wuchsform: breit buschig wachsend
Pflanzen pro m²: 4 bis 5
Verwendung: Garten, Halbschatten ertragend, sehr regenfest, Kübel, Tröge, Kästen, Pollenspender, Hagebutten, robuste Sorte für Schrebergärten, für Grabstellen, für Hanglagen, hitzeverträglich, Dachgarten, Stammrosen mit 60 und 90 cm Höhe.
ADR-Rose: 2002

■ Compassion®

■ Diamant®

Dirigent®

Der Charakter: In dieser Sorte ist Musik – und dies schon seit über vier Jahrzehnten. Dauerblühende Symphonie in Blutrot. Für einen angemessenen Auftritt braucht der dichte Busch Platz, dann wird der sommerliche Garten zum rosigen Konzertsaal. Im Herbst zieren zahlreiche Hagebutten den wuchsschönen Zierstrauch, sie bieten sich für herbstliche Floristikarrangements an.
Gruppe: Strauchrose
Züchter/Herkunft: Tantau
Einführungsjahr: 1956
Blütenfarbe: rot
Blütenfüllung: halbgefüllt
Blührhythmik: öfterblühend
Wuchshöhe: 150 bis 200 cm
Wuchsform: buschig
Pflanzen pro m^2: 1 bis 2
Verwendung: Garten, einzeln oder in Gruppen, frei wachsende, dichte Heckenrose par excellence, für naturnahe Gärten, Pollenspender.

Dolly®

Der Charakter: Robuste Blütenwolke, die auch an weniger günstigen Standorten gedeiht. Ihr leichter Wildrosenduft schmeichelt Beeten und Rabatten.
Gruppe: Beetrose
Züchter/Herkunft: Poulsen
Einführungsjahr: 1975
Blütenfarbe: dunkelrosa
Blütenfüllung: halbgefüllt
Blührhythmik: öfterblühend
Wuchshöhe: 60 bis 80 cm
Wuchsform: buschig
Pflanzen pro m^2: 6 bis 7
Verwendung: Garten, einzeln oder in Gruppen, Halbschatten und Höhenlagen vertragend, lässt sich gut kombinieren.

Doris Tysterman®

Der Charakter: Die von ADR-Prüfern empfohlene Edelrose gilt als eine der robustesten und frosthärtesten Vertreterinnen ihrer Farb- und Typklasse. Als ausgesprochen haltbare Sorte wird sie im professionellen Freilandschnittrosen-Anbau bereits seit vielen Jahren genutzt. In Weinregionen auf Mehltau achten. Bewährte Spitzensorte.
Gruppe: Edelrose
Züchter/Herkunft: Wisbech Plant
Einführungsjahr: 1975
Blütenfarbe: kupferorange
Blütenfüllung: gefüllt
Blührhythmik: öfterblühend
Wuchshöhe: 60 bis 80 cm
Wuchsform: aufrecht
Pflanzen pro m^2: 6 bis 7
Verwendung: Garten, einzeln oder in Gruppen, sehr regenfest, Kübel, Tröge, Blütenhecken, Vasenschnitt, Stammrose mit 90 cm Höhe.

Dornröschenschloss Sababurg®

Der Charakter: Eine wertvolle Neuheit, die typischen Rosenduft mit robustem Laub vereint. Dem schlafenden Dornröschen hätte sie gewiss einen würdigen Rahmen gegeben. Eine Rose, unter der man gerne wachgeküsst werden möchte. Damit diese Strauchrose ihre ganze Schönheit entfalten kann, sollte ihr ein ausreichend großer Pflanzplatz zur Verfügung gestellt werden. Auch für Blütenhecken geeignet.
Gruppe: Strauchrose
Züchter/Herkunft: Kordes
Einführungsjahr: 1993
Blütenfarbe: rosa
Blütenfüllung: gut gefüllt
Blührhythmik: öfterblühend
Wuchshöhe: 100 bis 150 cm
Wuchsform: überhängend
Pflanzen pro m^2: 1 bis 2
Verwendung: Garten, einzeln oder in Gruppen, frei wachsende Hecken.

Doris Tysterman®

Dornröschenschloss Sababurg®

Dortmund®

Der Charakter: Der nüchterne Name passt zu diesem robusten, frostharten und starkwüchsigen Wandbegrüner. Ein anspruchsloser Schwerarbeiter, auf den immer Verlass ist. Leiten Sie die Triebe dieser Kletterrose wie Spalierobst möglichst waagerecht oder führen Sie sie schlingpflanzenartig um Pfosten oder andere Rankhilfen. So erhalten Sie einen Blütenansatz auch im unteren Bereich der Pflanze.
Gruppe: Kletterrose
Züchter/Herkunft: Kordes
Einführungsjahr: 1955
Blütenfarbe: rot mit weißem Auge
Blütenfüllung: einfach
Blührhythmik: öfterblühend
Wuchshöhe: 200 bis 300 cm
Wuchsform: überhängend
Pflanzen pro m²: 2 bis 3
Verwendung: Garten, einzeln oder in Gruppen, Frostlagen vertragend, Halbschatten ertragend, sehr regenfest, Hitze vertragend, Pollenspender, Hagebutten.

Dortmunder Kaiserhain®

Der Charakter: Einer der vielen robusten Dauerblüher aus der Züchterwerkstatt von Reinhard Noack. Deckt Flächen dicht ab und hat sich das ADR-Prädikat redlich verdient. Eine Sorte mit Zukunft, vor allem für pflegeextensive Rosenpflanzungen. Ideale Rose als Ergänzung für größere Staudenrabatten. Auch für frei wachsende Blütenhecken eine Empfehlung.
Gruppe: Flächenrose
Züchter/Herkunft: Noack
Einführungsjahr: 1994
Blütenfarbe: rosa
Blütenfüllung: gefüllt
Blührhythmik: öfterblühend
Wuchshöhe: 80 bis 100 cm
Wuchsform: buschig
Pflanzen pro m²: 3 bis 4
Verwendung: Garten, einzeln oder in Gruppen, Halbschatten ertragend.
ADR-Rose: 1994

Duftgold®

Der Charakter: Die buttergelben Blüten erfreuen im Sommer die Nase mit ihrer erfrischenden Parfümnote. Eine Duftrose der Extraklasse, relativ witterungsunempfindlich.
Gruppe: Edelrose mit Duft
Züchter/Herkunft: Tantau
Einführungsjahr: 1981
Blütenfarbe: gelb
Blütenfüllung: gefüllt
Blührhythmik: öfterblühend
Wuchshöhe: 60 bis 80 cm
Wuchsform: aufrecht
Pflanzen pro m²: 6 bis 7
Verwendung: Garten, in Gruppen, Blüten für Rosenrezepte und Buketts ideal.

Duftrausch®

Der Charakter: Nomen est omen – ein wahrer Duftrausch, der Erinnerungen an sonnendurchflutete Landschaften weckt. Dieser Quell betörenden Rosenparfüms verlockt dazu, immer wieder die Nase hineinzuhalten. Für Kenner.
Gruppe: Edelrose mit überragendem Duft
Züchter/Herkunft: Tantau
Einführungsjahr: 1986
Blütenfarbe: violett-lila
Blütenfüllung: gefüllt
Blührhythmik: öfterblühend
Wuchshöhe: 80 bis 100 cm
Wuchsform: aufrecht
Pflanzen pro m²: 6 bis 7
Verwendung: Garten, in Gruppen, Stammrose mit 90 cm, Blüten für Rosenrezepte und Gestecke.

Duftwolke®

Der Charakter: Einmalige Duftrose mit Weltgeltung. Obwohl in den letzten fünf Jahrzehnten zahlreiche neue Duftrosen vorgestellt wurden, schwebt der Duft dieses Klassikers gleich einer zarten Wolke immer noch über zahllosen Gartenbeeten. Beetrose, die duftige Freude bereitet.
Gruppe: Beetrose mit Duft
Züchter/Herkunft: Tantau
Einführungsjahr: 1963
Blütenfarbe: rot
Blütenfüllung: gefüllt
Blührhythmik: öfterblühend
Wuchshöhe: 60 bis 80 cm
Wuchsform: buschig
Pflanzen pro m²: 6 bis 7
Verwendung: Garten, einzeln oder in Gruppen, Kübel, Vasenschnitt, Stammrose mit 60 und 90 cm, Blüten für Rosenrezepte, für Duftgärten geeignet.

- Oben: Dortmund®
- Mitte: Duftgold®
- Unten: Duftwolke®

■ Oben: Edelweiß®
■ Mitte: Eden Rose '85®
■ Unten: Elina®

Edelweiß®

Der Charakter: Eine der robustesten weißen Beetrosen, häufig gepflanzt. Die Sorte wächst buschig-kompakt und bleibt niedrig. Ideale farbliche, leicht kominierbare Ergänzung von rotblühenden Rosen und Stauden.
Gruppe: Beetrose
Züchter/Herkunft: Poulsen
Einführungsjahr: 1969
Blütenfarbe: cremeweiß
Blütenfüllung: gefüllt
Blührhythmik: öfterblühend
Wuchshöhe: 40 bis 60 cm
Wuchsform: aufrecht
Pflanzen pro m²: 6 bis 7
Verwendung: Garten, einzeln oder in Gruppen, sehr regenfest, ideal mit niedrigen Stauden und Gehölzen, lässt sich gut kombinieren.

Eden Rose '85®

Der Charakter: Eine moderne Zuchtung mit dem Flair 'Alter Rosen'. Traumhafte Romantik versprühend, ist jede einzelne Blüte Nostalgie pur. Das Laub ist äußerst robust und widerstandsfähig. Benötigt einen 'Platz an der Sonne' für optimalen Blütenreichtum. Im Halbschatten nur schwach blühend. Weltrose 2006.
Gruppe: Strauchrose
Züchter/Herkunft: Meilland
Einführungsjahr: 1985
Blütenfarbe: rosa
Blütenfüllung: gefüllt
Blührhythmik: öfterblühend, spätblühend
Wuchshöhe: 150 bis 200 cm
Wuchsform: aufrecht
Pflanzen pro m²: 1 bis 2
Verwendung: Garten, einzeln oder in Gruppen, Kübel, Hitze vertragend, Vasenschnitt, Stammrose mit 90 cm Höhe.

Elbflorenz®

Der Charakter: ADR-Rosen mit Duft sind selten – diese Neuheit darf beide Attribute für sich in Anspruch nehmen. Die romantisch gefüllten, fuchsienfarbenen Blüten verströmen einen intensiven Zitronenduft, der umgehend süchtig macht.
Gruppe: Edelrose mit Duft
Züchter/Herkunft: Meilland
Einführungsjahr: 2006
Blütenfarbe: fuchsienrot
Blütenfüllung: stark gefüllt
Blührhythmik: öfterblühend
Wuchshöhe: 60 bis 80 cm
Wuchsform: aufrecht
Pflanzen pro m²: 6 bis 7
Verwendung: Garten, einzeln oder in Gruppen, regenfest, Kübel, robuste Sorte für Schrebergärten, Vasenschnitt, Stammrosen 90 cm.
ADR-Rose: 2007

Elina®

Der Charakter: Geheimtipp für alle Kenner, die eine robuste, gelb blühende Edelrose suchen. Pflegeleicht und widerstandsfähig, eine der interessantesten Sorten dieser Typgruppe. Weltrose 2006.
Gruppe: Edelrose mit Duft
Züchter/Herkunft: Dickson/ Pekmez
Einführungsjahr: 1983
Blütenfarbe: rahmgelb
Blütenfüllung: gut gefüllt
Blührhythmik: öfterblühend
Wuchshöhe: 80 bis 100
Wuchsform: aufrecht
Pflanzen pro m²: 6 bis 7
Verwendung: Garten, in Gruppen, Vasenschnitt, Stammrose mit 90 cm Höhe.

Eliza®

Der Charakter: Edelrosen mit ADR-Gütesiegel lassen sich an zwei Händen abzählen. Diese Neuheit kann am treffendsten als verbesserte 'The Queen Elizabeth Rose' bezeichnet werden. Im Gegensatz zu ihrem Vorbild wächst diese extrem robuste, bereits vielfach ausgezeichnete Sorte aber deutlich kompakter.
Gruppe: Edelrose
Züchter/Herkunft: Kordes
Einführungsjahr: 2004
Blütenfarbe: silbrig-rosa
Blütenfüllung: stark gefüllt
Blührhythmik: öfterblühend
Wuchshöhe: 80 bis 100 cm
Wuchsform: aufrecht kompakt
Pflanzen pro m²: 4 bis 5
Verwendung: Garten, einzeln oder in Gruppen, Halbschatten ertragend, sehr regenfest, Kübel, Vasenschnitt, robuste Sorte für Schrebergärten.
ADR-Rose: 2005

Elmshorn

Der Charakter: Bewährte Strauchrose, die den Sommer mit einem ungewöhnlich üppigen Herbstflor verabschiedet. Ein Solitär für größere Gartenplätze oder als rotfunkelnde Hecke zur Einfassung von Grundstücken.
Gruppe: Strauchrose
Züchter/Herkunft: Kordes
Einführungsjahr: 1951
Blütenfarbe: rosarot
Blütenfüllung: gefüllt
Blührhythmik: öfterblühend
Wuchshöhe: 150 bis 200 cm
Wuchsform: aufrecht
Pflanzen pro m²: 1 bis 2
Verwendung: Garten, einzeln oder in Gruppen, frei wachsende Hecken, Frostlagen vertragend, Halbschatten ertragend, lässt sich gut kombinieren.

Elvis®

Der Charakter: Erstmals trägt eine Duftrose den Namen des King of Rock and Roll. Der französische Rosenzüchter Adam hat mit dieser Neuheit eine Edelrose geschaffen, die mit ihren ungewöhnlich großen Blüten für Schwung und gute Laune im Garten sorgt.
Gruppe: Edelrose mit Duft
Züchter/Herkunft: Adam
Einführungsjahr: 2003
Blütenfarbe: cremeweiß
Blütenfüllung: gefüllt
Blührhythmik: öfterblühend
Wuchshöhe: 80 bis 100 cm
Wuchsform: aufrecht buschig
Pflanzen pro m²: 6 bis 7
Verwendung: Garten, einzeln oder in Gruppen, Kübel, Vasenschnitt.

Erotika®

Der Charakter: Die samtroten Blüten wirken wie schwerer Brokat, ihr Duft ist berückend und intensiv. Für Liebhaber intensiver Rosendüfte. Dabei wächst die Pflanze betont aufrecht.
Gruppe: Edelrose mit angenehmem Duft
Züchter/Herkunft: Tantau
Einführungsjahr: 1969
Blütenfarbe: rot
Blütenfüllung: gefüllt
Blührhythmik: öfterblühend
Wuchshöhe: 80 bis 100 cm
Wuchsform: aufrecht
Pflanzen pro m²: 6 bis 7
Verwendung: Garten, in Gruppen, Stammrose mit 90 cm, Blüten für Rosenrezepte, Buketts und Gestecke, für Duftgärten geeignet.

Emil Nolde Rose®

Der Charakter: Leuchtend gelbe Blüten, die selbst bei intensiver Sonnenbestrahlung nicht verblassen, hätten dem ausdrucksstarke Farben liebenden Emil Nolde gefallen. Auf einem rosengerechten Standort, an dem nasses Rosenlaub rasch abtrocknen kann, stellen weder Mehltau noch Sternrußtau eine ernsthafte Bedrohung dar.
Gruppe: Strauchrose
Züchter/Herkunft: Tantau
Einführungsjahr: 2001
Blütenfarbe: gelb
Blütenfüllung: halbgefüllt
Blührhythmik: öfterblühend
Wuchshöhe: 100 bis 150 cm
Wuchsform: buschig aufrecht
Pflanzen pro m²: 2 bis 3
Verwendung: Garten, Kübel, Pollenspender, Stammrose mit 90 cm Höhe.

Fairy Dance®

Der Charakter: Bildet farbenprächtige Blütenpolster, die den Boden gut abdecken und Krautbewuchs unterdrücken. Pflegeleichte Sorte, auch für größere Flächen. Nicht in Hitzestau pflanzen. Bewährte Kombirose für artenreiche Stauden- und pflegeleichte Gehölzpflanzungen.
Gruppe: Flächenrose
Züchter/Herkunft: Harkness
Einführungsjahr: 1979
Blütenfarbe: rot
Blütenfüllung: stark gefüllt
Blührhythmik: öfterblühend, spätblühend
Wuchshöhe: 40 bis 60 cm
Wuchsform: niedrig, buschig
Pflanzen pro m²: 3 bis 4
Verwendung: Garten, einzeln oder in Gruppen, Flächenbegrünung, Hang, Böschungen.

■ Eliza®

■ Emil Nolde Rose®

Fantin Latour

Der Charakter: Eine »Malerrose« mit einem Stammbaum, der bis in die Mitte des 19. Jahrhunderts zurückreicht, ist diese einmal(ig) blühende Centifolie mit tiefgrünem Laub. Ihren Name verdankt sie dem Maler Henri Fantin-Latour. Die Alte Rose wächst sowohl als Strauch- wie auch als Kletterrose und trägt Blüten mit einem herrlich lieblichen Duft.
Gruppe: Strauchrose, Kletterrose mit Duft
Züchter/Herkunft: unbekannt
Einführungsjahr: um 1850
Blütenfarbe: zartrosa
Blütenfüllung: stark gefüllt
Blührhythmik: einmalblühend
Wuchshöhe: 150 bis 200 cm
Wuchsform: aufrecht bis überhängend
Pflanzen pro m²: 2 bis 3
Verwendung: Garten, einzeln, Vasenschnitt, Bauerngarten.

Fassadenzauber®

Der Charakter: Diese Kletterrose aus dem Hause Noack ist ein Geheimtipp. Bereits im ersten Jahr nach der Pflanzung belohnt der Climber den Rosenfreund mit einer außergewöhnlichen Blütenfülle. Lassen Sie ab dem dritten Standjahr einige *Clematis viticella*-Sorten mit dem kletternden Rosenmagier um die Wette ranken.
Gruppe: Kletterrose
Züchter/Herkunft: Noack
Einführungsjahr: 1997
Blütenfarbe: rosa
Blütenfüllung: gefüllt
Blührhythmik: öfterblühend
Wuchshöhe: 200 bis 300 cm
Wuchsform: überhängend
Pflanzen pro m²: 1 bis 2
Verwendung: Garten, einzeln, Halbschatten ertragend, robuste Sorte für Schrebergärten.

Fisherman's Friend®

Der Charakter: Dass Englische Rosen durch Duft und Farbe bestechen, hat sich mittlerweile herumgesprochen. Diese Austin-Kreation beeindruckt zudem durch die Tiefe ihrer Röte. Die Blütenfarbe passt sehr gut zu weißem Schleierkraut und weißen Glockenblumen. Ideal mit Stauden zu kombinieren.
Gruppe: Strauchrose mit Duft, Englische Rose
Züchter/Herkunft: Austin
Einführungsjahr: 1987
Blütenfarbe: rot
Blütenfüllung: stark gefüllt
Blührhythmik: öfterblühend
Wuchshöhe: 100 bis 150 cm
Wuchsform: aufrecht
Pflanzen pro m²: 3 bis 4
Verwendung: Garten, einzeln oder in Gruppen, Halbschatten ertragend, Kübel, Vasenschnitt, Bauerngarten.

Flammentanz®

Der Charakter: Mit die robusteste und frosthärteste rote Kletterrose im Sortiment. Einmalblühend, aber in einer berauschenden Intensität. Für Höhenlagen geeignet.
Gruppe: Rambler
Züchter/Herkunft: Kordes
Einführungsjahr: 1955
Blütenfarbe: rot
Blütenfüllung: gefüllt
Blührhythmik: einmalblühend
Wuchshöhe: 300 bis 500 cm
Wuchsform: ohne Rankhilfe flachwachsend
Pflanzen pro m²: 1 bis 2
Verwendung: Garten, einzeln oder in Gruppen, Frostlagen vertragend, große Ampeln, Halbschatten ertragend, Stammrose mit 140 cm, an Mauern überhängend.

■ Fantin Latour

■ Fassadenzauber®

■ Fisherman's Friend®

Flashlight®

Der Charakter: ADR-Rose mit nostalgischer Blütenfüllung. Die Strauchrose vom Typ Englische Rose wächst aufrecht und buschig-kompakt. Die stabilen Triebe halten auch bei Regenwetter dem Gewicht der Blütenfülle stand. Heute schon eine Standardsorte.
Gruppe: Strauchrose
Züchter/Herkunft: Noack
Einführungsjahr: 2006
Blütenfarbe: rosa
Blütenfüllung: gefüllt
Blührhythmik: öfterblühend
Wuchshöhe: 100 bis 150 cm
Wuchsform: aufrecht buschig
Pflanzen pro m²: 1 bis 2
Verwendung: Garten, einzeln oder in Gruppen, sehr regenfest, robuste Sorte für Schrebergärten, frei wachsende Blütenhecken, Vasenschnitt, Stammrosen 90 cm.
ADR-Rose: 2006

Focus®

Der Charakter: Fakten, Fakten, Fakten: Focus® ist sehr robust, enorm blühwillig und wächst betont kompakt-buschig. Die lachsorangefarbenen, sehr edel geformten Blüten erinnern an die weltberühmte Rosensorte 'Super Star'. Tolle Sorte für Rosenstämme.
Gruppe: Edelrose
Züchter/Herkunft: Noack
Einführungsjahr: 1997
Blütenfarbe: lachsorange
Blütenfüllung: gefüllt
Blührhythmik: öfterblühend
Wuchshöhe: 60 bis 80 cm
Wuchsform: buschig
Pflanzen pro m²: 4 bis 5
Verwendung: Garten, einzeln oder in Gruppen, Halbschatten ertragend, sehr regenfest, Kübel, Vasenschnitt, robuste Sorte für Schrebergärten, Stammrose 90 cm.

Foxi®

Der Charakter: Leitsorte einer neuen Generation von niedrig wachsenden Rugosa-Hybriden. Jährlicher Schnitt sorgt für ständige Verjüngung und sommerlangen Blütenreichtum. Herrlich duftend, die Hagebutten werden von Vögeln gut angenommen. Bild Seite 105
Gruppe: Rugosa-Hybride mit Duft
Züchter/Herkunft: Uhl
Einführungsjahr: 1989
Blütenfarbe: rosa
Blütenfüllung: gefüllt
Blührhythmik: öfterblühend
Wuchshöhe: 60 bis 80 cm
Wuchsform: buschig
Pflanzen pro m²: 3 bis 4
Verwendung: Garten, in Gruppen, frei wachsende Hecken, Frostlagen vertragend, sehr regenfest, Pollenspender, gelbe Herbstfärbung der Blätter, Hagebutten.

Frederic Mistral®

Der Charakter: Der Duft erinnert an Zitronen und ist überragend. Gäbe es eine Hitliste für Parfümrosen, dieser Züchtung gebührte ein Rang unter den ersten fünf Plätzen. Für eine Sorte dieser Duftklasse ungewöhnlich robust und regenfest. Als Vasenrose lässt sich dieser Dufttraum auch im Wohnbereich genießen.
Gruppe: Edelrose mit Duft
Züchter/Herkunft: Meilland
Einführungsjahr: 1993
Blütenfarbe: zartrosa
Blütenfüllung: stark gefüllt
Blührhythmik: öfterblühend
Wuchshöhe: 60 bis 80 cm
Wuchsform: aufrecht
Pflanzen pro m²: 5 bis 6
Verwendung: Garten, einzeln oder in Gruppen, sehr regenfest, Kübel, Vasenschnitt, Stammrose 90 cm.

Focus®

Frederic Mistral®

■ Oben: Freisinger Morgenröte®
■ Mitte: Friesia®
■ Unten: Frühlingsgold

Freisinger Morgenröte®

Der Charakter: Eine Strauchrose, deren Blütenfarbe »unbeschreiblich« ist. Zwischen orange, gelb und rosa changieren die Nuancen und verwöhnen mit immer neuen Farbeffekten das Auge. Robust und widerstandsfähig. Pflegeleichte Einsteigerrose.
Gruppe: Strauchrose mit Duft
Züchter/Herkunft: Kordes
Einführungsjahr: 1988
Blütenfarbe: orangefarben auf gelbem Grund
Blütenfüllung: gefüllt
Blührhythmik: öfterblühend
Wuchshöhe: 100 bis 150 cm
Wuchsform: buschig
Pflanzen pro m²: 1 bis 2
Verwendung: Garten, einzeln oder in Gruppen, frei wachsende Hecken, Kübel.

Friesia®

Der Charakter: Der Klassiker unter den gelben Beetrosen. Vereint Robustheit, kompakten Wuchs, Dauerblüte und Duft (!) auf ästhetisch ansprechende Weise. Beliebtes Farbwunder, gelbe Symphonie für viele Gartensituationen. Weiteres Bild Seite 37.
Gruppe: Beetrose mit Duft
Züchter/Herkunft: Kordes
Einführungsjahr: 1973
Blütenfarbe: gelb
Blütenfüllung: gefüllt
Blührhythmik: öfterblühend, früh blühend
Wuchshöhe: 60 bis 80 cm
Wuchsform: aufrecht
Pflanzen pro m²: 6 bis 7
Verwendung: Garten, einzeln oder in Gruppen, niedrige Hecken, Kübel, Trog, Hitze vertragend, Stammrose mit 90 cm Höhe, passt sehr gut zu Zwerg-Nadelgehölzen.

Frühlingsgold

Der Charakter: Eine Frühlingsrose für exponierte Lagen in größeren Gärten. Bereits im Mai mit einer gelben Blütenfülle brillierend, läutet sie für die öfterblühenden Sorten den Rosensommer ein. Enorm frosthart, auch für Höhenlagen geeignet. Frühlingsrosen kommen auch in halbschattigen Gartenbereichen zurecht, wenn der Standort ausreichend tiefgründig und gehaltvoll ist. Weiteres Bild Seite 71.
Gruppe: Strauchrose mit Duft
Züchter/Herkunft: Kordes
Einführungsjahr: 1937
Blütenfarbe: gelb
Blütenfüllung: einfach
Blührhythmik: einmalblühend, sehr früh blühend
Wuchshöhe: 150 bis 200 cm
Wuchsform: überhängend
Pflanzen pro m²: 1 bis 2
Verwendung: Garten, einzeln oder in Gruppen, Halbschatten ertragend, Frostlagen vertragend, Pollenspender.

Garden of Roses®

Der Charakter: Kompakt wachsende Beetrose mit romantischer Blütenfülle und ADR-Prädikat. Dank ihres rundlichen Wuchses eine echte Rosenkugel, die auch ideal für die Bepflanzung attraktiver Gefäße geeignet ist.
Gruppe: Beetrose
Züchter/Herkunft: Kordes
Einführungsjahr: 2006
Blütenfarbe: creme-pastellrosa
Blütenfüllung: stark gefüllt
Blührhythmik: öfterblühend
Wuchshöhe: 40 bis 60 cm
Wuchsform: aufrecht buschig
Pflanzen pro m²: 5 bis 6
Verwendung: Garten, einzeln oder in Gruppen, regenfest, Kübel, robuste Sorte für Schrebergärten, für Grabstellen, Dachgarten, Stammrosen 60 und 90 cm.
ADR-Rose: 2009

Gartenzauber '84®

Der Charakter: Bleibt niedrig kompakt und erfreut durch leuchtend rote Blütenschönheit. Eine empfehlenswerte Beetrose, auch bei geringem Platzangebot. Zum intensiven Blütenrot passen weiße und vor allem blaue Blütentöne. Hier kommen aufrecht strebende Rittersporne als farblich passende Kulisse ins Spiel.
Gruppe: Beetrose
Züchter/Herkunft: Kordes
Einführungsjahr: 1984
Blütenfarbe: rot
Blütenfüllung: gefüllt
Blührhythmik: öfterblühend
Wuchshöhe: 40 bis 60 cm
Wuchsform: buschig
Pflanzen pro m²: 6 bis 7
Verwendung: Garten, einzeln oder in Gruppen, idealer Kontrast zu Stauden und Gehölzen, Sommerblumen und Gräsern.

Gärtnerfreude®

Der Charakter: Tatsächlich ist diese Sorte nicht nur für jeden Profigärtner eine Freude. Auch beim Hobby-Rosengärtner sorgt die überragende Flächenrose mit ADR-Auszeichnung im Garten und auf der Terrasse für sommerlange Glücksgefühle.
Gruppe: Flächenrose
Züchter/Herkunft: Kordes
Einführungsjahr: 1999
Blütenfarbe: himbeerrot, nicht verblauend
Blütenfüllung: stark gefüllt
Blührhythmik: öfterblühend
Wuchshöhe: 40 bis 60 cm
Wuchsform: flach niederliegend
Pflanzen pro m²: 4 bis 5
Verwendung: Garten, einzeln oder in Gruppen, Halbschatten ertragend, sehr regenfest, Kübel, Tröge, große Ampeln, große Kästen, robuste Sorte für Schrebergärten, für Grabstellen, für Hanglagen, Dachgarten, Stammrosen mit 60 und 90 cm Höhe.
ADR-Rose: 2001

Gebrüder Grimm®

Der Charakter: Mit dieser gesunden ADR-Beetrose ist ein Rosenmärchen Wirklichkeit geworden. Die zweifarbigen Blüten besitzen eine nostalgische Ausstrahlung bei guter Fernwirkung. Wer seinen Garten mit einem Feuerwerk der Blütenfarben veredeln möchte, liegt mit dieser Kordes-Sorte richtig.
Gruppe: Beetrose
Züchter/Herkunft: Kordes
Einführungsjahr: 2002
Blütenfarbe: leuchtend orange und gelb, später rosa
Blütenfüllung: stark gefüllt
Blührhythmik: öfterblühend
Wuchshöhe: 60 bis 80 cm
Wuchsform: aufrecht buschig
Pflanzen pro m²: 4 bis 5
Verwendung: Garten, einzeln oder in Gruppen, Halbschatten ertragend, sehr regenfest, Kübel, Vasenschnitt, robuste Sorte für Schrebergärten, für Grabstellen, Stammrose mit 90 cm Höhe.
ADR-Rose: 2002

Gelbe Dagmar Hastrup®

Der Charakter: Eine wichtige gelbe (!) Rugosa-Sorte für Beete und Flächen. Starker Duft. Wünscht jährliche Verjüngung durch Schnitt. Tolle Farbsorte für Gehölzvorpflanzungen.
Gruppe: Rugosa-Hybride mit Duft
Züchter/Herkunft: Moore
Einführungsjahr: 1989
Blütenfarbe: gelb
Blütenfüllung: halbgefüllt
Blührhythmik: öfterblühend
Wuchshöhe: 60 bis 80 cm
Wuchsform: aufrecht
Pflanzen pro m²: 3 bis 4
Verwendung: Garten, einzeln oder in Gruppen, Frostlagen vertragend, Halbschatten ertragend, Pollenspender, gelbe Herbstfärbung der Blätter.

Gelber Engel®

Der Charakter: Gelb blühende ADR-Rose, die ohne Blattpannen durch den Rosensommer kommt. Das Laub kennzeichnet eine überdurchschnittliche Widerstandsfähigkeit gegenüber den bekannten Pilzkrankheiten. Dazu passen die halbgefüllten Blüten, deren goldgelbe Staubgefäße Bienen und Hummeln locken. Leuchtstarker Farbspender für Stauden- und Gehölzkombinationen.
Gruppe: Beetrose
Züchter/Herkunft: Kordes
Einführungsjahr: 2002
Blütenfarbe: hellgelb
Blütenfüllung: halbgefüllt
Blührhythmik: öfterblühend
Wuchshöhe: 60 bis 80 cm
Wuchsform: aufrecht buschig
Pflanzen pro m²: 5 bis 6
Verwendung: Garten, einzeln oder in Gruppen, regenfest, Kübel, robuste Sorte für Schrebergärten, für Grabstellen.
ADR-Rose: 2004

■ Gärtnerfreude®

■ Gebrüder Grimm®

■ Oben: Gertrude Jekyll®
■ Unten: Ghislaine de Féligonde

Geoff Hamilton®

Der Charakter: Spitzensorte aus der Züchterwerkstatt von David Austin. Die robuste Strauchrose sorgt mit ihren kugelrunden, an Päonien erinnernden Blütenbällen für einen romantischen Rosensommer. Der Duft ist angenehm und dezent.
Gruppe: Strauchrose mit Duft
Züchter/Herkunft: Austin
Einführungsjahr: 1997
Blütenfarbe: hellrosa
Blütenfüllung: stark gefüllt
Blühhythmik: öfterblühend
Wuchshöhe: 100 bis 150 cm
Wuchsform: aufrecht buschig
Pflanzen pro m²: 1 bis 2
Verwendung: Garten, einzeln oder in Gruppen, Kübel, frei wachsende Blütenhecken, Vasenschnitt.

Gertrude Jekyll®

Der Charakter: Eine Strauchrose aus der Gruppe der Englischen Rosen, deren Blütenduft unbeschreiblich ist. David Austin ehrt mit dieser Züchtung eine der berühmtesten Gartenikonen Englands. Neben süßlichen Duftnuancen dominieren fruchtige Grundtöne, die jeden Liebhaber rosigen Parfüms berauschen.
Gruppe: Strauchrose mit Duft, Englische Rose
Züchter/Herkunft: Austin
Einführungsjahr: 1986
Blütenfarbe: rosa
Blütenfüllung: stark gefüllt
Blühhythmik: öfterblühend
Wuchshöhe: 100 bis 150 cm
Wuchsform: aufrecht buschig
Pflanzen pro m²: 2 bis 3
Verwendung: Garten, einzeln oder in Gruppen, Halbschatten ertragend, sehr regenfest, Kübel, Vasenschnitt, robuste Sorte für Schrebergärten, für Blütenhecken, Stammrose mit 90 cm Höhe.

Ghislaine de Féligonde

Der Charakter: Eine der bemerkenswertesten Wiederentdeckungen der letzten Jahre. Eine alte Sorte des französischen Rosenzüchters Turbat, die besonders im naturnahen Gartenambiente ihre Wirkung nicht verfehlt und durch ihre fast stachellosen Triebe als kinderfreundliche Rose gelten kann. Hochstammrose für Kenner. Weiteres Bild Seite 38.
Hinweis: Vor einigen Jahren hat die Bioland-Rosenschule Ruf in Steinfurth eine farbintensivere Variante selektiert, die unter dem Namen 'Ghislaine Feuerwerk' inzwischen recht verbreitet ist.
Gruppe: Strauchrose mit Duft
Züchter/Herkunft: Turbat
Einführungsjahr: 1916
Blütenfarbe: lachsrosa bis gelb
Blütenfüllung: gefüllt
Blühhythmik: öfterblühend
Wuchshöhe: 150 bis 200 cm
Wuchsform: überhängend
Pflanzen pro m²: 1 bis 2
Verwendung: Garten, einzeln oder in Gruppen, wenig bestachelt, frei wachsende Hecken, Kübel, Halbschatten ertragend, sehr regenfest, Stammrose mit 90 cm Höhe.

Giardina®

Der Charakter: Sehr gesunde Kletterrose mit riesigen, geviertelten Nostalgieblüten. Sie erscheinen den ganzen Sommer über und verströmen einen fruchtig-süßen Duft. Leiten Sie die Triebe dieser Kletterrose wie Spalierobst möglichst waagerecht oder führen Sie sie wie eine Schlingpflanze um Pfosten oder andere Rankhilfen. So erhalten Sie einen Blütenansatz auch im unteren Bereich der Pflanze.

Gruppe: Kletterrose mit Duft
Züchter/Herkunft: Tantau
Einführungsjahr: 2008
Blütenfarbe: rosa
Blütenfüllung: stark gefüllt
Blührhythmik: öfterblühend
Wuchshöhe: 200 bis 300 cm
Wuchsform: aufrecht buschig
Pflanzen pro m²: 1 bis 2
Verwendung: Garten, einzeln, Rosenbögen, Pergolen, Spaliere.

Gloire de Dijon

Der Charakter: Kletternde Teerose mit Duft und einer für Teerosen ungewöhnlich guten Frosthärte (dennoch auf Frostschutz achten). Die Blütenfarbe dieser weltweit bekannten Sorte zeigt alle Nuancen von orange-apricot bis lachsrosa. Eine der wenigen (Kletter-)Rosen, die auch auf der Nordseite eines Hauses ausharren.
Gruppe: Kletterrose mit Duft
Züchter/Herkunft: Jacotot
Einführungsjahr: 1853
Blütenfarbe: orange-apricot
Blütenfüllung: stark gefüllt
Blührhythmik: öfterblühend
Wuchshöhe: 200 bis 300 cm
Wuchsform: überhängend
Pflanzen pro m²: 1 bis 2
Verwendung: Garten, einzeln, Halbschatten ertragend, Vasenschnitt.

Gloria Dei

Der Charakter: Mit über 100 Millionen Pflanzen die meistverkaufte Gartenrose aller Zeiten. Für Neuheiten im Bereich Edelrose noch immer ein Maßstab für Robustheit, Blühwilligkeit und Wuchskraft.
Gruppe: Edelrose
Züchter/Herkunft: Meilland
Einführungsjahr: 1945
Blütenfarbe: gelb mit rotem Rand
Blütenfüllung: gefüllt
Blührhythmik: öfterblühend
Wuchshöhe: 80 bis 100 cm
Wuchsform: aufrecht
Pflanzen pro m²: 6 bis 7
Verwendung: Garten, in Gruppen, Halbschatten ertragend, Vasenschnitt, Stammrose mit 90 cm Höhe.

Goldelse®

Der Charakter: Sicherlich eine der interessantesten Neuheiten aus der Züchterwerkstatt Tantau. Diese Beetrose wurde zu Recht mehrfach ausgezeichnet. Neben ihrem ausgesprochenen Blütentalent prädestiniert ihre gute Frosthärte diese Sorte für den Aufbau goldener Rosenkronen auf Stämmen.
Gruppe: Beetrose
Züchter/Herkunft: Tantau
Einführungsjahr: 1999
Blütenfarbe: kupfergelb-orangefarben
Blütenfüllung: gefüllt
Blührhythmik: öfterblühend
Wuchshöhe: 40 bis 60 cm
Wuchsform: kompakt buschig
Pflanzen pro m²: 4 bis 5
Verwendung: Garten, einzeln oder in Gruppen, sehr regenfest, Kübel, Tröge, robuste Sorte für Schrebergärten, Stammrosen mit 60 und 90 cm Höhe.

■ Giardina®

■ Goldelse®

Golden Celebration®

Der Charakter: Englische Rose mit außergewöhnlich großen und prachtvollen Blüten. Das Blütengelb ist intensiver als bei den meisten anderen gelben Strauchrosen. Die zuverlässig blühende Sorte umgibt ein starker Duft. Damit der Zierstrauch seine ganze Schönheit entfalten kann, sollte ihm ein ausreichend großer Pflanzplatz zur Verfügung gestellt werden.
Gruppe: Strauchrose mit Duft, Englische Rose
Züchter/Herkunft: Austin
Einführungsjahr: 1992
Blütenfarbe: goldgelb
Blütenfüllung: gefüllt
Blührhythmik: öfterblühend
Wuchshöhe: 100 bis 150 cm
Wuchsform: aufrecht buschig
Pflanzen pro m²: 1 bis 2
Verwendung: Garten, einzeln oder in Gruppen, Kübel, frei wachsende Blütenhecken, Vasenschnitt.

Golden Gate®

Der Charakter: Die neue Kletterrose schlägt mit ihrem warmen Blütengelb goldene Brücken im Garten. Der Newcomer wurde bereits vielfach ausgezeichnet. Honoriert wurde damit nicht nur die gute Laubrobustheit der ADR-Sorte, sondern auch ihr fruchtiger, intensiver Blütenduft – eine sehr seltene Charaktereigenschaft bei Kletterrosen!
Gruppe: Kletterrose mit Duft
Züchter/Herkunft: Kordes
Einführungsjahr: 2005
Blütenfarbe: goldgelb
Blütenfüllung: halbgefüllt
Blührhythmik: öfterblühend
Wuchshöhe: 200 bis 300
Wuchsform: überhängend
Pflanzen pro m²: 1 bis 2
Verwendung: Garten, einzeln, große Kübel, Pollenspender, robuste Sorte für Schrebergärten, Rosenbögen, Klettergerüste.
ADR-Rose: 2006

Goldmarie '82®

Der Charakter: Wetterfeste Blüten, frostharte Pflanze – wer eine robuste gelbe Beetrose sucht, wird rasch mit »Goldmarie« liebäugeln.
Gruppe: Beetrose
Züchter/Herkunft: Kordes
Einführungsjahr: 1984
Blütenfarbe: gelb
Blütenfüllung: gefüllt
Blührhythmik: öfterblühend
Wuchshöhe: 40 bis 60 cm
Wuchsform: buschig
Pflanzen pro m²: 6 bis 7
Verwendung: Garten, einzeln oder in Gruppen, Stammrose mit 90 cm Höhe.

Graham Thomas®

Der Charakter: Eine der besten bisher eingeführten Englischen Rosen. Ungewöhnlich das dunkle, satte Gelb. Ideale Schnupperrose für Roseneinsteiger. Benannt nach Graham Stuart Thomas, dem berühmten englischen Gartenkenner. Bild Seite 122.
Gruppe: Strauchrose mit Duft, Englische Rose
Züchter/Herkunft: Austin
Einführungsjahr: 1983
Blütenfarbe: gelb
Blütenfüllung: gefüllt
Blührhythmik: öfterblühend
Wuchshöhe: 100 bis 150 cm
Wuchsform: überhängend
Pflanzen pro m²: 1 bis 2
Verwendung: Garten, einzeln oder in Gruppen, Vasenrose, Kübel, Hitze vertragend.

■ Golden Gate®

■ Goldmarie '82®

■ Gruß an Aachen

Gruß an Aachen

Der Charakter: Mit ihrem Sortenalter von 80 Jahren zwar noch keine 'Alte Rose', aber deren Charme in nichts nachstehend. Die dicht gefüllten, rosettenartigen Blüten entspringen der Blütenmitte mit einem gelblichen Ton, der, rosa überhaucht, am äußeren Rand zu einem Rahmweiß changiert. Für alle Rosenfreunde, die auch in kleinen Gärten nicht auf den Flair von Großmutters Garten verzichten möchten. Auch für den Vasenschnitt geeignet.
Gruppe: Beetrose
Züchter/Herkunft: Geduldig
Einführungsjahr: 1909
Blütenfarbe: creme
Blütenfüllung: gefüllt
Blührhythmik: öfterblühend
Wuchshöhe: 40 bis 60 cm
Wuchsform: buschig
Pflanzen pro m²: 6 bis 7
Verwendung: Garten, einzeln oder in Gruppen.

Guirlande d'Amour®

Der Charakter: Schwach wachsende, vielfach ausgezeichnete Ramblerrose mit gesundem ADR-Laub und gutem Duft, die auch in kleinere Gärten passt. Die großen, reinweißen Blütenbüschel kehren den Sommer über wieder und machen sich ausgezeichnet an Rankgerüsten aller Art.
Gruppe: Rambler mit Duft
Züchter/Herkunft: Lens
Einführungsjahr: 1993
Blütenfarbe: weiß
Blütenfüllung: halbgefüllt
Blührhythmik: öfterblühend
Wuchshöhe: 200 bis 300 cm
Wuchsform: aufrecht buschig
Pflanzen pro m²: 1 bis 2
Verwendung: Garten, einzeln, Rosenbögen, Pergolen, Rankgerüste.
ADR-Rose: 2012

Guletta®

Der Charakter: Eine bewährte gelbe Zwergrose, ausgestattet mit einer – für diesen Rosentyp – akzeptablen Robustheit. Ein zitronengelber Däumling, der besonders hübsch in Tröge und Kästen passt.
Gruppe: Zwergrose
Züchter/Herkunft: de Ruiter
Einführungsjahr: 1976
Blütenfarbe: gelb
Blütenfüllung: gefüllt
Blührhythmik: öfterblühend
Wuchshöhe: 30 bis 40 cm
Wuchsform: aufrecht
Pflanzen pro m²: 8 bis 9
Verwendung: Garten, in Gruppen, Kübel, Trog, Kasten, Stammrose mit 40 cm Höhe.

Guy Savoy®

Der Charakter: Ein Abkömmling aus der Gruppe von Delbards Gourmetrosen, die in Frankreich unter dem Titel »Les grandes Chefs« angeboten werden und den größten Küchenchefs Tribut zollen. Eine leicht panaschierte Sorte der Sternenkategorie mit interessanter Farb- und Duftkombination. Mehrfach ausgezeichnet.
Gruppe: Strauchrose mit Duft
Züchter/Herkunft: Delbard
Einführungsjahr: 2001
Blütenfarbe: rosa-rot-weiß gestreift
Blütenfüllung: gefüllt
Blührhythmik: öfterblühend
Wuchshöhe: 100 bis 150 cm
Wuchsform: aufrecht buschig
Pflanzen pro m²: 2 bis 3
Verwendung: Garten, sehr regenfest, Kübel, Tröge, Vasenschnitt, kann auch als Kletterrose an einem Gerüst gezogen werden.

Guirlande d'Amour®

Guletta®

■ Oben: Happy Wanderer®
■ Mitte oben: Harlekin®
■ Mitte unten: Heideröslein Nozomi®
■ Unten: Heidetraum®

Happy Wanderer®

Der Charakter: Ein »fröhlicher Wanderer«, der wirklich kompakt niedrig bleibt. Gute Selbstreinigung der Blüten, die sich – verglichen mit anderen roten Beetrosensorten – spät entwickeln. Diese verzögerte Blührhythmik lässt sich in der privaten Gartengestaltung geschickt für eine Kombination mit anderen, früh blühenden Sorten ausnutzen.
Gruppe: Beetrose
Züchter/Herkunft: McGredy
Einführungsjahr: 1974
Blütenfarbe: rot
Blütenfüllung: gefüllt
Blührhythmik: öfterblühend, spät blühend
Wuchshöhe: 40 bis 60 cm
Wuchsform: sehr buschig
Pflanzen pro m²: 6 bis 7
Verwendung: Garten, einzeln oder in Gruppen, an der Terrasse mit früh blühenden Sorten. Sehr gut in Kombination mit Stauden.

Harlekin®

Der Charakter: Diese Kletterrose verschönert jede Wand mit ihrem clownesken Farbenspiel in Weiß und Rot. Die lebensfrohen Blütentapeten verströmen einen kräftigen Duft und muntern allzu triste Fassaden auf.
Gruppe: Kletterrose mit Duft
Züchter/Herkunft: Kordes
Einführungsjahr: 1986
Blütenfarbe: weiß/roter Rand
Blütenfüllung: stark gefüllt
Blührhythmik: öfterblühend
Wuchshöhe: 200 bis 300 cm
Wuchsform: überhängend
Pflanzen pro m²: 2 bis 3
Verwendung: Garten, einzeln oder in Gruppen, Kübel, über Mauerkronen überhängend.

Harlow Carr®

Der Charakter: Eine kompakt wachsende neue Austin-Sorte mit perfekter Blütenform. Der rundlich-buschig wachsende Strauch ist bis zur Basis mit Blüten übersät, die einen fruchtigen Duft verströmen.
Gruppe: Strauchrose mit Duft, Englische Rose
Züchter/Herkunft: Austin
Einführungsjahr: 2004
Blütenfarbe: rosarot
Blütenfüllung: gefüllt
Blührhythmik: öfterblühend
Wuchshöhe: 100 bis 150 cm
Wuchsform: aufrecht buschig
Pflanzen pro m²: 3 bis 4
Verwendung: Garten, einzeln oder in Gruppen, Kübel, Tröge, Vasenschnitt.

Heideröslein Nozomi®

Der Charakter: Ein dankbarer Flächendecker für alle Gartenbereiche, denen ein romantisches Porzellanrosa steht. Die Sorte blüht wochenlang und ziert Böschungen und Hänge. Robuste, naturnahe Kübelrose.
Gruppe: Flächenrose
Züchter/Herkunft: Onodera
Einführungsjahr: 1968
Blütenfarbe: perlmuttrosa
Blütenfüllung: einfach
Blührhythmik: einmalblühend
Wuchshöhe: 40 bis 60 cm
Wuchsform: flach, schwachwüchsig
Pflanzen pro m²: 3 bis 4
Verwendung: Garten, einzeln oder in Gruppen, Kübel, Trog, Steingärten, Halbschatten ertragend, Hitze vertragend, Pollenspender, Stammrose mit 140 cm Höhe.

Heidetraum® .

Der Charakter: Eine spektakuläre Neuzüchtung, die weltweit für Furore gesorgt hat und heute symbolgleich für einen neuen Rosentyp steht. Die Blüte beginnt spät, hält dann aber ohne Unterlass bis in die Frostperiode hinein an. Das Laub ist besonders widerstandsfähig und ziert als »Wintergrün«. Ein wichtiger Züchtungserfolg in Richtung »umweltfreundliche Rose«. Auch 25 Jahre nach ihrer Einführung ein Bestseller in Garten-Baumschulen und Gärtnereien. Bewährte Stammrose für ausreichend große Gefäße. Weitere Bilder Seite 19.
Gruppe: Flächenrose
Züchter/Herkunft: Noack
Einführungsjahr: 1988
Blütenfarbe: rosa
Blütenfüllung: halbgefüllt
Blührhythmik: öfterblühend, spät blühend
Wuchshöhe: 60 bis 80 cm
Wuchsform: buschig
Pflanzen pro m²: 2 bis 3
Verwendung: Garten, einzeln oder in Gruppen, Frostlagen vertragend, Kübel, Trog, Ampel, Halbschatten ertragend, sehr regenfest, Hitze vertragend, Pollenspender, Stammhöhe 60 und 90 cm Höhe.
ADR-Rose: 1990

Henri Matisse®

Der Charakter: Mit dieser Sorte begann der Triumphzug von Delbards Malerrosen. Die reizvollen Blüten sind weiß und rot gestreift und duften herrlich nach Himbeeren. Als passende Partner der stark und kräftig wachsenden Beetrose empfehlen sich weiße und blaue Stauden. Bis zum heutigen Tage eine der am besten bewährten Malerrosen aus Frankreich. Standardsorte.
Gruppe: Beetrose mit Duft
Züchter/Herkunft: Delbard
Einführungsjahr: 1990
Blütenfarbe: weiß/rot
Blütenfüllung: gefüllt
Blührhythmik: öfterblühend
Wuchshöhe: 80 bis 100 cm
Wuchsform: aufrecht
Pflanzen pro m²: 3 bis 4
Verwendung: Garten, einzeln oder in Gruppen, Halbschatten ertragend, sehr regenfest, Kübel, Vasenschnitt.

Heritage®

Der Charakter: Die perfekte Englische Rose, die zugleich einen vorzüglichen runden Strauch bildet. David Austin selbst bezeichnet sie als eine seiner schönsten Züchtungen. Dem kann man sich nur anschließen. Die äußeren, großen Blütenblätter sind weißlich rosé und lieblich durchscheinend und umfassen die innere Blütenrosette. Bild Seite 121.
Gruppe: Strauchrose mit Duft, Englische Rose
Züchter/Herkunft: Austin
Einführungsjahr: 1984
Blütenfarbe: seidig rosa
Blütenfüllung: stark gefüllt
Blührhythmik: öfterblühend
Wuchshöhe: 100 bis 150 cm
Wuchsform: überhängend
Pflanzen pro m²: 2 bis 3
Verwendung: Garten, einzeln oder in Gruppen, Vasenrose, Kübel.

Hermann Hesse Rose®

Der Charakter: Kerngesunde Beetrose mit schöner Blütenfüllung und guter Wetterbeständigkeit. Die Rose ist dem weltweit bekannten Schriftsteller, Dichter und Maler Hermann Hesse gewidmet.
Gruppe: Beetrose
Züchter/Herkunft: Noack
Einführungsjahr: 2008
Blütenfarbe: cremeweiß/ockerfarben
Blütenfüllung: stark gefüllt
Blührhythmik: öfterblühend
Wuchshöhe: 60 bis 80 cm
Wuchsform: aufrecht buschig
Pflanzen pro m²: 5 bis 6
Verwendung: Garten, einzeln oder in Gruppen, regenfest, Kübel, Tröge, robuste Sorte für Schrebergärten, für Grabstellen.
ADR-Rose: 2010

IGA '83 München®

Der Charakter: Eine der widerstandsfähigsten Rosen im Sortiment. Setzt nach dem ersten Blütenflor reichlich Hagebutten – und damit Vogelfutter – an. Wird der Fruchtansatz jedoch mittels Schere entfernt, erfreut ein schöner Herbstflor das Auge. Die Entscheidung liegt also beim Gartenfreund.
Gruppe: Strauchrose
Züchter/Herkunft: Meilland
Einführungsjahr: 1982
Blütenfarbe: rosa
Blütenfüllung: locker gefüllt
Blührhythmik: öfter- bzw. nachblühend
Wuchshöhe: 80 bis 100 cm
Wuchsform: buschig
Pflanzen pro m²: 2 bis 3
Verwendung: Garten, einzeln oder in Gruppen, frei wachsende Hecken, Frostlagen vertragend, Kübel, Halbschatten ertragend, sehr regenfest, Hagebutten.

■ Henri Matisse®

■ Hermann Hesse Rose®

■ IGA '83 München®

Inspiration®

Der Charakter: Für eine Edelrose dieses Farbtons ist die Noack-Sorte mit einer außergewöhnlichen Resistenz gegen Sternrußtau und Mehltau ausgestattet. Dazu kommen wetterfeste Blüten, die auch auf Rosenstämmen sommerlang für gärtnerische Inspirationen sorgen.
Gruppe: Edelrose
Züchter/Herkunft: Noack
Einführungsjahr: 2003
Blütenfarbe: außen rosa, innen lachsrosa mit gelb
Blütenfüllung: gefüllt
Blührhythmik: öfterblühend
Wuchshöhe: 60 bis 80 cm
Wuchsform: aufrecht buschig
Pflanzen pro m²: 6 bis 7
Verwendung: Garten, einzeln oder in Gruppen, sehr regenfest, Kübel, Vasenschnitt, robuste Sorte für Schrebergärten, Stammrose mit 90 cm Höhe.
ADR-Rose: 2005

Ilse Krohn Superior®

Der Charakter: Bis zum heutigen Tag eine der interessantesten Kletterrosen in Weiß. Herrlicher, intensiver Duft, flotter Wuchs, dennoch frosthart und robust – wer einen dekorativen Schmuck für Wand oder Pergola sucht, sollte einen Versuch wagen.
Gruppe: Kletterrose mit Duft
Züchter/Herkunft: Kordes
Einführungsjahr: 1964
Blütenfarbe: weiß
Blütenfüllung: gut gefüllt
Blührhythmik: öfterblühend
Wuchshöhe: 200 bis 300 cm
Wuchsform: überhängend
Pflanzen pro m²: 2 bis 3
Verwendung: Garten, einzeln oder in Gruppen, Kübel, Herbstfärbung der Blätter, Stammrose mit 140 cm Höhe.

Immensee®

Der Charakter: Megawüchsiger Bodendecker für größere Flächen und Hänge. Robuster Schwerarbeiter, eine undurchdringliche Bodenabdeckung bildend. Die einfachen, zartrosafarbenen Blüten laden mit ihrem starken Duft Bienen zur wochenlangen »Blüten-Mahlzeit« ein. Gedeiht auch im Halbschatten.
Gruppe: Flächenrose mit Duft
Züchter/Herkunft: Kordes
Einführungsjahr: 1982
Blütenfarbe: rosa
Blütenfüllung: einfach
Blührhythmik: einmalblühend
Wuchshöhe: 30 bis 40 cm
Wuchsform: flach, stark wachsend
Pflanzen pro m²: 1 bis 2
Verwendung: größere Gärten, einzeln oder in Gruppen, braucht Platz, Halbschatten ertragend, Pollenspender, Stammrose mit 90 cm Höhe.

Ingrid Bergmann®

Der Charakter: Äußerst robuste Edelrose. Wer bereit ist, beim Duft Abstriche zu machen, wird dafür mit einer pflegeleichten, enorm widerstandsfähigen Pflanze belohnt. Eine Edelrose auch für Lagen, auf denen andere »Gruppen-Kollegen« versagen. Weltrose 2000. Von dieser pflegeleichten Rose können Sie den ganzen Sommer über zahlreiche Blütenstiele für die Vase schneiden.
Gruppe: Edelrose mit leichtem Duft
Züchter/Herkunft: Poulsen
Einführungsjahr: 1984
Blütenfarbe: rot
Blütenfüllung: gut gefüllt
Blührhythmik: öfterblühend
Wuchshöhe: 60 bis 80 cm
Wuchsform: aufrecht
Pflanzen pro m²: 6 bis 7
Verwendung: Garten, in Gruppen, Vasenschnitt, Stammrose mit 60 und 90 cm Höhe.

■ Inspiration®

■ Ilse Krohn Superior®

Jacques Cartier

Der Charakter: Alte Rose mit üppiger Juniblüte. Ein zeitiger Frühjahrsschnitt fördert den kompakten Beetrosen-Wuchs, ansonsten als Strauchrose überhängend-locker wachsend. Auch als Hochstamm eine außergewöhnliche Erscheinung mit magischem Blütenduft. Benannt nach einem französischen Entdecker. Weiteres Bild Seite 120.
Gruppe: Beetrose/Strauchrose mit Duft
Züchter/Herkunft: Moreau-Robert
Einführungsjahr: 1868
Blütenfarbe: rosa
Blütenfüllung: stark gefüllt
Blührhythmik: nachblühend
Wuchshöhe: 100 bis 150 cm
Wuchsform: überhängend
Pflanzen pro m²: 1 bis 2
Verwendung: Garten, einzeln oder in Gruppen, Kübel, Vasenschnitt, Bauerngarten.

Jasmina®

Der Charakter: Verführerische Bilder von meterhohen, über und über blühenden Ramblerrosen begeistern viele Leser von Gartenmagazinen. Aber war hat schon einen alten Obstbaum, den er nur dafür abtreten kann? Deshalb gehört schwach wachsenden Ramblerrosen, die auch in kleine Gärten passen, die Zukunft. Dieser Mini-Rambler mit Duft lockt zudem mit nostalgischer Blütenform.
Gruppe: Rambler mit Duft
Züchter/Herkunft: Kordes
Einführungsjahr: 2005
Blütenfarbe: violett-rosa
Blütenfüllung: stark gefüllt
Blührhythmik: öfterblühend
Wuchshöhe: 150 bis 200 cm
Wuchsform: überhängend
Pflanzen pro m²: 1 bis 2
Verwendung: Garten, Kübel, Klettergerüste, robuste Sorte für Schrebergärten, Stammrose mit 140 cm Höhe.

Jubilee Celebration®

Der Charakter: Diese Strauchrose mit fruchtigem Duft gilt nicht zufällig als eine der schönsten Englischen Rosen. Für David Austin als weltbekannten englischen Rosenzüchter war es sicherlich eine besondere Ehre, zum Thronjubiläum der Queen eine perfekte Rosensorte zu präsentieren.
Gruppe: Strauchrose mit Duft, Englische Rose
Züchter/Herkunft: Austin
Einführungsjahr: 2002
Blütenfarbe: lachsrosa
Blütenfüllung: stark gefüllt
Blührhythmik: öfterblühend
Wuchshöhe: 100 bis 150 cm
Wuchsform: aufrecht buschig
Pflanzen pro m²: 2 bis 3
Verwendung: Garten, einzeln oder in Gruppen, sehr regenfest, Kübel, Vasenschnitt, für frei wachsene Blütenhecken.

Jubile du Prince de Monaco®

Der Charakter: Die buschig wachsende Beetrose fällt mit ihren weißen, rot geränderten Blütenblättern durchaus auf. Als zweifarbige Sorte passt sie in sommerliche Rabatten und Staudenbeete. Mit dieser Rose wurde das 50-jährige Regierungsjubiläum von Fürst Rainier von Monaco gefeiert. Auch als Rosenstamm eine farbstarke Bereicherung aus dem Züchterhaus Meilland. Ideal für Kübel.
Gruppe: Beetrose
Züchter/Herkunft: Meilland
Einführungsjahr: 2000
Blütenfarbe: weiß/rot
Blütenfüllung: gefüllt
Blührhythmik: öfterblühend
Wuchshöhe: 60 bis 80 cm
Wuchsform: aufrecht buschig
Pflanzen pro m²: 5 bis 6
Verwendung: Garten, einzeln oder in Gruppen, Stammrosen 60 und 90 cm.

■ Jasmina®

■ Jubilee Celebration®

■ Oben: Kir Royal®
■ Unten: Königin von Dänemark

Karl Heinz Hanisch®

Der Charakter: Eine außergewöhnliche Duftrose für einen außergewöhnlichen Namenspatron. Karl Heinz Hanisch war einer der bekanntesten und zugleich einfallsreichsten Gartenschriftsteller in Deutschland. Als großer Rosenfreund und Experte hatte er sich diese Rose für sonnenwarme Standorte persönlich ausgesucht.
Gruppe: Edelrose mit Duft
Züchter/Herkunft: Meilland
Einführungsjahr: 1986
Blütenfarbe: cremeweiß
Blütenfüllung: stark gefüllt
Blührhythmik: öfterblühend, früh blühend
Wuchshöhe: 60 bis 80 cm
Wuchsform: aufrecht
Pflanzen pro m²: 6 bis 7
Verwendung: Garten, in Gruppen, Vasenrose, ideal mit halbhohen Stauden.

Kir Royal®

Der Charakter: Die seidenrosafarbenen Blüten dieser vital wachsenden, robusten und einmalblühenden ADR-Kletterrose sind mit rötlichen Sprenkeln übersät. Zusammen mit den gewellten Blütenblättern und dem leichten Duft charakterisieren sie eine unverwechselbare Rose, die sich herrlich an Rosenbögen, Pergolen und Hauswänden in Szene setzen lässt.
Gruppe: Kletterrose
Züchter/Herkunft: Meilland
Einführungsjahr: 1995
Blütenfarbe: seidenrosa
Blütenfüllung: stark gefüllt
Blührhythmik: einmalblühend, nachblühend
Wuchshöhe: 200 bis 300 cm
Wuchsform: überhängend
Pflanzen pro m²: 1 bis 2
Verwendung: Garten, einzeln, Halbschatten ertragend, über Mauerkronen überhängend.
ADR-Rose: 2002

Knirps®

Der Charakter: Die kräftig rosafarbenen, stark gefüllten Blüten erscheinen den ganzen Sommer über in zahlreichen Dolden. Ideale Flächenrose für kleine Gärten, Kübel und Rosenstämmchen. Wurzelechte Pflanzen passen sogar in Balkonkästen.
Gruppe: Flächenrose
Züchter/Herkunft: Kordes
Einführungsjahr: 1997
Blütenfarbe: rosa
Blütenfüllung: stark gefüllt
Blührhythmik: öfterblühend
Wuchshöhe: 30 bis 40 cm
Wuchsform: flach wachsend
Pflanzen pro m²: 3 bis 4
Verwendung: Garten, einzeln oder in Gruppen, Halbschatten ertragend, sehr regenfest, Kübel, Tröge, robuste Sorte für Schrebergärten, für Grabstellen, Hanglage, Dachgarten, Stammrosen 60 und 90 cm.
ADR-Rose: 2004

Königin von Dänemark

Der Charakter: Silberrosafarbene, einmalig erblühende Blumenkönigin, für deren Blütenflor es sich lohnt, elf Monate der Vorfreude in Kauf zu nehmen. Federleichter, wunderbarer Duft voller Noblesse. Der königliche Duft sorgt wochenlang für olfaktorische Freuden. Achten Sie auf einen ausreichend großzügig dimensionierten Standort. Je sonniger und windumspielter, desto prachtvoller ist das Erscheinungsbild dieses 200 Jahre alten Klassikers.
Gruppe: Strauchrose mit Duft
Züchter/Herkunft: Booth
Einführungsjahr: 1816
Blütenfarbe: dunkelrosa
Blütenfüllung: stark gefüllt
Blührhythmik: einmalblühend
Wuchshöhe: 100 bis 150 cm
Wuchsform: buschig, locker
Pflanzen pro m²: 1 bis 2
Verwendung: Garten, einzeln, Bauerngarten.

Kordes' Brillant®

Der Charakter: Orangefarbenes Pendant zur weißen 'Schneewittchen'®. Vital, robust und von ungewöhnlicher Blütenfarbe. Tolle Herbstrose.
Gruppe: Strauchrose
Züchter/Herkunft: Kordes
Einführungsjahr: 1983
Blütenfarbe: orange bis hummerrot
Blütenfüllung: gefüllt
Blührhythmik: öfterblühend
Wuchshöhe: 100 bis 150 cm
Wuchsform: aufrecht
Pflanzen pro m²: 1 bis 2
Verwendung: Garten, einzeln oder in Gruppen, frei wachsende Hecken.

Lady Emma Hamilton®

Der Charakter: Englische Rose mit außergewöhnlicher Blütenfarbe. Das intensive Apricot-Orange bringt Schwung in Rabatten und Staudenbeete. Dazu gesellt sich ein fruchtiger Duft. Sicherlich eine der schönsten Austin-Sorten!
Gruppe: Strauchrose mit Duft, Englische Rose
Züchter/Herkunft: Austin
Einführungsjahr: 2005
Blütenfarbe: apricot
Blütenfüllung: stark gefüllt
Blührhythmik: öfterblühend
Wuchshöhe: 100 bis 150
Wuchsform: aufrecht buschig
Pflanzen pro m²: 1 bis 2
Verwendung: Garten, einzeln oder in Gruppen, Kübel, frei wachsende Blütenhecken, Vasenschnitt.

Lady Romantica®

Der Charakter: Exzellente kompakte Rose für die Kübelkultur auf der Terrasse. Auch als klassische Beetrose auf Rabatten sorgt die Neuheit für romantisches Flair. Gesund und gut winterhart.
Gruppe: Beetrose
Züchter/Herkunft: Meilland
Einführungsjahr: 2010
Blütenfarbe: pink-creme
Blütenfüllung: gefüllt
Blührhythmik: öfterblühend
Wuchshöhe: 40 bis 60 cm
Wuchsform: aufrecht buschig
Pflanzen pro m²: 5 bis 6
Verwendung: Garten, einzeln oder in Gruppen, Kübel, Tröge, Stammrosen 60 und 90 cm.

Laguna®

Der Charakter: Kletterrosen mit ausgeprägtem Duft bei gleichzeitig guter Laubrobustheit sind eine Seltenheit. Diese pinkfarbene, gefüllt blühende Duft-Kletterrose ist eine solche Rarität. Sie gehört an Rosenbögen und Hauswände in die Nähe der Terrasse, wo sie mit ihrem Duft Rosenfreunde unmittelbar verwöhnen kann. Leiten Sie die Triebe dieser Kletterrose möglichst waagerecht wie bei einem Spalier oder schlingpflanzenartig um Pfosten oder andere Rankhilfen herum. Dies fördert einen Blütenansatz bereits im unteren Bereich der Rose.
Gruppe: Kletterrose mit Duft
Züchter/Herkunft: Kordes
Einführungsjahr: 2004
Blütenfarbe: kräftig pink
Blütenfüllung: stark gefüllt
Blührhythmik: öfterblühend
Wuchshöhe: 200 bis 300 cm
Wuchsform: überhängend
Pflanzen pro m²: 1 bis 2
Verwendung: Garten, einzeln, Kübel, robuste Sorte für Schrebergärten, Stammrose mit 140 cm Höhe.

La Paloma '85®

Der Charakter: Diese Sorte zählt zu den Floribundarosen. Das bedeutet, dass ihre reinweißen Blüten edelrosengleich geformt, aber in großen Dolden angeordnet sind. Die Blütenfarbe bildet einen hübschen Kontrast zum ledrigen, dunkelgrünen Laub.
Gruppe: Beetrose
Züchter/Herkunft: Tantau
Einführungsjahr: 1985
Blütenfarbe: weiß
Blütenfüllung: gefüllt
Blührhythmik: öfterblühend
Wuchshöhe: 60 bis 80 cm
Wuchsform: buschig
Pflanzen pro m²: 6 bis 7
Verwendung: Garten, einzeln oder in Gruppen, Stammrose mit 90 cm Höhe.

La Sevillana®

Der Charakter: »Wer Sevilla nicht kennt, weiß nicht, was ein Wunder ist«, so ein spanisches Sprichwort. Ohne Zweifel gilt dies auch für diese Rosensorte, die zu den gesündesten roten Beetrosen überhaupt gezählt werden darf. Mit ihrem lockeren Wuchs und den halbgefüllten Blüten kommt sie dem Habitus von Wildrosen sehr nahe. Ideale, da problemlose Einsteigersorte.
Gruppe: Beetrose
Züchter/Herkunft: Meilland
Einführungsjahr: 1978
Blütenfarbe: rot
Blütenfüllung: halbgefüllt
Blührhythmik: öfterblühend
Wuchshöhe: 60 bis 80 cm
Wuchsform: buschig
Pflanzen pro m²: 6 bis 7
Verwendung: Garten, einzeln oder in Gruppen, frei wachsende Hecken, Frostlagen vertragend, Kübel, Trog, Halbschatten ertragend, sehr regenfest, Pollenspender, Hagebutten.

- Oben: Lady Romantica®
- Mitte: Laguna®
- Unten: La Paloma '85®

■ Oben: Landora®
■ Mitte: Lawinia®
■ Unten: L. D. Braithwaite®

Landora®

Der Charakter: Sehr bewährte und lohnende Edelrose in Gelb. Erwähnenswert ist ihre Frosthärte, die für diesen Farb- und Rosentyp als sehr gut bezeichnet werden kann. Reingelber Vasenschmuck mit vollkommener Eleganz.
Gruppe: Edelrose
Züchter/Herkunft: Tantau
Einführungsjahr: 1970
Blütenfarbe: gelb
Blütenfüllung: stark gefüllt
Blührhythmik: öfterblühend
Wuchshöhe: 60 bis 80 cm
Wuchsform: aufrecht
Pflanzen pro m²: 6 bis 7
Verwendung: Garten, in Gruppen, Vasenschnitt, Stammrose mit 90 cm Höhe.

Lavender Dream®

Der Charakter: Wer eine lavendelfarbene, mit ihrem überhängenden Wuchs den Boden gut abdeckende Duftrose sucht, ist mit dieser Sorte bestens bedient. Wirklich ein Traum in einem seltenen und ungewöhnlichen, an das Blau des Lavendels erinnernden Farbton.
Gruppe: Flächenrose mit Duft
Züchter/Herkunft: Interplant
Einführungsjahr: 1985
Blütenfarbe: lavendel
Blütenfüllung: halbgefüllt
Blührhythmik: öfterblühend, früh blühend
Wuchshöhe: 60 bis 80 cm
Wuchsform: niedrig, buschig
Pflanzen pro m²: 2 bis 3
Verwendung: Garten, einzeln oder in Gruppen, Hitze vertragend, ideal mit niedrigen Stauden.

Lawinia®

Der Charakter: Gute Kletterrosen-Sorten lassen sich an zwei Händen abzählen – 'Lawinia'® gehört mit Sicherheit zu diesen Top-Ten der bunten Ranker. Zu einem attraktiven Laub gesellen sich edelgeformte Blüten, die einen überragenden Duft verströmen. Weitere Bilder Seite 42 und 186.
Gruppe: Kletterrose mit Duft
Züchter/Herkunft: Tantau
Einführungsjahr: 1980
Blütenfarbe: reinrosa
Blütenfüllung: gefüllt
Blührhythmik: öfterblühend
Wuchshöhe: 200 bis 300 cm
Wuchsform: überhängend
Pflanzen pro m²: 2 bis 3
Verwendung: Garten, einzeln oder in Gruppen, Kübel, Stammrose mit 140 cm Höhe.

L. D. Braithwaite®

Der Charakter: Diese Austin-Sorte weist gleich zwei Vorzüge auf: Zum einen wächst sie wie eine Beetrose und bleibt deshalb für eine Englische Duftrose ungewöhnlich kompakt. Zum anderen ist ihr Blührhythmus sehr ausgeglichen. Kontinuierlich lässt sie monatelang ihr rotes Blütenfeuer lodern.
Gruppe: Beetrose mit Duft, Englische Rose
Züchter/Herkunft: Austin
Einführungsjahr: 1988
Blütenfarbe: rot
Blütenfüllung: stark gefüllt
Blührhythmik: öfterblühend
Wuchshöhe: 80 bis 100 cm
Wuchsform: aufrecht
Pflanzen pro m²: 3 bis 4
Verwendung: Garten, einzeln oder in Gruppen, Kübel, Vasenschnitt, Bauerngarten.

Leander®

Der Charakter: Wegen ihrer vielen kleinen Blüten, die in üppigen Büscheln erscheinen, eine besondere Englische Rose mit himbeerbetontem Duft. Das Laub verdankt seine für diese Rosenklasse außerordentliche Robustheit dem kräftigen Wuchs der Rose, sodass die Sorte ohne Pflanzenschutz zurechtkommt. Damit der Zierstrauch seine ganze Schönheit entfalten kann, sollte ihm ein ausreichend großer Pflanzplatz zur Verfügung gestellt werden.
Gruppe: Strauchrose/Kletterrose mit Duft, Englische Rose
Züchter/Herkunft: Austin
Einführungsjahr: 1982
Blütenfarbe: apricot
Blütenfüllung: stark gefüllt
Blührhythmik: ofterbluhend
Wuchshöhe: 150 bis 200 cm
Wuchsform: aufrecht
Pflanzen pro m²: 1 bis 2
Verwendung: Garten, einzeln, Halbschatten ertragend, sehr regenfest, Vasenschnitt, Bauerngarten, für frei wachsende Hecken.

Leonardo da Vinci®

Der Charakter: Eine Sorte, die an die Genialität ihres Namensgebers heranreicht. Eine der interessantesten 'Romantica'-Rosen des Züchters Meilland. Die geviertelten Blütenrosetten sind farbstabil und zieren eine kompaktwachsende Pflanze. Wermutstropfen ist der nur leichte Duft, doch auch Leonardo wusste um die vergebliche Suche nach der perfekten Schöpfung.
Gruppe: Beetrose
Züchter/Herkunft: Meilland
Einführungsjahr: 1993
Blütenfarbe: rosa
Blütenfüllung: gefüllt
Blührhythmik: öfterblühend
Wuchshöhe: 60 bis 80 cm
Wuchsform: buschig
Pflanzen pro m²: 6 bis 7
Verwendung: Garten, einzeln oder in Gruppen, ideal für Kübel, Trog, Vasenschnitt, Stammrose.

Lichtkönigin Lucia®

Der Charakter: Der Klassiker unter den gelben Strauchrosen. Robust, frosthart und einen runden, dichtbelaubten Busch bildend. Bereits eine einzelne, frei gewachsene Pflanze ist ein Solitär ersten Ranges.
Gruppe: Strauchrose mit Duft
Züchter/Herkunft: Kordes
Einführungsjahr: 1966
Blütenfarbe: gelb
Blütenfüllung: gefüllt
Blührhythmik: öfterblühend, früh blühend
Wuchshöhe: 100 bis 150 cm
Wuchsform: aufrecht
Pflanzen pro m²: 1 bis 2
Verwendung: Garten, einzeln oder in Gruppen, frei wachsende Hecken, Kübel, sehr regenfest.

Limesglut®

Der Charakter: Dieser karminrote Flächenfüller mit besten ADR-Werten sollte viel öfter zu sehen sein. Sehr gesund, außerordentlich frosthart, hitzetolerant und blühwillig. Rote Flächenrose mit wenig Pflegebedarf.
Gruppe: Flächenrose
Züchter/Herkunft: Pearce
Einführungsjahr: 2004
Blütenfarbe: blutrot
Blütenfüllung: gefüllt
Blührhythmik: öfterblühend
Wuchshöhe: 40 bis 60 cm
Wuchsform: überhängend buschig
Pflanzen pro m²: 3 bis 4
Verwendung: Garten, einzeln oder in Gruppen, Halbschatten ertragend, sehr regenfest, Kübel, Tröge, robuste Sorte für Schrebergärten, für Grabstellen, Hanglage, Dachgarten, Stammrosen 60 und 90 cm.
ADR-Rose: 2005

Lions-Rose®

Der Charakter: Eine neue Beetrose, die aufgrund ihrer Gesundheit und Wüchsigkeit bereits mit dem ADR-Prädikat ausgezeichnet wurde. Die cremeweißen, im Aufblühen mit einem Hauch von Apricot und Rosa überzogenen Blüten fügen sich – zusammen mit dem angenehmen Duft – harmonisch in das Gartenbild ein. Ein echter Teamarbeiter mit Gemeinschaftssinn.
Gruppe: Beetrose mit Duft
Züchter/Herkunft: Kordes
Einführungsjahr: 2002
Blütenfarbe: creme-apricot
Blütenfüllung: stark gefüllt
Blührhythmik: öfterblühend
Wuchshöhe: 60 bis 80 cm
Wuchsform: buschig
Pflanzen pro m²: 6 bis 7
Verwendung: Garten, Halbschatten ertragend, sehr regenfest, Kübel, Vasenschnitt.
ADR-Rose: 2002

■ Leonardo da Vinci®

■ Lichtkönigin Lucia®

■ Lions-Rose®

Loredo®

Der Charakter: Bevor Reinhard Noack eine neue Sorte seiner erfolgreichen »Flower-Carpet«-Serie zuordnet, muss sie außergewöhnliche Eigenschaften in sich vereinigen. Bei dieser Neuheit sind es die für eine Flächenrose seltene reingelbe Blütenfarbe und die Blattpower einer ADR-Rose. Nur 5 Pflanzen pro m² sorgen nach zwei Jahren für einen dicht gewobenen Blütenteppich.
Gruppe: Flächenrose
Züchter/Herkunft: Noack
Einführungsjahr: 2002
Blütenfarbe: gelb
Blütenfüllung: halbgefüllt
Blührhythmik: öfterblühend
Wuchshöhe: 60 bis 80 cm
Wuchsform: breitbuschig
Pflanzen pro m²: 4 bis 5
Verwendung: Garten, Halbschatten ertragend, sehr regenfest, Kübel, Hang, Dachgärten.
ADR-Rose: 2001

Louise Odier

Der Charakter: Eine Alte Rose, der man freien Lauf lassen und einen herausragenden Platz im Garten gewähren sollte. Wundervolle Duftblüten krönen eine überhängend-buschig wachsende Strauchrose. Das Laub wirkt mit seiner hellgrünen Farbe fragil, trotzt aber überraschend gut Krankheiten. Bild Seite 120.
Gruppe: Strauchrose mit Duft
Züchter/Herkunft: Margottin
Einführungsjahr: 1851
Blütenfarbe: rosa
Blütenfüllung: gefüllt
Blührhythmik: öfterblühend
Wuchshöhe: 150 bis 200 cm
Wuchsform: überhängend
Pflanzen pro m²: 1 bis 2
Verwendung: Garten, einzeln oder in Gruppen, Kübel, Trog, Halbschatten ertragend.

Lovely Fairy®

Der Charakter: Ein »Sport«, also ein Abkömmling der erprobten Sorte 'The Fairy'. Unterscheidet sich von dieser durch das wesentlich kräftigere Rosa, fast Pink, der stark gefüllten Blüten. Ideal für niedrige Hecken oder pflegeleichte Gartenbereiche.
Gruppe: Flächenrose
Züchter/Herkunft: Vurens/Spek
Einführungsjahr: 1992
Blütenfarbe: kräftig rosa
Blütenfüllung: dicht gefüllt
Blührhythmik: öfterblühend
Wuchshöhe: 60 bis 80 cm
Wuchsform: buschig
Pflanzen pro m²: 3 bis 4
Verwendung: Garten, einzeln oder in Gruppen, Kübel, Trog, Vasenschnitt, Stammrose mit 40, 60 und 90 cm, niedrige bis halbhohe Hecken.

Lovely Green®

Der Charakter: Es gibt sie tatsächlich, eine Rose mit grünen Blüten. Wer auf extravagante Garteneffekte steht, dem sei diese Kuriosität empfohlen. Als sehr lange haltbare Schnittrose kann man sich dieses etwas verrückte »liebliche Grün« auch ins Haus holen und damit Freunde und Bekannte überraschen. Ideale Terrassenrose für moderne Gefäßformen.
Gruppe: Beetrose
Züchter/Herkunft: Meilland
Einführungsjahr: 2004
Blütenfarbe: cremeweiß bis grün
Blütenfüllung: stark gefüllt
Blührhythmik: öfterblühend
Wuchshöhe: 60 bis 80 cm
Wuchsform: buschig kompakt
Pflanzen pro m²: 4 bis 5
Verwendung: Garten, einzeln oder in Gruppen, Kübel, Vasenschnitt, Stammrose mit 90 cm Höhe.

■ Loredo®

■ Lovely Green®

Lupo®

Der Charakter: Zwergrose plus ADR-Prädikat, das kommt nicht häufig vor und verdient schon aus diesem Grunde besondere Aufmerksamkeit. Diese Sorte bietet während des Sommers einen nicht enden wollenden Flor von leuchtenden, ungefüllten Blütensternen. Das Gartenjahr schließt der Zwerg mit einem Hagebuttenfeuerwerk ab. Auch für flächige Pflanzungen.
Gruppe: Zwergrose
Züchter/Herkunft: Kordes
Einführungsjahr: 2006
Blütenfarbe: karminrot mit heller Mitte
Blütenfüllung: einfach
Blührhythmik: öfterblühend
Wuchshöhe: 40 bis 60 cm
Wuchsform: aufrecht buschig
Pflanzen pro m²: 6 bis 7
Verwendung: Garten, einzeln oder in Gruppen, regenfest, Kübel, Tröge, robuste Sorte für Schrebergärten, für Grabstellen, Stammrose 60 cm.
ADR-Rose: 2007

Madame Hardy

Der Charakter: Eine der beliebtesten Alten Rosen und sehr leicht an der grünen Mitte der reinweißen Blüten zu erkennen. Der betörende, schwere Duft ist außergewöhnlich, die Blüte im wahrsten Sinne des Wortes einmalig. Eine Damaszener-Rose für einen erlesenen Gartenplatz.
Gruppe: Strauchrose mit Duft
Züchter/Herkunft: Hardy
Einführungsjahr: 1856
Blütenfarbe: weiß
Blütenfüllung: stark gefüllt
Blührhythmik: einmalblühend
Wuchshöhe: 150 bis 200 cm
Wuchsform: aufrecht
Pflanzen pro m²: 1 bis 2
Verwendung: Garten, einzeln, Vasenschnitt, Bauerngarten.

Madame Isaac Pereire

Der Charakter: Auffallend große, dunkelrosa Blütenbälle sitzen auf sehr kräftig wachsenden Stielen. Erhält die Alte Rose einen sonnenverwöhnten, rosengerechten Gartenstandort, blüht sie ohne Unterlass bis in den Herbst hinein. Makelloser, intensiver Rosenduft.
Gruppe: Strauchrose mit Duft
Züchter/Herkunft: Garçon
Einführungsjahr: 1881
Blütenfarbe: rosa
Blütenfüllung: stark gefüllt
Blührhythmik: nachblühend
Wuchshöhe: 150 bis 200 cm
Wuchsform: überhängend
Pflanzen pro m²: 1
Verwendung: Garten, einzeln, Vasenschnitt, Bauerngarten.

Magic Meidiland®

Der Charakter: Ein echter Bodendecker, der mit seinem gesunden Laub zuverlässig den Boden begrünt. Außerordentlich robust und frosthart, auch für weniger »rosige« Standorte geeignet. Braucht entsprechenden Raum für den ausgeprägten Breitenwuchs.
Gruppe: Flächenrose
Züchter/Herkunft: Meilland
Einführungsjahr: 1992
Blütenfarbe: rosa
Blütenfüllung: gefüllt
Blührhythmik: öfterblühend
Wuchshöhe: 40 bis 60 cm
Wuchsform: flach, stark wachsend
Pflanzen pro m²: 1 bis 2
Verwendung: Garten, einzeln oder in Gruppen, Frostlagen vertragend, Trog, Ampel, sehr regenfest, Hitze vertragend, Stammrose mit 60, 90 und 140 cm Höhe.

■ Madame Hardy

■ Madame Isaac Pereire

- Oben: Manou Meilland®
- Mitte: Märchenland
- Unten: Marguerite Hilling

Maiden's Blush

Der Charakter: »Malerrose« alter holländischer Meister, zahlreiche Stillleben zierend. Mit ihren zartrosafarbenen, prallgefüllten Blütenpompons eine empfehlenswerte und problemlose Alte Rose. Heißer Tipp für Freunde von Bauerngärten. Bild Seite 120.
Gruppe: Strauchrose mit süßem Duft
Züchter/Herkunft: unbekannt
Einführungsjahr: vor 1500
Blütenfarbe: rosa
Blütenfüllung: gefüllt
Blührhythmik: einmalblühend
Wuchshöhe: 100 bis 150 cm
Wuchsform: überhängend
Pflanzen pro m²: 2 bis 3
Verwendung: Garten, einzeln oder in Gruppen, Frostlagen vertragend, Bauerngarten.

Maigold

Der Charakter: Bereits Ende Mai blüht diese frühlingshafte Strauchrose goldgelb und verströmt einen starken Duft, der die Lust auf einen kunterbunten Rosensommer weckt. Enorm frosthart, deshalb auch in Hochlagen einsetzbar. Blüht im Herbst etwas nach. Bild Seite 37.
Gruppe: Strauchrose mit Duft
Züchter/Herkunft: Kordes
Einführungsjahr: 1953
Blütenfarbe: gelb
Blütenfüllung: gefüllt
Blührhythmik: sehr früh blühend, nachblühend
Wuchshöhe: 150 bis 200 cm
Wuchsform: aufrecht
Pflanzen pro m²: 1 bis 2
Verwendung: Garten, einzeln oder in Gruppen, Halbschatten ertragend, sehr regenfest und frosthart.

Manou Meilland®

Der Charakter: Duftende Beetrose mit buschigem Wuchs. Bildet mit der frischen Fliederfarbe ihrer Blüten und dem dunklen Laub herrliche Kontraste zu Stauden. Auch für den Vasenschnitt prädestiniert.
Gruppe: Beetrose mit Duft
Züchter/Herkunft: Meilland
Einführungsjahr: 1977
Blütenfarbe: rosa
Blütenfüllung: gefüllt
Blührhythmik: öfterblühend
Wuchshöhe: 60 bis 80 cm
Wuchsform: buschig
Pflanzen pro m²: 6 bis 7
Verwendung: Garten, einzeln oder in Gruppen.

Märchenland

Der Charakter: Ein vitaler »Oldie«, der auf ein halbes Jahrhundert Gartenerfahrung zurückblicken kann. Die Blüte erreicht im Juli einen ersten Höhepunkt, um nach einer Pause im August für einen rosafarbenen Herbstvorspann zu sorgen. Bewährte Beetrose für Rabatten.
Gruppe: Beetrose
Züchter/Herkunft: Tantau
Einführungsjahr: 1946
Blütenfarbe: rosa
Blütenfüllung: halbgefüllt
Blührhythmik: öfterblühend
Wuchshöhe: 60 bis 80 cm
Wuchsform: aufrecht
Pflanzen pro m²: 6 bis 7
Verwendung: Garten, einzeln oder in Gruppen, Frostlagen vertragend, Kübel, Halbschatten ertragend, sehr regenfest, Pollenspender, Hagebutten ansetzend.

Marguerite Hilling

Der Charakter: Eine Moyesii-Sorte, die im ersten Blütenansatz ihre üppigen, schalenförmigen Blüten ausbildet. Im Herbst folgt der zweite, wenn auch etwas schwächere Blütenstreich. Apart und fein wirkt das gefiederte Laub des stattlichen Strauches. Der Platzhirsch kommt auch in halbschattigen Gartenbereichen zurecht, wenn der Standort ausreichend tiefgründig und gehaltvoll ist. Vor einer Pflanzung sollten Sie den Boden gründlich auflockern und mit einer guten Pflanzerde oder ausgereiftem Gartenkompost verbessern.
Gruppe: Strauchrose
Züchter/Herkunft: Hilling
Einführungsjahr: 1959
Blütenfarbe: rosa mit heller Mitte
Blütenfüllung: halbgefüllt
Blührhythmik: öfterblühend, nachblühend
Wuchshöhe: 150 bis 200 cm
Wuchsform: buschig
Pflanzen pro m²: 1 bis 2
Verwendung: Garten, einzeln oder in Gruppen, frei wachsende Hecken, Frostlagen vertragend, Pollenspender.

Maria Lisa

Der Charakter: Der Name lässt ein zierliches Persönchen vermuten, doch weit gefehlt. Die robuste, kernige Sorte blüht einmal überreich und ist betont wuchsstark. Vielleicht bezieht sich der zarte Name auf die fast stachellosen Triebe – eine Rose für Kinderhände.
Gruppe: Kletterrose
Züchter/Herkunft: Liebau
Einführungsjahr: 1936
Blütenfarbe: rosa
Blütenfüllung: einfach
Blührhythmik: einmalblühend
Wuchshöhe: 200 bis 300 cm
Wuchsform: überhängend
Pflanzen pro m²: 2 bis 3
Verwendung: Garten, einzeln oder in Gruppen, wenig bestachelt, ideal für Pergolen, Torbögen.

Mariandel®

Der Charakter: Rote Beetrosen gibt es viele. Diese Sorte verdient ihren Platz im Sortiment wegen ihrer intensiven Farbe, die in sommerlicher Hitze weder verblasst noch verblaut. Auch Regen kann den wetterfesten Blüten wenig anhaben. Das dunkle Laub ist sehr widerstandsfähig gegen Echten Mehltau.
Gruppe: Beetrose
Züchter/Herkunft: Kordes
Einführungsjahr: 1984
Blütenfarbe: rot
Blütenfüllung: gefüllt
Blührhythmik: öfterblühend
Wuchshöhe: 40 bis 60 cm
Wuchsform: buschig
Pflanzen pro m²: 6 bis 7
Verwendung: Garten, einzeln oder in Gruppen, Stammrose mit 90 cm Höhe.

Mariatheresia®

Der Charakter: Diese moderne Züchtung wirkt mit ihren geviertelten Nostalgieblüten wie eine Sorte aus alten Schlossgärten. Die üppig beladenen Blütentriebe wachsen bogig überhängend und sorgen mit immer neuen Knospen für pure Blütenromantik.
Gruppe: Beetrose
Züchter/Herkunft: Tantau
Einführungsjahr: 2003
Blütenfarbe: zartrosa
Blütenfüllung: stark gefüllt
Blührhythmik: öfterblühend
Wuchshöhe: 60 bis 80 cm
Wuchsform: buschig, überhängend
Pflanzen pro m²: 5 bis 6
Verwendung: Garten, einzeln oder in Gruppen, Kübel, Tröge, für Schrebergärten, Vasenschnitt.

Marie Curie®

Der Charakter: Charismatische Neuheit für viele Garten- und Terrassensituationen. Von den kupferfarbenen bis goldbraunen Blüten geht eine faszinierende Anziehungskraft aus, die süchtig macht. Niemals über die Blüten wässern, da sonst Blütenmumien das Bild trüben können.
Gruppe: Beetrose mit Duft
Züchter/Herkunft: Meilland
Einführungsjahr: 1997
Blütenfarbe: goldbraun
Blütenfüllung: gefüllt
Blührhythmik: öfterblühend
Wuchshöhe: 40 bis 60 cm
Wuchsform: aufrecht
Pflanzen pro m²: 4 bis 5
Verwendung: Garten, einzeln oder in Gruppen, Kübel, Stammrose 90 cm.

Mary Rose®

Der Charakter: Ungewöhnlich früh und rasch nachblühende Englische Rose. Zahlreiche, mittelgroße Blüten ab Juni, die einen leichten Wildrosenduft verströmen. Robustes Laub, das auch weniger sonnenverwöhnte Gartenstellen aushält. Die Austin-Kreation kommt auch in halbschattigen Gartenbereichen zurecht, wenn der Standort ausreichend tiefgründig und gehaltvoll ist. Dank ihres kompakten Wuchses überzeugt die Englische Rose auch als Kübelrose.
Gruppe: Strauchrose, Englische Rose
Züchter/Herkunft: Austin
Einführungsjahr: 1982
Blütenfarbe: rosa
Blütenfüllung: stark gefüllt
Blührhythmik: öfterblühend, früh blühend
Wuchshöhe: 100 bis 150 cm
Wuchsform: buschig
Pflanzen pro m²: 2 bis 3
Verwendung: Garten, einzeln oder in Gruppen, Halbschatten ertragend, sehr regenfest, Kübel, Vasenschnitt, Bauerngarten.

- Oben: Mariatheresia®
- Mitte: Marie Curie®
- Unten: Mary Rose®

Matthias Meilland®

Der Charakter: Der Züchter Alain Meilland fühlte sich in besonderer Weise als »Vater« dieser Sorte, benannte er sie doch nach seinem Sohn. Eine Verpflichtung, der diese Sorte mit ihren orangeroten, leuchtenden Blüten und ihrer Robustheit gut gerecht wird. Ideal für den Hausgarten, beispielsweise neben Lavendel. Zum intensiven Blütenrot passen weiße und vor allem blaue Blütentöne. Hier bieten sich beispielsweise aufrecht strebende Rittersporne als Hintergrundkulisse an.
Gruppe: Beetrose
Züchter/Herkunft: Meilland
Einführungsjahr: 1988
Blütenfarbe: rot
Blütenfüllung: gefüllt
Blührhythmik: öfterblühend
Wuchshöhe: 60 bis 80 cm
Wuchsform: aufrecht
Pflanzen pro m²: 6 bis 7
Verwendung: Garten, einzeln oder in Gruppen, Kübel, Trog.

Maurice Utrillo®

Der Charakter: Eine Malerrose von Delbard mit violett gestreiften, weiß, gelb und rosa gesprenkelten Blüten. Die großblütige Sorte verfügt über robustes Laub und duftet leicht nach Rose und Himbeere. Ein Hingucker im Staudenbeet und natürlich im Kübel auf der Terrasse.
Gruppe: Beetrose
Züchter/Herkunft: Delbard
Einführungsjahr: 2004
Blütenfarbe: violett/weiß/gelb/rosa
Blütenfüllung: gefüllt
Blührhythmik: öfterblühend
Wuchshöhe: 80 bis 100 cm
Wuchsform: aufrecht buschig
Pflanzen pro m²: 3 bis 4
Verwendung: Garten, einzeln oder in Gruppen, regenfest, Kübel, Stammrosen 90 cm.

Max Graf

Der Charakter: Eine stark in die Breite wachsende Sorte, die sich in vielen Polarwintern als absolut frosthart erwiesen hat. Die Triebe zeigen eine ausgeprägte Bestachelung, die einfachen Blüten locken als Bienenweide zahlreiche Insekten an. Ideal für flächige, undurchdringliche Pflanzungen.
Gruppe: Flächenrose
Züchter/Herkunft: Bowditch
Einführungsjahr: 1919
Blütenfarbe: rosa
Blütenfüllung: einfach
Blührhythmik: einmalblühend
Wuchshöhe: 60 bis 80 cm
Wuchsform: flach, stark wachsend
Pflanzen pro m²: 1 bis 2
Verwendung: Garten, einzeln oder in Gruppen, Pollenspender.

MaxiVita®

Der Charakter: Der Name dieser neuen Beetrose ist Programm: Er steht für maximale Vitalität und tatsächlich ist die ADR-Rose ein Paradebeispiel für rosige Robustheit. Das changierende Farbenspiel der Sorte beginnt mit dunkelroten Blütenknospen, aus denen sich orangerosafarbene Blütenblätter entfalten, die zum Blütenboden hin gelb-orange gefärbt sind.
Gruppe: Beetrose
Züchter/Herkunft: Kordes
Einführungsjahr: 2003
Blütenfarbe: rosa-orange
Blütenfüllung: halbgefüllt
Blührhythmik: öfterblühend
Wuchshöhe: 60 bis 80 cm
Wuchsform: buschig
Pflanzen pro m²: 4 bis 5
Verwendung: Garten, einzeln oder in Gruppen, Halbschatten ertragend, sehr regenfest, Kübel, Stammrosen 60 cm, 90 cm.
ADR-Rose: 2000

■ Max Graf

■ MaxiVita®

Medley Pink®

Der Charakter: In Amerika und England sprechen Rosenfreunde von »Patiorosen«, wenn sie Zwergrosen meinen. Patiorosen sind, nomen est omen, ideal für Terrassen geeignet.
Dieser ungewöhnlich zähe Rosenzwerg mit ADR-Gütesiegel steht nach unseren Klassifizierungsgewohnheiten mit einer Wuchshöhe von 30 bis 40 cm zwischen hohen Zwergrosen und niedrigen Beetrosen.
Gruppe: Zwergrose
Züchter/Herkunft: Noack
Einführungsjahr: 2002/2003
Blütenfarbe: rosa
Blütenfüllung: halbgefüllt
Blührhythmik: öfterblühend
Wuchshöhe: 30 bis 40 cm
Wuchsform: buschig
Pflanzen pro m²: 7 bis 8
Verwendung: Garten, einzeln oder in Gruppen, Kübel, Tröge, Kästen, Grabstellen.
ADR-Rose: 2006

Medley Red®

Der Charakter: Wie 'Medley Pink' eine Patiorose aus dem Hause Noack. Ungewöhnlich an diesem rot blühenden Däumling ist die gute Laubhärte, die Sternrußtaupilzen kaum eine Angriffsfläche bietet. Sehr gesund und langlebig, eine ideale Zwergrose für sonnige Grabstellen.
Gruppe: Zwergrose
Züchter/Herkunft: Noack
Einführungsjahr: 2002/2003
Blütenfarbe: rot
Blütenfüllung: gefüllt
Blührhythmik: öfterblühend
Wuchshöhe: 30 bis 40 cm
Wuchsform: buschig
Pflanzen pro m²: 7 bis 8
Verwendung: Garten, einzeln oder in Gruppen, Kübel, Tröge, Kästen, Grabstellen.

Medusa®

Der Charakter: Eine ausgesprochen wetterfeste Flächenrose. Dank ihres kompakten Wuchses ist sie sehr gut für kleinere Gärten geeignet. Wer beispielsweise einen Hang zu begrünen hat oder einfach nur eine pflegeleichte Rose sucht, die viel Freude und wenig Arbeit macht, liegt hier richtig.
Gruppe: Flächenrose
Züchter/Herkunft: Noack
Einführungsjahr: 1996
Blütenfarbe: lavendelrosa
Blütenfüllung: gefüllt
Blührhythmik: öfterblühend
Wuchshöhe: 60 bis 80 cm
Wuchsform: niedrig buschig kompakt
Pflanzen pro m²: 4 bis 5
Verwendung: Garten, einzeln oder in Gruppen, Halbschatten ertragend, sehr regenfest, Kübel, Tröge, robuste Sorte für Schrebergärten, frei wachsende Hecken, Hanglagen, Dachgarten, Stammrose mit 90 cm Höhe.
ADR-Rose: 1995

Mein schöner Garten®

Der Charakter: Wenn Europas größtes Gartenmagazin seinen Namen exklusiv für eine Rosensorte zur Verfügung stellt, dürfen alle Hobbygärtner sicher sein, dass sie etwas Ungewöhnliches geboten bekommen. Die sehr interessante Neuheit mit den lachsrosafarbenen Blüten strotzt vor Vitalität und ist ein Paradebeispiel für die neue Generation gesunder Gartenrosen.
Gruppe: Strauchrose
Züchter/Herkunft: Kordes
Einführungsjahr: 1997
Blütenfarbe: rosa
Blütenfüllung: gefüllt
Blührhythmik: öfterblühend
Wuchshöhe: 100 bis 150 cm
Wuchsform: buschig
Pflanzen pro m²: 2 bis 3
Verwendung: Garten, einzeln, Halbschatten ertragend, sehr regenfest, Kübel, für Grabstellen, für frei wachsende Hecken, Stammrose 90 cm.

Medley Red®

Medusa®

Mein schöner Garten®

Mildred Scheel®

Der Charakter: Nachdem die fast schwarzen Knospen sich geöffnet haben, entfalten sich samtig leuchtende, elegant geformte Blütenträume. Einzigartig und überragend das Blütenparfüm dieser Sorte. Auf sonnigen Standorten eine vitale Sorte für Duftliebhaber, die das Besondere und Exquisite für ihren Garten suchen.
Gruppe: Edelrose mit intensivem Duft
Züchter/Herkunft: Tantau
Einführungsjahr: 1976
Blütenfarbe: rot
Blütenfüllung: stark gefüllt
Blührhythmik: öfterblühend
Wuchshöhe: 80 bis 100 cm
Wuchsform: aufrecht
Pflanzen pro m²: 6 bis 7
Verwendung: Garten, Stammrose mit 90 cm Höhe. Für Duftgärten und Floristik.

Mini-Edenrose®

Der Charakter: Mit kleineren, leicht duftenden Blüten ausgestattet, präsentiert sich die jüngere Schwester der Weltrose 'Eden Rose'. Dank ihres abgeschwächten Wuchses eignet sie sich als Kletterrose für kleinere Gärten, Kübel und Spaliere. Auch als Rosenstamm mit überhängenden Blütentrieben ist die Romantica-Rose eine Schönheit.
Gruppe: Kletterrose
Züchter/Herkunft: Meilland
Einführungsjahr: 2009
Blütenfarbe: hellrosa
Blütenfüllung: stark gefüllt
Blührhythmik: öfterblühend
Wuchshöhe: 150 bis 200 cm
Wuchsform: aufrecht
Pflanzen pro m²: 2 bis 3
Verwendung: Garten, einzeln oder in Gruppen, Kübel, Tröge, Spaliere, Rosenbögen, Stammrosen 90 und 140 cm.

Mirato®

Der Charakter: Eine bemerkenswerte Sorte aus der Züchterwerkstatt von Rosen-Tantau. Sicher eine der interessantesten »Bodendeckerrosen«, dauerblühend und von kerniger Robustheit. Auch auf der Terrasse in ansprechenden Gefäßen ein Augenschmaus, der keine Arbeit macht.
Gruppe: Flächenrose
Züchter/Herkunft: Tantau
Einführungsjahr: 1990
Blütenfarbe: rosa
Blütenfüllung: gefüllt
Blührhythmik: öfterblühend
Wuchshöhe: 40 bis 60 cm
Wuchsform: buschig
Pflanzen pro m²: 3 bis 4
Verwendung: Garten, einzeln oder in Gruppen, Kübel, Trog, Ampel, Halbschatten ertragend, Stammrose mit 60 cm und 90 cm Höhe.
ADR-Rose: 1993

Molineux®

Der Charakter: Dank ihres Duftes und niedrigen Wuchses sicherlich eine der interessantesten Austin-Sorten überhaupt. Obwohl eine Strauchrose, wächst 'Molineux' wie eine große Beetrose und passt mit ihren Maßen auch in kleinere Gärten. Als vitale Kübelpflanze hat die Spitzensorte sommerlang immer Blüten zu bieten.
Gruppe: Strauchrose mit Duft
Züchter/Herkunft: Austin
Einführungsjahr: 1994
Blütenfarbe: sattgelb
Blütenfüllung: stark gefüllt
Blührhythmik: öfterblühend
Wuchshöhe: 80 bis 100 cm
Wuchsform: aufrecht buschig
Pflanzen pro m²: 1 bis 2
Verwendung: Garten, einzeln oder in Gruppen, Kübel, Tröge, frei wachsende Blütenhecken, Stammrosen 90 cm.

■ Mini-Edenrose®

■ Mirato®

Montana®

Der Charakter: Eine vielseitig einsetzbare Beetrose mit Fernwirkung – schon von Weitem leuchten die straff aufrechten Blütendolden. Zähes und robustes Laub, eine Beetrose auch für rauere Lagen. Sichere Einsteigersorte.
Gruppe: Beetrose
Züchter/Herkunft: Tantau
Einführungsjahr: 1974
Blütenfarbe: rot
Blütenfüllung: gefüllt
Blührhythmik: öfterblühend
Wuchshöhe: 80 bis 100 cm
Wuchsform: aufrecht
Pflanzen pro m²: 5 bis 6
Verwendung: Garten, einzeln oder in Gruppen, verträgt Hitze, Stammrose mit 90 cm Höhe, lässt sich sehr gut kombinieren.

Morning Jewel®

Der Charakter: Die »Morgenjuwelen« funkeln in einem geheimnisvollen Rosa, umgeben von einem lieblichen Duft. Reich- und öfterblühend, diese Rose ist immer einen Versuch an Wand oder Pergola wert.
Gruppe: Kletterrose mit Duft
Züchter/Herkunft: Cocker
Einführungsjahr: 1968
Blütenfarbe: rosa
Blütenfüllung: halbgefüllt
Blührhythmik: öfterblühend
Wuchshöhe: 200 bis 300 cm
Wuchsform: überhängend
Pflanzen pro m²: 2 bis 3
Verwendung: Garten, einzeln oder in Gruppen, Pollenspender, Stammrose mit 140 cm Höhe.

Mountbatten®

Der Charakter: Sowohl Beet- als auch Zierstrauchrose – die Rose des Jahres 1982 in England spielt mit ihren ungewöhnlich großen gelben Blüten beide Rollen bravourös. Das lederartige, robuste Laub ist problemlos. Die Sorte ehrt – mit Genehmigung der königlichen Familie – den britischen Lord Mountbatten.
Gruppe: Beetrose/Strauchrose
Züchter/Herkunft: Harkness
Einführungsjahr: 1982
Blütenfarbe: mimosengelb
Blütenfüllung: gefüllt
Blührhythmik: öfterblühend
Wuchshöhe: 80 bis 100 cm
Wuchsform: buschig
Pflanzen pro m²: 4 bis 5
Verwendung: Garten, einzeln oder in Gruppen, starke Bestachelung, frei wachsende Hecken, Kübel, Trog, Halbschatten ertragend.

Mozart

Der Charakter: Niedrige Strauchrose, für viele Kombinationen mit Stauden und Gehölzen geeignet. »Eine kleine Gartenmusik« mit naturnahem Charme. Und: ideale Blütenform für das Einfrieren in Eiswürfeln. Sie passt genau in die entsprechenden Formen. Die Flächenrose kommt auch in halbschattigen Gartenbereichen zurecht.
Gruppe: Flächenrose
Züchter/Herkunft: Lambert
Einführungsjahr: 1937
Blütenfarbe: rosa mit weißem Auge
Blütenfüllung: einfach
Blührhythmik: öfterblühend
Wuchshöhe: 80 bis 100 cm
Wuchsform: überhängend
Pflanzen pro m²: 3 bis 4
Verwendung: Garten, einzeln oder in Gruppen, Pollenspender, ideal mit Stauden.

■ Molineux®

■ Mozart

■ Oben: Neon®
■ Mitte: New Dawn
■ Unten: Nina Weibull

Nahéma®

Der Charakter: Diese Kletterrose von Delbard lässt sich am treffendsten als dauerblühende 'Constance Spry' bezeichnen. Dank ihrer Gesundheit, Blütenfülle, Vasentauglichkeit und überragenden Duftnote eine der interessantesten Sortenschöpfungen des Rosenmagiers aus Frankreich bis dato. Sortentipp für alle Einsteiger in die Welt der Romantikrosen.
Gruppe: Kletterrose mit Duft
Züchter/Herkunft: Delbard
Einführungsjahr: 1991
Blütenfarbe: rosa
Blütenfüllung: stark gefüllt
Blührhythmik: öfterblühend
Wuchshöhe: 200 bis 300 cm
Wuchsform: überhängend
Pflanzen pro m²: 1 bis 2
Verwendung: Garten, einzeln, Vasenschnitt, Bauerngarten.

Neon®

Der Charakter: Eine der gesündesten Rosen überhaupt und damit dem Synonym für Blattrobustheit, 'Heidetraum', dicht auf den Fersen. Als Rigo-Rose aus dem Hause Kordes dank ihres niedrigen Wuchses ideal für Vorpflanzungen vor höheren Sträuchern.
Gruppe: Beetrose
Züchter/Herkunft: Kordes
Einführungsjahr: 2001
Blütenfarbe: karminrosa
Blütenfüllung: halbgefüllt
Blührhythmik: öfterblühend
Wuchshöhe: 40 bis 60 cm
Wuchsform: breit buschig
Pflanzen pro m²: 4 bis 5
Verwendung: Garten, einzeln oder in Gruppen, Halbschatten ertragend, sehr regenfest, Kübel, Tröge, Herbstfärber, Pollenspender, robuste Sorte für Schrebergärten.
ADR-Rose: 1999

New Dawn

Der Charakter: Beste Kletterrose in Porzellanrosa. Ein Evergreen mit wintergrünem, enorm robustem Laub, den Sommer über mit unzähligen edelrosengleichen Blüten brillierend. Eine sichere Kletterrose für den Rosen-Neuling, Garant für rosige Wände und Bögen. Weltrose 1997.
Gruppe: Kletterrose mit Duft, wintergrün
Züchter/Herkunft: Somerset
Einführungsjahr: 1930
Blütenfarbe: perlmutt
Blütenfüllung: gefüllt
Blührhythmik: öfterblühend
Wuchshöhe: 200 bis 300 cm
Wuchsform: überhängend
Pflanzen pro m²: 2 bis 3
Verwendung: Garten, einzeln oder in Gruppen, Frostlagen vertragend, Kübel, Halbschatten ertragend, Hitze vertragend, Hagebutten, Stammrose mit 140 cm Höhe, Wand, Pergola, als Spalier, Sichtschutz.

Nina Weibull

Der Charakter: Die blutroten, nicht verblassenden Blüten erscheinen überreich, fortdauernd und zieren eine kompakte Pflanze. Unverwüstliche Beetrose, ein Rabatten-Klassiker. Sehr winterhart.
Gruppe: Beetrose
Züchter/Herkunft: Poulsen
Einführungsjahr: 1962
Blütenfarbe: rot
Blütenfüllung: gefüllt
Blührhythmik: öfterblühend
Wuchshöhe: 40 bis 60 cm
Wuchsform: buschig
Pflanzen pro m²: 5 bis 6
Verwendung: Garten, einzeln oder in Gruppen, mit Stauden, für niedrige Hecken.

Nostalgie®

Der Charakter: Edelrose mit duftenden, cremeweiß-kirschfarbenen Blütenbällen. Auch als kompakte Strauchrose vielseitig einsetzbar. Ein besonderes Gartenhighlight sind Nostalgie-Rosenstämme, die ihren Blütenduft direkt in Nasenhöhe verströmen.
Gruppe: Edelrose mit Duft
Züchter/Herkunft: Tantau
Einführungsjahr: 1995
Blütenfarbe: weiß/rot
Blütenfüllung: gefüllt
Blührhythmik: öfterblühend
Wuchshöhe: 80 bis 100 cm
Wuchsform: aufrecht
Pflanzen pro m²: 6 bis 7
Verwendung: Garten, einzeln oder in Gruppen, Kübel, Vasenschnitt, Stammrose 90 cm.

Old Port®

Der Charakter: Duftende Romantik, wie guter alter Portwein alle Sinne anregend. Eine moderne Edelrose mit dem Flair nostalgischer Blütenformen.
Gruppe: Edelrose mit Duft
Züchter/Herkunft: McGredy
Einführungsjahr: 1994
Blütenfarbe: dunkelviolett
Blütenfüllung: stark gefüllt
Blührhythmik: öfterblühend
Wuchshöhe: 40 bis 60 cm
Wuchsform: aufrecht
Pflanzen pro m²: 4 bis 5
Verwendung: Garten, einzeln oder in Gruppen, Kübel, Vasenschnitt, Bauerngarten, Stammrose 90 cm.

Orange Dawn®

Der Charakter: Das Besondere an dieser Kletterrose ist die außergewöhnliche Leuchtkraft der Blüten. Sie sind zunächst edelblumig geformt, um sich dann rasch zu öffnen. Die Staubgefäße sind eine beliebte Nahrungsquelle für Bienen und Hummeln.
Gruppe: Kletterrose
Züchter/Herkunft: Warner
Einführungsjahr: 2003
Blütenfarbe: lachsorange
Blütenfüllung: halbgefüllt
Blührhythmik: öfterblühend
Wuchshöhe: 200 bis 300
Wuchsform: aufrecht
Pflanzen pro m²: 1 bis 2
Verwendung: Garten, einzeln oder in Gruppen, Kübel, Tröge, Pergola, Rosenbögen, Spaliere.

Palmengarten Frankfurt®

Der Charakter: Dekorativer Flächenfärber, der kahle Erde in ein kräftiges Rosa taucht. Außergewöhnlich robust, eine pflegeleichte Rose besonders für die gemeinsame Verwendung mit Stauden. Gute Einsteigersorte für Neulinge oder für weniger günstige Lagen, die die Auswahl auf ein robustes Sortiment begrenzen. Weiteres Bild Seite 57.
Gruppe: Flächenrose
Züchter/Herkunft: Kordes
Einführungsjahr: 1988
Blütenfarbe: kräftig rosa
Blütenfüllung: gefüllt
Blührhythmik: öfterblühend
Wuchshöhe: 60 bis 80 cm
Wuchsform: buschig
Pflanzen pro m²: 3 bis 4
Verwendung: Garten, einzeln oder in Gruppen, Frostlagen vertragend, Halbschatten ertragend, Kübel, Trog, mit Stauden, Hitze vertragend, Stammrose mit 90 cm Höhe.
ADR-Rose: 1992

Parade®

Der Charakter: Gut Ding will Weile haben! Das gilt insbesondere für diese bisher in unseren Breiten verkannte Kletterrose. Der reichblühende Klettermaxe sorgt mit seinen riesigen, pinkfarbenen Blüten für spektakuläre Roseneffekte. Eine der besten Kletterrosen in Rosa. Leiten Sie die Triebe dieser bisher übersehenen Spitzensorte wie bei einem Spalierobst möglichst waagerecht oder führen Sie sie wie bei einer Rankpflanze um Pfosten oder andere Rankhilfen herum. Dies fördert einen Blütenansatz auch im unteren Bereich der Pflanze.
Gruppe: Kletterrose
Züchter/Herkunft: Jackson & Perkins
Einführungsjahr: 1953
Blütenfarbe: tiefrosa
Blütenfüllung: stark gefüllt
Blührhythmik: öfterblühend
Wuchshöhe: 200 bis 300 cm
Wuchsform: aufrecht
Pflanzen pro m²: 1 bis 2
Verwendung: Garten, einzeln oder in Gruppen, Kübel, Tröge, Pergola, Rosenbögen, Spaliere.

Pariser Charme

Der Charakter: Eine Schwester der bekannten 'Duftwolke'®, einer Duftrose von Weltgeltung. Wertvolle Sorte, die Duft mit akzeptabler Laubrobustheit in Einklang bringt – eine seltene Harmonie im Bereich der Edelrosen. Die Blüte erstrahlt in gefälligem Reinrosa und krönt eine winterharte Pflanze.
Gruppe: Edelrose mit Duft
Züchter/Herkunft: Tantau
Einführungsjahr: 1965
Blütenfarbe: rosa
Blütenfüllung: gefüllt
Blührhythmik: öfterblühend
Wuchshöhe: 60 bis 80 cm
Wuchsform: aufrecht
Pflanzen pro m²: 6 bis 7
Verwendung: Garten, in Gruppen, Stammrose mit 90 cm Höhe.

■ Oben: Nostalgie®
■ Mitte: Old Port®
■ Unten: Palmengarten Frankfurt®

Paul Cézanne®

Der Charakter: Gefüllte, gelb und dunkel himbeerrot gestreifte und gepunktete Blüten, deren einzelne Blütenblätter teilweise auch in zwei Farbhälften geteilt sind, tragen ihrem berühmten Namensgeber Rechnung. Hinzu kommt ein sanft-frischer Duft, der zum Schnuppern einlädt. Dank des niedrigen Wuchses ideale Kübel-, Terrassen- und Vorpflanzungsrose, etwa vor glutrot blühenden *Hemerocallis*.
Gruppe: Beetrose mit Duft
Züchter/Herkunft: Delbard
Einführungsjahr: 1992
Blütenfarbe: gelb/himbeerfarben
Blütenfüllung: gefüllt
Blührhythmik: öfterblühend
Wuchshöhe: 40 bis 60 cm
Wuchsform: aufrecht
Pflanzen pro m²: 4 bis 5
Verwendung: Garten, einzeln oder in Gruppen, Kübel.

Paul Gauguin®

Der Charakter: Mit ihrem Blütenfeuerwerk erinnert diese Rose an die farbenfrohe Leinwandkunst Gauguins. In der Farbpalette finden sich Gelbtöne, orangefarbene, korallenrot schimmernde Streifen sowie weitere Pastellfarben. Dazu gesellt sich eine für diesen Rosentyp außergewöhnlich gute Widerstandsfähigkeit gegen die bekannten Rosenkrankheiten. Eine der besten Malerrosen.
Gruppe: Beetrose
Züchter/Herkunft: Delbard
Einführungsjahr: 2007
Blütenfarbe: gelb-korallenfarben gestreift
Blütenfüllung: gefüllt
Blührhythmik: öfterblühend
Wuchshöhe: 80 bis 100
Wuchsform: aufrecht buschig
Pflanzen pro m²: 3 bis 4
Verwendung: Garten, einzeln oder in Gruppen, regenfest, Kübel, Tröge, Stammrosen 90 cm.

Paul Noël

Der Charakter: Mit etwas Geduld ziert dieser Rambler Wände und Mauern mit einem sagenhaften, duftenden Blütenteppich – sowohl von unten in die Höhe wachsend als auch von oben überhängend. Sind die Standorte luftig und windumspielt, bewegt sich die Mehltauanfälligkeit in akzeptablen Grenzen. Auch als Bodendecker zu verwenden, jedoch keine exponierten Südlagen bzw. Wärmestaus duldend.
Gruppe: Rambler mit Duft
Züchter/Herkunft: Tanne
Einführungsjahr: 1913
Blütenfarbe: apricot-rosa
Blütenfüllung: gefüllt
Blührhythmik: einmalblühend, etwas nachblühend
Wuchshöhe: 300 bis 500 cm
Wuchsform: ohne Rankhilfe flach wachsend
Pflanzen pro m²: 1 bis 2
Verwendung: Garten, einzeln oder in Gruppen, Halbschatten ertragend, Stammrose mit 90 und 140 cm, an Mauern überhängend, auch Bodendecker.

Paul Ricard®

Der Charakter: Das Einzigartige an dieser Duft- und Vasenrose ist der frische, sehr angenehme Duft nach Anis – eine Duftnote ohne Parallele im Rosenbereich. Eine »Duftrose der Provence« für Freunde französischer Lebenskunst.
Gruppe: Edelrose mit Anisduft
Züchter/Herkunft: Meilland
Einführungsjahr: 1991
Blütenfarbe: bernsteinfarben
Blütenfüllung: gefüllt
Blührhythmik: öfterblühend
Wuchshöhe: 60 bis 80 cm
Wuchsform: aufrecht
Pflanzen pro m²: 6 bis 7
Verwendung: Garten, in Gruppen, Kübel, Halbschatten ertragend, Vasenschnitt.

■ Paul Cézanne®

■ Paul Noël

Petticoat®

Der Charakter: Niedrige Beetrose für Kombinationen beispielsweise mit blau blühenden Stauden. Die stark gefüllten Blüten erinnern mit ihrem Petticoat-Look an die Nostalgieblüten alter Rosensorten. Auch für den Vasenschnitt geeignet.
Gruppe: Beetrose
Züchter/Herkunft: Kordes
Einführungsjahr: 2004
Blütenfarbe: cremeweiß mit zart apricotfarbener Mitte
Blütenfüllung: stark gefüllt
Blührhythmik: öfterblühend
Wuchshöhe: 60 bis 80 cm
Wuchsform: aufrecht buschig
Pflanzen pro m²: 4 bis 5
Verwendung: Garten, einzeln oder in Gruppen, Halbschatten ertragend, sehr regenfest, Kübel, Tröge, robuste Sorte für Schrebergärten, Stammrose mit 90 cm Höhe.
ADR-Rose: 2004

Phlox Meidiland®

Der Charakter: Die Blütenstände mit den wildrosenähnlichen Einzelblüten erinnern tatsächlich an die des Sommer-Phlox. Robuste Kombi-Rose mit ADR-Prädikat für staudenreiche Garteninszenierungen. Sehr hitzebeständig, auch für Südlagen geeignet.
Gruppe: Flächenrose
Züchter/Herkunft: Meilland
Einführungsjahr: 2000
Blütenfarbe: kräftig rosa
Blütenfüllung: einfach
Blührhythmik: öfterblühend
Wuchshöhe: 60 bis 80 cm
Wuchsform: kompakt buschig
Pflanzen pro m²: 4 bis 5
Verwendung: Garten, einzeln oder in Gruppen, Halbschatten ertragend, sehr regenfest, Kübel, Pollenspender, robuste Sorte für Schrebergärten, Dachgarten.
ADR-Rose: 2001

Piano®

Der Charakter: Die Nostalgie-Edelrose aus der Züchterwerkstatt Tantau beeindruckt mit ihren großen, leuchtend roten Blüten. Die langstieligen, regenfesten und haltbaren Blütenstiele eignen sich sehr gut für die Vase. Wer selbst gerne viele Schnittrosen mit nostalgischem Blütenflair aus dem eigenen Garten ernten möchte, liegt mit dieser Sorte genau richtig.
Gruppe: Edelrose
Züchter/Herkunft: Tantau
Einführungsjahr: 2007
Blütenfarbe: rot
Blütenfüllung: stark gefüllt
Blührhythmik: öfterblühend
Wuchshöhe: 80 bis 100 cm
Wuchsform: aufrecht buschig
Pflanzen pro m²: 5 bis 6
Verwendung: Garten, einzeln oder in Gruppen, sehr regenfest, Vasenschnitt, Kübel, Tröge, Stammrose 90 cm.

Pierette®

Der Charakter: Ein Highlight der neuen Generation innerhalb der Rugosa-Gruppe. Robust, duftend (auch das Laub), niedrig, kompakt wachsend – eine problemlose Sorte für viele Gestaltungsvarianten. Bienenweide und Hagebuttenspender. Äußerst frosthart. Hohe Toleranz gegenüber Bodensalzen.
Gruppe: Rugosa-Hybride mit Duft
Züchter/Herkunft: Uhl
Einführungsjahr: 1989
Blütenfarbe: rosa
Blütenfüllung: gefüllt
Blührhythmik: öfterblühend
Wuchshöhe: 60 bis 80 cm
Wuchsform: buschig
Pflanzen pro m²: 3 bis 4
Verwendung: Garten, einzeln oder in Gruppen, Frostlagen vertragend, sehr regenfest, Pollenspender, Hagebutten, gelbe Herbstfärbung der Blätter.

■ Petticoat®

■ Phlox Meidiland®

Pink Grootendorst

Der Charakter: Die einzigartigen, nelkenförmigen Blüten gaben dieser robusten Sorte ihren deutschen Namen – Nelkenrose. Tatsächlich sind die rosafarbenen Blütenblätter am Rand wie die einer Nelke gefranst. Die Triebe sind üppig bestachelt, für undurchdringliche, niedrige Hecken prädestiniert.
Gruppe: Rugosa-Hybride
Züchter/Herkunft: Grootendorst
Einführungsjahr: 1923
Blütenfarbe: rosa
Blütenfüllung: gefüllt
Blührhythmik: einmalblühend
Wuchshöhe: 100 bis 150 cm
Wuchsform: aufrecht
Pflanzen pro m²: 1 bis 2
Verwendung: Garten, einzeln oder in Gruppen, starke Bestachelung, Hecken, Frostlagen vertragend, Kübel, Halbschatten ertragend, sehr regenfest, Herbstfärbung der Blätter, Hagebutten.

Pink Swany®

Der Charakter: ADR-Flächenrose mit nostalgischer Blütenfülle. Dank des überhängenden Wuchses auch als Kaskadenrose für Rosenstämme bestens geeignet.
Gruppe: Flächenrose
Züchter/Herkunft: Meilland
Einführungsjahr: 2003
Blütenfarbe: rosa
Blütenfüllung: stark gefüllt
Blührhythmik: öfterblühend
Wuchshöhe: 60 bis 80 cm
Wuchsform: niedrig buschig
Pflanzen pro m²: 4 bis 5
Verwendung: Garten, einzeln oder in Gruppen, Halbschatten ertragend, sehr regenfest, Kübel, Tröge, Kästen, robuste Sorte für Schrebergärten, über Mauern überhängend, Stammrosen mit 60 und 90 cm Höhe.
ADR-Rose: 2003

Pink Meidiland®

Der Charakter: Eine zivilisierte Wildrose für den Garten, vor allem in Verbindung mit anderen Gehölzen und Stauden. Dank Dauerblüte liefern die lachsrosafarbenen Blüten mit den goldgelben Staubgefäßen den ganzen Sommer über Pollen für Bienen und Hummeln – eine enorm ergiebige Bienenweide, die reine Wildarten an Produktivität weit übertrifft. Bei flächiger Pflanzung auf wurzelechte Pflanzware achten.
Gruppe: Flächenrose
Züchter/Herkunft: Meilland
Einführungsjahr: 1984
Blütenfarbe: pink mit weißem Auge
Blütenfüllung: einfach
Blührhythmik: öfterblühend
Wuchshöhe: 60 bis 80 cm
Wuchsform: überhängend
Pflanzen pro m²: 2 bis 3
Verwendung: Garten, einzeln oder in Gruppen, frei wachsende Hecken, Frostlagen vertragend, sehr regenfest, Hitze vertragend, Pollenspender, Hagebutten.

Pink Paradise®

Der Charakter: Pinkfarbene Edelrose mit Duft <u>und</u> ADR-Prädikat! Das satte, dunkle Laub dieser kompakt wachsenden Sorte ist sehr robust. Rundum eine besonders paradiesische Rosenzüchtung aus dem Hause Delbard.
Gruppe: Edelrose mit Duft
Züchter/Herkunft: Delbard
Einführungsjahr: 2010
Blütenfarbe: pink mit gelber Mitte
Blütenfüllung: gefüllt
Blührhythmik: öfterblühend
Wuchshöhe: 80 bis 100 cm
Wuchsform: aufrecht
Pflanzen pro m²: 4 bis 5
Verwendung: Garten, einzeln oder in Gruppen, regenfest, Vasenschnitt, Kübel, Tröge.
ADR-Rose: 2011

■ Pink Grootendorst

■ Pink Swany®

■ Pink Meidiland®

Pink Symphonie®

Der Charakter: Eine Zwergrose der neuen, robusten Generation. Eine Zierde für Tröge und Kästen, ein Däumling, der rauere Lagen duldet. Die porzellanrosafarbenen Blüten schmücken aber auch im Garten oder auf sonnigen Grabstellen. Terrassen-Tipp: 'Pink Symphonie'®-Stämmchen in edler Terrakotta-Aufmachung. Diese lassen sich herrlich mit Glockenblumen unterpflanzen.
Gruppe: Zwergrose
Züchter/Herkunft: Meilland
Einführungsjahr: 1987
Blütenfarbe: rosa
Blütenfüllung: gefüllt
Blührhythmik: öfterblühend
Wuchshöhe: 30 bis 40 cm
Wuchsform: aufrecht
Pflanzen pro m²: 8 bis 9
Verwendung: Garten, einzeln oder in Gruppen, Grabstellen, Kübel, Trog, Kasten, Hitze vertragend, Stammrose.

Play Rose®

Der Charakter: Ein Stehaufmännchen mit widerstandsfähiger Belaubung, das auch auf ungünstigen Standorten wächst. Eine kräftige rosa Farbe und der Ansatz von Hagebutten sind weitere Merkmale dieser pflegeextensiven Sorte. Harmoniert recht gut mit hochwachsenden Stauden.
Gruppe: Beetrose
Züchter/Herkunft: Meilland
Einführungsjahr: 1989
Blütenfarbe: rosa
Blütenfüllung: gefüllt
Blührhythmik: öfterblühend, früh blühend
Wuchshöhe: 60 bis 80 cm
Wuchsform: buschig
Pflanzen pro m²: 4 bis 5
Verwendung: Garten, einzeln oder in Gruppen, Frostlagen vertragend, Kübel, Trog, sehr regenfest, Pollenspender, Hagebutten, Stammrose mit 90 cm Höhe.

Polareis®

Der Charakter: Bei dieser Rugosa-Hybride aus Russland ist der Name Programm, obwohl die zartrosafarbenen Blüten nichts von der enormen Frosthärte dieser Sorte ahnen lassen. Für flächige Anordnung, besonders in exponierten Lagen. Ein jährlicher Schnitt verhindert die Vergreisung des Stockes.
Gruppe: Rugosa-Hybride mit Duft
Züchter/Herkunft: Strobel
Einführungsjahr: 1991
Blütenfarbe: porzellanrosa
Blütenfüllung: gefüllt
Blührhythmik: öfterblühend
Wuchshöhe: 60 bis 80 cm
Wuchsform: buschig
Pflanzen pro m²: 3 bis 4
Verwendung: Garten, einzeln oder in Gruppen, Frostlagen bestens vertragend, sehr regenfest, Pollenspender, gelbe Herbstfärbung der Blätter, Hagebutten.

Polarsonne®

Der Charakter: Rugosa-Selektion aus Russland, die in puncto Frosthärte keine Wünsche offenlässt. Wer in exponierten Höhen- bzw. Frostlagen nicht auf Rosen verzichten möchte, liegt mit 'Polarsonne' richtig. Ideal für Vorpflanzung vor Gehölzgruppen. Außergewöhnlich frosthart.
Gruppe: Rugosa-Hybride mit Duft
Züchter/Herkunft: Strobel
Einführungsjahr: 1991
Blütenfarbe: rot
Blütenfüllung: gefüllt
Blührhythmik: öfterblühend
Wuchshöhe: 60 bis 80 cm
Wuchsform: buschig
Pflanzen pro m²: 3 bis 4
Verwendung: Garten, einzeln oder in Gruppen, Frostlagen bestens vertragend, sehr regenfest, Pollenspender, gelbe Herbstfärbung der Blätter, Hagebutten.

■ Pink Symphonie®

■ Play Rose®

Polarstern®

Der Charakter: Bereits wenige Stiele, in einer hübschen Vase arrangiert, vermitteln an heißen Sommertagen ein Gefühl erfrischender Kühle. Aber auch auf Beeten und Rabatten bewährt sich die Sorte dank ihrer Frosthärte und Laubrobustheit. »Ganz in Weiß« – für alle Gelegenheiten, die nach Kontrasten rufen. Auch als Rosenstamm ein besonderer Blickfang im Garten.
Gruppe: Edelrose mit Duft
Züchter/Herkunft: Tantau
Einführungsjahr: 1982
Blütenfarbe: weiß
Blütenfüllung: gefüllt
Blührhythmik: öfterblühend
Wuchshöhe: 80 bis 100 cm
Wuchsform: aufrecht
Pflanzen pro m²: 6 bis 7
Verwendung: Garten, in Gruppen, Vasenrose, Stammrose mit 90 cm Höhe.

Polka '91®

Der Charakter: Eine besondere Variante im Formenreichtum der Rosenblüten – stark gefüllte bernsteinfarbene Blüten mit zerfransten Blütenblättern lenken die Blicke auf sich. Für »dufte« Blütenhecken oder als edler Solitär auf der Gartenbühne. Robust, vital und ein idealer Partner für Stauden.
Gruppe: Strauchrose mit Duft
Züchter/Herkunft: Meilland
Einführungsjahr: 1991
Blütenfarbe: bernsteinfarben
Blütenfüllung: gefüllt
Blührhythmik: öfterblühend
Wuchshöhe: 100 bis 150 cm
Wuchsform: aufrecht bis überhängend
Pflanzen pro m²: 1 bis 2
Verwendung: Garten, einzeln oder in Gruppen, frei wachsende Hecken, sehr regenfest, Vasenschnitt.

Pomponella®

Der Charakter: Gesunde ADR-Variante der beliebten, aber mehltausensiblen Sorte 'Raubritter'. Die ballförmigen, pomponartigen Blüten verströmen reichlich Romantik. Eine Neuheit mit großer Rosenzukunft.
Gruppe: Beetrose
Züchter/Herkunft: Kordes
Einführungsjahr: 2005
Blütenfarbe: dunkelrosa
Blütenfüllung: stark gefüllt
Blührhythmik: öfterblühend
Wuchshöhe: 60 bis 80 cm
Wuchsform: breit buschig
Pflanzen pro m²: 4 bis 5
Verwendung: Garten, einzeln oder in Gruppen, Halbschatten ertragend, sehr regenfest, Kübel, robuste Sorte für Schrebergärten, Stammrose mit 90 cm Höhe.
ADR-Rose: 2006

Postillion®

Der Charakter: Nach der Weltsorte 'Lichtkönigin Lucia' ist dem Züchter Kordes mit dieser ADR-Rose ein weiterer großer Wurf im Bereich der gelb blühenden Strauchrosen gelungen. Sie punktet mit gutem Duft, robustem Laub und großen Blüten.
Gruppe: Strauchrose mit Duft
Züchter/Herkunft: Kordes
Einführungsjahr: 1998
Blütenfarbe: gelb
Blütenfüllung: gefüllt
Blührhythmik: öfterblühend
Wuchshöhe: 100 bis 150
Wuchsform: aufrecht buschig
Pflanzen pro m²: 1 bis 2
Verwendung: Garten, einzeln oder in Gruppen, sehr regenfest, Kübel, Tröge, robuste Sorte für Schrebergärten, für große Grabstellen, frei wachsende Blütenhecken.
ADR-Rose: 1996

Polarstern®

Polka '91®

Pomponella®

Princess Alexandra of Kent®

Der Charakter: Den außergewöhnlich großen Schalenblüten entströmt ein herrlicher Zitronenduft, der sofort begeistert. Die interessante Neuzüchtung verfügt zudem über eine solide Robustheit. Ideal für Dreier-Gruppenpflanzungen, überall dort, wo genügend Platz zur Verfügung steht.
Gruppe: Strauchrose mit Duft, Englische Rose
Züchter/Herkunft: Austin
Einführungsjahr: 2007
Blütenfarbe: pink
Blütenfüllung: stark gefüllt
Blührhythmik: öfterblühend
Wuchshöhe: 100 bis 150 cm
Wuchsform: aufrecht buschig
Pflanzen pro m²: 1 bis 2
Verwendung: Garten, einzeln oder in Gruppen, Kübel, Tröge, frei wachsende Blütenhecken, Stammrose 90 cm.

Pullman Orient Express®

Der Charakter: Robuste Edelrose mit gelben Blütenblättern, die am Rand rosafarben auslaufen. Ein faszinierendes Farbfestival für den Garten, die Terrasse und die Vase. Das auffallend glänzende Laub rundet die elegante Erscheinung ab.
Gruppe: Edelrose mit Duft
Züchter/Herkunft: Meilland
Einführungsjahr: 2002
Blütenfarbe: gelb/rosa
Blütenfüllung: stark gefüllt
Blührhythmik: öfterblühend
Wuchshöhe: 60 bis 80 cm
Wuchsform: aufrecht buschig
Pflanzen pro m²: 6 bis 7
Verwendung: Garten, einzeln oder in Gruppen, Kübel, Tröge, robuste Sorte für Schrebergärten, Vasenschnitt.

Pußta®

Der Charakter: Dunkelrote Beetrose mit Pfiff. Eine Sorte, die gut selbst reinigt und hübsch neben niedrigen Stauden wirkt. Sehr reichblühend.
Gruppe: Beetrose
Züchter/Herkunft: Tantau
Einführungsjahr: 1972
Blütenfarbe: rot
Blütenfüllung: gefüllt
Blührhythmik: öfterblühend
Wuchshöhe: 60 bis 80 cm
Wuchsform: buschig
Pflanzen pro m²: 6 bis 7
Verwendung: im Garten, einzeln oder in Gruppen, lässt sich sehr gut kombinieren.

Queen of Hearts®

Der Charakter: Faszinierende Beetrose aus der Märchenrosen-Serie von Kordes. Absolute »Herzenskönigin« mit Fernwirkung, die zunächst lachsorangefarbene Knospen öffnet, um dann rosa zu verblühen.
Gruppe: Beetrose
Züchter/Herkunft: Kordes
Einführungsjahr: 2008
Blütenfarbe: lachsorange
Blütenfüllung: stark gefüllt
Blührhythmik: öfterblühend
Wuchshöhe: 60 bis 80 cm
Wuchsform: aufrecht buschig
Pflanzen pro m²: 4 bis 5
Verwendung: Garten, einzeln oder in Gruppen, regenfest, Kübel, Tröge, Vasenschnitt.

Raubritter

Der Charakter: Faszinierend durch Blütenform und überreichen Blütenflor. Die fontänenartig überhängenden Triebe krönen Rosenstämmchen der Extraklasse. Mehltauempfindlich, heiße Südlagen mit geringer Luftbewegung meiden.
Gruppe: Strauchrose
Züchter/Herkunft: Kordes
Einführungsjahr: 1936
Blütenfarbe: rosa
Blütenfüllung: gefüllt
Blührhythmik: einmalblühend, spät blühend
Wuchshöhe: 200 bis 300 cm
Wuchsform: überhängend
Pflanzen pro m²: 1 bis 2
Verwendung: Garten, einzeln oder in Gruppen, Kübel, Stammrose mit 90 und 140 cm Höhe.

Red Eden Rose®

Der Charakter: Eine rote 'Eden Rose', die keine Wünsche offenlässt. Ideale Rose für ausreichend große Kübel und hübsche Gefäße.
Gruppe: Strauchrose mit Duft
Züchter/Herkunft: Meilland
Einführungsjahr: 2002
Blütenfarbe: dunkelrot
Blütenfüllung: stark gefüllt
Blührhythmik: öfterblühend, früh blühend
Wuchshöhe: 100 bis 150 cm
Wuchsform: aufrecht
Pflanzen pro m²: 2 bis 3
Verwendung: Garten, einzeln, sehr regenfest, Vasenschnitt, Bauerngarten, für frei wachsende Hecken, Stammrose 90 cm.

- Oben: Pußta®
- Mitte: Raubritter
- Unten: Red Eden Rose®

Red Flame®

Der Charakter: Kletterrosen mit intensivem Duft sind sehr, sehr selten. Hier ist eine, die aufgrund ihrer Ausmaße einen markanten Parfümspender darstellt, der den angrenzenden Garten- und Terrassenbereich sommerlang mit Duftwolken versorgt. Die Blüten sind stark gefüllt, das Laub ist widerstandsfähig. Auch für Kübel geeignet.
Gruppe: Kletterrose mit Duft
Züchter/Herkunft: Adam
Einführungsjahr: 2003
Blütenfarbe: rot
Blütenfüllung: stark gefüllt
Blührhythmik: öfterblühend
Wuchshöhe: 200 bis 300 cm
Wuchsform: überhängend
Pflanzen pro m²: 1 bis 2
Verwendung: Garten, einzeln, sehr regenfest, Kübel, Vasenschnitt, robuste Sorte für Schrebergärten.

Red Leonardo da Vinci®

Der Charakter: Romantica-Rose des französischen Rosenzüchters Meilland mit dunkelroten, rosettenartigen Blüten. Ideale Terrassenrose für Kübel, auch als Stämmchen ein Rosentraum für unvergessliche Sommertage.
Gruppe: Beetrose
Züchter/Herkunft: Meilland
Einführungsjahr: 2003
Blütenfarbe: johannisbeerrot
Blütenfüllung: stark gefüllt
Blührhythmik: öfterblühend
Wuchshöhe: 60 bis 80 cm
Wuchsform: buschig kompakt
Pflanzen pro m²: 4 bis 5
Verwendung: Garten, einzeln oder in Gruppen, sehr regenfest, Kübel, Tröge, Vasenschnitt, Stammrose mit 60 und 90 cm Höhe.
ADR-Rose: 2005

Red Yesterday®

Der Charakter: Eine Harkness-Sorte mit internationaler Verbreitung. Vielfältig einsetzbar, ob als niedrige Hecke, für Einfassungen, als roter Flächenbegrüner. Die Blüten erscheinen in großen Dolden, die Einzelblüte ist weinrot mit weißem Auge und zwinkert dem Betrachter förmlich zu.
Gruppe: Flächenrose
Züchter/Herkunft: Harkness
Einführungsjahr: 1978
Blütenfarbe: rot mit weißem Auge
Blütenfüllung: einfach
Blührhythmik: öfterblühend
Wuchshöhe: 60 bis 80 cm
Wuchsform: überhängend
Pflanzen pro m²: 2 bis 3
Verwendung: Garten, einzeln oder in Gruppen, frei wachsende Hecken, Kübel, sehr regenfest, Pollenspender.

Repens Alba *(Rosa × paulii= Rosa rugosa* var. *repens)*

Der Charakter: Eine Sorte aus der Abteilung »Rosiger Wachdienst«, ideal zur Begrünung extensiv genutzter Flächen und ungeliebter Trampelpfade. Mit bis zu 6 Meter langen, stark bestachelten Trieben nicht für kleinere Gärten geeignet.
Gruppe: Rugosa-Hybride
Züchter/Herkunft: G. Paul
Einführungsjahr: vor 1903
Blütenfarbe: weiß
Blütenfüllung: einfach
Blührhythmik: einmalblühend
Wuchshöhe: 30 bis 40 cm
Wuchsform: flach, stark wachsend
Pflanzen pro m²: 1 bis 2
Verwendung: Böschungen, starke Bestachelung, erträgt Frostlagen und Halbschatten, Hagebutten.

Red Leonardo da Vinci®

Red Yesterday®

Rhapsody in Blue®

Der Charakter: Einzig reines Blau fehlt bis heute im rosigen Farbenspektrum. Die zur Zeit beste Annäherung an den Mythos der blauen Rose bietet diese robuste Neuzüchtung, die aus der Distanz betrachtet tatsächlich blau erscheint.
Gruppe: Beetrose
Züchter/Herkunft: Cowlishaw/Warner
Einführungsjahr: 2002
Blütenfarbe: purpurviolett
Blütenfüllung: halbgefüllt
Blührhythmik: öfterblühend
Wuchshöhe: 80 bis 100 cm
Wuchsform: aufrecht
Pflanzen pro m²: 3 bis 4
Verwendung: Garten, einzeln oder in Gruppen.

Robusta®

Der Charakter: Eine aufrecht wachsende Rugosa-Hybride, deren Name für diese äußerst robuste Pflanze treffend gewählt ist. Wird mannshoch, braucht also entsprechenden Freiraum. Idealer Grenzschutz, vorzüglich also für Hecken. Wünscht regelmäßigen Frühjahrsschnitt zum Vitalitätserhalt.
Gruppe: Rugosa-Hybride mit Duft
Züchter/Herkunft: Kordes
Einführungsjahr: 1979
Blütenfarbe: rot
Blütenfüllung: einfach
Blührhythmik: öfterblühend
Wuchshöhe: 150 bis 200 cm
Wuchsform: aufrecht
Pflanzen pro m²: 1 bis 2
Verwendung: Garten, starke Bestachelung, frei wachsende Hecken, Pollenspender, für naturnahe Gärten.

Rokoko®

Der Charakter: Eine Rose wie ein Märchen: Die großen, leicht gewellten Blütenblätter setzen sich zu einer romantischen Blume zusammen, deren feiner Wildrosenduft und warmgelbe Blütenfarbe verzaubern. Dabei mit einer Blattrobustheit gesegnet, die man dieser Blütenschönheit nicht zutrauen würde.
Gruppe: Strauchrose
Züchter/Herkunft: Tantau
Einführungsjahr: 1987
Blütenfarbe: cremegelb
Blütenfüllung: gefüllt
Blührhythmik: öfterblühend
Wuchshöhe: 150 bis 200 cm
Wuchsform: aufrecht
Pflanzen pro m²: 1 bis 2
Verwendung: Garten, einzeln, Vasenschnitt, für frei wachsende Hecken, Stammrose 90 cm, 140 cm.

Romanze®

Der Charakter: Die neonpinkfarbenen Blüten leuchten bereits von Weitem und schmücken einen kompakt wachsenden Strauch. Für lockere Gruppen, aber auch auf größeren Rabatten einsetzbar. Eine der interessantesten Strauchrosen mit buschigem, geschlossenem Wuchsbild.
Gruppe: Strauchrose
Züchter/Herkunft: Tantau
Einführungsjahr: 1984
Blütenfarbe: pinkrosa
Blütenfüllung: gefüllt
Blührhythmik: öfterblühend
Wuchshöhe: 100 bis 150 cm
Wuchsform: aufrecht
Pflanzen pro m²: 1 bis 2
Verwendung: Garten, einzeln oder in Gruppen, Kübel, Halbschatten ertragend, sehr regenfest, Hitze vertragend, auch für größere Beete und Rabatten, lässt sich sehr gut kombinieren.

■ Rhapsody in Blue®

■ Rokoko®

■ Romanze®

Rosa arvensis Kriech-Rose

Der Charakter: Der deutsche Name dieser einheimischen Wildrose beschreibt den Wuchscharakter treffend – Kriech-Rose. Bedeckt mit ihren langen Triebtentakeln willig Böschungen und Hänge, gerne auch in halbschattiger Lage. Sehr starkwüchsig! Heiße Lagen meidet sie lieber, obwohl sie Wärme verträgt. Blüte im Juli, Hagebutten ab September. Bild Seite 73.
Gruppe: Heimische Wildrose
Züchter/Herkunft: Europa
Einführungsjahr: unbekannt
Blütenfarbe: weiß
Blütenfüllung: einfach
Blührhythmik: einmalblühend
Wuchshöhe: 80 bis 100 cm
Wuchsform: flach, stark wachsend
Pflanzen pro m²: 1 bis 2
Verwendung: Garten, einzeln oder in Gruppen, Halbschatten ertragend, Hagebutten.

Rosa × centifolia 'Muscosa'

Der Charakter: Eine »Alte Rose« aus Großmutters Garten, die wegen ihrer moosig bepelzten Kelchblätter – eine Laune der Natur – als Moosrose bezeichnet wird. Dass diese Rose auch nach Jahrhunderten noch Einzug in moderne Gärten hält, liegt an ihrem einzigartigen Zentifolienduft, dem klassischen Rosenduft. Bild Seite 120.
Gruppe: Strauchrose mit Zentifolienduft, Moosrose
Züchter/Herkunft: Holland
Einführungsjahr: 1796
Blütenfarbe: rosa
Blütenfüllung: gefüllt
Blührhythmik: einmalblühend
Wuchshöhe: 80 bis 100 cm
Wuchsform: überhängend
Pflanzen pro m²: 1 bis 2
Verwendung: Garten, einzeln oder in Gruppen, Duft- und Bauerngärten.

Rosa gallica Essig-Rose

Der Charakter: Älteste Nutzrose der Menschheit und Urahnin berühmter Alter Rosen wie 'Officinalis' oder 'Versicolor', mit denen sie aber aufgrund der einfachen, bescheidenen Blüte nicht viel gemein hat. Starke Ausläuferbildung. Weiteres Bild Seite 73.
Gruppe: Heimische Wildrose mit Duft
Züchter/Herkunft: Europa
Einführungsjahr: unbekannt
Blütenfarbe: rosa
Blütenfüllung: einfach
Blührhythmik: einmalblühend
Wuchshöhe: 80 bis 100 cm
Wuchsform: aufrecht
Pflanzen pro m²: 1 bis 2
Verwendung: Garten, einzeln oder in Gruppen, starke Bestachelung, Frostlagen vertragend, Halbschatten ertragend.

Rosa gallica 'Officinalis' Apotheker-Rose

Der Charakter: Weltbekannte Apothekerrose, uralte Strauchrose mit Duft. Alle ober- und unterirdischen Pflanzenteile – insbesondere die Blütenblätter – werden seit Jahrhunderten für Heil- und Kosmetikzwecke verwendet. Auch heute noch eine beliebte Heilrose.
Gruppe: Strauchrose mit Duft
Züchter/Herkunft: unbekannt
Einführungsjahr: vor 1310 in Kultur
Blütenfarbe: karmesinrot
Blütenfüllung: halbgefüllt
Blührhythmik: einmalblühend
Wuchshöhe: 100 bis 150 cm
Wuchsform: überhängend
Pflanzen pro m²: 1 bis 2
Verwendung: Garten, einzeln, Halbschatten ertragend, Kübel, Pollenspender, Hagebutten, Bauerngarten, für frei wachsende Hecken.

■ *Rosa gallica,* Essig-Rose

■ *Rosa gallica* 'Officinalis', Apotheker-Rose

Rosa gallica 'Versicolor'

Der Charakter: Ein berühmter Gallica-Abkömmling mit hellrosafarbenen Blüten, die karminrot gestreift sind und durch ihre lockere Füllung den Blick auf goldgelbe Staubgefäße zulassen – ein wunderbares Farbenspiel. Der Duft ist von eigenartiger Dominanz, nicht jeder mag sich mit ihm anfreunden. Auch 'Rosa Mundi' genannt.
Gruppe: Strauchrose mit Duft
Züchter/Herkunft: *Rosa gallica*
Einführungsjahr: in Kultur schon vor 1581
Blütenfarbe: rosa mit karminroten Streifen
Blütenfüllung: halbgefüllt
Blührhythmik: einmalblühend
Wuchshöhe: 100 bis 150 cm
Wuchsform: überhängend
Pflanzen pro m²: 1 bis 2
Verwendung: Garten, einzeln oder in Gruppen.

Rosa hugonis Chinesische Gold-Rose, Seiden-Rose

Der Charakter: Die bereits Mitte Mai gelb blühende Frühlingsrose wird auch »Chinesische Gold-Rose« genannt. Toller Blickfang vor dunkler Gehölzkulisse, aber auch ein Solitär ersten Ranges. Wertvoll durch frühe, überreiche Blüte. Die gelbe Blütenfarbe hat unter den Wildrosen Seltenheitswert.
Gruppe: Strauchrose
Züchter/Herkunft: China/Hemsley
Einführungsjahr: 1899
Blütenfarbe: gelb
Blütenfüllung: einfach
Blührhythmik: einmalblühend, sehr früh blühend
Wuchshöhe: 200 bis 300 cm
Wuchsform: überhängend
Pflanzen pro m²: 1 bis 2
Verwendung: Garten, einzeln oder in Gruppen, Pollenspender, Hagebutten, Maiblüher.

Rosa majalis Mai-Rose, Zimt-Rose

Der Charakter: Eine relativ gut (Halb-)Schatten vertragende Rose, die in der freien Natur an Waldrändern und in Auenwäldern zu finden ist. Befestigt durch ihre Ausläufer Böschungen. Bild Seite 73.
Gruppe: Heimische Wildrose
Züchter/Herkunft: Nordost-Europa
Einführungsjahr: vor 1700
Blütenfarbe: rosa
Blütenfüllung: einfach
Blührhythmik: einmalblühend, sehr früh blühend
Wuchshöhe: 150 bis 200 cm
Wuchsform: buschig
Pflanzen pro m²: 1 bis 2
Verwendung: Böschungen, Hanglagen, Halbschatten gut tolerierend, in Verbindung mit Wasser.

Rosa moyesii

Der Charakter: Eine locker wachsende Strauchrose, die durch große, flaschenförmige Borstenhagebutten ziert. Ein Vogelnährgehölz der Extraklasse. Braucht Raum zur vollen Entfaltung ihrer naturnahen Schönheit. Die Wildrose kommt auch in halbschattigen Gartenbereichen zurecht. Weiteres Bild Seite 76.
Gruppe: Strauchrose
Züchter/Herkunft: China
Einführungsjahr: 1890
Blütenfarbe: rot
Blütenfüllung: einfach
Blührhythmik: einmalblühend, sehr früh blühend
Wuchshöhe: 200 bis 300 cm
Wuchsform: aufrecht
Pflanzen pro m²: 1 bis 2
Verwendung: Garten, einzeln oder in Gruppen, Frostlagen vertragend, Halbschatten ertragend, Pollenspender, Hagebutten.

■ *Rosa gallica* 'Versicolor'

■ *Rosa hugonis*, Chinesische Gold-Rose, Seiden-Rose

■ *Rosa moyesii*

■ Oben: *Rosa nitida,* Glanz-Rose
■ Unten: *Rosa × ruga*

Rosa nitida Glanz-Rose

Der Charakter: Eine Rose, die als Herbstfärber mit ihrem rötlich braunen Falllaub für einen farbenfrohen Saisonschluss sorgt. Sie bildet zahlreiche Ausläufer, die in der Summe einen vieltriebigen, kniehohen Busch formen. Die Triebe sind borstig bestachelt.
Gruppe: Wildrose
Züchter/Herkunft: Nordamerika
Einführungsjahr: 1807
Blütenfarbe: rosa
Blütenfüllung: einfach
Blührhythmik: einmalblühend
Wuchshöhe: 60 bis 80 cm
Wuchsform: buschig
Pflanzen pro m²: 4 bis 5
Verwendung: Garten, einzeln oder in Gruppen, starke Bestachelung, frei wachsende Hecken, Halbschatten ertragend, Herbstfärbung der Blätter, Hagebutten.

Rosa pimpinellifolia (Syn.: *Rosa spinosissima*) Dünen-Rose

Der Charakter: Die Dünenrose des Nordens. Der Strauch ist relativ salzverträglich und befestigt entsprechende Lagen durch viele Ausläufer. Eine heimische Wildrose, in deren einfachen, nach Honig duftenden Blüten dem Betrachter die Urform aller Rosenblüten begegnet. Weiteres Bild Seite 73.
Gruppe: Heimische Wildrose mit Duft
Züchter/Herkunft: Europa
Einführungsjahr: vor 1600
Blütenfarbe: cremefarben
Blütenfüllung: einfach
Blührhythmik: einmalblühend, sehr früh blühend
Wuchshöhe: 80 bis 100 cm
Wuchsform: buschig
Pflanzen pro m²: 1 bis 2
Verwendung: Garten, einzeln oder in Gruppen, starke Bestachelung, frei wachsende Hecken, Dünenbefestigung, Halbschatten ertragend, Pollenspender, Hagebutten.

Rosa repens × gallica (Syn.: *Rosa × polliniana)*

Der Charakter: Ein flacher Bodendecker, der im Juni durch zahlreiche, zartrosa Blüten gefällt. Setzt wenig Hagebutten an. Böschungsrose.
Gruppe: Flächenrose
Züchter/Herkunft: unbekannt
Einführungsjahr: vor 1800
Blütenfarbe: rosa
Blütenfüllung: einfach
Blührhythmik: einmalblühend
Wuchshöhe: 30 bis 40 cm
Wuchsform: flach, schwachwüchsig
Pflanzen pro m²: 2 bis 3
Verwendung: Garten, einzeln oder in Gruppen.

Rosa rubiginosa Schottische Zaun-Rose

Der Charakter: Die Schottische Zaun-Rose ist eine interessante Heckenrose, mit ihr als Vogelschutz- und -nährgehölz lassen sich naturnahe Gestaltungsideen wunderbar verwirklichen. Braucht Platz, für kleine Gärten ungeeignet. Die Blätter duften nach zerriebenen Äpfeln. Bild Seite 73.
Gruppe: Heimische Wildrose
Züchter/Herkunft: Europa
Einführungsjahr: unbekannt
Blütenfarbe: rosa
Blütenfüllung: einfach
Blührhythmik: einmalblühend
Wuchshöhe: 200 bis 300 cm
Wuchsform: überhängend
Pflanzen pro m²: 1 bis 2
Verwendung: Garten, einzeln oder in Gruppen, starke Bestachelung, frei wachsende Hecken, Pollenspender, Hagebutten.

Rosa × ruga

Der Charakter: Ein Rambler, wie er im Buche steht – wer einmal im Juni, Juli den gewaltigen Blütenflor dieses Kletterakrobaten erlebt hat, wird die duftende Sorte selbst im Garten haben wollen. Dort wird sie nicht enttäuschen und auch lichte Baumkronen zieren oder dem Goldregen zur zweiten Blüte verhelfen. In heißen Südlagen sollte man jedoch auf sie verzichten. Sehr starkwüchsig.
Gruppe: Rambler mit Duft
Züchter/Herkunft: Italien
Einführungsjahr: vor 1830
Blütenfarbe: rosa
Blütenfüllung: halbgefüllt
Blührhythmik: einmalblühend
Wuchshöhe: 300 bis 500 cm
Wuchsform: ohne Rankhilfe flach wachsend
Pflanzen pro m²: 1 bis 2
Verwendung: Garten, einzeln oder in Gruppen, Halbschatten ertragend, Pergola, Spaliere, Säulen.

Rosa scabriuscula Kratz-Rose

Der Charakter: Eine heimische Wildrose der sonnigen Waldränder und -säume. Ideal für absonnige Gartenstandorte, die dem natürlichen Standort entsprechen. Lockt im Juni und Juli zahlreiche Insekten zur Bestäubung an. Schöner Hagebuttenansatz. Bild Seite 73.
Gruppe: Heimische Wildrose
Züchter/Herkunft: Europa
Einführungsjahr: unbekannt
Blütenfarbe: rosa
Blütenfüllung: einfach
Blührhythmik: einmalblühend
Wuchshöhe: 150 bis 200 cm
Wuchsform: buschig
Pflanzen pro m²: 1 bis 2
Verwendung: Garten, einzeln oder in Gruppen, Hagebutten.

Rosa sericea f. pteracantha Stacheldraht-Rose

Der Charakter: Eine Strauchrose mit vielen Besonderheiten. Zum einen nur vier Blütenblätter ausbildend, zum anderen durch flügelartige, bis 3 cm große, durchscheinende Stacheln auffallend. Stacheldraht-Rose wird dieser piksige Platzhirsch mit großem Raumbedarf genannt. Bild Seite 70.
Gruppe: Strauchrose
Züchter/Herkunft: China
Einführungsjahr: 1890
Blütenfarbe: weiß
Blütenfüllung: einfach
Blührhythmik: einmalblühend, sehr früh blühend
Wuchshöhe: 200 bis 300 cm
Wuchsform: aufrecht
Pflanzen pro m²: 1
Verwendung: Garten, starke Bestachelung, Frostlagen vertragend, Halbschatten ertragend, kleine Hagebutten.

Rosa sweginzowii 'Macrocarpa'

Der Charakter: Die ungewöhnlich großen Hagebutten schmücken diesen Strauch üppig. Die alte chinesische Gartenrose wächst hoch und höher – deshalb entsprechenden Platz einplanen.
Gruppe: Strauchrose
Züchter/Herkunft: Nordost-China
Einführungsjahr: unbekannt
Blütenfarbe: rosa
Blütenfüllung: einfach
Blührhythmik: einmalblühend
Wuchshöhe: 200 bis 300 cm
Wuchsform: aufrecht
Pflanzen pro m²: 1 bis 2
Verwendung: Garten, einzeln oder in Gruppen, starke Bestachelung, Frostlagen vertragend, Halbschatten ertragend, Herbstfärbung der Blätter, dekorative Hagebutten.

Rosali '83®

Der Charakter: Eine flott wachsende Beetrose, kaum mehr als kniehoch werdend und dabei viele, viele wetterfeste, rosettenähnliche Blüten ausbildend. Bewährte Beetrose mit dichter Belaubung. Zum Blütenrosa passen vor allem weiße Blütentöne. Hier bieten sich beispielsweise aufrecht strebende Rittersporne, hochwachsende Glockenblumen und Phloxe als Hintergrundkulisse an.
Gruppe: Beetrose
Züchter/Herkunft: Tantau
Einführungsjahr: 1983
Blütenfarbe: rosa
Blütenfüllung: gefüllt
Blührhythmik: öfterblühend
Wuchshöhe: 60 bis 80 cm
Wuchsform: buschig
Pflanzen pro m²: 6 bis 7
Verwendung: Garten, einzeln, in Gruppen oder in Terrassennähe.

■ *Rosa scabriuscula,* Kratz-Rose

■ *Rosa serica* f. *pteracantha,* Stacheldraht-Rose

■ *Rosa sweginzowii* 'Macrocarpa'

Rosarium Uetersen®

Der Charakter: Ein Kletterklassiker für Wand und Pergola, auf den kaum eine Rosenschule verzichten mag. Die stark gefüllten Blüten übersäen den durch seine dichte Belaubung idealen Sichtschutz gewährenden Ranker. Auch als hochstämmige Kaskadenrose eine Pracht. Weiteres Bild Seite 37.
Gruppe: Kletterrose, auch Strauchrose
Züchter/Herkunft: Kordes
Einführungsjahr: 1977
Blütenfarbe: rosa
Blütenfüllung: gefüllt
Blührhythmik: öfterblühend
Wuchshöhe: 200 bis 300 cm
Wuchsform: überhängend
Pflanzen pro m²: 2 bis 3
Verwendung: Garten, einzeln oder in Gruppen, Frostlagen vertragend, Kübel, sehr regenfest, Hitze vertragend, Stammrose mit 90 und 140 cm, Wand, Pergola, frei stehend.

Rose des Cisterciens®

Der Charakter: Der französische Rosenzüchter Delbard hat diese mehrfarbige Malerrose den Zisterzienser-Mönchen gewidmet, die bereits seit Jahrhunderten Rosen in ihren Klostergärten kultivieren. Die großen mehrfarbigen Blüten in zarten Pastelltönen mit ihrer kugelförmigen Mitte sind ein Fest für alle Liebhaber von Romantik und Nostalgie.
Gruppe: Edelrose mit Duft
Züchter/Herkunft: Delbard
Einführungsjahr: 1998
Blütenfarbe: gelb, himbeerfarben und rosa
Blütenfüllung: gefüllt
Blührhythmik: öfterblühend
Wuchshöhe: 80 bis 120 cm
Wuchsform: aufrecht
Pflanzen pro m²: 5 bis 6
Verwendung: Garten, einzeln oder in Gruppen, Kübel, Vasenschnitt.

Rose de Resht

Der Charakter: Ein Leckerbissen für Kenner. Die purpurkarmesinfarbenen Rosettenblüten kontrastieren mit einem Laub, das sich in puncto Robustheit nicht verstecken muss. Die Duftrose bildet einen runden Busch, der sich harmonisch in viele Gartenszenarien einfügt. Alte Rose für Einsteiger. Bild Seite 119.
Gruppe: Beetrose mit Duft
Züchter/Herkunft: Persien
Einführungsjahr: unbekannt
Blütenfarbe: fuchsienrot
Blütenfüllung: gefüllt
Blührhythmik: öfterblühend
Wuchshöhe: 80 bis 100 cm
Wuchsform: aufrecht
Pflanzen pro m²: 3 bis 4
Verwendung: Garten, einzeln oder in Gruppen, frei wachsende Hecken, Kübel, Trog, Stammrose mit 60 cm Höhe.

Rosenprofessor Sieber®

Der Charakter: Der Name bürgt für eine ADR-Rose von höchster Vitalität und Widerstandsfähigkeit. Heißer Sortentipp für alle Genuss-Rosengärtner. Die Kordes-Züchtung kommt auch in halbschattigen Gartenbereichen zurecht, wenn der Boden ausreichend tiefgründig und gehaltvoll ist. Bleibende Erinnerung an einen großen Rosenfreund.
Gruppe: Beetrose
Züchter/Herkunft: Kordes
Einführungsjahr: 1997
Blütenfarbe: rosa
Blütenfüllung: gefüllt
Blührhythmik: öfterblühend
Wuchshöhe: 60 bis 80 cm
Wuchsform: buschig
Pflanzen pro m²: 4 bis 5
Verwendung: Garten, einzeln oder in Gruppen, Halbschatten ertragend, sehr regenfest, Kübel, robuste Sorte für Schrebergärten, für Grabstellen.
ADR-Rose: 1996

■ Rosarium Uetersen®

■ Rose des Cisterciens®

Rosenresli®

Der Charakter: Strauchrose mit stärkstem Duft, den klassischen Duftrosen in nichts nachstehend. Das zwischen orangerosa und rosaorange wechselnde Farbenspiel der Blüten fasziniert. Ein Duftsolitär, der auch kleinere Spaliere mit seinen robusten Trieben verziert. Dank ihres kompakten Wuchses eignet sich diese Strauchrose auch für ausreichend große Gefäße.
Gruppe: Strauchrose mit Duft
Züchter/Herkunft: Kordes
Einführungsjahr: 1986
Blütenfarbe: orangerosa
Blütenfüllung: gefüllt
Blührhythmik: öfterblühend
Wuchshöhe: 150 bis 200
Wuchsform: überhängend
Pflanzen pro m²: 1 bis 2
Verwendung: Garten, einzeln oder in Gruppen.

Rotilia®

Der Charakter: Eine »Rigo-Rose« aus dem Haus Kordes, die vielfach ausgezeichnet wurde. Sicherlich eine der zur Zeit robustesten niedrigen Beetrosen, die sich ideal für Vorpflanzungen eignet. Blüht bis weit in den Herbst hinein.
Gruppe: Beetrose
Züchter/Herkunft: Kordes
Einführungsjahr: 2000
Blütenfarbe: karminrot
Blütenfüllung: halbgefüllt
Blührhythmik: öfterblühend
Wuchshöhe: 40 bis 60 cm
Wuchsform: breit buschig
Pflanzen pro m²: 4 bis 5
Verwendung: Garten, einzeln oder in Gruppen, Halbschatten ertragend, sehr regenfest, Kübel, Pollenspender, robuste Sorte für Schrebergärten, Stammrose mit 90 cm Höhe.
ADR-Rose: 2002

Rouge Meilove®

Der Charakter: Dunkelrote Beetrose mit ADR-Prädikat und bestem Nachblühverhalten. Der zweite Blütenflor ist eine Wucht und macht diese Neuheit zu einer echten Herbstrose. Dank der guten Blattrobustheit auch für flächige Pflanzungen im Beet und auf der Rabatte zu empfehlen.
Gruppe: Beetrose
Züchter/Herkunft: Meilland
Einführungsjahr: 2005
Blütenfarbe: dunkelblutrot
Blütenfüllung: gefüllt
Blührhythmik: öfterblühend
Wuchshöhe: 60 bis 80 cm
Wuchsform: aufrecht buschig
Pflanzen pro m²: 4 bis 5
Verwendung: Garten, einzeln oder in Gruppen, Halbschatten ertragend, sehr regenfest, Kübel, Tröge, robuste Sorte für Schrebergärten, für Grabstellen, frei wachsende Blütenhecken, Dachgarten, Stammrosen 60 und 90 cm.
ADR-Rose: 2004

Roxy®

Der Charakter: Es gibt nur sehr wenige Zwergrosen, die sich mit dem ADR-Prädikat schmücken dürfen. Diese Spitzenzüchtung sorgt auf der Terrasse mit ihrem interessanten Violett-Ton für einen nicht verblassenden Rosensommer. Dank ihres kompakten Wuchses überzeugt die Zwergrose auch in ausreichend großen Blumenkästen und Trögen.
Gruppe: Zwergrose
Züchter/Herkunft: Kordes
Einführungsjahr: 2007
Blütenfarbe: violett
Blütenfüllung: stark gefüllt
Blührhythmik: öfterblühend
Wuchshöhe: 30 bis 40 cm
Wuchsform: aufrecht buschig
Pflanzen pro m²: 6 bis 7
Verwendung: Garten, einzeln oder in Gruppen, sehr regenfest, Kübel, Tröge, robuste Sorte für Schrebergärten, für Grabstellen, Dachgarten, Stammrose 60 cm.
ADR-Rose: 2008

■ Rosenprofessor Sieber®

■ Rotilia®

Roy Black®

Der Charakter: Ganz in Weiß ist diese mittlerweile in zahllosen Hausgärten bewährte Edelrose mehr als nur eine Hommage an den unvergessenen Sänger. Seit ihrer Einführung vielfach ausgezeichnet. Von ADR-Prüfern empfohlene Edelrose. Diese Spitzenzüchtung eignet sich sogar für halbschattige Gartenbereiche. Auch für den Vasenschnitt geeignet.
Gruppe: Edelrose
Züchter/Herkunft: Poulsen
Einführungsjahr: 1994
Blütenfarbe: reinweiß
Blütenfüllung: stark gefüllt
Blührhythmik: öfterblühend
Wuchshöhe: 60 bis 80 cm
Wuchsform: aufrecht
Pflanzen pro m²: 6 bis 7
Verwendung: Garten, einzeln oder in Gruppen, Halbschatten ertragend, Vasenschnitt, robuste Sorte für Schrebergärten.

Royal Bonica®

Der Charakter: Ein »königlicher« Abkömmling der rosafarbenen Sorte 'Bonica® '82'. Die Blütendolden sind sehr regenfest, und die legendäre Frosthärte der Mutter hat die Tochter übernommen. Eine hübsche, auch in großer Hitze farbbeständige Beetrose.
Gruppe: Beetrose
Züchter/Herkunft: Meilland/Martens
Einführungsjahr: 1992
Blütenfarbe: altrosa
Blütenfüllung: gefüllt
Blührhythmik: öfterblühend, spät blühend
Wuchshöhe: 60 bis 80 cm
Wuchsform: buschig
Pflanzen pro m²: 4 bis 5
Verwendung: Garten, einzeln oder in Gruppen, Kübel, Trog, Hitze vertragend, Vasenschnitt, Stammrose mit 60 und 90 cm Höhe.

Rugelda®

Der Charakter: Sehr robuste und kerngesunde Strauchrose in Gelb. Auf die Abstammung von *Rosa rugosa* weist die starke Bestachelung hin, das Blatt gleicht allerdings den modernen Strauchrosen. Baut sich als Strauch rund und dicht belaubt auf. Ein ästhetisch ansprechender, ökologisch wichtiger sicherer Brut- und Nestschutz für Vögel.
Gruppe: Strauchrose
Züchter/Herkunft: Kordes
Einführungsjahr: 1989
Blütenfarbe: gelb mit rötlichem Rand
Blütenfüllung: gefüllt
Blührhythmik: öfterblühend
Wuchshöhe: 150 bis 200 cm
Wuchsform: aufrecht
Pflanzen pro m²: 1 bis 2
Verwendung: Garten, starke Bestachelung, Hecken.
ADR-Rose: 1992

Rumba®

Der Charakter: In dieser Sorte ist Rhythmus, die rot-gelben, papageienbunten Blüten strahlen gute Laune aus. Eine dankbare Schnittrose, vor allem, wenn nur kurze Stiele geerntet werden und ausreichend Laub für den Nachtrieb stehen gelassen wird. Für gute Rosenstandorte.
Gruppe: Beetrose
Züchter/Herkunft: Poulsen
Einführungsjahr: 1960
Blütenfarbe: apricot/gelb/kupfer
Blütenfüllung: gefüllt
Blührhythmik: öfterblühend
Wuchshöhe: 60 bis 80 cm
Wuchsform: buschig
Pflanzen pro m²: 6 bis 7
Verwendung: Garten, einzeln oder in Gruppen, Vasenschnitt.

■ Roy Black®

■ Royal Bonica®

■ Rumba®

Sahara®

Der Charakter: Eine interessante Alternative zum Strauchrosenklassiker 'Westerland' stellt die Tantau-Sorte 'Sahara' dar. Warum sie nicht bekannter ist, bleibt ein Rätsel. Die Pflanzen brillieren mit ständiger Blüte und wechselndem Farbenspiel bei sehr guter Fernwirkung. Sehr hitzebeständig, für Südlagen geeignet.
Gruppe: Strauchrose
Züchter/Herkunft: Tantau
Einführungsjahr: 1996
Blütenfarbe: goldgelb bis bronzerot
Blütenfüllung: gefüllt
Blührhythmik: öfterblühend
Wuchshöhe: 100 bis 150 cm
Wuchsform: buschig aufrecht
Pflanzen pro m²: 2 bis 3
Verwendung: Garten, einzeln oder in Gruppen, sehr hitzebeständig, sehr regenfest, Kübel, robuste Sorte für Schrebergärten, für frei wachsende, gemischte Blütenhecken, Stammrose mit 90 und 140 cm Höhe.

Salita®

Der Charakter: Einen neuen Farbton brachte dieser Ranker in den Kreis der empfehlenswerten »Hochstapler«. Ein klares, leuchtendes Orange bei der Gestaltung der Vertikalen mit Rosen fehlte bis zur Einführung dieser Sorte.
Gruppe: Kletterrose
Züchter/Herkunft: Kordes
Einführungsjahr: 1987
Blütenfarbe: orange
Blütenfüllung: gefüllt
Blührhythmik: öfterblühend
Wuchshöhe: 200 bis 300 cm
Wuchsform: überhängend
Pflanzen pro m²: 2 bis 3
Verwendung: Garten, einzeln oder in Gruppen, Wand, Pergola.

Santana®

Der Charakter: Taucht Wände und Pergolen in ein Blutrot voller Leuchtkraft. Das lederartige Laub ist hart und robust. Eine rote Kletterrose mit gutem Nachtrieb und reicher Blütenfülle. Gilt heute als eine der interessantesten roten Kletterrosen. Deutlich blütenreicher als die meisten anderen Kletterkollegen.
Gruppe: Kletterrose
Züchter/Herkunft: Tantau
Einführungsjahr: 1984
Blütenfarbe: rot
Blütenfüllung: gefüllt
Blührhythmik: öfterblühend
Wuchshöhe: 200 bis 300 cm
Wuchsform: überhängend
Pflanzen pro m²: 2 bis 3
Verwendung: Garten, einzeln oder in Gruppen, Wand, Pergola, Stammrose mit 140 cm Höhe.

Satina®

Der Charakter: Eine niedrige Flächenrose, deren kräftig rosafarbene, dichtgefüllte Blüten das Beet in dichten Wolken bedecken. Winterhart, gesund – ein Tipp für kleine Gruppen und größere Flächen. Zum Blütenrosa passen vor allem weiße Blütentöne, die sich vielfach bei hochwachsenden Stauden und Sommerblumen finden. Für artenreiche Gärten.
Gruppe: Flächenrose
Züchter/Herkunft: Tantau
Einführungsjahr: 1992
Blütenfarbe: rosa
Blütenfüllung: gefüllt
Blührhythmik: öfterblühend
Wuchshöhe: 40 bis 60 cm
Wuchsform: buschig
Pflanzen pro m²: 4 bis 5
Verwendung: Garten, einzeln oder in Gruppen, Flächen.
ADR-Rose: 2004

■ Sahara®

■ Salita®

■ Santana®

Scarlet Meidiland®

Der Charakter: Ein lang anhaltendes Blütenfeuerwerk in Orangerot. Lange, überhängende Triebe bildend, die sich mit ihren gefüllten Blütenständen gut für den Vasenschnitt eignen. Begrünt Böschungen und verliert auch auf stark der Hitze ausgesetzten Flächen nichts an Farbintensität. Robuste Stammrose.
Gruppe: Flächenrose
Züchter/Herkunft: Meilland
Einführungsjahr: 1986
Blütenfarbe: orangerot
Blütenfüllung: gefüllt
Blührhythmik: öfterblühend, spätblühend
Wuchshöhe: 60 bis 80 cm
Wuchsform: überhängend
Pflanzen pro m²: 3 bis 4
Verwendung: Garten, einzeln oder in Gruppen, Ampel, Böschung, Hang, verträgt Hitze, für Vasenschnitt, Stammrose mit 60 cm, 90 cm und 140 cm Höhe.

Schloss Ippenburg®

Der Charakter: Vitalwüchsige Edel- und Freilandschnittrose mit intensivem Duft und ADR-Auszeichnung. Die langen, regenfesten und haltbaren Blütenstiele eignen sich sehr gut für die Vase.
Gruppe: Edelrose mit Duft
Züchter/Herkunft: Meilland
Einführungsjahr: 2006
Blütenfarbe: lachsrosa
Blütenfüllung: gefüllt
Blührhythmik: öfterblühend
Wuchshöhe: 80 bis 100 cm
Wuchsform: aufrecht, hoch, locker verzweigt
Pflanzen pro m²: 6 bis 7
Verwendung: Garten, einzeln oder in Gruppen, regenfest, Kübel, Tröge, robuste Sorte für Schrebergärten, Vasenschnitt.
ADR-Rose: 2008

Schnee-Eule®

Der Charakter: Reinweiße Blüten, stärkster Duft, ledrigrobuste Blätter, kompakter Wuchs – eine Sorte, die scheinbar spielend viele gute Eigenschaften unter einen Hut bringt. Eine Versuchung, die nicht nur auf öffentlichen Flächen, sondern auch im Privatgarten zum Pflanzen lockt. Bilder Seite 37 und 105.
Gruppe: Rugosa-Hybride mit Duft
Züchter/Herkunft: Uhl
Einführungsjahr: 1989
Blütenfarbe: weiß
Blütenfüllung: gefüllt
Blührhythmik: öfterblühend
Wuchshöhe: 40 bis 60 cm
Wuchsform: aufrecht
Pflanzen pro m²: 3 bis 4
Verwendung: Garten, einzeln oder in Gruppen, frei wachsende Hecken, Frostlagen vertragend, Halbschatten ertragend, sehr regenfest, Pollenspender, gelbe Herbstfärbung der Blätter, Hagebutten.

Schneeflocke®

Der Charakter: Eine Spitzensorte der 'Flowercarpet'-Serie von Noack. Und tatsächlich, einem reinweißen Blütenteppich gleich, schmiegt sich die Flächen- und Beetrose an jeden Untergrund. Blüht bis weit in den Herbst hinein, sehr gesund. Ein Traum in Weiß, der wenig Arbeit macht.
Gruppe: Beetrose
Züchter/Herkunft: Noack
Einführungsjahr: 1991
Blütenfarbe: weiß
Blütenfüllung: halbgefüllt
Blührhythmik: öfterblühend, früh blühend
Wuchshöhe: 40 bis 60 cm
Wuchsform: buschig
Pflanzen pro m²: 4 bis 5
Verwendung: Garten, einzeln oder in Gruppen, Flächen, Pollenspender, Stammrose mit 60 und 90 cm Höhe.
ADR-Rose: 1991

■ Scarlet Meidiland®

■ Schneeflocke®

Schneewittchen®

Der Charakter: Die bekannteste weiße Strauchrose der Welt. Scheinbar mühelos entwickelt sie eine edle Blüte nach der anderen, dabei über die Jahre einen selbsttragenden Strauch bildend. Ideale Einsteigersorte, harmoniert mit vielen Stauden und Gehölzen. Weitere Bilder Seite 19, 68 und 85.
Gruppe: Strauchrose
Züchter/Herkunft: Kordes
Einführungsjahr: 1958
Blütenfarbe: weiß
Blütenfüllung: gefüllt
Blührhythmik: öfterblühend, früh blühend
Wuchshöhe: 100 bis 150 cm
Wuchsform: buschig
Pflanzen pro m²: 1 bis 2
Verwendung: Garten, einzeln oder in Gruppen, frei wachsende Hecken, Frostlagen vertragend, Kübel, Halbschatten ertragend, sehr regenfest, Hitze vertragend, Pollenspender, Hagebutten ansetzend, Stammrose mit 90 und 140 cm Höhe, lässt sich sehr gut kombinieren.

Schöne Dortmunderin®

Der Charakter: Eine bis zum Spätherbst blühende Sorte, die zu Recht das ADR-Prädikat trägt. Trotz enormer Blütenfülle und flotter Wüchsigkeit ist die Rose nicht anfällig für Mehltau und Sternrußtau. Ideal zusammen mit Stauden und zur Flächenbegrünung.
Gruppe: Beetrose
Züchter/Herkunft: Noack
Einführungsjahr: 1991
Blütenfarbe: rosa
Blütenfüllung: gefüllt
Blührhythmik: öfterblühend
Wuchshöhe: 60 bis 80 cm
Wuchsform: buschig
Pflanzen pro m²: 4 bis 5
Verwendung: Garten, einzeln oder in Gruppen, sehr regenfest, Hitze vertragend.
ADR-Rose: 1992

Schöne Koblenzerin®

Der Charakter: Sie war einer der Stars der Bundesgartenschau 2011: Die »Schöne Koblenzerin« begeistert auch nach dem Mega-Gartenevent mit ihrem extrem gut verzweigten Strauchaufbau, bester ADR-Robustheit und den zweifarbigen Blüten Gartenfreunde und Hobbygärtner.
Gruppe: Beetrose
Züchter/Herkunft: Kordes
Einführungsjahr: 2011
Blütenfarbe: rot/creme-weiß
Blütenfüllung: gefüllt
Blührhythmik: öfterblühend
Wuchshöhe: 60 bis 80 cm
Wuchsform: aufrecht buschig
Pflanzen pro m²: 5 bis 6
Verwendung: Garten, einzeln oder in Gruppen, sehr regenfest, Kübel, Tröge, robuste Sorte für Schrebergärten, Vasenschnitt, für Grabstellen, Stammrose 90 cm.
ADR-Rose: 2009

Sebastian Kneipp®

Der Charakter: Edelrosen-Neuheit mit süßem Duft und nostalgischer Blütenform. Charismatische Sorte mit großer Zukunft. Das richtige Rezept für beglückenden Rosengenuss.
Gruppe: Edelrose mit Duft
Züchter/Herkunft: Kordes
Einführungsjahr: 1997
Blütenfarbe: cremeweiß
Blütenfüllung: stark gefüllt
Blührhythmik: öfterblühend
Wuchshöhe: 80 bis 100 cm
Wuchsform: aufrecht
Pflanzen pro m²: 5 bis 6
Verwendung: Garten, einzeln oder in Gruppen, Kübel, Vasenschnitt, für frei wachsende Hecken.

Sedana®

Der Charakter: Sehr robuste Flächenrose mit ungewöhnlicher Blütenfarbe. Eine interessante Bereicherung des Sortiments. Sehr pflegeleicht, eine Empfehlung für alle Rosengärtner, die mit ihrer Zeit haushalten müssen.
Gruppe: Flächenrose
Züchter/Herkunft: Noack
Einführungsjahr: 2005
Blütenfarbe: cremeorange bis apricot
Blütenfüllung: halbgefüllt
Blührhythmik: öfterblühend
Wuchshöhe: 60 bis 80 cm
Wuchsform: niedrig buschig kompakt
Pflanzen pro m²: 4 bis 5
Verwendung: Garten, einzeln oder in Gruppen, Halbschatten ertragend, sehr regenfest, Kübel, Tröge, Pollenspender, robuste Sorte für Schrebergärten, Hanglagen, Dachgarten.

- Oben: Schneewittchen®
- Mitte: Schöne Dortmunderin®
- Unten: Sebastian Kneipp®

■ Oben: Senator Burda®
■ Mitte: Sharifa Asma®
■ Unten: Silver Jubilee®

Senator Burda®

Der Charakter: Eine sehr robuste Edelrose mit leichtem Duft. Die Blüten sind stark gefüllt und harren auch in raueren Klimazonen aus. Der Verleger-Persönlichkeit Senator Burda gewidmet.
Gruppe: Edelrose
Züchter/Herkunft: Meilland
Einführungsjahr: 1984
Blütenfarbe: johannisbeerrot
Blütenfüllung: stark gefüllt
Blührhythmik: öfterblühend
Wuchshöhe: 60 bis 80 cm
Wuchsform: aufrecht
Pflanzen pro m²: 6 bis 7
Verwendung: Garten, in Gruppen, Vasenschnitt.

Sharifa Asma®

Der Charakter: Öfterblühende Strauchrose mit dem Charme Alter Rosen. Die Englische Rose aus dem Hause Austin besticht durch ihren eleganten Duft. Ideale Parfümrose für den Vasenschnitt. Schön als Vasenrose. Durch den schrägen Anschnitt der Stielenden verlängern Sie die Haltbarkeit um mehrere Tage.
Gruppe: Strauchrose mit Duft, Englische Rose
Züchter/Herkunft: Austin
Einführungsjahr: 1989
Blütenfarbe: zartrosa
Blütenfüllung: stark gefüllt
Blührhythmik: öfterblühend
Wuchshöhe: 100 bis 150 cm
Wuchsform: aufrecht buschig
Pflanzen pro m²: 2 bis 3
Verwendung: Garten, einzeln oder in Gruppen, Kübel, Tröge, Vasenschnitt, für Blütenhecken.

Silver Jubilee®

Der Charakter: Warum diese ungewöhnlich robuste und harte Edelrose keine größere Verbreitung findet, bleibt ein Rätsel. Wie kaum eine andere frischrosa blühende Teehybride eignet sie sich auch für absonnige Standorte, auf denen die Mehrheit ihrer »Klassenkameraden« sicher versagen würde. Ideale Edelrose für Rosennewcomer. Viele Preise. Den Namen erhielt dieser verkannte Klassiker anlässlich des 25-jährigen Thronjubiläums von Königin Elisabeth II.
Gruppe: Edelrose
Züchter/Herkunft: Cocker
Einführungsjahr: 1978
Blütenfarbe: rosa
Blütenfüllung: gefüllt
Blührhythmik: öfterblühend, früh blühend
Wuchshöhe: 60 bis 80 cm
Wuchsform: aufrecht
Pflanzen pro m²: 6 bis 7
Verwendung: Garten, in Gruppen, Kübel, Halbschatten ertragend, Vasenschnitt, Stammrose mit 60 und 90 cm Höhe.

Shogun®

Der Charakter: Kletterrose mit edelrosenartigen Blüten. Die Tantau-Sorte wächst ausgesprochen stark. Sie ist sehr gesund und wetterfest. Damit sind alle wichtigen Eigenschaften für die rosenreiche Gestaltung von Hauswänden und Rosenbögen vorhanden.
Gruppe: Kletterrose
Züchter/Herkunft: Tantau
Einführungsjahr: 1999
Blütenfarbe: kräftig rosa
Blütenfüllung: gefüllt
Blührhythmik: öfterblühend
Wuchshöhe: 300 bis 500 cm
Wuchsform: überhängend
Pflanzen pro m²: 1 bis 2
Verwendung: Garten, einzeln, Halbschatten ertragend, sehr regenfest, robuste Sorte für Schrebergärten, Stammrose mit 140 Höhe.

Snow Ballet®

Der Charakter: Ein weißer Bodendecker der modernen Generation. Unkrautunterdrückend, deckt das dichte Laub Flächen und Beete ab, insbesondere auf Hängen. Dieses weiße Rosenballett ist vielseitig einzusetzen und zu kombinieren.
Gruppe: Flächenrose
Züchter/Herkunft: Clayworth
Einführungsjahr: 1978
Blütenfarbe: weiß
Blütenfüllung: gefüllt
Blührhythmik: öfterblühend
Wuchshöhe: 40 bis 60 cm
Wuchsform: flach, schwachwüchsig
Pflanzen pro m²: 3 bis 4
Verwendung: Garten, einzeln oder in Gruppen, Ampel, Hitze vertragend, Hänge, Böschungen, Stammrose mit 40, 60, 90 und 140 cm Höhe.

Solero®

Der Charakter: Mit dieser Neuheit aus der Gruppe der Rigo-Rosen bekommt der Fortschritt in der Züchtung robuster Rosensorten einen Namen. Die zitronengelben Blütenschalen sind stark gefüllt und konstrastieren mit dem dunkelgrünen, kerngesunden Laub.
Gruppe: Beetrose
Züchter/Herkunft: Kordes
Einführungsjahr: 2009
Blütenfarbe: zitronengelb
Blütenfüllung: stark gefüllt
Blührhythmik: öfterblühend
Wuchshöhe: 60 bis 80 cm
Wuchsform: aufrecht buschig
Pflanzen pro m²: 4 bis 5
Verwendung: Garten, einzeln oder in Gruppen, regenfest, Kübel, Tröge, robuste Sorte für Schrebergärten, für Grabstellen, Stammrosen 60 und 90 cm.
ADR-Rose: 2009

Sommerabend®

Der Charakter: Diese Sorte besitzt das Potenzial, die bestimmende rote Flächenrose der nächsten Jahre zu werden. Sehr hitzetolerant, blühvital, den Boden dicht abdeckend.
Gruppe: Flächenrose
Züchter/Herkunft: Kordes
Einführungsjahr: 1995
Blütenfarbe: rot
Blütenfüllung: einfach
Blührhythmik: öfterblühend
Wuchshöhe: 30 bis 40 cm
Wuchsform: flach, stark wachsend
Pflanzen pro m²: 2 bis 3
Verwendung: Garten, einzeln oder in Gruppen, sehr regenfest, robuste Sorte für Schrebergärten, über Mauerkronen überhängend, Hang, Dachgärten.
ADR-Rose: 1996

Sommermärchen®

Der Charakter: Eine der interessantesten Flächen- und Beetrosen der letzten Jahre. Ein kräftiges, weithin strahlendes Pink, das selbst bei größter Sonneneinstrahlung nichts von seiner Intensität einbüßt, ist das Markenzeichen dieser robusten, sehr gesunden Rose. Märchenhafte Rose für viele Garten(t)räume.
Gruppe: Flächenrose
Züchter/Herkunft: Kordes
Einführungsjahr: 1992
Blütenfarbe: pink
Blütenfüllung: halbgefüllt
Blührhythmik: öfterblühend
Wuchshöhe: 40 bis 60 cm
Wuchsform: buschig
Pflanzen pro m²: 3 bis 4
Verwendung: Garten, einzeln oder in Gruppen, Trog, Pollenspender, Stammrose mit 40, 60 und 90 cm, ideal mit Stauden und Gehölzen.

Sommersonne®

Der Charakter: Buschig wachsende ADR-Beetrose mit glänzendem Laub und zweifarbigen Blüten. Die Blütenblätter sind lachsorangefarben gefärbt, die Unterseite cremegelb koloriert. Kompakter Wuchs, ideal für Garten und Terrasse. Die Neuheit kommt auch in halbschattigen Gartenpartien zurecht.
Gruppe: Beetrose
Züchter/Herkunft: Kordes
Einführungsjahr: 2008
Blütenfarbe: lachsorange/gelb
Blütenfüllung: halbgefüllt
Blührhythmik: öfterblühend
Wuchshöhe: 60 bis 80 cm
Wuchsform: aufrecht buschig
Pflanzen pro m²: 4 bis 5
Verwendung: Garten, einzeln oder in Gruppen, regenfest, Kübel, Tröge, robuste Sorte für Schrebergärten, für Grabstellen.
ADR-Rose: 2008

Sommerabend®

Sommermärchen®

Sommerwind®

Der Charakter: Ein fester Bestandteil des heutigen Handelssortiments, sowohl für Privatgärten als auch für Planungen im öffentlichen Grün geeignet. Der Züchter Kordes beschreibt sie als großblumige 'The Fairy' – ein guter Vergleich, der die vielseitige Nutzbarkeit dieser Kombi-Rose betont. Pflegeleicht und gut zusammen mit Stauden zu verwenden.
Gruppe: Flächenrose
Züchter/Herkunft: Kordes
Einführungsjahr: 1985
Blütenfarbe: rosa
Blütenfüllung: halbgefüllt
Blührhythmik: öfterblühend
Wuchshöhe: 40 bis 60 cm
Wuchsform: buschig
Pflanzen pro m²: 4 bis 5
Verwendung: Garten, einzeln oder in Gruppen, mit Stauden, Frostlagen vertragend, Kübel, Trog, Halbschatten ertragend, sehr regenfest, Hitze vertragend, Pollenspender, Stammrose mit 40, 60 und 90 cm Höhe.

Sonnenkind®

Der Charakter: Wegen ihrer Anfälligkeit können viele Zwergrosen-Sorten nur sehr eingeschränkt als Gartenrosen empfohlen werden. Die Sortenauswahl ist daher bei den Rosen-Däumlingen besonders überlegt vorzunehmen. 'Sonnenkind'® fällt dabei angenehm aus dem Rahmen, denn die wüchsige Sorte trotzt den pilzlichen Angriffen erstaunlich gut. Vor allem aber in Gefäßen – unter geringerem Druck durch Pilzsporen aufgrund des reduzierten Erdkontaktes – ist sie ein problemloser wie dekorativer Terrassen- und Balkonschmuck.
Gruppe: Zwergrose
Züchter/Herkunft: Kordes
Einführungsjahr: 1986
Blütenfarbe: gelb
Blütenfüllung: gefüllt
Blührhythmik: öfterblühend
Wuchshöhe: 30 bis 40 cm
Wuchsform: aufrecht
Pflanzen pro m²: 8 bis 9
Verwendung: Garten, einzeln oder in Gruppen, Kübel, Trog, Stammrose mit 40 cm Höhe.

Sorrento®

Der Charakter: Eine Flächenrose der neuen Generation, die Sternrußtau und Echten Mehltau erst gar nicht zum Zuge kommen lässt. Eine Sorte für alle Gartenenthusiasten, die in ihrem Rosenparadies vor allem entspannen möchten.
Gruppe: Flächenrose
Züchter/Herkunft: Noack
Einführungsjahr: 2005/2006
Blütenfarbe: leuchtend rot
Blütenfüllung: halbgefüllt
Blührhythmik: öfterblühend
Wuchshöhe: 60 bis 80 cm
Wuchsform: niedrig buschig kompakt
Pflanzen pro m²: 4 bis 5
Verwendung: Garten, Halbschatten ertragend, sehr regenfest, Kübel, Tröge, Pollenspender, Hanglagen, Dachgarten.
ADR-Rose: 2006

Souvenir de Baden-Baden®

Der Charakter: Diese duftende Edelrose ehrt die Kurstadt Baden-Baden, die mit ihrem Rosenneuheitengarten und ihren städtischen Rosenpflanzungen eines der Topziele von Rosenfreunden aus der ganzen Welt ist. Die gekerbten Blütenblätter machen die haltbare Schnittrose unverwechselbar.
Gruppe: Edelrose mit Duft
Züchter/Herkunft: Kordes
Einführungsjahr: 2008
Blütenfarbe: creme-rosa
Blütenfüllung: gefüllt
Blührhythmik: öfterblühend
Wuchshöhe: 80 bis 100 cm
Wuchsform: aufrecht buschig
Pflanzen pro m²: 5 bis 6
Verwendung: Garten, einzeln oder in Gruppen, regenfest, Kübel, Tröge, robuste Sorte für Schrebergärten, Vasenschnitt.
ADR-Rose: 2010

■ Sommerwind®

■ Sonnenkind®

■ Sorrento®

Souvenir de la Malmaison

Der Charakter: Der Liebling erfahrener Rosenfreunde mit einer Vorliebe für Alte Rosen. Warum? Erstens bleibt der Wuchs dieser alten, völlig unkomplizierten und problemlosen Bourbon-Rose im Rahmen, was sie auch für kleinere Gärten favorisiert, zweitens duftet sie überragend und drittens blüht sie fortlaufend bis in den Herbst hinein nach. Eine 'Alte Rose' für Einsteiger.
Gruppe: Strauchrose mit Duft
Züchter/Herkunft: Béluze
Einführungsjahr: 1843
Blütenfarbe: rosa
Blütenfüllung: gefüllt
Blührhythmik: nachblühend
Wuchshöhe: 80 bis 100 cm
Wuchsform: buschig
Pflanzen pro m²: 4 bis 5
Verwendung: Garten, einzeln oder in Gruppen, Kübel, Trog.

Stadt Eltville®

Der Charakter: Wer bei einem Ausflug in den Rheingau im Rosengarten des Eltviller Burggrabens lustwandelt, den wird die Leuchtkraft eines feuerroten Rosenrondells wie magisch anlocken. »Brennstoff« dieses Feuerkreises ist – nomen est omen – die Rosensorte 'Stadt Eltville'®. Diese Beetrose darf zu Recht als einer der robustesten roten Beetrosen angesehen werden. Ihr gesundes Laub treibt im Frühjahr rötlich aus, um sich dann dunkelgrün sommerlang zu bewähren. Eine problemlose Rose für Einsteiger, die eine pflegeleichte Sorte suchen.
Gruppe: Beetrose
Züchter/Herkunft: Tantau
Einführungsjahr: 1990
Blütenfarbe: rot
Blütenfüllung: stark gefüllt
Blührhythmik: öfterblühend
Wuchshöhe: 60 bis 80 cm
Wuchsform: aufrecht
Pflanzen pro m²: 6 bis 7
Verwendung: Garten, in Gruppen, Frostlagen vertragend, Halbschatten ertragend.

Suaveolens

Der Charakter: Süßen Duft, den sie im Sommer überreich verströmt, bietet diese alte Strauchrose. Allerdings benötigt sie etwas Platz, kleinere Flächen werden diesem Wachser nicht gerecht. Den bogig überhängenden Strauch zieren im Herbst längliche Hagebutten.
Gruppe: Strauchrose mit Duft
Züchter/Herkunft: unbekannt
Einführungsjahr: vor 1750 in Kultur
Blütenfarbe: weiß
Blütenfüllung: gefüllt
Blührhythmik: einmalblühend
Wuchshöhe: 200 bis 300 cm
Wuchsform: überhängend
Pflanzen pro m²: 1 bis 2
Verwendung: Garten, einzeln oder in Gruppen, zahlreiche längliche Hagebutten.

Sunlight Romantica®

Der Charakter: Das warme Licht der Sonne für jedes Rosenstauden-Beet. Die stark gefüllten, leuchtend gelben Blüten besitzen die Ausstrahlung alter Rosensorten, bieten aber die Vorzüge moderner Rosenzucht: Sommerlange Dauerblüte und beste Robustheit. Ideal für den Vasenschnitt. Durch den schrägen Anschnitt der Stielenden verlängern Sie die Haltbarkeit um mehrere Tage.
Gruppe: Beetrose mit Duft
Züchter/Herkunft: Meilland
Einführungsjahr: 2002
Blütenfarbe: leuchtend gelb
Blütenfüllung: stark gefüllt
Blührhythmik: öfterblühend
Wuchshöhe: 40 bis 60 cm
Wuchsform: buschig kompakt
Pflanzen pro m²: 4 bis 5
Verwendung: Garten, einzeln oder in Gruppen, sehr regenfest, Kübel, Tröge, Vasenschnitt, Stammrose mit 60 und 90 cm Höhe.

■ Souvenir de la Malmaison

■ Suaveolens

■ Sunlight Romantica®

■ Oben: Super Dorothy®
■ Unten: Swany®

Super Dorothy®

Der Charakter: Ein öfterblühender Rambler, der viele gute Eigenschaften der alten Sorte 'Dorothy Perkins' übernommen, ihre Mehltauanfälligkeit jedoch abgelegt hat. Die robuste Sorte eignet sich zur Verschönerung von Pergolen und Spalieren ebenso wie als Bodendecker. Natürlich erfreut die Spitzensorte auch als Stammrose. Ihre langen Triebe hängen fontänenartig herunter und bilden einen Blickfang allererster Güte.
Gruppe: Rambler
Züchter/Herkunft: Hetzel
Einführungsjahr: 1986
Blütenfarbe: rosa
Blütenfüllung: gefüllt
Blührhythmik: öfterblühend
Wuchshöhe: 300 bis 500 cm
Wuchsform: ohne Rankhilfe flach wachsend
Pflanzen pro m²: 1 bis 2
Verwendung: Garten, einzeln oder in Gruppen, Kübel, Trog, Ampel, Halbschatten ertragend, Hitze vertragend, Herbstfärbung der Blätter, Stammrose mit 90 und 140 cm Höhe.

Super Excelsa®

Der Charakter: Wie die Schwestersorte 'Super Dorothy'® ist auch 'Super Excelsa'® die züchterische Verbesserung einer älteren Sorte, nämlich 'Excelsa'. Für zusammengebundene Pyramiden, Säulen, Wände, Pergolen und flächig als Bodendecker geeignet. Ein rosig schmückender, wandlungsfähiger Gestaltungsstoff. Bilder Seite 60 und 69.
Gruppe: Rambler
Züchter/Herkunft: Hetzel
Einführungsjahr: 1986
Blütenfarbe: karminrosa
Blütenfüllung: gefüllt
Blührhythmik: öfterblühend
Wuchshöhe: 300 bis 500 cm
Wuchsform: ohne Rankhilfe flach wachsend
Pflanzen pro m²: 1 bis 2
Verwendung: Garten, einzeln oder in Gruppen, Kübel, Trog, Ampel, Halbschatten ertragend, Hitze vertragend, Herbstfärbung der Blätter, Stammrose mit 90 und 140 cm Höhe.
ADR-Rose: 1991

Swany®

Der Charakter: Der Name passt gut zum zarten Schwanenweiß der flachen, dicht gefüllten Blüten. Eine Rose, die gefällig ihr Blütenkleid über Mauern und Böschungen breitet. Liebt windumspielte Lagen, an Standorten, an denen die heiße Luft wie in einem Kessel steht – beispielsweise in Innenstädten –, zeigt sie Anfälligkeiten für Sternrußtau. Stammrosen-Klassiker.
Gruppe: Flächenrose
Züchter/Herkunft: Meilland
Einführungsjahr: 1977
Blütenfarbe: weiß
Blütenfüllung: gefüllt
Blührhythmik: öfterblühend
Wuchshöhe: 40 bis 60 cm
Wuchsform: flach, schwachwüchsig
Pflanzen pro m²: 3 bis 4
Verwendung: Garten, einzeln oder in Gruppen, Kübel, Trog, Ampel, sehr regenfest, Stammrose mit 40, 60 und 90 cm Höhe.

Sympathie

Der Charakter: Bewährter roter Klettermaxe, der sich ohne Mühe über Rosenbögen und Pergolen schwingt. Keine Wand ist ihm zu hoch, keine Kletterhilfe zu steil, kein Torbogen zu groß. Eine Kletterrose von Weltruf, mit ihrem samtigen Dunkelrot und Wildrosenduft unübertroffen.
Gruppe: Kletterrose mit Duft
Züchter/Herkunft: Kordes
Einführungsjahr: 1964
Blütenfarbe: rot
Blütenfüllung: gefüllt
Blührhythmik: öfterblühend
Wuchshöhe: 200 bis 300 cm
Wuchsform: überhängend
Pflanzen pro m²: 2 bis 3
Verwendung: Garten, einzeln oder in Gruppen, Stammrose mit 140 cm Höhe.

Tea Time®

Der Charakter: Eine blühfreudige Edelrose, deren Blüten sich betont langsam öffnen und deshalb auch als Vasenblumen viele Tage Freude bereiten. Diese Spitzensorte aus dem Hause Tantau wurde bisher als einzige Rose drei Jahre in Folge von den Besuchern der Blumeninsel Mainau zur Rosenkönigin gewählt. Frostharter Ersatz für alle Freunde der beliebten Duftsorte 'Whisky'®.
Gruppe: Edelrose mit Duft
Züchter/Herkunft: Tantau
Einführungsjahr: 1994
Blütenfarbe: kupfer-goldorange
Blütenfüllung: gefüllt
Blührhythmik: öfterblühend
Wuchshöhe: 80 bis 100 cm
Wuchsform: aufrecht
Pflanzen pro m²: 5 bis 6
Verwendung: Garten, einzeln oder in Gruppen, Vasenschnitt, Stammrose 90 cm.

Teasing Georgia®

Der Charakter: Diese vielfach ausgezeichnete Austin-Sorte ist eine Schönheit. Die gelben Blüten bilden einen Farbkelch, in dem sich ein einzigartiges Rosenparfüm sammelt. Für eine Rose dieser Klasse ungewöhnlich robust. Weiteres Bild Seite 187.
Gruppe: Strauchrose mit Duft, Englische Rose
Züchter/Herkunft: Austin
Einführungsjahr: 1998
Blütenfarbe: dunkelgelb-orange
Blütenfüllung: stark gefüllt
Blührhythmik: öfterblühend
Wuchshöhe: 100 bis 150 cm
Wuchsform: aufrecht buschig
Pflanzen pro m²: 2 bis 3
Verwendung: Garten, einzeln oder in Gruppen, Kübel, Tröge, Vasenschnitt, für Blütenhecken.

The Fairy

Der Charakter: »Stehaufmännchen«, das sich nicht unterkriegen lässt. Selbst halbschattige Lagen werden locker weggesteckt. Weitverbreitet auch als Stammrose. Weitere Bilder Seite 42 und 107.
Gruppe: Flächenrose
Züchter/Herkunft: Bentall
Einführungsjahr: 1932
Blütenfarbe: rosa
Blütenfüllung: dicht gefüllt
Blührhythmik: öfterblühend, spät blühend
Wuchshöhe: 60 bis 80 cm
Wuchsform: buschig
Pflanzen pro m²: 4 bis 5
Verwendung: Garten, einzeln oder in Gruppen, Frostlagen vertragend, Kübel, Trog, Ampel, Halbschatten ertragend, sehr regenfest, Hitze vertragend, Vasenschnitt, gelbe Herbstfärbung der Blätter, Stammrose mit 40, 60, 90 und 140 cm Höhe.

■ Tea Time®

■ Teasing Georgia®

■ The Fairy

The McCartney Rose®

Der Charakter: Benannt nach Paul McCartney, jedoch nicht nur für Beatles-Fans eine Liebhabersorte. Eine Rose mit überragendem Duft. Auf Mehltau ist zu achten, deshalb niemals über die Blätter wässern bzw. in windstille Ecken pflanzen. Bestens als Vasenrose geeignet; bereits wenige Blüten erfüllen ein Zimmer mit betörendem Rosenparfüm. Für alle Duftrosen-Liebhaber und Rosenfans.
Gruppe: Edelrose mit überragendem Duft
Züchter/Herkunft: Meilland
Einführungsjahr: 1991
Blütenfarbe: rosa
Blütenfüllung: gefüllt
Blührhythmik: öfterblühend
Wuchshöhe: 60 bis 80 cm
Wuchsform: aufrecht
Pflanzen pro m²: 6 bis 7
Verwendung: Garten, in Gruppen, Vasenrose.

The Queen Elizabeth Rose®

Der Charakter: Der Wuchs dieses Oldtimers wirkt staksig und hochbeinig, wie ein rosafarbener Flamingo »stolziert« sie durch Gärten und Anlagen. Die Sorte gilt als unverwüstlich, das große Laub ist gesund. Durch ihren hohen Wuchs prädestiniert, um vor oder hinter Zäunen und niedrigen Mauern für einen farbenfrohen Hintergrund zu sorgen.
Gruppe: Beetrose
Züchter/Herkunft: Lammerts
Einführungsjahr: 1954
Blütenfarbe: rosa
Blütenfüllung: gefüllt
Blührhythmik: öfterblühend
Wuchshöhe: 100 bis 150 cm
Wuchsform: aufrecht
Pflanzen pro m²: 5 bis 6
Verwendung: Garten, einzeln oder in Gruppen, frei wachsende Hecken, erträgt Frostlagen, Halbschatten und Hitze, Hagebutten.

Timeless®

Der Charakter: »Zeitlose« Rosenzüchtung von Noack, die durch die Gruppe der Garten-Baumschulen exklusiv eingeführt wurde. Die gefüllten, sehr früh erscheinenden Blüten versprühen den Charme nostalgischer Rosen. Eine der interessantesten Sorten für Rosenhalbstämme.
Gruppe: Beetrose
Züchter/Herkunft: Noack
Einführungsjahr: 2010
Blütenfarbe: ambergelb
Blütenfüllung: gefüllt
Blührhythmik: öfterblühend
Wuchshöhe: 60 bis 80 cm
Wuchsform: aufrecht buschig
Pflanzen pro m²: 4 bis 5
Verwendung: Garten, einzeln oder in Gruppen, Halbschatten ertragend, sehr regenfest, Kübel, Tröge, robuste Sorte für Schrebergärten, für Grabstellen, Dachgarten, Stammrosen 60 und 90 cm.

Träumerei®

Der Charakter: Das Lachsorange der edelrosenartig geformten Blüten erinnert an Hummer, der Duft an Parfüm, die Sorte ist reichblühend und robust. Eine besonders edle Beetrose, deren Blütenstiele auch lange als Vasenschnitt schmücken.
Gruppe: Beetrose mit Duft
Züchter/Herkunft: Kordes
Einführungsjahr: 1974
Blütenfarbe: lachsorange
Blütenfüllung: gefüllt
Blührhythmik: öfterblühend
Wuchshöhe: 60 bis 80 cm
Wuchsform: buschig
Pflanzen pro m²: 6 bis 7
Verwendung: Garten, einzeln oder in Gruppen, Vasenschnitt, Stammrose mit 90 cm Höhe.

■ The Queen Elizabeth Rose®

■ Träumerei®

Trigintipetala

Der Charakter: Die außerordentlich duftende »Ölrose« aus Bulgarien für den eigenen Garten. Bekommt sie ein frostgeschütztes Plätzchen, hält sie viele Jahre aus: Der eigenen Rosenöl-Produktion steht nichts mehr im Wege.
Gruppe: Strauchrose mit Duft
Züchter/Herkunft: Bulgarien, *Rosa × damascena*-Abkömmling
Einführungsjahr: vor 1899
Blütenfarbe: rosa
Blütenfüllung: halbgefüllt
Blührhythmik: einmalblühend
Wuchshöhe: 150 bis 200 cm
Wuchsform: überhängend
Pflanzen pro m²: 1 bis 2
Verwendung: Garten, einzeln oder in Gruppen, Halbschatten ertragend.

Veilchenblau

Der Charakter: Mit ihren fast stachellosen Trieben und den kleinen, locker gefüllten Blüten in Blauviolett schwingt sich die Ramblerrose elegant in lichte Baumkronen, auf Pergolen und großzügig dimensionierte Torbögen. Der Multiflora-Abkömmling blüht einmal und überreich. Mehltausensibel, unbedingt auf luftigen Standort achten.
Gruppe: Kletterrose, Rambler
Züchter/Herkunft: Schmidt
Einführungsjahr: 1909
Blütenfarbe: violett
Blütenfüllung: locker gefüllt
Blührhythmik: einmalblühend, früh blühend
Wuchshöhe: 300 bis 500 cm
Wuchsform: überhängend
Pflanzen pro m²: 1
Verwendung: Garten, einzeln, Kübel, über Mauerkronen überhängend, Stammrose 140 cm.

Venusta Pendula

Der Charakter: Geheimtipp für Torbögen, Pergola, lichte Bäume – ein Mega-Wachser mit überreichem Blütenflor. Einmalblühend – jedes Jahr fiebert der Gärtner diesem Blütentraum ungeduldig entgegen. Sehr frosthart.
Gruppe: Rambler
Züchter/Herkunft: unbekannt
Einführungsjahr: 1928 von Kordes eingeführt
Blütenfarbe: rosa/weiß
Blütenfüllung: halbgefüllt
Blührhythmik: einmalblühend
Wuchshöhe: 300 bis 500 cm
Wuchsform: ohne Rankhilfe flach wachsend
Pflanzen pro m²: 1 bis 2
Verwendung: Garten, einzeln oder in Gruppen, Frostlagen vertragend, Halbschatten ertragend.

Westerland®

Der Charakter: Reichblühende, duftende Strauchrose mit einzigartiger Kupfertönung der Blüten. Entwickelt einen kompakt geschlossenen, selbsttragenden Strauch, der keine gestalterischen Wünsche offenlässt. Auch fast fünfzig Jahre nach der Markteinführung ein Strauchrosenklassiker, der in frei wachsende Strauchhecken passt.
Gruppe: Strauchrose mit Duft
Züchter/Herkunft: Kordes
Einführungsjahr: 1969
Blütenfarbe: apricot
Blütenfüllung: halbgefüllt
Blührhythmik: öfterblühend
Wuchshöhe: 150 bis 200 cm
Wuchsform: buschig
Pflanzen pro m²: 1 bis 2
Verwendung: Garten, einzeln oder in Gruppen, frei wachsende Hecken, Kübel, Hitze vertragend.

Trigintipetala

Veilchenblau

Westerland®

Westzeit®

Der Charakter: Sehr gesunde Beetrose mit außergewöhnlicher Farbe. Die früh blühende Sorte blüht unermüdlich nach und gilt als eine der besten »Herbstrosen«. Dank ihres kompakten Wuchses überzeugt die Rose auch in Gefäßen.
Gruppe: Beetrose
Züchter/Herkunft: Noack
Einführungsjahr: 2004
Blütenfarbe: orange-apricot
Blütenfüllung: halbgefüllt
Blührhythmik: öfterblühend
Wuchshöhe: 60 bis 80 cm
Wuchsform: aufrecht buschig
Pflanzen pro m²: 4 bis 5
Verwendung: Garten, einzeln oder in Gruppen, Halbschatten ertragend, sehr regenfest, Kübel, Tröge, robuste Sorte für Schrebergärten, für Grabstellen, frei wachsende Blütenhecken, Dachgarten, Stammrosen 60 und 90 cm.
ADR-Rose: 2007

Whisky®

Der Charakter: Nach wie vor eine der faszinierendsten Duftrosen mit einer bis zum heutigen Tage unübertroffenen Duft- und Farbkombination: whiskygelbe Blüten mit majestätischem Nasenparfüm. Aufgrund ihrer Vitalität treibt diese Vasenrose ständig neue Stiele und blüht fortlaufend nach. Akribischer Winterschutz sorgt dafür, dass dieses Rosenvergnügen jahrzehntelang währt.
Gruppe: Edelrose mit Duft
Züchter/Herkunft: Tantau
Einführungsjahr: 1967
Blütenfarbe: bronzegelb
Blütenfüllung: gefüllt
Blührhythmik: öfterblühend
Wuchshöhe: 60 bis 80 cm
Wuchsform: aufrecht
Pflanzen pro m²: 6 bis 7
Verwendung: Garten, einzeln oder in Gruppen, Vasenschnitt, Stammrose 90 cm.

White Meidiland®

Der Charakter: Ideale weiße Flächenrose mit enormer Blütenfülle und -größe, sehr widerstandsfähig gegen Mehltau. In öffentlichen Anlagen bereits seit Jahren bewährt, auch im Hausgarten eine Augenweide.
Gruppe: Flächenrose
Züchter/Herkunft: Meilland
Einführungsjahr: 1985
Blütenfarbe: weiß
Blütenfüllung: stark gefüllt
Blührhythmik: öfterblühend
Wuchshöhe: 40 bis 60 cm
Wuchsform: niedrig, ausladend
Pflanzen pro m²: 4 bis 5
Verwendung: Garten, einzeln oder in Gruppen, Kübel, Halbschatten ertragend. Für mehltaugefährdete Lagen.

Wildfang®

Der Charakter: Der Name weist auf die wilde Robustheit dieser ADR-Rose hin. Eine Sorte der 1990er-Jahre, das Ergebnis züchterischer Bestauslese. Unverwüstliche Sorte für Böschungen, Hänge, aber auch Gartenflächen. Zum Blütenrosa passen vor allem weiße Blütentöne, etwa von aufrecht wachsenden Phlox- oder Rittersporn-Sorten.
Gruppe: Flächenrose
Züchter/Herkunft: Noack
Einführungsjahr: 1989
Blütenfarbe: rosa
Blütenfüllung: halbgefüllt
Blührhythmik: öfterblühend
Wuchshöhe: 60 bis 80 cm
Wuchsform: buschig
Pflanzen pro m²: 2 bis 3
Verwendung: Garten, einzeln oder in Gruppen.
ADR-Rose: 1991

■ Whisky®

■ White Meidiland®

■ William Shakespeare 2000®

William Shakespeare® 2000

Der Charakter: Der Widerspenstigen Zähmung – diese Englische Rose von David Austin ist ein markantes Beispiel dafür, was moderne Rosenzüchtung zu bewirken imstande ist. Die purpurroten Edelblüten sind flach wie ein Champagnerglas geformt, in dem ein Duftcuvée der Spitzenklasse perlt. Kaum zu glauben, dass die Rosenherrlichkeit unserer Tage einst mit einer einfachen Wildrosenblüte begann.
Gruppe: Strauchrose mit Duft, Englische Rose
Züchter/Herkunft: Austin
Einführungsjahr: 2000
Blütenfarbe: purpurrot
Blütenfüllung: stark gefüllt
Blührhythmik: öfterblühend
Wuchshöhe: 100 bis 150 cm
Wuchsform: aufrecht
Pflanzen pro m²: 2 bis 3
Verwendung: Garten, einzeln, Vasenschnitt, Bauerngarten.

Zéphirine Drouhin

Der Charakter: Mit ihren stachellosen Trieben ist diese kletternde Bourbon-Rose für Kinderhände wie gemacht. Sie ziert ohne Verletzungs- und Laufmaschengefahr Torbögen und Pergolen. Eine der wenigen (Kletter-) Rosen, die vollsonnige Lagen meidet und es auch auf der Nordseite eines Hauses aushält. Leiten Sie die Triebe dieser Kletterrose wie Spalierobst möglichst waagerecht oder führen Sie sie schlingpflanzenartig um Pfosten oder andere Rankhilfen herum. So erhalten Sie einen Blütenansatz auch im unteren, sonst leicht verkahlenden Bereich der Pflanze.
Gruppe: Kletterrose mit Duft
Züchter/Herkunft: Brizot
Einführungsjahr: 1868
Blütenfarbe: rosa
Blütenfüllung: halbgefüllt
Blührhythmik: öfterblühend
Wuchshöhe: 200 bis 300 cm
Wuchsform: überhängend
Pflanzen pro m²: 1 bis 2
Verwendung: Garten, einzeln, Halbschatten ertragend.

Zwergkönig '78®

Der Charakter: Last, but not least eine Zwergrose, die schon fast wie eine kleine Beetrose wächst. Diese Wüchsigkeit sorgt für die notwendige Robustheit, um im Garten sommerlang zu erfreuen. Ideal für kleine, niedrige Hecken, als Einfassung oder zur gefälligen Grundstücksabgrenzung.
Dank ihres kompakten Wuchses eignet sich die Zwergrose auch für ausreichend große Blumenkästen. Bei der Verwendung von Kästen aus Kunststoff ist jedoch Vorsicht geboten. Sie sind zwar leicht zu transportieren und gelten als Wasser sparend, leider ist die isolierende Wirkung der Kübelwand aber nur sehr gering. Im Sommer erwärmt sich die Erde schnell. Deshalb sollten Kunststoffgefäße nicht in der prallen Sonne stehen.
Gruppe: Zwergrose
Züchter/Herkunft: Kordes
Einführungsjahr: 1978
Blütenfarbe: rot
Blütenfüllung: gefüllt
Blührhythmik: öfterblühend
Wuchshöhe: 40 bis 60 cm
Wuchsform: aufrecht
Pflanzen pro m²: 6 bis 7
Verwendung: Garten, in Gruppen, niedrige Hecken, Kübel, Trog, Stammrose mit 40 cm Höhe.

Zéphirine Drouhin

Zwergkönig '78®

ADRESSEN, DIE IHNEN WEITERHELFEN

Adressen von Rosenschulen mit Postversand und eigenem Katalog

Deutschland

- BKN Strobel – über:
  Rosarot Pflanzenversand
  www.rosenversand24.de
- Rosen Gönewein
  Steinfurther Hauptstraße 1–5
  61231 Bad Nauheim/Steinfurth
  www.rosen-goenewein.de
- Rosen Jensen
  Am Schlosspark 2b
  24960 Glücksburg
  www.rosen-jensen.de
- Rosengärtnerei Kalbus
  Hagenhausener Hauptstr. 1b
  90518 Altdorf
  www.rosen-kalbus.de
- W. Kordes' Söhne
  Rosenstr. 54
  25365 Klein Offenseth-Sparrieshoop
  www.gartenrosen.de
- Noack Rosen
  Im Fenne 54, 33334 Gütersloh
  E-Mail: info@noack-rosen.de
  www.noack-rosen.de
- Rosen-Union
  Steinfurther Hauptstr. 25
  61231 Bad Nauheim-Steinfurth
  www.rosen-union.de
- Rosenschule Ruf
  Bioland-Betrieb
  Zum Sauerbrunnen 35
  61231 Bad Nauheim-Steinfurth
  www.rosenschule.de
- Rosenhof Schultheis
  Bad Nauheimer Str. 3–7
  61231 Bad Nauheim-Steinfurth
  www.rosenhof-schultheis.de
- Rosen Tantau
  Tornescher Weg 13
  25436 Uetersen
  www.rosen-tantau.com
- **Regionale Sorteninformationen** erhalten Sie bei Ihrer Garten-Baumschule vor Ort. Alle Adressen unter www.gartenbaumschulen.com

Österreich

- Gärtner Starkl Baumschulen
  A-3430 Frauenhofen/Tulln
  www.gaertner-starkl.at

Schweiz

- Hauenstein AG
  Landstr. 42
  CH-8197 Rafz ZH
  www.hauenstein-rafz.ch
- Richard Huber AG
  Rothenbühl 8
  CH-5605 Dottikon AG
  www.rosen-huber.ch
- Zulauf AG Baumschulen
  CH-5107 Schinznach-Dorf
  www.zulaufquelle.ch

England

- Peter Beales Roses
  London Road
  Attleborough
  GB-Norfolk NR 17 1 AY
  www.classicroses.co.uk
- David Austin Roses
  Bowling Green Lane, Albrigton
  GB-Wolverhampton, WV7 3 HB
  www.davidaustinroses.com

Frankreich

- Pépinières et Roseraies Georges Delbard
  Malicorne
  F-03600 Commentry
  www.delbard.com

  Bezug über:
  Lacon: www.lacon-rosen.de
  Baldur Garten Versand:
  www.baldur-garten.de
  Rosengärtnerei Kalbus:
  www.rosen-kalbus.de

Eine sehr gute **Übersicht über Rosenbezugsquellen** findet man unter:
www.gartenlinksammlung.de/rosen.htm

Rosendatenbank Inge Burkhardt (Zugspitzstraße 20, 86856 Hiltenfingen, www.rdb-verlag.de) bietet eine umfassende Rosendatenbank auf CD-Rom mit vielen Suchmöglichkeiten an. Beschrieben werden mehr als 3600 Rosen, mit Bildern, Bezugsquellen und Hinweisen zum Pflanzenschutz, Begleitpflanzen, Rosenliteratur u. v. m.

Verein Deutscher Rosenfreunde
(Die Gesellschaft) Deutscher Rosenfreunde wurde 1883 gegründet und informiert seine mehrere tausend Mitglieder umfassend über das Thema Rosen. Für einen vergleichsweise bescheidenen Jahresbeitrag kann der interessierte Rosenfreund Mitglied dieser traditionsreichen Liebhabergesellschaft werden und an dem vielfältigen Vereinsleben teilhaben.

Rosenvereine

Gesellschaft Deutscher Rosenfreunde e.V.,
vormals Verein Deutscher Rosenfreunde e.V. (VDR),
Waldseestr. 14,
76530 Baden-Baden
www.rosenfreunde.de

Österreichische Gartenbaugesellschaft, Rosenfreunde
Parkring 12/III 1
A-1010 Wien 1
www.rosenfreunde.at

Gesellschaft Schweizerischer Rosenfreunde
Bahnhofstr. 11
CH-8640 Rapperswil
www.rosenfreunde.ch

The Royal National Rose Society
Chiswell Green
GB St. Albans, Herts AL 2 3NR
www.rnrs.org

Deutschlands ältester Rosenverein
(mit regionaler Bedeutung) sitzt in Solingen und trägt den langen Namen »Verein zur Förderung der Rosenkultur des Bergischen Landes Solingen, gegründet 1877, Solingen e.V.«
www.rosenfreundesolingen.de

Rosarien in Europa außer der Seite 20 ff. genannten

England

Albrighton, Shropshire: Schaugarten der Rosenschule David Austin.

Hitchin, Hertfordshire: Schaugarten der Rosenschule Harkness.

London: Queen Mary Rose Garden im Regents Park, Kew Gardens.

Romsey, Hampshire: Mottisfont Abbey, Sammlung historischer Rosen.

St. Albans, Hertfordshire: Garten der Englischen Rosengesellschaft.

Spanien
Madrid: Parque de Oestre.

Dänemark
Kopenhagen: Rosengarten im Valby

STICHWORTVERZEICHNIS

Seitenzahlen mit * verweisen auf Abbildungen

Über den Autor

Robert Markley ist Baumschul-Gärtner und Gartenbauingenieur. Er war jahrelang bei einem der bekanntesten Rosenzüchter Deutschlands tätig und schreibt regelmäßig für Publikums- und Fachzeitschriften der grünen Branche. Heute ist er Geschäftsführer der GartenBaumschulen, einem Baumschulverband, in dem 180 Einzelhandels-Baumschulen organisiert sind. Weitere Infos unter www.gartenbaumschulen.com.

Impressum

Bibliographische Information Der Deutschen Nationalbibliothek
Die Deutsche Nationalbibliothek verzeichnet diese Publikation in der Deutschen Nationalbibliografie; detaillierte bibliografische Daten sind im Internet über http://dnb.d-nb.de abrufbar.

7., durchgesehene Auflage

BLV Buchverlag GmbH & Co. KG
80636 München

Hinweis: Das vorliegende Buch wurde sorgfältig erarbeitet. Dennoch erfolgen alle Angaben ohne Gewähr. Weder Autor noch Verlag können für eventuelle Nachteile oder Schäden, die aus den im Buch vorgestellten Informationen resultieren, eine Haftung übernehmen.

Titelbild: GAP Photos/Carole Drake
Rückseite: Flora Press/The Garden Collection/Andrew Lawson

Programmleitung Garten und Lektorat: Dr. Thomas Hagen
Layout: Anton Walter, Gundelfingen
Herstellung: Angelika Tröger

Gedruckt auf chlorfrei gebleichtem Papier

Printed in Germany
ISBN 978-3-8354-1233-0

www.facebook.com/blvVerlag

Bildnachweis

Alle Fotos vom Autor, außer:

Ani Bunny – Fotolia.com: 17
Archiv für Kunst und Geschichte: 8, 9, 11, 12, 13, 14, 15r
Baumjohann: 147r, 149 (alle), 151l, 156u
Bieker: 4, 23, 44/45, 120u, 121o, 184/185, 194r, 198l, 216l
Bieker/Appelterner Gärten: 138/139
©BKN Strobel/Meilland: 195u, 207r, 219o, 225m, 222r, 228l, 233r, 234r, 236m, 242u, 246m, 256l
Borstell: 1, 2/3, 6/7, 26/27, 32o, 32mo, 33mr, 34/35, 37l, 37r, 51, 60, 68r, 74, 80ur, 81ul, 81mr, 80or, 80ul, 85, 87, 88l, 99, 101, 122r, 192o, 197r, 205r, 209r, 210, 212m, 216r, 219u, 220u, 221l, 223r, 232r, 235l, 237m, 24or, 241r, 243r, 244, 247r, 248r, 249m, 254o, 257l, 257m, 259r
Fischer: 78l, 88r, 104
Flora Press/Bildagentur Beck: 19r, 93, 95, 207l, 215m, 221r, 225o, 235r
Flora Press/BIOSPHOTO/Frédéric Didillon: 213l
Flora Press/BIOSPHOTO/J.-L. Klein & M.-L. Hubert: 71ol
Flora Press/Botanical Images: 229l
Flora Press/Christine Ann Föll: 114
Flora Press/FocusOnGarten/Borstell: 5r, 46, 53
Flora Press/MAP: 207r
Flora Press/Nova Photo Graphik: 52
Flora Press/Royal Horticultural Society: 86, 254u
Flora Press/The Garden Collection/Andrew Lawson: 79
Flora Press/Tomek Ciesielski: 92
Flora Press/Visions: 94r
GBA/Nichols: 161
GBA/Noun 159
GBA/Perdereau: 76
Hagen: 70
Keim: 196o
Kögel: 19or, 24, 50l, 68l, 71u, 234l, 249o
Kompatscher: 73ur, 108/109
mauritius images/ib/Bodo Schieren: 16
Morell: 39o, 71or, 220o
©2013 Noack Rosen: 199r, 206m, 227l, 252r
Pavlo Sachek – Fotolia.com: 72l
Pforr: 19l, 19m, 33r, 72r, 73or, 73ml, 73mr, 120o, 132ul, 147u, 163l, 166l, 166m 168, 169l, 169r, 170, 171mr, 171ul, 202l, 206l, 208o, 215r, 230u, 240l, 246l, 246r, 257r
Redeleit: 73ul, 78r
Reinhard: 28, 37m, 38, 39m, 39u, 42ol, 94m, 98m 102, 119, 120mo, 121u, 122l, 163l, 186, 187, 190l, 191r, 194l, 195m, 195o, 196m, 200, 203o, 203m, 203u, 204o, 204u, 206r, 208m, 211r, 213r, 214mu, 218, 221m, 224o, 224u, 225u, 229r, 230m, 231o, 231m, 231u, 236l, 237o, 238, 239m, 239r, 241l, 242o, 245l, 250, 251l, 252m, 253m, 253l, 255r, 256r, 258, 259l
Romeis: 193l, 247l, 252l
Ruckszio: 243l
Sammer: 32u, 80ol, 81ol, 112, 121m, 123, 125, 128, 132o, 133, 137, 160o, 169m, 204m, 214m, 241m
Seidl: 32mu, 91, 98o, 98u, 120mu, 201l, 209l, 214u, 215l, 223l, 227m, 228r, 234m
Stangl: 172l
Stein: 94l
StockFood/Brand, Christa: 126
StockFood/Ernalbant, Emel: 127r
StockFood/Krieg, Roland: 127l
StockFood/Lindeblad, Matilda: 129
StockFood/Strauss, F.: 135
Strauß: 42ul, 59, 58, 61 (alle), 67, 77, 81or, 81ur, 103, 107, 110, 124, 130, 248l,
Timmermann, Rottenburg: 73ol
Wagner: 106
www.davidaustinroses.com: 217r, 255m
www.gardena.de: 151r
www.kordes-rosen.de: 59o, 192u, 196u, 197l, 201r, 202r, 205l, 208u, 212l, 212r, 214mo, 217l, 219m, 222l, 224m, 226l, 227r, 230o, 233l, 236r, 239l, 247m, 251r, 249u
www.rosen-tantau.de: 105, 193r, 194m, 211l, 224m
www.wikimedia.org: 241m

Die Abbildung Seite 15l wurde mit freundlicher Genehmigung dem Buch „Der kleine Prinz" von Antoine de Saint-Exupéry (5. Auflage 1996, Karl Rauch Verlag, Düsseldorf) entnommen.

Grafiken: Heidi Janiček

Dankadresse des Autors und Verlags
…an drei Personen, die die Buchstaben der Rose in ihren Namen tragen: Klaus-Jürgen Strobel, Ute und Wilhelm Kordes sowie an Birgit Markley, die alle Buchstaben Korrektur gelesen hat, und an die Firmen BKN Strobel, W. Kordes' Söhne, Noack Rosen, Rosen Tantau und Rosen-Union für die Überlassung ihres Bildmaterials.